U1009519

■ ■ ■

■ ■ ■ 普通高等院校汉语言文学专业规划教材

■ ■ ■ 高等学校文科教材

■ 主编 周大璞

■ 编著、修订 黄孝德 罗邦柱

■ 修订主持人 黄孝德

训诂学初稿（第六版）

WUHAN UNIVERSITY PRESS

武汉大学出版社

图书在版编目(CIP)数据

训诂学初稿/周大璞主编;黄孝德,罗邦柱编著、修订.—6版.—武汉:武汉大学出版社,2015.3(2021.7重印)
普通高等院校汉语言文学专业规划教材
ISBN 978-7-307-15197-0

Ⅰ.训…　Ⅱ.①周…　②黄…　③罗…　Ⅲ.训诂—高等学校—教材　Ⅳ.H13

中国版本图书馆CIP数据核字(2015)第028760号

责任编辑:易　瑛　　责任校对:李孟潇　　版式设计:马　佳

出版发行:**武汉大学出版社**　(430072　武昌　珞珈山)
(电子邮箱:cbs22@whu.edu.cn　网址:www.wdp.com.cn)
印刷:武汉图物印刷有限公司
开本:720×1000　1/16　印张:25.75　字数:459千字　插页:1
版次:1987年7月第1版　2002年7月第2版
2007年2月第3版　2011年7月第4版
2013年9月第5版　2015年3月第6版
2021年7月第6版第6次印刷
ISBN 978-7-307-15197-0　定价:39.00元

版权所有,不得翻印;凡购我社的图书,如有质量问题,请与当地图书销售部门联系调换。

内容简介

《训诂学初稿》是20世纪80年代中期由教育部委托武汉大学中文系编写的、在全国范围内指定专家审定出版的一部高等学校文科教材。在30年中，它多次重印，总共印了六个版本（即原稿一版，修订5次），累计40余次，受到全国读者广泛而持久的欢迎。

该书2002年曾修订一次，主要是把计算机汉语应用语言研究和约定俗成的自然语言研究结合起来，并从当代信息理论角度，重新审视传统训诂的理论与实践，扼要地介绍了汉语训诂与信息字典的编写，还重点增加了汉语训诂与简帛书整理的有关论述。这就丰富了这部教材的知识性，增加了它的科技含量，使这门原来读者面较窄的、大学本科专题选修课教材的读者面迅速扩大，许多高校将它列入汉语教材必读书目，有些知名大学还将它列入硕士、博士研究生汉语必读书目。2004年，这个修订版获得第四届全国优秀出版社畅销书奖。

该书2007年曾经第二次修订，主要做了两件事：

第一，它沿着第一次修订版的路子，打破传统训诂著作的局限，以当代计算机网络化和数字化图书的发展为切入点，科学地论证了信息化时代训诂学存在的理论依据和实践意义，预示着训诂学作为通过汉字和汉语文献挖掘语言信息的这一门学问，在新技术条件下，不但不会衰亡，还将会迎来更加伟大的变革，获得更加广泛的应用，取得更加辉煌的成果。

第二，它继续加强和完善了训诂体式下有关著作的研究，特别是对汉语五大语文性工具书的研究，着重介绍其在成书过程中对传统训诂理论与方法的运用，总结其中带规律性的新鲜经验，进一步丰富了传统训诂学的内容。

2011年，《训诂学初稿》第三次修订。这次修订，对以上两次修订后出现的一些新情况、新问题作了一些必要的说明和答辩；对部分内容及其资料作了一些必要的增、删、补、订，以更加符合实际。

2013 年本书第四次修订。

该修订本前面登载了黄孝德先生新著：《训诂学就是汉语历史语义学》，它以方块汉字为研究对象，通过对《周易·八卦》与方块汉字的对比分析，对汉语书面语言研究几组数据的历史语义解析，与中国算盘设计和应用、计算机汉语应用语言研究相结合，力图勾勒其中与数学方法的关联，化解以往汉语研究中的一些难题和争论，让传统训诂学得到实证：训诂学就是汉语历史语义学。这是作者对传统训诂理论与实践的再认识。孝德年届八旬，精力有限，还来不及据此对全书作更多改正。姑以置弃，以作导读，以记心情，期望有更多读者，关注本书艰难的修订历程，从中有所启发，有所收益，则幸莫大焉。

现在这个本子，是第五次修订本。

修订本登载了黄孝德先生新著《汉语训诂学的前生、今生和来生》一文，总结了《训诂学初稿》从原稿到第五次修订本的历史脉络。第四次修订本，已将传统训诂学定位为汉语历史语义学；第五次修订本，就是以当前的历史事实，展示汉语历史语义学的宏伟前景。即从思维科学高度，解释、评价习近平关于实现两个一百年奋斗目标，实现中华民族伟大复兴的中国梦的顶层设计的伟大战略思想。这是举例性地说明传统训诂学的来生——就是要坚持我国的文化传统、价值观，讲好中国故事，并以此说明，作为思维科学的汉语历史语义学，有其现实的正能量，道路已经打开，前途十分光明。

《训诂学初稿》修订本把传统与现实相结合，温习故训，积累新知，开拓创新，融会贯通，在传统文化研究中，它是一部富含基础性、理论性和启发性的著作。

目　录

汉语训诂学的前生、今生和来生

——《训诂学初稿》第五次修订版导论

黄孝德

“三生有幸”。这是人们常说的一句成语。

但要稍作训诂，予以解读，才能深刻理解。训诂就是注释、解说，对其所表语义给以宣教的意思。

“三生”，佛家用语，指前生、今生和来生，也称“三世”，即前世、今世和来世。

佛家慈悲心肠，普度众生，劝人为善，追求幸福。佛家认为，善有善报、恶有恶报，不是不报，时间未到。佛家有生死轮回说，认为生和死，只是人的生命过程中的起点和终点。前世、今世和来世，只是生命过程中的起点和终点问题，它是生死有命的问题，谁也躲不开，人的一生，关键在于生命过程，如何度过，如何做人做事的问题，这是人所能够选择的，为善得福，为恶受罚，都逃不过善恶有报的律条。

这也是一种世界观。劝人为善，发扬人生真、善、美的正能量；尽量避免假、丑、恶的负能量，有其积极意义。

我不是佛家，我不知道我的前世和来世。但我欣赏“三生有幸”这条令人感到快慰的成语，我真真切切地感到，我确实是“今生有幸”。我生于1934年（甲戌年正月廿一日），这正是红军长征始发年，到今天执笔写这篇文章的时候，我已是跨世纪的老人，活了八十多年。我这跨世纪的今生，遇到了华夏文明史上数千年难得的盛世。在我的生命历程中，我的做人、做事，没有愧对天、地、国、亲、师，实为“今生有幸”。老年好唠叨，该收笔了，这些唠叨，只是借题发挥，解说一下什么是“训诂”，这不是主题。

此文的主题是中国传统语言学中最重要，也是传统语言学中，历数千年积累、传世最久，成就最大的一个语言学课题，也是当今语言教学和研究中，与现实人生最重要、最密切，需要认真研究解决的问题，即训诂学的前生、今生和来生问题。

在我的跨世纪生命旅程中，1950 年，为响应国务院（当时叫政务院）抗美援朝、保家卫国，参军、参战的号召，我在部队当了六年兵；1956 年，国家号召向科学进军，我又响应号召，解甲归田，考取武汉大学，在这白云黄鹤之乡的珞珈山生活了半个多世纪。用“击剑攻书”四个字可以概括我一生主要做的两件事，十分简单，也很准确。

其实，躬逢盛世，我的所作所为，并不简单。1950 年当的兵，那几年，新中国在浴血奋战，那是中国革命史上前所未有的苦斗，死伤几十万人，光有姓有名的为国牺牲将士，就有十几万之多，那是激情燃烧的岁月，我是此场战争的幸存者，此为我的今生有幸之一；1956 年，我来到武汉大学中文系，在我的老师刘赜、黄耀先、周大璞、李格非诸位教授的带领下，从事汉语言文字之学和有关古代文化课程的教学和研究。经历“文革”灾难之后，又迎来盛世修典大业，我又有幸参与国家“六五”规划重点文化建设，从事《汉语大字典》的编写，从资料收集，到编稿、审稿，最后付梓，从四十岁起，到五十五岁，二千万字八卷本《汉语大字典》正式出版为止。作为该书编委、武大编写组副组长、武汉大学中文辞书研究室主任，我一直是该书的主创人之一，为这部被誉为“汉语训诂渊薮”、汉语“文化长城”的编写、审定整整忙了十五个春秋。这个活刚脱手，我又受高教部之命，在我的老师周大璞教授主持下，参与高等学校文科教材《训诂学初稿》的编写工作。此为我的今生有幸之二。

众所周知，武汉大学是一块砚耕宝地。我的那些恩师们，都是国学大师、著名汉语言文学专家黄侃先生的受业弟子或再传弟子。国学大师章太炎先生，又是黄侃的恩师。当时，武汉大学中文系坐拥“五老八中”的雄厚教育资源，以传授章、黄之学研究汉语传统文化，而驰名海内外。

一、传统训诂学的前生

20 世纪 80 年代，当周大璞（字匪石）先生命我主笔撰写《训诂学初稿》时，顺理成章，我自然想到，国学研究的经典之作《尔雅》和《说文解字》；想到清人的小学研究诸课题；想到太炎先生的《国故论衡》；想到黄侃关于训诂学的定义及教学安排；想到有关甲骨、金文考古诸大师的研究成果。正好，我刚收手《汉语大字典》的编写，这些研究成果、资料早已收齐，放在《汉语大字典》资料室摆着。驾轻就熟，我把历朝历代有关汉语训诂的理论和实践，加以疏通整理，一部只有20来万字的《训诂学初稿》，不到半年就写出来了。先生看后十分满意，稍作改定，就署名印发了。

周大璞主编，黄孝德、罗邦柱分撰的《训诂学初稿》即第一版原稿，文字不多，但却是传统训诂学有关理论和实践的集大成之作，是第一部由国家高教部组织编写的有关训诂学理论与实践的大学文科教材，是我所经历的传统训诂学的前世。它是由教育部规划编写、由国家教育部指定专家审定的新编高校文科教材，不能说它是旧训诂学，说它是我所经历的传统训诂学的前世，比较公正、贴切。

二、传统训诂学的今生

1987年开始印制的周大璞主编，黄孝德、罗邦柱分撰的《训诂学初稿》，一直印到2001年11月，就停止印发了。这是第一版，共印了二十次（此次印本今天才找到，以前说第一版只印十来次，数字不准确），在社会上影响不小，多所高等院校在使用此教材。据我所知，在高校老师中，还有许多人保存有这个本子，这是《训诂学初稿》第一版。从2002年7月第二版起，到现在第六版第1次印本止，都是《训诂学初稿》的修订本，这些修订本共印了三十余次，还在2004年获得全国优秀出版社畅销书奖。

《训诂学初稿》，经历五次修订，其增、删、补、订和整个思路设计，全由黄孝德一手完成，与原稿（即第一版各印次本），在理论体系的构筑、改造上一脉相承。此期间，我的老师周大璞先生和我的学生罗邦柱教授，已前后离世。为了尊重第一版合作人，照顾读者认知习惯，这五次修订本封面标题和署名都未改动。

为什么一本发行量正常的长销书，要一再修订？

时代在前进，历史在改变。

由于计算机网络化和数字化图书的发展，所有传统学问都面临挑战，在信息化时代，训诂学是否还有它存在的理论依据和它的实践意义？这是必须认真回答的问题。

每次修订做了哪些事，为什么要做这些事，我都写了版次修订说明。

本书内容简介，也提要式地说明了各版次修订内容。读者一看便知，用不着在此重复。

五次修订，都是对传统训诂学的理论与实践的再认识。总的来说，就是站在当代信息理论的高度，针对计算机汉语应用语言研究，针对网络文化中，有关中国历史传统、有关传统价值观，特别是对传统训诂学的理论与实践的一些不正确，甚至可说是妖魔化言论所作的答辩。因为这是高等学校文科教材，我们只作正面说解，并未对流行一时的网络时评点名道姓，照录其言，以免在神圣的高教讲台当其义务宣传员，导致谬种流传。例如，有一个“儒学联合论坊”的网站，就有长篇连载《训诂学的批判与反思》。该文说：“训诂学是一种反文字的文字学，是一种反语言的语言学，是一种反经典的经典解释学。它与人类的常知常识为敌，是以往和现在的训诂学的唯一表现形式，它的认知上的彻底性，是与人类常知常识为敌的一种最高表现形式。”该作者还说：“我认为，目前的训诂学，在学术上的特征可概括为：（一）普遍的不明确性；（二）普遍的错误；（三）普遍的荒谬性；（四）普遍的失败。”还说：“训诂学完全颠覆了全人类对于文字、语言和经典的常识性理解，并创造了《假借字典》、《虚词字典》和以单个文字为条目的《十三经索引》，这三座巨大的令人感到无限悲哀的学术废墟……不仅如此，还把它丑恶的触角伸进了英美语言的研究之中……”① 其作者据说是研究中国传统文化的一位“大师”，而且是一位影响极大的“网络大腕”。非常荣幸，我们的高等学校文科教材《训诂学初稿》，正是这位“网络大腕”扫荡的对象之一，不过，这位“大腕”级网络名人，只点了我的老师周大璞先生之名，其实周先生此时，早已乘鹤归去，他只看到封面签的是周大璞主编，没看到修订主持人是黄孝德。真是冤哉枉也，我的老师死后还要代我挨骂，让活着的我，愧对先人。

奇文共欣赏，毫无疑问，这是目前学术界和网络文化中的一种杂音。这位“大腕”，并未读懂这本大陆的畅销书。我甚至怀疑，他连中国传统文化普及读物《三字经》都未读过。《三字经》曰：“凡训蒙，须讲究。详训诂，明句读。为学者，必有初。小学终，至四书。论语者，二十篇，群弟子，记善言。孟子者，十篇止。讲道德，说仁义。作中庸，乃孔伋。中不偏，庸不易。……”以下一直提要式地介绍《四书》、《六经》、《春秋》等传统文化典籍，讲这些典籍的重要性，先讲传统训诂的重要性。此公竟无知到此种文化水平，还大言不惭地对能使汉语文献传达语言信息，有千年如旦暮，万里若比邻的超越时空的语言效果的训诂学作如是妄评，其语言之粗鲁，其头脑之无知，真令我难以想象。这是一种文化虚无主义，说它是文化恐怖主义也不为过，这不过是哲学上的唯意志论，在传统文化研究上的最为下贱、最为恶毒的表现，本不足为训，为我们所不取。

① 其作者为杨润根。

《训诂学初稿》前四次修订，肯定是以坚持我国文化传统、价值观，与批判此类文化虚无主义、文化恐怖主义有关。

这四次修订以最后一次我写《训诂学就是汉语历史语义学》一文作结，我在文章中，用《说文解字》540 部首，从训诂实践中产生的“六书”和“九数”，用数据分析法准确说明其为语义学的铁证，完成了我对传统训诂学今生的论述。

汉语历史语义学，以汉语历史文献为依据，它的研究目的在于研究汉语的历时性和共时性，在于从其历时性的语义传播中，寻找其具有共时性的语言成分，给以包装，使其具有现实意义，即普世价值，让当时语言传播更加丰富，为人类进步事业增加正能量。

汉语是汉民族的共同语言，是我国的主要语种，是当今世界上作为母语使用的一种历史极为悠久、保存历史文献资料最为丰富、完善，为世界文明创造作过巨大贡献的十分精美的语言，它也是联合国为数不多的几种工作语言之一。

以方块汉字为载体的汉语言文献，使汉语传播的语义信息能够达到千年如旦暮、万里若比邻的语义传播效果。关键在于，汉语历史文献，有如伴随行，共生共长共传的汉语训诂、解释、宣教的优良传播的存在。传统汉语训诂之所以能使汉语有千年如旦暮、万里若比邻的语言信息传播效果。关键又在于，此种训诂、解释和宣教，从总体上是符合人类思维规律的。

这就是我写《汉语训诂学就是汉语历史语义学》，并把它作为传统汉语训诂学今生的结束语的理由。

三、传统训诂学的来生

在训诂学的今生，我写了《训诂学就是历史语义学》，就是把传统训诂学到底是一种什么样的学问，是《经典释文》、《经籍纂诂》、《诂训汇纂》、注释学，还是文化语义学？我认为这些名称都不太贴切，我把传统训诂学定性为汉语历史语义学，还是属于汉语语言科学的范围。

语言是思维的直接实现。思维要依靠语言才能进行。

语义学当然是思维科学。古今中外，概莫能外。

汉语语义学，是有关使用汉语进行思维的科学。

汉语历史语义学，则是利用汉语历史文献，研究历史语义的科学。

汉语历史语义学，重点研究历史语言的历时性意义，即打通古今时空阻隔让后人读懂古书；读懂古书，是为了了解古代语言中对现实还有共时性意义内容，共时性就是现实意义，即普世价值，这是训诂学研究最根本的目的。

人类的思维，就是在表象、概念的基础上，进行分析、综合、判断、推理等认识活动的过程。思维要依靠语言才能进行，它是人类特有的一种精神活动，是人在社会活动中产生的。思维科学，是研究人类思维活动、思维方式的科学。

我们常说，汉语是一种十分精致的语言，就是说每个汉字都是思维活动的产物，汉字包含形、音、义三部分，字形、字音是其物质形式，外部表征；字义则是其思想内容，即可用以作为思维基础，作为“概念”来使用，并在它的基础上，进行分析、综合、判断、推理等认识活动，从而产生思想，即念头和想法。只有正确地思维，才能产生正确的思想、思想体系和思想家。思想家就是对客观现实的认识有独到见解，并能加以设计、构筑而成思想体系的人。中国历史上产生过许多思想家，如先秦诸子中的老子、孔子、孙子等，近现代，有毛泽东、邓小平等。

习近平主席说：“坚持我国文化传统、价值观，要提升我国的软实力，讲好中国故事，做好对外宣传。”“为实现‘两个一百年’奋斗目标，实现中华民族伟大复兴的中国梦，提供有力保障。”

这一番话集中概括了习近平主席对今后战略的顶层设计思想，以及如何在此战略顶层设计下指导不同时期的战术实践，力争实现中华民族伟大复兴的中国梦。

习近平提出的实现中华民族伟大复兴的中国梦，不仅有深刻的历时性意义，而且有其广泛的共时性意义，即有其广泛而科学的普世价值。为我们认识汉语历史语义学的意义，提供了极为深刻的现实例证，只有从思维科学的高度，才能更加深刻地认识和体会到其中伟大的战略、战术思想。

我的理解是：

（一）习主席高屋建瓴地总结了近百年来中国人民所进行的民族复兴的伟大斗争实践

从鸦片战争开始以来的中国近、现代史，是一部内忧外患、国破家亡的历史。积贫积弱，山河蒙羞，激发了华夏各族人民谋求振兴，争取人民解放的伟大斗争。一要生存、二要发展始终是近、现代中国人民的伟大追求，这就是中国梦。

一百年近、现代史上演绎着“中国梦”的大事，主要有三：

一是1911年爆发的辛亥革命。

伟大的民主主义先行者孙中山先生领导了这次革命。

1905年，孙中山在日本东京成立中国同盟会。同盟会以“驱除鞑虏，恢复中华，创立民国，平均地权”为其政治纲领，号召人民进行反法西斯斗争，并于1912年辛亥革命后改组为国民党。

1911年，以武昌起义为标志，辛亥革命爆发，结束了两千多年的封建君主专制政体。1912年1月1日，孙中山在南京成立了中华民国临时政府。

为实现其梦想，孙中山先生提出了“民族、民权、民生”的三民主义，这在中国历史上是一大进步。

但由于资产阶级的软弱性，革命果实很快被窃国大盗袁世凯篡夺，引起了一场军阀混战。自辛亥革命以来，以帝国主义为后台老板的各派军阀，拥兵自重，各占一方，连年混战，严重危害了国家统一、民族生存，给中华民族带来深重灾难。

孙中山毕竟是一位伟大爱国者、民族民主革命的先驱，在势孤力单的危境面前，又提出了联俄、联共、扶助工农的新三民主义，实现了第一次国共合作，开设了黄埔军校，重新集结了革命力量，民族民主革命，重又希望再现。

不幸的是，在内忧外患极为严重的形势下，孙先生一病不起，他带着“天下为公”“革命尚未成功、同志仍需要努力”的遗憾，英年早逝，撒手人间。

孙先生说，“余致力国民革命，凡数十年，其目的在求中国之自由、平等”，“积数十年经验，深知欲达此目的，必须唤起民众，联合世界上以平等待我之民族共同奋斗”。

二是1919年5月4日爆发的五四爱国学生运动。这是中国人民所进行的反帝反封建的伟大政治运动和文化运动。标志着中国无产阶级和广大人民群众，已经登上政治舞台，为此后1921年成立的中国共产党，作了思想准备和干部准备。五四运动的伟大革命精神和政治方向是不容否定的，新中国成立后，把5月4日定为青年节，就是希望世代中国人坚持正确的政治方向，发扬其反帝反封建的伟大精神，为实现一要生存、二要发展的伟大中国梦而斗争。

但是，金无足赤，人无完人。以当时知识精英为代表的一代人，在五四新文化运动中，提出要以“科学和民主”（“德先生”和“赛先生”）救中国，还提倡白话文反对文言文，提出“打倒孔家店”等口号，在当时，确实起到了摧枯拉朽、破旧立新的作用，但也有其不分青红皂白，否定优秀文化传统和价值观的负面效应。

所幸，我们党一直坚持毛泽东在《新民主主义论》中所说的：“民族的科学的大众的文化，就是人民大众反帝反封建的文化，就是新民主主义的文化，就是中华民族的新文化。”并以此为指导，科学对待从孔夫子到孙中山的政治遗产和文化遗产，加以科学继承。这种继承不是盲目地全盘继承，也不是不分青红皂白地全盘否定，而是科学地批判继承，是“由此及彼、由表及里，批判继承，吸收其精华，吐弃其糟粕”，以有利于新文化建设。

中华人民共和国成立后，各届人民政府，趋利避害，没有采取这类全盘否定优秀文化传统和价值观的过激政策。而仅仅制订了拼音方案，并一再申明《汉语拼音方案》不是拼音文字，只是为了标音、推广普通话，以利于文化普及，提高汉语交际能力，所以只对汉字作了适当简化。

三是 1921 年成立的中国共产党。

毛主席说：“十月革命一声炮响，给我们送来了马克思列宁主义。十月革命帮助了全世界也帮助了中国的先进分子，用无产阶级的宇宙观作为观察国家命运的工具，重新考虑自己的问题。”

十月革命以后，中国人民开始找到了解放的道路，揭开了中国新民主主义革命的序幕。中国共产党诞生了。从此，在党的领导下，中国人民的革命运动又出现了新的高潮。

中国共产党成立后，就一直积极参与反帝、反封建斗争，与中国国民党结成统一战线，促成了第一次国共合作，成为北代战争中的重要力量。随着北伐战争的节节胜利，党领导下的农民运动、土地革命蓬勃开展，具有“看万山红遍，层林尽染；漫江碧透，百舸争流”之势。

由于北伐战争胜利发展，工农群众运动如火如荼蓬勃开展，引起了革命阵容的巨大震动。这时，隐藏在革命队伍中的大地主、大资产阶级的政治代表蒋介石，极为害怕，积极酝酿着反革命政变，阴谋篡夺革命果实。1926 年 3 月，蒋介石一手制造了“中山舰事件”，扣捕了海军局代理局长李之龙等五十名共产党员之后，1927 年 3 月 11 日，在北伐战争中，又杀害了江西赣州总工会委员长陈赞贤同志。23 日，又收买一百多名流氓，在安庆杀害我革命干部多人。而对蒋介石制造的反革命事件，党内以陈独秀为代表的右倾机会主义节节退让，束手无策。历史终于无情宣告右倾机会主义破产。4 月 12 日，蒋介石终于在上海发动了反革命政变，大肆屠杀共产党员和工农革命群众，7 月 15 日，汪精卫在武汉公开叛变，提出“宁可枉杀一千，也不漏掉一人”的反革命口号。

当时，革命烈士的鲜血染红了大江南北，“但是，中国共产党和中国人民并没有被吓倒，被征服，被杀绝。他们从地上爬起来，揩干身上的血迹，埋好同志的尸首，他们又继续战斗了”。

经历千难万险，以毛泽东为首的第一代中国共产党领导人，带领全党和全国人民，经历土地革命、北伐战争、抗日战争、人民解放战争，终于推翻了压在中国人民身上的三座大山，在 1949 年 10 月 1 日，经过与各民主党派、人民团体政治协商之后，在首都北京成立了新中国。

中华人民共和国成立后，党在经历“文化大革命”灾难之后，以邓小平为代表的第二代领导集体，开展了“实践是检验真理的唯一标准”的大讨论，最终甩掉包袱，迈开双腿，大步跨越，改革开放，进行有中国特色的社会主义伟大探索。经历 30 多年的发展，苦难深沉的华夏大地，终于摆脱了“积贫积弱”的困局，创造了人类生存史上的伟大奇迹。

（二）深谋远虑，高瞻远瞩，展示今后一百年实现伟大中国梦的宏伟蓝图

毛泽东在《浣溪沙·和柳亚子先生》一词中说：

“长夜难明赤县天，百年魔怪舞翩跹，人民五亿不团圆。”

前一个一百年的历史，是“百年魔怪舞翩跹”的历史。在华夏这块土地上，有“袁世凯们”在这里做过军阀梦、皇帝梦；有蒋介石做过独裁梦；有汪精卫之流做过奴颜婢膝的汉奸梦；有帝国主义在这里做过侵略、瓜分中国土地，掠夺中国资产、杀害中国人民的殖民梦；还有各种流氓做过祸国殃民、杀人越货的流氓梦。但这些魔怪们，所做的都是“一枕黄粱”再现的黄粱梦，因为他们反人民反革命，最后，都被历史前进的车轮碾得粉碎，是他们使得我中华民族“人民五亿不团圆”。

前一个一百年的历史也同时昭示我们，只有在中国共产党领导下，中国人民在一要生存、二要发展，即民族要生存、国家要发展、人民要解放的艰难斗争中取得了胜利，建立了新中国，实现了五亿人民大团圆的伟大梦想。

历史潮流浩浩荡荡，顺之者昌，逆之者亡，这是前一个一百年，昭示给我们的经过实践检验的客观真理。

习近平把“中国梦”视为实现“两个一百年奋斗目标”的顶层设计，对前一个一百年的历史进行了科学的总结，下一个一百年，中国人民将怎样继续战斗，中国该干什么、怎么干，要创造一个什么样的国际、国内环境，才能力争实现中华民族伟大复兴梦？

新中国的全称是“中华人民共和国”，这个全称，虽然只有七个汉字，却包含着新中国的政体和国体两个内涵十分丰富的内容。

中华，是我国各民族的总称。它包括 56 个有悠久历史、灿烂文化遗产和光荣革命传统的民族，他们生活在中国幅员辽阔的土地上。中华民族，现有 13 亿人，是世界人口最多的族群。共和国，是指国家体制，即由人民选

举产生国家领导人、国家机构的体制。国体，说到底也是一种政体，即政体在国家体制上的表现。现有的全国人民代表大会、全国政治协商会等一系列国家制度、政府体制，都是在党领导下经过协商民主产生的，它是新中国伟大成果最集中的表现，也是有中国特色社会主义最重要的表现。中华人民共和国是人类历史上的伟大创造，其共时性、其普世价值，与任何代表少数人利益、代表少数利益集团的所谓“民主”，不在一个等级上，简直无法相比。如果一定要比，那不是汉语历史语义学上的问题，是思维科学无法容允的违背形式逻辑的判断错误。习近平主席一再强调，要有制度自信。就是要保证下一个一百年，在政体、国体上通过改革开放，进一步完善、巩固这种根本制度，保证我国生生不息、山高水长的“中国梦”做得更美、更精彩。我们党在反腐倡廉，是为了加强领导；在开展大国大外交，是为了扩展实现中国梦的环境。

外国有评论家说：2015 年将是中国世纪的开创年。我赞同这种说法。其他国家也一样，都有自己的美好梦想。一要生存，二要发展，文明富裕，国运昌隆，是发展中国家普遍的美梦。“中国梦”的普世价值，是理所当然的事实。

三生有幸，我能用习主席提出的中国梦，作汉语历史语义学的生动图例，来展示传统训诂学的来世的广阔意境，这也只是我的一点心意。我坚信，随着中国梦的实现，会有更多生动故实，供后生俊彦继续书写汉语历史语义学的新篇章。讲好中国故事，发扬优秀文化传统，坚持中国价值观，让中国文化中具有普世价值的东西，为更多人服务，为更多人享用。

珞珈山叟　**黄孝德**

岁在甲午十一月初四时年八十有一

训诂学就是汉语历史语义学

——《训诂学初稿》第四次修订版导论

黄孝德

本文以方块汉字研究为切入点，通过对《周易·八卦》与方块汉字的对比分析，对有关汉语书面语言研究的几组数据（五百四十部首、六书、九数）等信息符号系统的历史语义解析，与中国算盘设计、计算机汉语应用语言研究结合起来，勾勒其与数学观念、理论、方法的关联。又以指事为切入点，力图从符号学中的点线物质运动、物理学中原子、质子聚变、裂变规律中，去认识汉字以指事、象形为基础，走向形声、会意，再走向转注、假借，然后形成汉语书面语言中的历史语义，主宰和覆盖汉语文献创作，完成其语言信息交流的客观规律。本文力图把汉语书面语言中历史语义的研究，与传统的汉语文字、声韵、训诂的研究结合起来，与当代计算机汉语应用语言研究结合起来，与数学方法研究结合起来，运用当代数学、物理、语言应用等多个学科知识，来化解以往汉语研究中的一些难题、一些争论，让传统训诂学得到实证：训诂学就是汉语历史语义学。

引言

训诂学就是汉语历史语义学，是一个新命题。到目前为止，我还没有读到系统论述此命题的著作。也许有，只是我孤陋寡闻，见识短浅，尚未读到。我期待批评，与我共商此题。

因为命题新，所涉汉语历史语义研究问题太多、太杂，过去研究汉语历史语义的文章涉及传统和当代各门各类多个学科的研究内容，数量极多，云遮雾障，就是没有一篇是运用数学方法集中论说训诂学就是汉语历史语义学的以往研究汉语书面语义的学者，大多以为只是研究古代书面语言，都不把它看成是历史语义学。我沉思多年，决定趁此次修订，揭开这层历史迷雾，还训诂学以本来面目。

一、从“八卦”到方块汉字

“八卦”和方块汉字，是两种表义的符号系统，都是华夏民族的创造、发明。《周易·八卦》，是训释八卦的一种哲学著作，它以“八卦”为训诂对象，其所释言辞就是卦辞和爻辞。此书被儒家视为经典，所以又叫《易经》。

《周易》“八卦”，有八种基本图形，它以“—”和“--”两种基本符号构成。每卦三爻，以“—”为阳；以“--”为阴，上阳下阴，组成依次排列的图阵，即：

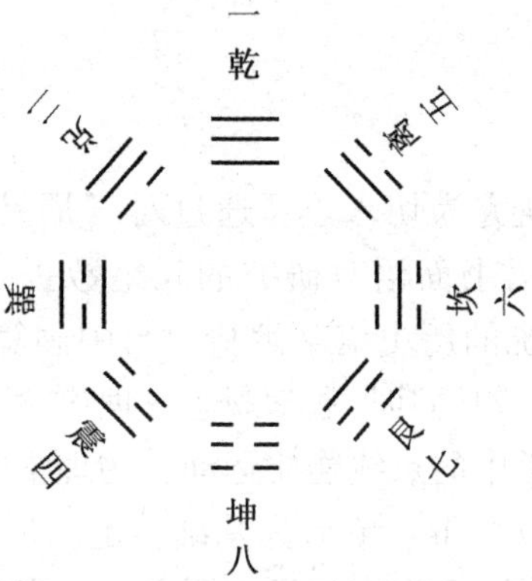

《周易》六十四卦，皆由八卦两两相重组成，并相对排阵，显示其中有某种关系。《周易》训诂者认为，“八卦”象征天、地、雷、风、水、火、山、泽八种自然现象。每卦又象征多种事物，并认为“乾”、“坤”两卦非常重要，是自然界和人类社会一切现象的根源。

《周易》简称《易》。此书有三种说法和名称，见《周礼·大卜》：“三易云一曰连山；二曰归藏；三曰周易。”杜子春注云：“连山伏羲、归藏黄帝”、郑玄·易赞及易注云：“夏曰连三、殷曰归藏，周曰周易。”今见“《周易正义》卷首第三页，十三经本九页。”“易”有变易、变化、变革的意思。亦说有周密、周遍、周流之义。传说为伏羲画卦，文王作辞解说①，

① 《史记·大史公自序》：“昔西伯构羑里，演《周易》。”编者按：参见《史记·周本纪》：“帝纣乃囚西伯於羑里。”今见，《史记卷四·周本纪第四》，中华书局 1959 年版，第 116 页。

透露此作可能发端于商周之际，故书名《周易》。后人对卦爻续有训诂，传说孔子作《十翼》，是研究《周易》的主要著作。两千年来，人们围绕卦辞和爻辞，作了许多解说，都以孔子《十翼》为参考，从阴、阳两字上引申、发挥，大多以意逆之。学者把它尊为经天纬地的“经典”，民间则视为占卜吉凶的“符号”，能抓住实质，知其真意者少。

东汉许慎著《说文解字》（以下简称《说文》），第一次把“八卦”和方块汉字的产生与发展联系起来，认为方块汉字创作的灵感，来自“八卦”创作。

许慎《说文·叙》：“古者包犠氏之王天下也，仰则观象于天，俯则观法于地，视鸟兽之文与地之宜，近取诸身，远取诸物，于是始作《易·八卦》，以垂宪象。”

“鸟兽之文”，就是天上飞的、地下跑的各类生物的外部纹理、花色等形体特征，使人感知很多事物的存在，于是才“近取诸身，远取诸物”，用一些符号来给以记录和视现。八卦是我们先人对客观事物的认知符号。方块汉字也是我们先人对客观事物认知的符号，许慎这种认识是对的。

客观事物千差万别，十分丰富。八八六十四卦，仅仅两种长、短不同线条单向运动和重叠，肯定是难以概括和表达的。概括要抽象，表达要具体。符号要少，表义要多，要以有限符号表无限内容，如此抽象的符号系统，虽然有表义功能，但十分有限。这种表义符号，尽管已很系统，但并不是完全的语言表义系统。它只能是人类蒙昧时期，结合自身体验，在观天察地中，面对神灵所表示的希望趋吉避凶的体验和愿景。我们的先人，由蒙昧走向文明创造，经历了漫长岁月，才进入文明创造的前夜。八卦正是中华民族的先人在此时此刻认知世界的产物。

八卦中缺少系统语言符号中的数学观念、理论和方法，不能量化具体事物，无法确立历史语言的时空意义，所以它只能是一种朦胧的、不太明朗的表义系统。

方块汉字是中华民族先人集体创造的，是人类最伟大的创造成果之一。这种文字系统有超常的超越时空的特性。中国如此之大，各地方言如此之分歧，但从秦灭六国建立中华帝国以来，汉民族分分合合，最后终归统一。汉语言文字，在维护民族生存，加强国家统一中，作出了不可磨灭的伟大贡献。这种语言文字的符号系统，充满中华民族的智慧，充满人类认知中不可缺少的数学理念与方法，因此它所涵盖的历史语义，能穿越时空，沟通古今中外。

为什么？请看下面详细训诂。

二、从“六书”到五百四十部首

要懂“六书”，就要读《说文》。

许慎著《说文》，将有历史文献用例的方块汉字收集起来，进行了一次系统的汉语历史语义的训诂。从许慎所述，可以看到，几乎秦汉之际所有今、古文经用字，他都收集拢来了。他将这些有历史文献可考的文字，用五百四十部首给以安排，成十四篇。许慎说：“此十四篇，五百四十部，九千三百五十三文，重一千一百六十三。解说凡十三万四千四百四十一字。”《说文》是汉语历史上第一部汉语历史语义详解字典。它收字全面，编排系统，说解并不繁杂，但能以简驭繁，科学严谨。许慎从说文和解字中，把汉字所表达的历史语义，从语义学角度，进行义类分析，凡词义相同相近有关联形式表征者，归为一类，“其建首也，立一为耑，方以类聚，物以群分，同牵条属，共理相贯，杂而不越，据形系联”。有了这个字义（即词义）的“据形系联”，人们就可以“引而伸之，以究万原”，解决读书识字中的许多问题。

《说文》不仅是汉语历史上第一部汉语历史语义详解字书，而且也是一部深思熟虑，充满智慧的书。这种智慧，首先表现在，它不仅发现了汉语历史语义，可以从五百四十个表义符号中去追查，并认知其表义内容。而且“据形系联”，形成一个汉字历史语义的检索系统。这个系统的创造性、科学性，已为时空的长期性、广泛性所证实。直到今天，我们编写汉语字典、词书等工具书，还在参照这个五百四十部首，编写部首检字表。大家熟悉的《新华字典》、《现代汉语词典》都不例外，只是稍作减省罢了。《训诂学初稿》在训诂体式一章中，已从《说文》、《玉篇》到《新华字典》，作了系统说明。要了解详情，请读此书有关章节。

这种智慧，也充分表现在许慎对“六书”所下定义和所举例字中。

许慎《说文·叙》：“《周礼》八岁入小学，保氏教国子先以六书：一曰指事。指事者，视而可识，察而可见。上、下是也；二曰象形。象形者，画成其物，随体诘诎。日、月是也；三曰形声。形声者，以事为名，取譬相成。江、河是也；四曰会意。会意者，比类合谊，以见指㧑。武、信是也；五曰转注。转注者，建类一首，同意相受。考、老是也；六曰假借。假借者，本无其字，依声托事。令长是也。”①

这段叙文告诉我们一些重要的信息追查线索：

---

① 许慎：《说文解字》卷十五，中华书局 1963 年版，第 314 页。

（1）“六书”出自《周礼·保氏》，来源古老。

（2）《周礼·保氏》：“保氏掌谏王恶，而养国子以道，乃教之六艺：一曰五礼；二曰六乐；三曰五射；四曰五驭；五曰六书；六曰九数。乃教之六仪：一曰祭祀之容；二曰宾客之容；三曰朝廷之容；四曰丧纪之容；五曰军礼之容；六曰车马之容。”①

《周礼》告诉我们，“六书”是“六艺”之一。六艺又与“六仪”有关。学了“六艺”，才学“六仪”。读这段文章，一定要注意“六书”与“九数”的关系。下面我还得以较大篇幅分析“九数”，解开方块汉字中一个鲜为人知的更加重要的字码信息。此处暂且不表。

“国之大事，在祀与戎”。② 六艺中的“五礼”、“六乐”，事关祭祀；“五射”、“五驭”事关军事；“六书”、“九数”事关语言文字和度、量、衡等社会制度。“六艺”是“六仪”的基础，“六仪”即后来《礼记》、《周礼》、《仪礼》等记载的所有古代典章文物制度。

（3）“六书”在《周礼》正文中，仅记“六书”二字，只有其名而无实证。但《周礼》郑司农注：“六书：象形、会意、转注、处事、假借、谐声也。”③

郑司农注有了专名，但无实证，且用字、排序与《说文·许慎叙》有异。后人争论不休，大多据郑说与许说引而伸说，但有一点十分一致，即肯定“六书”源自说经，本是从书面语言训诂中得来的解读汉语历史语义的经验与学问。

（4）许叙“六书”，来自古已有之的训诂实践，但在文字学专著中，给六书下定义、举例字的是许慎。郑司农即郑玄，与许慎同为东汉古文经师，都是著名训诂学家。郑玄笺《诗》注《礼》，且遍注群经，硕果累累，人称“郑学”。许慎著《五经异义》、《淮南鸿烈传》和《说文解字》，人称“五经无双许叔重”，被尊为“许学”。清代汉学兴盛，文字、声韵、训诂名家辈出，皆尊许、郑，把古代语言研究和古籍整理称为汉学，或迳称许郑之学。

（5）许慎对“六书”下了定义，举了例字。其定义和例字，皆义界分明，是我们认知“六书”唯一的理论依据。

关于“六书”，以往研究者都局限于方块汉字从文到字的字学范围来认

① 《周礼》，《十三经注疏》，中华书局 1980 年影印本，第 731 页。

② 《左传·成公十三年》，《十三经注疏》，中华书局 1980 年影印本，第 1911 页。

③ 《周礼》郑司农注，《十三经注疏》，中华书局 1980 年影印本，第 731 页。

识，其中争论非常激烈，都从许说“六书”与郑说“六书”中找理由，从名称用字和排序上做文章。到清代戴东原提出“四体二用说”，以前四书为体，是造字之法；以后二说为用，是用字之法。“六书”则是一个体用结合的文字体系。他的学生段玉裁、桂馥、王筠、朱骏声纷纷响应，著书立说，成就了清代《说文》四大家的伟业，从文字学角度看，其功至伟。但从训诂学角度看，从汉字所含数学理念与方法角度看这些争论，有必要进一步从字学范围扩大到文献训诂范围，只有扩大视野，揭开迷雾，才能还“六书”历史语义本来面目。本书在训诂体式一章中，已对《说文解字》作了介绍，但“六书”与“五百四十部首”的数学理念与方法的联系，未能详论，现补充如下：

《说文解字》十四卷，将所收九千三百五十三字，按五百四十部首分类编排，形成一个说解、检索汉语书面语言历史语义的系统。

许书“六书”：一曰指事；二曰象形；三曰形声；四曰会意；五曰转注；六曰假借。

这个“六书”序位的安排非常严谨，有很深的历史语义内容。

汉语表数文字符号系统是“始一终九”，一是数之始，九是数之终。始一终九，是整个数学运算的基础。九九归一，新的一个数学运算程序又合乎逻辑地展开了。如此始终，以至无穷，就是历史，就是能够记载汉语历史的汉语书面语言。“六书”就是认知这种书面语言的条理和思想方法。

指事、象形，是一对矛盾，是“六书”中三对矛盾事物的始发点和终止点。始一终九这个数码系统中，有奇数和偶数，其中奇数一、三、五、七、九，都是指事字；偶数二、四、六、八都是象形字。因此，“六书”的排序是一曰指事；二曰象形。以此类推，指事不仅是象形之始，在“六书”三对矛盾中，它也是如此。既然“始一终九”是一个合理的数学理念，“六书”从“一曰至六曰”所指系统，也是一个有始有终，逐层推进，合理展开，合乎数学理念的系统。以往学者多认为许慎错了，郑玄对了，都认为“六书”应以象形为首，不应以指事为首。这都是没有深究其中数学理念造成的误判。我们要承认许慎所定“六书”排序的科学性、严谨性，才能展开对“六书”这个数码所含汉语历史语义的分析，否则，就会成为无稽之谈，虚妄之举，成为不可理喻的胡言乱语。

许慎“六书”，“一曰指事。指事者，视而可识，察而可见。上、下是也”。这条定义和两个例字的训诂，告诉我们“指事”所指汉语历史语义的多层内容：

（1）“指事”所指，首先是一种视而可识的语言标识性的符号系统。

(2) 这种文字符号系统，不仅视而可识，是一种物质的存在形式，而且要仔细考察，从与其相关联的事物中，才可见到的那个所指的意义。“上”、“下”两字就是例证。

(3)“一”是部首中一个领头字，它在五百四十部首序位中居第一。它在“六书”中也居第一位。它还是文字中一个最原始的构件。“上”、“下”两个字中都有这个最原始的构件。“一”是“上”、“下”两字区分字义的标识点，分界线。在“一”上方有点线运动，在“一”下方也有点线运动，“一”正是“上”、“下”两个名物字语义的分界线和联系点。“上”、“下”都是方位字（词），它是一对矛盾，既相对，又相联。用数码语言表示，就是既能合二为一，都是表方位的名物字；又能一分为二，表示“上”、“下”相反、相对的两个方位名物字。因为汉语文字是汉语历史语义的书面表现形态，从符号本质来讲，它是一种物质的点线运动，这种点线，可大可小，可长可短，既可存在于宏观世界，也可存在于微观世界。事物都是从点开始的，两点成一线，一线中就有始点和终点。点中有静、线中有动。点是静中有动，线是动中有静。点线运动的这种物理特性从当代物理学所认知的物理变化的规律讲，就是能够概括宏观世界和微观世界的物质不断运动、不断变化的聚变和裂变。聚变就是合二而一，裂变就是一分为二，两者相互依存，又相互对立，构成万事万物，构成整个宇宙时空不断变异的物质的存在形式和内容。指事，强调的是人类在认知活动中，必须遵循实事求是的认知路线，这也是一切文明创造第一位的认知原理，这正是汉字在人类认知史上第一位的、最伟大的贡献。汉语书面语言就是这个可以认知的文字符号系统，遵循其中文字符号的聚变、裂变规律，就能认识这个语言文字的历史语义的表义系统，认知其中所表的汉语历史语义的丰富内容。

(4)“一曰指事”、“二曰象形”，从“六书”序位讲，指事与象形，序位相近、相联，而又相对、相反。这当然是“六书”中的一对矛盾。而且是“六书”中三对矛盾的始发点。三对矛盾，序位相联，顺序展开，既相联系，又相区分，有始有终。我们得从整个“六书”系统中，去追索、认知它与五百四十部首和《说文》所收九千多字的逻辑关系，认知汉语书面语言中整个历史语义的丰富内容，上面我们已经讨论了“一曰指事”、“二曰象形”这对矛盾。下面说说“三曰形声；四曰会意”。

形声、会意是“六书”中的第二对矛盾。“六书”中的第一对矛盾，是讲独体之文中的认知问题。形声、会意是讲合体字中的认知问题。形声字是由形符和声符两部分组合起来的，方块汉字中 80%以上都是形声字，是汉字由少变多的一种主要表现形态。汉字是人类认知史上的伟大发明，它也可说是人类在没有现代声、光、电传媒技能的条件下，创造出来的最早、最具智能创造的视听资料矿藏之一。

“形声者，以事为名，取譬相成。江、河是也。”指事已如上述；象形，是后世形象思维的发端，今绘画创作中有工笔画、写意画。象形画是比写意画还要早的写意创作，是只用符号线条简单勾勒的象形文字符号。指事、象形都是独体之文，数量有限，难以尽数表达更多新生事物的意义，所以要“以事为名”，根据新鲜事物，再创造一些名物字，来满足语言与时俱进的历史性表义要求。语言是约定俗成的，不能凭空创造，只能根据汉字的部首偏旁，从五百四十部首中，取出相应部件，从字形与字音两个部分取譬相成，组成新的形声字。江、河就是例证。为什么“三曰形声”？三是奇数，在数字中是指事字。就是告诉你，形声字中有两个部件，它的意义还要从五百四十部首中去寻找其所指义类归属，不能从声符中去找这个新的名物字所指事物内容。因为声音离开了文字形体，是没有任何语言意义的。方块汉字是形、音、义相结合的。形、音都只是物质外壳、是形式；意义才是形、音所要表示的事物内容。声音与意义的结合，也是约定俗成的。就汉语讲，音义同源，这个约定俗成的过程相当漫长，音义同源自然也源远流长，很难说清是从什么时候开始的。但总是先有义，后有音。音随义转，音近义通，都是从训诂实践中找出来的字与字之间意义相联相通的音理根据。形声字是在自身结构中汉字注音、标音的开端。汉语声音所表的历史语义内容，主要是由形声字保留下来的。当然，独体的文，也有个形、音、义结合的问题，它也是音义同源、音随义转的，这是不言而喻的事实。形声字是后来音韵学研究的重要对象。宋元以后，又有人据反切用字，从声、韵、调多角度归纳汉字声韵系统，并列图表示，这就是后来切韵音系一系列韵图韵书的出现，标志着汉语声韵学已经独立，成为汉语言文字学的一个重要组成部分。

“四曰会意。会意者，比类合谊，以见指㧑。武、信是也。”比类合谊，就是强调用思维活动中的综合信息来寻求认知结果。会意也是合体字，它都是从五百四十部首中，选取两个不同义类归属的部首字，将其合二而一，聚变成一个新字，通过比类合谊，描绘其聚变后产生的新义。武、信是其例字。武，由止、戈为武中可以意会其新义。信，从人、从言，人言为信，也是可从比类合谊的描写中显示出来的。“四”是个象形字，会意就是比类描写，显示情状。因此，会意字从实质讲仍是象形，是合体之中具有象形色彩的字。

“六书”中的前四书，是造字之本；后两书是用字之法。转注是讲在汉语书面语言中与五百四十部首表义有关的汉字字义的引申、发展、变化中的诸多字义所指的问题。转注两个字之间可以互相为注，这种互相为注的字与字之间，不外概念外延的扩大和概念内涵的充实增加，是人类认识中最早的放散思维。假借则是讲在汉语书面语言中与五百四十部首义类归属无关，单纯借音表义的问题。至此，"六书"走到尽头，结束了它对汉语历史语义的整个认知过程。

以上就是我对《说文》"六书"、"五百四十部首"两组数据所作的语义分析。结论：五百四十部首，是《说文》通过说文和解字，所作汉语历史语义的比较稳定的义类分析。"六书"则是在这个义类归属的基础上，对其所收九千三百五十三文，进行动态语义分析的理论和方法。

三、从"九数"到中国算盘的设计和使用

从上述"六书"与"五百四十部首"两组数据的分析中，我们已涉及"九数"在汉语书面语言历史语义中的多层语义内容。特别是通过"一曰指事"的分析，已经明确了"一"的数字理念中的许多问题。归纳起来主要是：

"一"在汉语表义符号系统中是一个"数字"。它是"六书"之首、"五百四十部"之首、《说文》"始一终亥"所收"九千三百五十三文"之首。在所有的方块汉字中，它不仅是"上"、"下"两字的基本构件，有字义相联、相对的标识点、分界线的意义，而且也是所有方块汉字中一个最原始的笔画元素。篆籀古文，只有简单线条。汉字发展到今天，笔画变化，三四十画的字都有了，但楷书字的正常笔画是"永"字八法。"永"字中的八种笔画，无一不是点线运动的结果，每一种都包括起点至终点的运动轨迹。它可以有不同走向，但点线运动的标识意义却总在其中。从数字理念讲，"一"是汉字表义符号体系中最小的正整数，是"始一终九"的始发点。"始一终九"就是历史。历史是由无数个"始一终九"不断变化、不断发展造成的。这就是汉语书面语言中"一"的历史语义内容，也是"一"作为最小正整数所属语义的生存环境。

《周礼·保氏》："保氏掌谏王恶，而养国子以道，乃教之六艺：一曰五礼、二曰六乐、三曰五射、四曰五驭、五曰六书、六曰九数。"郑司农注："九数，方田粟米差分，少廣商功，均输方程，赢不足旁要，今有重差夕句股也。"唐孔颖达疏："九数者，方田以下皆依九章算术而言。云今有重差夕勾股也者，此汉法增之。马氏注以为今有重差夕桀，夕桀亦是算术之名，与郑异。案：今九章以勾股替旁要，则旁要，勾股之类也。"今存《十三经

注疏》已将“九数”说得明明白白。①“九数”就是有关“九章算术”的问题。九章算术的基础就是九数。②

九数，最基础的运算就是算术加、减、乘、除法。它与国家度、量、衡制度的建立密切相关。中国算盘就是在深刻了解九数的基础上设计和制造出来的一种非常科学的、合乎数学理念的运算工具，是电脑出现之前，人类最理想的计算工具。它应当是中国汉唐盛世、或最少也应是宋以前的产物。如果《清明上河图》描写的宋代开封时期的市场景象，能代表当时世界最大都市生活的话，中国算盘的产生和制造，至少不应比此时更晚。因为在东汉许慎《说文解字》中，所训“九数”，就已数理清晰，逻辑分明。

讲汉语历史语义，不仅要知道《说文》六书与五百四十部首的关系，更需要了解“九数”与中国算盘的关系。这是认知汉语历史语义文字符号内存数学方法的必由之路，是认识广义文化的必由之路，是开启人类文明发明创造的必由之路。研究汉语历史语义学，理应涉及这个问题。

“九数”就是一、二、三、四、五、六、七、八、九个数目字。下面我们还得从《说文》相关训诂中，继续解读“九数”这组数据的历史语义内容。

《说文・一》：“一，惟初太始，道立于一，造分天地，化成万物。凡一之属皆从一。”

《说文・二》：“二，地之数，从偶一。凡二之属皆从二。”

一、二是“九数”中的第一对，也是最原始、最基础的一对矛盾。

许慎这两条训诂，得仔细审读才能深知其中的历史语义。

“惟初太始”是个动宾结构。惟是思维、考察、调查研究的意思。初、太、始是三个名物字，是思维、研究的对象。初为缝衣之始；太是泰的古文，是泰古之始；始是女人怀胎之始。后来单音变双音，就有太初、太古、太始义，原来单音中比较具体的形象义消失了，变成比较抽象的时空义出现了。“惟初太始”，开门见山，告诉你讲这个“一”字，就是研究时间和空间有关的问题，即宇宙起源问题。

“道立于一”，是说研究时空的起点和终点，其中的道理都在“一”这

① 《周礼注疏》，卷十四，第92页。

② 《九章算术》，又名《九章・算经》，是中国古代最重要的数学著作。主要内容在先秦典籍中已有记载，经西汉张苍、耿寿昌删补而成九章。编者补注：“九数”原出《尚书・洪范篇》：“天乃锡禹洪范九畴，彝伦攸叙”。今见《十三经注疏》中华书局影印本《尚书正义》卷十二，第75页，总186页。

个语言符号中。

从今天的符号学看，语言表义符号，都是物质点、线运动的产物。世间万事万物，都是时空存在的物质标识，离开了时空，它就失去了物质的标识意义。

“造分天地，化成万物”是说天地乃宇宙间最大的两个事物，万物是宇宙间千万个小事物合成的。宇宙间大小事物都存在于时空之中，都是从时空这种物质存在中变化出来的。

宇宙是天地万物的总称。中国人很早就关注这个问题。《淮南子·原道训》：“纮宇宙而章三光。”高诱注：“四方上下曰宇，古往今来曰宙，以喻天地。”许慎释“一”，与高诱注十分近似。从辩证思维看，宇宙是一种物质世界，它是一种不以人们意志为转移的客观存在，它处于永恒的不断变化之中。它在时间上，古往今来，无始无终；它在空间上，四方上下，无边无际。宇宙是时空的统一，它的多样性在于其物质的多样性，它的统一性也在于其物质性。许慎《说文》释“一”，字数不多，但其历史语义内容却十分丰富而科学，其辩证思维十分清晰。

从“六书”的分析中，我们知道了“一”这个汉语数字符号有基数、因数、序数三位一体的语言意义，这是基数字的三重客观属性。顺便也讲到了汉语数字符号从“一”至“六”与汉语文字系统相关属性及其表义内容。但还不是全面的、多方位的、从时空观念上、从宇宙间天地万物的物质存在及其永恒变化上、从数字始一终九这组数据链上来研究其历史语义。许慎说“一”，就告诉我们还应当从“九数”分析开始，进入一个与“六书”相联，但与“六书”不同的广义文化空间，解读宇宙万事万物。

许慎说“二”，就把我们引进了“九数”的数码解析系统。许慎说：“二，地之数，从偶一。凡二之属皆从二。”一和二，是两个相关联而相对独立的数目字，是“九数”中的第一对矛盾。“从偶一”，“偶一”就是两个“一”，这是讲“二”的形体结构。还有一层意思：“二”是紧跟在“一”后面的数，表明“一”和“二”两个数的顺序关系。“一”是奇，“二”是偶。“一”是单，“二”是双。“一”是天地合二而一，“二”是天地一分为二。“一”是阴阳相聚，“二”是阴阳分裂。天是阳，在上位；地是阴，在下位。所以说“二”是“地之数。”

这里要就“从偶一”的字形说解中，说一说“一”的倍数问题。在数学理念中，倍数是原数若干倍的数，某数的几倍就是用几乘某数。“一”是一个最基本的数，它是任何数的因数，或者说任何数都是“一”的倍数。“一”是一个有巨大能量的数字。“二……从偶一”是指 1+1=2。“二”正是“一”的倍数。这与“三，天地人之道也”，同样数理分明。许慎释“二”，非常精准。在字形上讲，“二”是“从偶一”；从字义上讲，“二”是“地之数”，就把阴阳、奇偶结合起来，用在“九数”的基数义、倍数义的说解中。不仅如此，还在数理上表现了事物“一分为二”、“合二而一”的逻辑义，而这正是事物发展的普遍规律，也是人类认识事物的普遍规律。其在数理上、哲理上以及在人类认识论上的意义，是无法估量的。

下面继续说“九数”中的三至九。

《说文·三》：“三，天地人之道也。从三，数。凡三之属皆从三。”

《说文·四》：“四，阴数也，象四分之形。凡四之属皆从四。古文：。”

三是阳数，四是阴数；三是奇数，四是偶数；三是指事字，四是象形字。三、四是一对矛盾，既相互依存，又相互对应。是一、二这对矛盾的又一层矛盾的拓展，其基数字的三重意义属性不言自明。

值得说明的是“三，天地人之道也，从三，数”。许慎的意思是：三是数字“三”，不是八卦中的乾卦“☰”。方块汉字中的“三”，其形与乾卦“☰”同，都是三根长线条的重叠，但只表天地人三个、三种、三类事物的基数义。三是汉语数字符号，不是八卦图形。至此，三的文字符号的数字观念，已是义界分明，不容混淆的了。三是文字符号，不是八卦中的乾卦，懂得此中道理，才能理解《老子》：“一生二；二生三；三生万物”；“三生万物”，即在始一终九的宇宙观中，进入了九数范畴即进入“天地人”的整个宇宙世界。

下面再说五、六、七、八、九。

五：《说文·五》：“五，五行也。五行也，即《尚书·洪范》所讲金木水火土五行中相生相尅的道理。五为皇极，即事物变化的分水岭、控制阀，九数与五行也是矛盾对立的统一。从二，阴阳在天地间交午也。凡五之属皆从五。×，古文五省。”

六：《说文·六》：“六（），易之数，阴变于六，正于八（），从入从。凡六之属皆从六。”

七：《说文·七》：“七（），阳之正也。从一，微阴从中衺出也。凡七之属皆从七。”

八：《说文·八》：“八（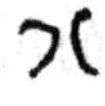），别也。象分别相背之形。凡八之属皆从八。”

九：《说文·九》：“九，阳之变也，象屈曲究尽之形。凡九之属皆从九。”

“九数”之外还有“十”。《说文·十部》：“十，数之具也。“—”为东西；丨为南北，则四方中央备矣。凡十之属皆从十。”汉字受“天圆地方”观念的影响，字成方块形。它的点线运动，凡圆形都变成方形，如：圆、口、四等。方块汉字中的点线运动，主要通过横笔竖笔的交叉、转角以及部首叠加等方式来指事、象形，不像阿拉伯数字1、2、3、4、5、6、7、8、9、10，一根线条的曲线造形，可以形成圆形的“0”。这是汉字中没有“0”的原因。但方块汉字并不缺“0”的观念，“十”就是一的十倍数，是汉语数字中的倍增器。“十”的造形，构成了同心圆的两个基本要素；同心、相同半径。相同半径，围着同心的任何转动都可构成同心圆，同心圆，是最标准的“0”。“零”与“0”同音，常借来表“0”义。“十”是“数之具”，具，后作俱，全也。“十”又是“四方中央备矣”。备，具也。具和备是同义字，后来就成了“具备”，万事具备，就是万事俱备，即基数字一至九一个也不缺少。数学是研究现实世界的空间形式和数量关系的科学。《说文》释“十”，把“十”与“始一终九”的空间形式和数量关系说得清清楚楚。“十”的序位在“九”之后，所以要“逢十进一”。十，从倍数意义讲，就是十个一。中国算盘中有许多穿档。十在个与百之间。数学中有“十”进位观念，才有百、千、万、亿等无穷倍数。实际上，“十”是汉字中的倍增器，是汉字中的同心圆，即“○”。“十”等于阿拉伯数字“10”。在算盘上“逢十进一”，即穿档十位是一，穿档个位是空，空就是“○”。在算盘的空间形式上，“十”也是“一○”。“九九归一”不是归到“始一终九”的原点“一”，是归到“逢十进一”后新的“始一终九”的“一”。现在是创业时代，大家都在谈从0到1。从创造性讲，东汉许慎《说文》对九数的训诂和说解，所做的工作，就是在他们处时代积累的知识基础上，做了那个时代“从0到1”的创造性工作，翻开了汉语历史研究的新天地。

五至九的说解都从天地阴阳相合相分转变的先后，从事物数量奇、偶相依相对的序位，来区分其中的数字义。五是阳，奇数；六是阴，偶数。这里要特别注意“五，五行也。从二，阴阳在天地间交午也”这句话。五行，金、木、水、火、土，是天地间五种物质之间的相生、相尅的道理。以及由此而衍生的五事、五纪、八政、三德、皇极、九五之尊等观念。从二，指五字上下两条横线，代表天、地两个义符。×，指两条斜线相交，代表阴、阳在天地间相交午。注意“交午”两个字，这是讲五的时空历史语义。它不是交“舞”，而是交午，即天地阴阳交于“午”。午是天干中的第七个字，是午时、午夜白天黑夜时空交接点。五是一至九的交接点、转换点，算盘中横梁就是根据五在九数运算时所起阴数阳数处于转换点、支撑点的意义设计出来的。中国干支纪年，也是据此创造出来的。天圆地方，天干十二个字与地支十个字配合，其间运行一周差两个字，地支 $10\div2=5$，天干 $12\times5=60$。六十花甲，又一个甲子开始。周而复始，无穷无尽，故可纪年、月、日、时。这都是数学理念的深刻表现。此话清楚说明“五”与《尚书·洪范》所论“五行”是一致的。《尚书》论“五行”；《易》论阴阳，都是讲中国古已有之的朴素的唯物论、辨证法。这应是人类农业革命时期、最早的自然辨证法。正是这种自然辨证法，奠定了以后，人类工业革命、信息革命的认识论基础。人类文明建设才一步步走到今天。

老子《道德经》是一部具有十分生动的数学理念和数学方法的哲理性著作。这只要对“道”和“德”两个字稍作训诂，就不难理解。

“道可道，非常道”是讲阴阳变化之道。

“名可名，非常名”是讲数字始一终九之名和万象名义之名，即文字符号与一阴一阳谓之道，有名为無（无）名之始，无名为万物之母的辨证关系。《老子》开章明义，就讲无名之道，即“道”与“语言”的关系。

“德”从彳从悳，彳为双人，即多人之义十，是一的十倍；四从囗从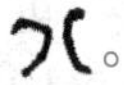。与八相关。八，篆文作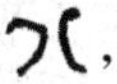，别也，“万物负阴而抱阳”但阴与阳是有别的，故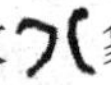象阴阳相背而有别，八，字义为别，位处七与九之间，是说七与九是有区分意义的。四字从囗从八。“悳”又从心，是讲“悳”是人的心智方面的行为习惯。“德”古作“悳”，后来叠床架屋而成今楷书“德”。

《道德》经以道为体，以德为用，是一个以唯物论为体和以辨证法为用的理论体系。具体说，就是讲天理之“道”和人倫中的良心、德行。道德两字后来在历史文献中相合成复合词，其义即天理良心。

《说文》的“道立于一”与《道德经》中第一章所表有名与无名的关系，是完全一致的，都是解决人类认识中从无到有，从〇到一的问题。《说文》是专论有字之书；《道德经》是专论无字之书，《道德经》有五千字，都是讲虚，空之道，以及万象名义之道的关系。《道德经》，由道经和德经组成，道为德之体，德为道之用，是一个体用结合的唯物论、辨证法的思想体系。《道德经》第一章，开宗明义，就讲了“有名”（即指事、象形的文字体系）与“无名”（指宇宙起源的时空中万物之中的有名为无名之始、无名为万物之母的问题）。整个《道德经》映证了从无到有的唯物史观；《说文》始一终亥的整体结构解决了从〇到一的认识论问题。

忽视《道德》经中的数理观念和数学方法论上的意义，是很难读懂老子的。这可能就是孔子问道于老子的原因罢。

六字说解要注意“易之数，阴变于六，正于八”这句话，要从“九数”整个序位变化中去理解。六是表示以五为变化的交叉点上下数字中都有阴阳相互消长的问题，阴盛阳衰从六起，到八就盛衰相当，趋于正常了。八，处于七与九之间，是个区别字。八是两条弧线相背，故曰：八，别也，是讲七与九有别。八的区别义，也涉及前边四有别于三和五。从点线符号表示，三是横线同向叠加，四是点线改向运行。七、八、九顺序排列，八在七与九之间，七与九都是阴阳两线交叉运行，但仔细观察，七、九两线交叉点的位置有高低之别。七是阳之正，但有点阴气邪出，表示阳虽正，但有衰减的苗头和趋向。九，久也。九，数之终也。九也是阴阳相交。九“象屈曲究尽之形”，指示相交已久打破平衡，衰落快到尽头。

数字“始一终九”，是“惟初太始，道立于一，造分天地，化成万物”，整个宇宙时空变化的符号标识。许慎的说解，只有从符号学的基本原理出发，才能得到所表汉语历史语义的合乎数学理念的科学解释。

许慎说“九数”，始于一，终于九。

许说“一”是“惟初太始，道立于一，造分天地，化成万物”的开始。一是天地时空的起点，是宇宙间万物变化的内在根据。

许说“九”是指事字，是“阳之变也，象屈曲究尽之形”。一是阳，是奇数；九也是阳，也是奇数。一是“惟初太始”之“始”；九则是“阳之变也，象屈曲究尽之形”，指事物终了的意思。许慎“始一终九”的数字观清清楚楚，毫不混乱。其实，“始一终九”的数字观，并非许慎创造。《素问·三部九候论》：“始于一，终于九焉。”《九章算术》有九章，也是“始一终九”。《离骚》：“指九天以为正兮，夫惟灵修之故也。”中国以九命名者，不知有几多，有九土、九州、九鼎、九族、九夷等，数不胜数。

从数理逻辑角度考察，作为语言载体的符号系统，都是从点线的物质运动开始的。九数是汉语语言符号中的九个数目字，也是从点开始的。两点成一线，有线就有起点和终点。起点和终点都是与线相对静止的事物。存在于起点和终点之间的线，则是点向不同时空移动的动态标志。点是静中有动，线是动中有静。点可大可小，无边无际；线可长可短，没完没了。点线运动的这种属性，与时空运动的方式十分切合，所以可用来制作表示数学理念的标志性符号系统，即数码系统。九数是一个数据链，九数的运算，就能得到这个数据链提供的数码信息。

《说文》所说“九数”给我们提供了认识这个数据链的许多基本事实：

（一）“九数”都是标准的、完善的数码符号，其中（除“一”本身没有倍数义，只有因数义外）每个符号都有基数、倍数、序数义。三位一体，非常完整，给“九数”运算提供了基础、打下了理论根基。

（二）“九数”中有阴阳、奇偶，指事、象形，分、合，聚、散等变化规律的完整的内存信息和条件，为表现这种运算提供了物体所指之数、所象之形的可能性。

中国算盘的设计和运算，就是在深刻认知“九数”的基础上设计出来的。

中国算盘设计，一般为长方形，有四个边，表示每个数码符号都有其意义边际。时空是无边无际的，但进入具体事物运算时，数码所示则是有边有际的。框内有多位穿档，表九数运算时所能表示的零、个、十、百、千、万、亿的序位档次直至九数运算所及累计倍数。一般往左前方表正整数及其倍数，往右后方表负数及其倍数。档中有横梁，将整个算盘一分为二。算盘中的横梁，就是九数中的五。梁上格为阳，梁下格为阴。梁上两珠，梁下四珠（亦有梁上一珠、梁下五珠者），珠就是算符。上格两珠，5+5＝10；下格四珠，每珠为一，相加为四。运算时，先定位，再按数学方法进行加、减、乘、除，拨动上下算符，所得即加、减、乘、除口诀表所示数值。这个数值正是“九数”运算中数学方法的最佳解析，也是汉语历史语义有关数学理念的最佳体现。

中国算盘，是手脑并用的计算工具。

计算机是电动计算工具。时代不同，速度快慢有异，但都按数学理论和方法运算，所得结论都是数码所能表示的逻辑意义。中国算盘和电脑之间在数学理论和方法上是相通的。计算机能读懂汉语，计算机汉语应用语言之所以能告诉你汉语所表字、词、句、段及篇章结构等语言历史意义，道理都在“九数”之中。

四、从“六书”、“九数”解码中看汉语历史语义的教学与研究

“六书”、“九数”，是研究汉语历史语义的两组数据。随着对这两组数据符号的汉语历史语义的解读，给我们展示了认知汉语书面语言历史语义的一个长长的数据链。

“六书”使我们认知每个汉字，都是形、音、义三结合的。在三位一体中，形、音是其物质外壳，字义则是其所表事物内容。通过说文和解字，让我们认知了五百四十部首、知道它是汉语书面语言历史语义的一种意义归属，是我们认知汉语历史语义的一个符号系统。“六书”是从这个汉语义类归属的符号系统中，通过再分析、再归类而建立起来的认知五百四十部首、

认知《说文》所收九千多字的一个认知汉字、认知汉语书面语言历史语义的一个路线、一种理论、一种数码体系。这种数码认知体系，就是思维规律。它一分为二，就是逻辑思维和形象思维。汉语书面语言创作，丰富多彩，能事无巨细，讲清千万道理；能绘形绘声，多姿多彩，描写万千世界。能创造出惊天地、泣鬼神的汉语书面语言，都离不开说理、议论、叙述、描写。从合二而一讲，这都是有关写作的思维方式和方法。从一分为二讲，说理、议论，离不开逻辑思维；叙述、描写离不开形象思维。两种思维方式，既统一又对立，都存在于时空永恒变化之中，都有其时空标志性符号，都可以用方块汉字来表达。

"九数"使我们认知汉语表义文字符号中，"始一终九"中的每个数字都有基数、倍数、位数义。数字"始一终九"，九九归一，是宇宙万事万物，不断聚变，即合二而一；又不断裂变，即一分为二的整个历史过程。"始一终九"，就是时空两种物质存在和变化的数码符号标志。世间万事万物，都存在于时空之中，离开时空，就没有万事万物。离开了能够指事和象形的表义语言符号，也没办法深入认知万事万物，认知自然和人类整个历史进程。世间万事万物都存在于时空中，当然就个别事物讲会有其有别于万事万物的个性特征。这些个性特征，是与其他万事万物的共性相比较而存在，相对立而发展的。既然汉语书面语言中的数目字都有个数、倍数、序数义，可以从合乎数理逻辑的运算中，得出其数码所表示的历史语义，同理，汉语书面语言表义符号系统中的其他表义符号，也可以进入这个"始一终九"的历史进程，进入"始一终九"的整个逻辑运算数码表义系统。道理很简单，只要汉字进入表义的字、词、句段、文体结构和汉语历史文献系统，在使用中就会产生字数、字序、字频等级等数码信息。

"九数"是数学运算的数码。按数学方法运算，可以知加、减、乘、除等数码链所表示的数码意义，能通九章算术，能通万事万物。《九章算术》，据《周礼·保氏》记载和汉唐旧注，开始是有关土地丈量、赋税计征等的计算方法。《九章算术》，先秦已有相关记载，经西汉张苍、耿寿昌删补而成九章。其中分数理论，比例算法，盈不足算法，开方法，线性方程组解法，正负数加减法，以及勾股形算法等，都是具有世界意义的伟大成就，为后世数学的发展作出了不可磨灭的贡献。张苍、耿寿昌都离郑玄、许慎所处时代不远。许慎《说文》所释"九数"如此数理清楚，逻辑分明，是时代使然，非空穴来风。许慎所释"惟初太始，道立于一"的时空观，以及由此时空观构成的"始一终九"的历史观、发展观，也是先秦历史文献中屡见不鲜的。《老子》："有物混成，先天地生，寂兮寥兮，独立而不改，周行而不殆，可以为天下母，吾不知其名，强字之曰道。”“万物得一以生。”“道生一，一生二，二生三，三生万物。万物负阴而抱阳。”都可证明，“始一终九”的时空观、历史观，也不是许慎独创，而是华夏先民在长期社会生活实践中，逐渐积累起来的认识论、世界观。我华夏先民，正是在长期生活实践中，在长期约定俗成的过程中，创造了充满汉语历史语义的汉字信息符号系统，在汉语书面语言长期使用中，把这份宝贵的历史语义遗产保留至今。离开了科学的时空观、发展观，这份历史遗产是无法约定俗成的，是无法保存至今，一直被后来人广泛理解，并在思想、文化交流中广泛使用的。

许慎所释“六书”、“九数”与汉人所重《易传》中的象数之学也有某种关联。阴爻“--”和阳爻“—”是《易传》中基本的象；汉语中基本的数是一、二、三、四、五、六、七、八、九。数有奇数、偶数，奇为阳、偶为阴，故数与象有密切关系。汉人从象和数相互关联所生变化来解诂《周易》的易学，被称为象数之学。此学在西汉非常盛行。汉人的《周易注》和纬书中的《易纬》，都是宣传象数之学的。讲究谶纬的人认为，是孔子作儒家六经，恐后人不能完全理解，于是又作了一些补充说明，于是有易纬、礼纬、诗纬、尚书纬、春秋纬、孝经纬，每种纬又包括许多篇，取了一些奇怪的名字，说了许多神秘兮兮的隐语，旁敲侧击、附会时政。纬书的主要意图是把“六经”神秘化，把儒家思想宗教化，把孔子超人化。这种思想始于董仲舒，到后来发展至封建迷信的可怕地步。

以上易注和纬书，大多没有完整地保留下来。现在比较完整的易纬是《乾凿度》，从中还可见到其中的关联。《乾凿度》说：“易无形畔，易变而为一。一变而为七，七变而为九。九者，气变之究也，乃复变而为一。”①

许慎所释“六书”、“九数”之名来自《周礼·保氏》“六艺”。但对“六书”、“九数”所释则是集中了当时最先进的学术思想，完全反映了许慎当时在文字学、语文学、数学、哲学方面的科学成就。许慎用了象数之学的阴阳、奇偶来说九数，而没有堕入空灵的气变说，是许慎历史观和宇宙观的集中体现，是许慎对方块汉字创造和汉语书面语言所表汉语历史语义所构建的一个科学的认知理论框架及思想体系。在构建这个思想体系中，许慎巧妙地利用了《易传》象数学中的阴阳、奇偶之说，用它来讲“九数”中的倍数义和序数义。“数有奇、偶；奇为阳，偶为阴”，这是《易传》象数之学中已有观念。许慎取其释“九数”，以阳在上位，阴在下位，定一至九数的

① 引自冯友兰：《中国哲学史新编》，下册，人民出版社1965年版，第195页。

序位；同时，又以奇为阳、偶为阴，贯彻在“九数”倍数义的说解中。这就使“始一终九”的时空观、历史观，有了二进位数学理念的基本内存，提供了“九数”按数理运算的无限可能性。许慎还把“九数”与“六书”联系起来，构建了一个说解汉语书面语言历史语义的思维方式和理论框架，避免了《易传》象数说仅据八卦，缺乏数理逻辑而导致谶纬迷信的不可知论。这在中国文字学史、训诂学史乃至整个哲学思想史上，都是巨大贡献。可惜，到今天为止，我还很少看到有人从哲学史、思想史上来认识许慎，认识《说文解字》，认识许慎所论“六书”、“九数”的历史意义和价值，这是很奇怪的。

“六书”事关语文教学与研究。

“九数”事关数学教学与研究。

“六书”中有“九数”；“九数”中有“六书”。

语文教学与研究，要重视“六书”的训诂意义，要把思维规律的教育贯彻在人生认识教育的整个过程，要懂逻辑思维和形象思维既统一，又对立的客观规律，认真分析各类文体的写作规律，提示其中的历史语义内容。

数学教学与研究，要从小开始，认知“始一终九”的时空观、历史观，要认真分析数学运算的学问，学好加、减、乘、除法，熟读口诀表，并牢牢记住，终生不忘，终生运用，并以此为基础，通向《九章算术》，通向“九数”数理运算开启人类智能所能达到更深、更高的认知境界。

语言是思维的直接现实。人类只有借助语言，才能有思想、有作为。任何人类社会，任何社会阶段，语文教学与研究，都应处于先导学科地位，任何轻视语文教学与研究的思想，都是十分有害的。

数学教学与研究，是认知数理、认知时空、认知宇宙万事万物生存、发展之道的科学。道生一，一生二，二生三，三生万物。离开了数理的研究，就不知时空为何物，不知万事万物为何物，不知“始一终九”的历史为何物。没有“九数”表义语言符号的创造和发明，没有中国算盘的制造和运算，华夏民族可能还处在八卦表义的蒙昧时代。

语文、数学教学与研究的重要性是不言而喻的。

这是我论证训诂学就是汉语历史语义学想对当前教育说的几句话。当前语文教学与研究、数学教育与研究，是否也应读读《说文》，把“六书”与“九数”结合起来，懂得“六书”和“九数”的一些道理，懂得从这两个数据链中，读懂其中历史语义呢？这是事半功倍的读书法。我们的《训诂学初稿》经四次修订，共有五个版本，已印行四十余次，发行量也不少了，说明已有许多人在关心这个问题，现在进一步从数学方法角度来论证训诂学就是汉语历史语义学，对大家学习训诂学，认知汉语历史语义，是有意义的。懂得一些数理逻辑，对解读汉语书面语言是十分必要的。读万卷书，行万里路，是许多人一生孜孜以求的大事。但读书一定要有正确的时空观、历史观，总得把所读文章放在特定的与其相应的时空环境中去理解，否则就会如坠云雾，毫无意义。写一篇新闻，即使只有几百字，也要有时间、地点、人物、事件、故事始末的交待，更何况其他著作和作品。即使读一首诗词，只有很少字句，没有时空的表达，你也很难理解。有了时空的巧妙表达，才会妙笔生花、色彩斑斓。文字符号，是由点线物质运动构成的。把文字符号"著之竹帛"才是书。点线物质在书面上运动，就会黑白分明，才能视而可识。从颜色这一事类讲，黑白就是本色。由本色可裂变为五色：红、黄、蓝、白、黑。这就是要观天察地，才能认知其中的数理语言意义。红是东方红、太阳初升的颜色；黄是黄昏时太阳快落山时的颜色；蓝是中午太阳正中时天蓝蓝、海蓝蓝的颜色；白是白天之色；黑是黑夜之色，都与太阳运行有关。阳光也是一种物质，不同时段可以显示不同颜色。地球围着太阳转，月亮围着地球转，太阳也按自己规律不断旋转，还有许许多多星球在转，形成昼夜交替、斗转星移的茫茫宇宙，形成宇宙物质存在的标志：时空。本色、五色，都是在时空转换时阳光在地面所显示的颜色。我们的先人用点线物质运动创造了文字符号，记下了在这种多变时空中不同的视觉感受，留下了合乎数理发展的书面语言符号。本色：黑、白；五色：红、黄、蓝、白、黑；及至七彩：赤、橙、黄、绿、青、蓝、紫，都是如此。细心的读者也许会问，"五色"中有本色，而"七彩"中却没有本色，这又是什么道理？有无相生、难易相成，也是符合数理的事物的变化规律。毛主席有一首词，描写了这种规律。请看：

《菩萨蛮·大柏地·一九三三年夏》："赤、橙、黄、绿、青、蓝、紫，谁持彩练当空舞？雨后复斜阳，关山阵阵苍。　当年鏖战急，弹洞前村壁，装点此关山，今朝更好看。"

这是一首绝妙好词，评论者极多。但很少有人从数理上来认识其历史语义的价值。大家都把"关山阵阵苍"的"苍"字解释为"碧绿青翠"，说此句的意思是："雨后初晴，一切景物都披上了新装，再加上夕阳照耀，云霞掩映，使青翠的关山时隐时现，变化万端，格外美丽。"

其实"关山阵阵苍"一句并非如上所说的那么美丽。"苍"在这个句子中，只是"灰白色"的意思，如果解释为"碧绿青翠"，那就失去其时空历史语义了。毛主席所写“雨后复斜阳”是傍晚时段半白半黑，将黑未黑的那种“灰白色”的时空背景，也只在这个背景下，在“雨后复斜阳”的作用下，才能出现彩虹中的七彩斑斓的壮丽景色。七彩：赤、橙、黄、绿、青、蓝、紫中没有黑、白两种本色，但正是黑、白两种本色的交替，构成灰白的苍茫背景，才能在雨后、斜阳的交互作用下，产生出彩虹奇观，令人浮想联翩，要说多美有多美。在毛主席诗词中，有许多句子用了“苍”字，如“问苍茫大地，谁主沉浮？”“烟雨莽苍苍，龟蛇锁大江。”“苍山如海，残阳如血。”凡此等等，“苍”都是一种半白半黑的灰白色的意思。中国的诗，很讲究诗情和画意的结合。主观的情与客观的景，交相存在，交相辉映，才有诗情和画意。从某种意义讲，毛主席诗词中的“苍”字，就是旧中国那种半白半黑的灰色背景的高度概括，是字内有意、字外有情，此处无声胜有声的一种诗味。

这种在“五色”中有本色，在“七彩”中又没有本色的现象，是一种有无相生，难易相成的合乎数学理念的事物发展规律。“九数”运算中所表示的数学理念，不仅存在于“九数”运算中，它也是万事万物发生、发展、变化万千中的普遍规律。此事，不仅为毛主席这首绝妙好词所证实，也为今天我们常见彩照、彩电所证实。先有黑白照，后有彩照；先有黑白电视，后有彩色电视。这些事物都说明有无相生、难易相成这种合乎逻辑的事物变化的规律。把物质的点线运动构成的方块汉字“著之竹帛”而成汉语书面语言，其表义符号系统都是底色为白、点线为黑，在黑、白两种本色交替中显示出来，才能成为“视而可识、察而可见”的汉语表义符号系统。用这种汉语表义符号进行写作，可以写出色彩斑斓的各类著作和文艺作品。汉语历史语义，不仅存在于汉语历史文献中，也存在于新的汉语传媒、新的计算机汉语应用语言中。汉语历史语义的教学与研究，也应与时俱进，扩大视野，从时空变化中，确定自己的研究对象，加深自己的研究内容，推出新的汉语历史语义的研究成果。

五、现代汉语教学和研究的得失

中华人民共和国成立以后，大学课程设置中，有现代汉语和古代汉语两个科目，以这两门课的设置，改变、代替传统的汉语语言文字之学的研究和教学。

现代汉语以研究现代汉语语音、词汇、语法为主。古代汉语也基本是这个框架，但由于古音研究问题较多，课时有限，很难深入，一般是多读范文，从中进行一些古代词汇和语法的分析。有条件的学校则另设一些古文字学、声韵学、训诂学等专题选修课，对汉语言文字教学作一些补充。

现代汉语研究最大的收获，在于制订《汉语拼音方案》，推广普通话。通过语文教学、报纸、杂志、广播、电视等传媒的应用和推广，对于国家统一，民族团结，社会进步作出了巨大贡献。现代汉语词汇和语法教学、研究，也在这个过程中取得了一些成绩，改变了传统语言文字之学重古代轻现代的倾向。在反对厚古薄今的总形势下，古代汉语教学和科研，成绩平平，没有很大突破。特别是在文字学方面，作为音韵学和训诂学的理论基础和前进基地，很少有人进行研究，即使在大学，至今不知道《说文解字》、《广韵》和《尔雅》者，也大有人在。由于对汉语语言文字之学的教学科研在认知上的改变，人们很难深入对汉语历史语义的研究，汉语历史语义学的研究对象和目的，一直模糊不清。

六、汉语历史语义学与当代计算机汉语应用语言研究

训诂学就是汉语历史语义学，它与计算机汉语应用语言的研究关系极大。

《训诂学初稿》在历次修订中，我们着重介绍了它与信息字典编纂的关系，介绍和汇集了有关当代信息理论方面的知识，力图将训诂学引向汉语历史语义学，但一直没能把这个问题集中说透。《训诂学初稿》修订本，尽管已经是第40余次印刷出版，并长销不衰，但我还是感到十分遗憾。

计算机要读懂汉语，关键是要读懂汉语历史语义，它才能传播汉语信息。汉语拼音上网，只靠语音上网是不够的，因为声音本身不结合字词（即表义的文字符号）就没有表义的功能。语音不和方块汉字结合，不通过汉字，是无法表义的。因此，上网时，先输关键词拼音，计算机汉语应用语言程序就可以把有关文字通过文字频级作个先后排序，帮你很快找到相关汉字及相关汉字的词条、句子、文章，通过菜单打印显示，你才能搜索到有关信息。这已是网民人所共知的常识了。

计算机汉语应用语言研究，就是在现代汉语语音研究成果《汉语拼音方案》和推广普通话的成果基础上，进一步研究方块汉字。在汉语总字数中，顺着训诂学研究书面语义系统的方向，在汉字书面语言使用频率中，寻找汉语字序、字频，通过字频，研究频级，再通过菜单显示该关键字所涉词组、句子、篇章结构所涉汉语历史语义内容。其中，语言符号所表意义、字词之间逻辑的关联，是计算机读懂汉语的关键，也就是本文补充说明的重点。

七、为训诂学就是汉语历史语义学正名

《论语·子路》:“必也正名乎……名不正则言不顺，言不顺则事不成。”这是讲正名的重要性。

正名，就是研究名与实、形式与内容的关系。正名涉及语言的表现形式及其所表现的语言内容。语言是人类的交际工具，人类借以表达思想，交流感情，它是一种特别重要的行为习惯，一种特殊的社会契约，是维系人类生存、协调人类活动的重要媒体介质。名不正则言不顺，言不顺则事不成，真乃至理名言。

要谈语言中的正名，就要研究语言中的名与实，形式与内容的关系。《荀子·正名》：“名无固宜，约之以命，约定俗成谓之宜，异于约谓之不宜。名无固实，约之以命实，约定俗成谓之实名。”荀子是战国时期的名家，是研究汉语历史语义最有名的语言学家。语言中的意义、内容和它的表现形态（形和音），都是约定俗成的，这也是至理名言。《荀子·正名》是研究汉语历史语义不可不读的一部专著。

语言约定俗成，是我们先人在漫长历史过程中，合乎历史认识论的不断深化过程，方块汉字作为汉语书面语言的书写符号，充满一分为二而又合二而一，不断变化的历史过程，它的表义符号系统，合乎数学理念。历史，是一个名词，它的内容包括自然界和人类社会从古到今的发展过程。

汉语历史，是指汉语从古到今的发展过程。

汉语历史语义学，当然就是研究有关汉语从古到今发展过程及其规律的科学。汉语历史语义学，不是古代汉语语义学，也不是现代汉语语义学。它是兼包古今汉语语义的历史变化及传播规律的科学，是理解古今汉语语义互相依存而又互有区分的科学。观今宜鉴古，无古不成今，它是汉语语言研究中不可或缺的重要课题。

语义学是西方语言研究中一个非常重要、非常难懂的名词，既可以指对自然语言中的词语意义的研究，也可以指对逻辑形式、系统中符号解释的研究。前一类历来在哲学和语言学两个领域研究中交叉进行；后一类研究被人称为纯语义学，主要在逻辑学领域进行。前一类产生了哲学语义学，是哲学家围绕自然语言中什么是语言意义这个难题展开的。这一类西方式的哲学语义学和逻辑语义学，在汉语研究中，是大家议论了多年的命题，也写了不少文章，但很奇怪，就是没人从数学理念这个角度来讲汉语语义学，以致这种跟着西方走的语义学，至今尚未成形。西方也有历史语义学，关注词义的历史性演变问题。1893 年，法国学者 M. 布雷阿尔，第一次使用“语义学”这

个名称，1897 年出版了第一部有关历史语义的著作《语义学探索》。以后欧美学者陆续有著作问世，到 20 世纪 50 年代形成历史语义研究的高潮。

传统汉语语言研究中，没有语义学这个名称，但有哲学语义、逻辑语义、历史语义，较之西方更早的和更加完善的解说系统，都涵盖在传统的训诂学中。本文从八卦与方块汉字，“六书”与五百四十部首，“九数”与算盘，汉语历史语义与计算机汉语应用语言研究几个方面，力图沟通汉语历史语义与当代计算机应用语言研究的联系，为训诂学正名，目的在于扫清历史迷雾，还传统训诂学应有的历史地位。

本文在写作过程中，有关数学和计算机汉语应用语言研究方面的一些内容，曾向武汉大学计算机学院博士生导师张焕国教授请教，承他多次指教，并亲自审稿，使作者受益良多。陕西师范大学文学院赵学清教授，接受作者请求审读此稿，对全文逐字逐句作了校改，还查对了部分引文，提出了非常宝贵的修改意见。本书责任编辑高璐编审，学术精良，眼光敏锐，是他支持我在耄耋之年，写出此稿。炎炎盛夏，他多次来到寒舍，为此稿之成，做了许多工作。没有他们的努力，我是很难完成这个写作任务的。特在此致以衷心感谢！

战马萧萧国运新，士兵解甲归故林。
披白云以颂诗赋，驾黄鹤而游古今。
历人间千年巨变，迎盛世编书解经。
击剑攻书此生乐，字书诂训难了情。

1956 年，国家号召向科学进军，我从军营来到黄鹤之乡，歌于斯，哭于斯，早逾半个世纪。吾师匪石先生已逝，吾弟子邦柱教授亦逝，独留孝德于人间。恭逢盛世，奋笔修典，感慨万千。谨以此文献给武汉大学 120 周年大庆，祝母校繁荣昌盛，继续为国家多作贡献。

2013. 6. 26

于珞珈山瞰湖精舍

关于传统训诂理论与实践的再认识

——《训诂学初稿》第三次修订版代序

黄孝德

语言是人类的交际工具，人类借以表达思想、交流感情，它是一种特殊的社会现象，是维系人类生存、协调人类活动的重要媒体介质。

汉语是汉民族的共同语言，是我国的主要语言。它是世界上作为母语使用人数最多的一种语言，也是联合国为数不多的几种工作语言之一。

史前时期，汉民族的原始民就已存在。他们也要交际，表达思想，联络感情。原始汉语应当在这一历史阶段就已发生，并有相应的发展、变化。由于文献不足征，仅存传说，无法说清。

汉语以方块汉字为其语言载体，是汉民族的一个伟大发明和创造，也是汉民族能够自立于世界民族之林的一个伟大历史见证。

自从有了汉字，汉民族的物质创造和精神创造的成败得失，就能够得到记录和整理，形成宝贵的历史文献。后人以史为鉴，比较得失，就能战胜愚昧，更加自觉地积累知识，改造环境，创造新的历史。汉字从产生、发展到整个表义文字体系的形成，标志着汉族和整个中国社会已经脱离原始愚昧，进入文明创造历史的新时代。汉语历史文献涵盖的中国传统文化，凝聚着中华民族数千年来文明创造精神及其历史经验，它是当今整个世界多元文化的一个重要组成部分，它对整个世界人类文明创造所作的贡献，是怎样估量都不过分的。

中国传统文化研究，主要是史学研究。而史学研究，除田野调查、遗址发掘、器物辨识和甲骨卜辞、金石铭文、简牍文字的解读和整理之外，最重要的研究途径便是凭借纸质文献，从文字、声韵、训诂、目录、版本、校勘这六个侧面的动态比较、互证中，获得比较正确、不太失真的语言文化信息。文字、声韵、训诂、目录、版本、校勘（就是今天所说的文献语言学和文献学所涉研究内容），因事涉人类思维成果和汉语信息传播，它是史学工作者必备的六种知识和技能，是事关史学工作者学养高低的六门必修课程。这六门课程，其研究对象和方法各有不同，但其研究目的只有一个，就是读懂古书。传统纸质图书在传承过程中，会发生种种问题，产生各种讹误，导致信息失真。传统史学研究，就是通过这六门学问的研究，剔除讹误，扫清迷雾，解决纸质文献在传承过程中可能发生的信息失真的问题，从而使汉语信息传播能够达到千年如旦暮、万里若比邻的客观效果。这是在当代信息技术出现之前，人类所能达到的信息处理技术的一个很高的表现形态。

传统训诂，如上所述，主要是以汉语纸质书面语言为其研究对象的一门学问，是传统史学研究的一个重要内容，它的研究对象主要是汉语文献中的字、词意义，是汉语语文时代文献所涉语言研究的一个十分重要的表现形式和研究内容。

《训诂学初稿》是 1987 年面世的。原稿是以先师周大璞《训诂学要略》为基础，增其不备，删其冗杂，吸收当时所能见到的历代训诂学研究成果，匆匆写就的。虽然在写作过程中，我们自始至终强调要加强教材的理论性、系统性、知识性和实践性。这方面的努力，也曾得到当时评委和广大读者的肯定。但时过境迁，这部原稿，现在看来，还没有脱离史学研究的窠臼，有些方面观点还比较保守，认识还比较粗糙，全书仅二十余万字，论述也嫌过于简略。

改革开放，神州巨变，中国跑步进入信息时代。计算机网络化，计算机处理汉语语言文字的研究迅速展开，当代信息理论迅速普及，数字化图书迅猛发展，使我们对传统训诂的理论与实践有了新的认识。很快我们就清醒地意识到，必须从当代信息理论的角度，来重新审视传统训诂学的理论与实践，必须认真回答在新技术条件下，传统训诂学是否还有其存在的理论依据和实践意义。否则，训诂学就会成为真正的“绝学”，无人理解，无处可以“传薪”。基于这种认识，我们对《训诂学初稿》原稿进行了三次大规模的修订。其内容大致可以概括为：增加了介绍当代信息理论的新章节；集中和加强了在当代语言类辞书编写中有关训诂理论应用和成果汇集的论说和介绍；根据大量事实，从新的理论高度，概括性地提出了有关传统训诂的新定义；沟通了信息时代传统训诂的理论研究和成果运用的新渠道；归纳和整理了传统训诂在当今信息时代必不可少和继续存活的理论新依据；扩展了训诂研究的新领域，提出了训诂研究的新课题。总之，这三次修订，倾注了我们对改革传统训诂学的新希望。

温习故训，积累新知，开拓创新，融会贯通，是我们矢志不渝的坚定信念。《训诂学初稿》多次修订，较之第一版原稿，其理论性、系统性、知识性和实践性，理应有质的飞跃。其间的变化，是十分巨大的、无法否认的。

时光荏苒，离第一次修订和第二次修订，又有一些新的情况需要说明和辩证，又有一些新的资讯需要补充和修订。

在以上两次修订版中，我们一直认为，从当今信息理论角度考虑，训诂学就其主要训释内容及其最终训释目的讲，是利用文字这个语言载体，通过文字的物质形式（字形、字音）及其在古代文献中所表达、所展现的语义运动规律，穿越时空隧道，扫清迷雾，挖掘古代语言信息并传播语言信息的一门学问。汉语训诂学一直在关心汉语语义的历时性变化和共时性变化，积累了大量十分宝贵的汉语语义研究成果。由于计算机网络化和数字化图书进一步发展，给训诂理论及其成果的应用，提供了更为广阔的空间，使汉语语言研究，特别是汉语语义的研究，取得了史无前例的丰硕成果。到目前为止，汉语在计算机上的应用，已经没有任何障碍。汉语以方块汉字为其语言载体，由于汉字是由部首偏旁组合起来的方块字，这种方块字，本身就涵盖着丰富的语言信息。它可以单独成词，又能以多种构词方式组成多音词和复合词，表达更加复杂多变的语言信息。其表义功能，不但有规律可循，而且无限广阔。正因其组词能力极强，其检索上又能充分利用汉字的物质外壳以字带词，实现据音索义和据形索义，给语言中的词义搜索和言语环境中的语义显示，带来极大便利。加之其语音又有四声变化，使它在传情达意上，不仅具有超时空的优势，而且有极强的保真性能。这样，它在字、词数量上，就能以少胜多。当代计算机处理汉语言文字的研究，正是利用了方块汉字的这些特性，在进一步确定汉字在使用中的字量、字频、字序之后，将其数码化，通过编程，不断改进汉语字、词、句、段的搜索菜单，在利用汉字字音、字形可闻和可视的物质条件下，实施汉字的语音输入、手写输入，迅速提高输入速度。现在，汉语输入速度，甚至快于英语输入速度。随着计算机处理汉语言文字研究的深入开展，汉语文字所涉资讯处理、语义显示、概念运用，与其他文字相较，其优越性已被越来越多的事实所证明。这一现实新情况，充分说明，《训诂学初稿》的第一次修订和第二次修订所增内容，已经受到时间的考验，其科学预见性，得到进一步肯定和实证。

训诂学在解读文化典籍、传承中华文化上，功不可没，关键在它对汉语语义的不断挖掘和整理，并将其历代研究成果，保留在大量古籍注释和后世编写的辞书之中。现代汉语，是古代汉语的合理继承和发展，传统训诂发掘的古代语义成果，许多都存活在现代汉语的语义之中，成为现代汉语语义中不可分离的重要内容。由于新技术的应用，网络文化正在兴起，传统训诂所重视的语义研究成果，正在网络世界广泛使用，并取得越来越大的信息效应。例如，最近，在中美战略与经济对话中，美方领导人“大秀中文”，曾多次使用汉语成语典故，借以沟通思想、表明政策，显示战略意图。如果没有传统训诂和相关文献对这些词语的记载和释义，人们想要深刻理解其中的含义，是不可想象的。实践证明，即使在当代，训诂学也不是一门可有可无的学问。训诂学在沟通古今、沟通中外文化、沟通人类情感上，正在发挥越来越大的作用。

训诂学是以语义研究为其中心内容和最终目的的一门学问，它应当是汉语历史语义学。它是汉语语文学时期在解读传统文献时产生的一门学问。这门学问早在甲骨文时代就已发端，经历几千年的发展历程，其理论、方法及其研究成果方方面面，都是精华与糟粕并存，正确与错误共在的。实事求是，是我们研究任何问题所应遵循的原则。传统训诂就其积极面讲，也是遵循这一原则对文献语言进行解读的。正因此，它的许多理论和研究成果，至今仍可以被我们理解和利用。事实上，传统训诂更是一门用语言解释语言的具有广泛研究内容的应用性和解释性的学问。有人把训诂学看成注释学，这有一定道理。古籍注释虽然不是训诂学的唯一内容，但却是训诂学的一个重要表现形态。随着注释对象的转变，其训释内容、训释目的、训释方法，也是非常复杂的、可变的。实际情况是传统训诂所涉研究对象十分复杂，凡是人类精神和物质生活的方方面面：大到宇宙变化、天文地理、人类起源、历史沿革、宗教哲学、三教九流、阴阳八卦；小到生老病死、穿衣吃饭、风俗习惯、典章制度，都是传统训诂所涉研究内容。其中，不乏古代文、法、理、工、医、农诸多学科的优秀成果。但这些成果都分散在各类著作及注释之中，从今天学科分类知识来看，传统训诂，因事涉语义和广义文化事物的解释，包罗万象，似乎没有学科边际。其中，问题多多，也是事实，无法否定。

传统训诂和训诂学的研究，正在深化，还有许多理论、方法和实践方面的问题，需要继续科学论证，认真总结，以利批判继承，取其精华，去其糟粕。这是我们的责任。但我们也注意到，在目前学术界和网络文化中，也有一些杂音。有些人对训诂学并不了解，却用粗鲁的语言，将其妖魔化，妄图将其彻底否定。这是一种文化虚无主义，是哲学上的唯意志论在训诂研究中的一个表现。本不足为训，为我们所不取。

《训诂学初稿》面世已近四分之一个世纪。其间，由黄孝德主持，经历三次修订，已出了三个修订版。前两次修订，罗邦柱教授虽然已经南下江门执教，但他仍然根据原稿分工，做了相应的修改。此次修订，因其年老多病，未能参与。在他的委托下，他执笔的那部分修订任务，只好由黄孝德继续完成。此事也令我感慨万千。作为武大学子，我和邦柱教授都曾在武汉大学长期学习和工作。先贤章太炎、黄侃先生的入门弟子，刘博平、黄焯先生，都曾为我们开设过文字、声韵、训诂课程，传承章、黄之学。章、黄之学产生在近、现代西学东渐之际，在一片废除方块汉字的“改革”声中，他们坚守阵地，重视汉语言文字的研究，是十分难能可贵的。他们的研究成果，是他们所处时代的产物。大璞先生主持《训诂学初稿》原稿编写时，就一再交待我和邦柱要把章、黄之学的研究成果写进教材。原稿出版不久，先生就已乘鹤归去。这第三次修订，年少于我的邦柱教授，也已年老体弱，不能参与。学问有继，生命无常。《训诂学初稿》修订版虽然取得了一些成就，但其所作研究，与前辈的研究成果，是一脉相承的。当代陆宗达、王宁、许嘉璐、赵振铎等先生，对训诂都有精深研究，在《训诂学初稿》及其修订本的写作过程中，对我们多所启发。他们的教诲和帮助，孝德是不能忘怀的。

《训诂学初稿》经历三次修订，连原版已出了四个版本，总共重印了三十七次，长期得到广大读者厚爱，至今销量未减。在心存感恩的同时，我们仍心存谨慎。新的探索，刚刚开始。所作研究，尚未细密。很多研究课题，还只是提出而未能展开。我已年老多病，虽有志于此，而精力未逮。故打破以上两次修订版说明仅用千字短文，述其大意的惯例，稍增篇幅总结三次修订意图及其成果，以利专家和广大读者继续审读。尽管《训诂学初稿》修订版较其原版，已有质的飞跃，但其修订，毕竟还是一种新的尝试。其理论和实践上的研究成果，还只是初步展现，故不改“初稿”之名，以符实际。更祈后生俊彦，继续开拓，以臻完善。

2011 年 7 月 1 日改定，谨以此文庆祝中国共产党九十大寿，并祈祖国更加繁荣昌盛。孝德时年七十有七，于武汉大学文学院。

第二次修订版说明

黄孝德

时代在前进，历史在改变。

由于计算机网络化和数字化图书的发展，所有传统学问都面临挑战。在新形势下，训诂学是否还有它存在的理论依据和实践意义，是必须认真回答的问题。第一次修订本中，附录黄孝德著：《近二十年来训诂学的历史性变迁——写在〈训诂学初稿〉修订版后的一些话》，受到读者热情称赞。这次修订，主要是将此文进一步充实，作为本书绪论第四节内容，写进正文，以便开宗明义，回答这个问题，并根据这一精神，在本书理论框架基本不变的前提下，由我和邦柱教授，根据原书分工，对一些章节作了一些微调，将有关论述进一步精密化。《训诂学初稿》（修订版）由于它紧跟时代变化，结合实际，增加了汉语语义学研究方面的一些新内容，论述了计算机网络化时代训诂学存在的理论依据和实践意义，提出了训诂学在新技术条件下的一些新任务、新要求。从 2002 年 2 月发行以来，受到广泛关注。承读者厚爱，发行量猛增，已从当初的长销书变成畅销书。近二十年来，新、老读者已经习惯了这个书名，有鉴于此，此次修订，我们仍然保留“初稿”这一名称，以示尊重读者习惯。

这次修订，得到中国社会科学院语言研究所研究员、中国辞书学会常务理事兼语文词典专业委员会主任、著名语言学家、辞书编纂家晁继周先生的大力支持，他不但热心支持我们的修订计划，还及时寄来许多宝贵资料。本次修订中涉及计算机网络化和信息化的有关论述，在成稿过程中，作者曾请教过武汉大学计算机学院博士生导师张焕国教授，承他热情赐教，使其论说更加严密。武汉大学出版社编审蔡先保教授热情关怀，在本次修订版的组稿工作中做了许多工作。第二次修订版的责任编辑高璐编审认真审读。他们的热情关怀和指导，使本次修订得以顺利完成。《训诂学初稿》（连第一次修订本和第二次修订本），现在已是第 30 次印刷了，值此重印之机，特对新、老读者和曾经关心、指导过我们的专家、教授们表示衷心感谢，永志不忘。

2006 年 4 月 10 日于武汉大学文学院

又：

本书第三版发行后，新疆大学人文学院张新武教授又对其作了通篇校核，并寄来详细校稿，使此稿在多次印刷中出现的鱼鲁豕亥之误得以进一步纠正，免其谬种流传，令我晚年最感欣慰。新武是武汉大学老校友，他关心此稿质量，无微不至，也令我十分感佩。趁此书第 32 次重印之际，特此补叙，以彰其功。

黄孝德

2008 年 3 月珞珈山莺啼声中

时年七十有四

第一次修订版说明

黄孝德

1981 年 5 月，中国训诂学研究会成立，有着数千年传统的训诂学从此有了一个全国性的学术团体。1982 年 6 月，全国高校训诂学课研讨会在北京召开。受教育部之托，在徐复会长的关怀下，我们写出了《训诂学初稿》，经教育部指定的专家组审定，作为高等学校文科教材出版发行，至今已有十多个年头了。由于广大读者的厚爱，它重印了二十次，已是当今训诂学教材中发行量最大的一部书。近二十年来，训诂学无论在理论研究方面还是在实际应用方面，都发生了历史性变迁。

十多年过去了，一切都在改变。我们的老师周大璞先生已乘鹤归去。我和邦柱虽已年近古稀，但一直在关注着训诂学的发展。这次修订，我和邦柱仍按原书写作分工，各负其责，逐章逐字查对，根据新的变化，对全书作了必要的增、删、补、订。原书“训诂小史”一章，许嘉璐教授曾建议改为“训诂源流”，以合整书体制，今亦作了改正。为了对训诂学的新发展有一个概括性说明，特在书后附录黄孝德《近二十年训诂学的历史性变迁》一文，供大家参考。

这次修订再版，仍然保留“初稿”这一名称。作为高校文科教材，我们一直心存谨慎。我们力量有限，能收草创之功，已是大幸。前修未密，后出转精，我们寄希望于后生俊彦。

这次修订再版，得到许嘉璐、郭齐勇、陈克炯、汪耀南、卢烈红诸教授的热情关怀和支持，本书责任编辑蔡先保教授督促、检查，认真审读，用力甚勤，都使我们十分感佩，谨此一并致谢！

2002年2月20日
于武汉大学人文学院

原版序

随着训诂学的复苏和振兴，高等院校陆续开设了训诂学课程。这一大好形势带来了一个突出的问题，就是教材的编写问题。训诂学虽有悠久历史，但是系统讲授训诂学还是近几十年的事，而过去主讲这门课程的学者似乎来不及写出系统的教科书来。自然，更谈不上在教学中全面贯彻辩证唯物主义和历史唯物主义的观点。

现在要上课，自然是教材奇缺。1982 年 6 月，中国训诂学研究会在北京召开全国高校训诂学课研讨会，除交流各校教学情况和经验外，一个重要议程就是讨论如何加快教材建设。会后，原教育部委托我校尽快编写出一部适合高等院校本科使用的训诂学教材来。

目前呈献给大家的这本《训诂学初稿》就是在上述情况下，接受国家教委委托，经过近两年的时间写成的。主编是周大璞，罗邦柱、黄孝德同志参加编写。我们以周大璞的《训诂学要略》为基础，吸收了近几年训诂学研究的新成果和兄弟院校的好经验，经过充分讨论，确定编写提纲，广泛收集和积累资料，然后分头撰写。绪论、第四章、第六章执笔人是罗邦柱；第二章、第三章、第五章、第七章执笔人是黄孝德。最后由周大璞统稿，作了必要的增删和修改。

在编写过程中，我们自始至终注意增强教材的理论性、系统性、知识性和实践性，如果说这部教材有值得肯定的地方，那么，主要是在这几方面花了大气力。但是时间仓促，水平有限，其中错误在所难免，我们热切希望国内外学者批评指正。

编著者

1985 年 5 月于武汉大学

第一章 绪 论

第一节 训诂与训诂学

训诂学是我国传统语言学的重要组成部分，它以历代的训诂理论和实践为研究对象。要懂得什么是训诂学，先要懂得什么是训诂。用浅显的话来说，训诂就是解释的意思，即用易懂的语言解释难懂的语言，用现代的语言解释古代的语言，用普通话解释方言。

训诂这个词很早就有，最初本是两个经常连用的单音词。前人把它们分别加以解释，认为“训”和“诂”意义是有差别的，但差别在哪里，各家的说法略有不同。

先看“诂”字。各家对它的理解大致相同，是古言、古义的意思。《尔雅》有《释诂》、《释言》、《释训》篇。孔颖达在《诗·周南·关雎》疏里引《尔雅·序篇》说：“《释诂》、《释言》通古今之字，古与今异言也。”“诂”、“言”都是古言、古字（孔疏谓《释言》则《释诂》之别），以今语释之是为《释诂》、《释言》。

“诂”又可用作动词，意为解释故言。《说文·言部》：“诂，训故言也。”孔颖达《诗·周南·关雎》疏：“诂者，古也，古今异言，通之使人知也。”认为《毛诗诂训传》中的“诂”字是动词用法。另外，“诂”又可写作“故”，多用作注释书之名称，如《诗齐氏故》、《诗韩故》、《仓颉故》等。

再看“训”字。“训”也有名词、动词两义。动词用法是训释疏通的意思。《说文·言部》：“训，说教也。”所谓说教，不是我们现在说的宣传教义，而是段注所谓“说释而教之”。孔颖达《诗·周南·关雎》疏：“训，道也，道物之貌以告人也。”徐锴《说文系传·言部》：“训者，顺其义以训之也。”郝懿行《尔雅义疏》：“训之为言顺也，顺其意义而道之。”今人齐佩瑢从语源上探求。他说：“训、顺、驯三字都从川声，盖即川字之孳乳分化，贯穿通流者谓之川，川不流则成灾，故灾字古写从一阻川，因此训、顺、驯三字都有疏通循从的意思。”①

再说“训”的名词用法。前面提到，《尔雅》有《释训》一篇，“训”是被解释的对象，自然是名词。但它的含义，各家看法有些不同。从《尔雅·序篇》所说“《释训》言形貌也”，孔疏所说“道物之貌以告人”两处解释来看，可以认为它是表形态的词，即今所谓形容词。洪诚说：“凡形容写貌之词……都是道物之貌的，故可称为‘训’。”② 有人曾对《尔雅·释训》作统计，从第一条“明明、斤斤，察也”，至第七十七条“秩秩，智也”，所释全是双音节叠音词，占全篇一百二十二条的百分之六十三，其余的三十七条中，大多是双音节连绵词，如：“聘逢，掣电也。”由此他认为“训”是现在所说的双音节连绵词和叠音词，自然里面也是形容词居多。

事实上“训”和“诂”只是在析言时才有以上诸家所指出的区别，在运用的时候，“训”和“诂”则是一回事，是可以互相代替的。特别是汉以后，“训”与“诂”逐渐合成一个复音词，就纯然是解释的意思了。前代学者对此也多有论述。

〔晋〕郭璞注《尔雅·释诂》第一条，解释篇名为什么叫释诂时说：“此所以释古今之异言，通方俗之殊语。”这说明“诂”不仅是释古今之异言，也包括“通方俗之殊语”，比前人跨进了一步。孔颖达在《毛诗·周南·关雎诂训传疏》中说：“诂训传者，注解之别名。毛以《尔雅》之作多为释《诗》，而篇有《释诂》、《释训》，故依《尔雅》训而为诗立传。”这明确地指出诂、训、传都是注解的别名，比郭璞又进了一步。

清代学者大致也是这样说的。段玉裁在《说文·言部》“诂”字下说：“故言者，旧言也，十口所识前言也。训者说教也。训故言者，说释故言以教人，是之谓诂。分之则如《尔雅》析‘诂’、‘训’、‘言’为三，三而实一也。”这所谓“三而实一”，与孔说略同。马瑞辰《毛诗诂训传名义考》云：“盖散言则故训、传俱可通称，对言则诂训与传异，连言故训与分言故训者又异。盖诂训本为故言，由今通古皆曰诂训，亦曰训诂；而单词则为诂，重语则为训。”这里用散言、对言来说明诂、训、传的异同，真可以说

---

① 齐佩瑢：《训诂学概论》，中华书局1984年版，第10页。

② 洪诚：《训诂学》，江苏古籍出版社1984年版，第2页。

是“持之有故，言之成理”了。

根据以上所述，我们对训诂可作这样的概括：

(1)“诂”和“训”散言时，都是“解释”的意思，析言时才有区别。“诂”是释故言，“训”是道物之貌。

(2)由于散言无别，所以对语言的解释可以单言“诂”，或单言“训”，也可以连言为“训诂”或“诂训”。“诂训”也叫做“故训”，诂、故，古字通用。

(3)“诂”和“训”兼具动词、名词两种用法，“训”“诂”连称也兼具动词和名词两种用法。《尔雅》的“释诂”、“释训”篇，“诂”“训”是名词，《毛诗诂训传》中，“诂”、“训”是动词。

懂得了什么是训诂，我们也就会明白什么是训诂学了。

训诂学就是以词义解释为主要研究对象的一门学问。它通过训诂实践的总结和现存训诂资料的分析归纳，研究训诂的理论和常用的体式、方法、条例，揭示语义系统，推求词语根源，探索语义发展的内部规律，用以指导训诂的实践。

近人黄侃已经认识到这一点，他说：“诂者故也，即本来之谓。训者顺也，即引申之谓。训诂者，用语言解释语言之谓。若以此地之语释彼地之语，或以今时之语释昔时之语，虽属训诂之所有事，而非构成之原理。真正之训诂学，即以语言解释语言，初无时地之限域，且论其法式，明其义例，以求语言文字之系统与根源是也。”① 黄氏所谓“论其法式，明其义例”，就是研究训诂的理论和常用的体式、方法、条例等。所谓“求语言文字之系统与根源”，就是揭示语义系统，推求词语根源，探索语义发展的规律。

前代训诂学家毕生致力多在推求语言文字的本义，由此摸索出一套日臻严密的训诂方法。但他们常常忽视了对词义系统的探求，掌握不到古今词义演变的轨迹。这样，对词义的解释也就不能辗转旁通，或只知古义，不明今义。黄氏把“诂”解释为“本来”，“训”解释为“引申”，就是说，“诂”是推求字的本义，“训”是探索字的引申义和假借义。这种解释是否符合我们前面说的训诂二字的原意，尚需进一步商榷，但是他企图通过训诂，探求由本义、引申义、假借义组成的词义系统，推求词语根源与发展的规律，却是值得肯定的。

这里简单介绍一下有关新旧训诂学辨别的问题。旧训诂学一直是经学的

---

① 黄侃述、黄焯编：《文字声韵训诂笔记》，上海古籍出版社 1983 年版，第 181 页。

附庸，训诂是为了解经。清以前自不必说，即使清代训诂学家对音韵、文字、训诂的研究有突出的成就，其目的仍是为了解经。段玉裁作《说文解字注》，对词的本义、引申义作过探讨，涉及词义的发展规律问题，但他说：“玉裁之为是书，盖将使学者循是以知假借转注，而于古经传无疑义。”① 可见解经是他惟一的目的。王引之就古音以求古义，撰《经义述闻》，也不过述经传之所闻罢了。

王力在20世纪40年代提出要建立新的训诂学，重要目标之一是使训诂学能从历史上观察语义的变迁。他说：“等到训诂脱离了经学而归入史的领域之后，新训诂学才算成立。到了那个时节，训诂学已不复带有古是今非的教训意味，而是纯粹观察、比较和解释的一种学问了。”其实，王力所提的新训诂学在20世纪初就已诞生，它的开路人就是章黄学派的黄侃，他第一个打破经学的藩篱，给训诂学提出了新任务、新方向。我们仔细理解前面引述的他对训诂及训诂学下定义的一段话，就可知它包含了新训诂学的如下内容：(1) 训诂是以语言解释语言，这等于把训诂由文献语言学范畴引入语言学的范畴。他说：“训诂非但施之于纸上，而且施之于语言。”而解释的语言，既包括历代书面语，也包括方言、俗语。(2) 提出要总结训诂实践，论其法式，明其条例，使之成为有理论、有规律、有系统的新科学。(3) 求语言文字的系统与根源，亦即探求词义系统，这是新旧训诂学的一条重要分界线，与王力提出的要求毫无二致。

第二节　训诂学的任务及其目的

我们懂得了什么是训诂学，就不难明了它的任务和目的。它的任务和目的，具体地说，有如下四个方面：

（一）指导训诂实践，培养继承文化遗产的人才

我国是文化发达的古国，几千年流传下来的文化遗产是极其丰富的。我们现在的灿烂光辉的新文化是从旧文化发展而来的。我们必须批判地继承这丰富多彩的文化遗产，使我们的新文化更加丰富多彩。问题是我们的文化遗产主要是用古代书面语言记录下来的，要批判地继承这丰富多彩的文化遗产，就要掌握那些古老难懂的语言。因此，我们必须培养一大批懂得古汉语的专门人才去整理、注释、翻译那些十分有用的古籍。要胜任这些工作，就

① 段玉裁：《寄戴东原先生书》。

必须学习我国传统的文字、音韵、训诂之学，特别是训诂学。不通训诂学，就无法完成这些任务。举个例子，《辞源》，这本工具书，经过了几次众多学者的修订，应该是比较完善的了。而一名由训诂学培训班培养出来的普通语文工作者，经“爱不释手，时时奉读”以后，竟也发现了一千多条“瑕疵”。他已能运用训诂学知识去鉴别新版《辞源》在释义、引书、句读、义项分立等方面的不足。后来经过梳理，他把这些“疏漏龃龉”搜集成册，著《辞源考订》，颇具参考价值，得到当时中国训诂学研究会会长、训诂学大家徐复等人的赞赏。这一例子说明培养训诂学人才对继承文化遗产包括古籍整理、辞书编纂、古汉语教学的重要性和紧迫性。

（二）指导语文教学，提高语文教学水平

洪诚说：“在古代汉语的教学实践中，对于一词一句的解释，无处不是训诂方法的运用，只是有的运用正确，有的运用错误罢了。”① 掌握了训诂学的基础知识，在教学中就能正确运用，解决文言文中字、词、句的难点，提高教学质量。某中学老师讲成语“小心翼翼”，学生问：小心何以跟翼翼连在一起？老师解释说：翼的本字是異，甲骨文作，像头顶物之形。头顶物，自然小心，故而叫小心翼翼。異为何又作“差异”呢？这是词义引申的结果，头顶物自然要两手分开夹住，两手各在一方，就是差异。異后来又用作飞鸟的两个翅膀，加个“羽”旁作区别字。老师这些解释，无不是训诂知识的运用。

又有一位老师讲“庖丁解牛”，总觉得旧注把“刀刃若新发于硎”的“硎”解作“磨刀石”不妥，一者磨刀石古称“砺”，不称“硎”；二者若需重磨，则磨前已钝，庖丁哪能夸口！经用训诂学知识考证，他认为“硎”就是铸刀的模子，即《荀子·强国篇》所说：“刑范正，金锡美，工冶巧，火齐得，剖刑而莫邪已”。制“刑”有石有土，故字形有硎或型。“新发于硎”就是刚从模子中拿出来的刀，用十几年都不变。这一解释很有道理。

（三）辨析词义，使人们增强运用词语的准确性

我们利用语言进行交际，首要的一条就是要懂得每个词的意义，然后用以准确地表达思想。而准确地掌握词义又不是一件容易的事。特别是古代汉语中，绝大部分词是一词多义，近义词之间又存在各种各样的细微差别。有些人认为学点古汉语常识，依靠几本工具书，就可以把古籍全部看懂，这未

① 洪诚：《训诂学》，江苏古籍出版社 1984 年版，第 1 页。

免把事情看得太简单了。读懂古书，谈何容易，不长期地刻苦地学习古汉语(而且是在文字、音韵、训诂之学指导下学习)，是很难办得到的。

有这么一个例子，鲁迅在致杨霁云的一封信中说：“我认为一切好诗，到唐代已被作完，此后倘非能翻出如来掌心之‘齐天太圣’，大可不必动手。”这句话里的“齐天太圣”，1981 年版的《鲁迅全集》注释为“原作‘齐天大圣’，即孙悟空。”而鲁迅原稿作“齐天太圣”，不误。注释者之误在于对“大”、“太”的差别不甚了了。这关系到训诂学上的同源词问题。上古只有“大”，无“太”，为了表示“大之极”，就从读音上稍作改变，从全浊定母变为次浊透母，于是有“太”的读音，也产生了新义。鲁迅用“太”字是戏称比大圣孙悟空更厉害的、堪称太圣的人，不必改为大圣。①以上例子说明只有掌握训诂学知识，才能很好辨析词义。

学习训诂学，除正确理解词义外，还能得到语言文字的正当用法。如黄侃所说：“训诂者义之属，而依附音与形，以探究语言文字正当明确之解释，推求其正当明确之来源，因而得其正当明确之用法者也。”② 过去一些大文人、大学者如司马相如、扬雄、班固、张衡、崔骃等，他们的文章写得瑰玮奇谲，是和他们能通训诂分不开的。《后汉书·扬雄传》说扬雄“少而好学，不为章句，训诂通而已”。《崔骃传》说崔骃“博学有伟才，尽通古今训诂百家之言”。郭璞在《尔雅序》中非常强调训诂对提高文章表达能力的重大作用。他指出《尔雅》是一部“通训诂之指归、叙诗人之兴咏、总绝代之离词、辨同实而殊号”的书，不但是“九流之津涉，六艺之钤键，学览者之潭奥”，亦为“摛翰者之华苑”。这就是说，训诂能使文学家正确选用丰富的词藻。

(四) 沟通方言，促进汉民族语的统一

统一的民族语因使用地区不同而产生差异，形成不同的方言，这是任何一种语言都存在的现象。

汉民族土地广大，人口众多，方言更加复杂，这就使不同方言区的交际出现不同程度的障碍。要打破这一障碍，首先要求大家都掌握民族共同语，再由一部分专门人员用共同语来注释方言。这一方面使不同方言区的人通过

---

① 此例引自许威汉：《训诂学导论》，上海教育出版社 1987 年版，第1~2页。引文略有节缩。

② 见黄侃述、黄焯编：《文字声韵训诂笔记》，上海古籍出版社 1983 年版，第 179 页。

共同语的对译，能掌握别种方言；另一方面也有助于方言区的人学习共同语，促进汉民族语言的统一。而注释方言，即所谓“通方俗之殊语”，又是训诂学之所有事。我们知道，训诂的产生就是为了适应语言因时因地发生变易的需要，正如清代陈澧所说：“盖时有古今，犹地有东西，有南北，相隔远，则言语不通矣。地远则有翻译，时远则有训诂。有翻译则使别国如乡邻，有训诂则使古今如旦暮，所谓通之也。”① 有人认为训诂只是为了解释古书，与推广普通话沾不上边，这是不对的。训诂学应当在进行方言调查、寻找古今音变的轨迹以及探讨不同方言与共同语之间、不同方言相互之间对应规律等方面，发挥自己的作用。

（五）研究汉语词义系统和词义发展的规律，建立科学的训诂学

前面提到，旧训诂学偏重于逐词、逐字推求它的本义，很少顾及词义系统和语义发展规律，我们要建立新的科学的训诂学，就不能走前人的老路。我们必须利用前人留给我们的大量的训诂资料，进行分析、综合，把不同词义之间引申、假借关系以及同源词间的血缘关系找出来，进而寻找出它们孳乳、发展、变化的线索，概括出词义演变的规律，以丰富我国语言科学的宝库。

我们知道，由于语言的发展，一个词往往有很多涵义。比如道、理两个字，“道”本是道路的意思，由此引申，于是有道理、道德、规律、方法、治理、引导、经由、讲说、料想等涵义；“理”本是治玉的意思，由此引申，于是有治理、治平、修理、理睬、道理、理论、文理，以及狱官、使者、媒人等涵义。对一个词的众多涵义，我们要认真分析，既要找出它的本义和引申义，还要历史地寻找引申义是在什么时候、沿着什么途径引申出来的，哪些分化在前，哪些分化在后。还要推求哪些词义不是引申而只是文字上的假借关系。这是就一个词的本身来说的。我们还要作词与词之间关系的研究，特别是同源词的研究，同源词也是词义引申发展的结果。通过对词义系统和同源词血缘关系的考察，我们就可以从历史发展的研究中，找出语义发展变化的规律来。

章炳麟著《文始》，就是这方面研究的一项较全面的尝试。他先依据《说文》，确定语根（章氏名之为初文），再以声音为线索，寻找出由语根派生出的词，将它们串在一起。这样，人们就能清楚地看到词语发展的系统性。他说：“字虽转繁，其语必有所根本，盖义相引申者，由其近似之声，转成一语，转造一字，此语言文字自然之则也。于是作《文始》，分别为

① 陈澧：《东塾读书记》卷十一。

编，则孳乳渐多之理自见。”① 虽然此书还有种种缺陷，但开创之功，不可抹杀。

黄侃、王力两位现代语文学大师不但为新训诂学规定了“求语言文字的系统与根源”的任务，还身体力行，黄侃著《说文同文》，王力著《同源字典》，都是这方面的著述。请看下面的例子：

1.《说文同文》：喜同台、僖、憙、嬰、歖、啻、嗂、媐、怡。
《同源字典》：熙、僖、嬉、娭、嬰、喜、熹、憙、禧同源。

2.《说文同文》：豕同彖、彘、豨。
《同源字典》：豕、彖、彘、希、肆同源。

第三节　训诂学在语言学中的地位及其与语言学相关学科的关系

（一）训诂学在语言学中的地位

现代语言学主要包括对语言三要素进行研究的三个分支，即语音学、词汇学、语法学，此外，还包括方言学、语源学、修辞学、词典学等相关学科。其中，与词汇学密切相关的是语义学，它在语言学中占有重要地位。

中国传统语言学又称语言文字之学，由文字、声韵、训诂三个部分组成，分别就汉字形、音、义三个方面进行研究，并联系各种文献语言的历史事实，解答人们在阅读古籍时遇到的各种疑难问题。在语言中，语音、词汇、语法虽然各自有不同的特殊规律，但都处于一个统一体中，不能截然分离。它的每一个要素的发展变化都要受到其他要素的制约。就汉语而言，词义的发展和变化，往往以改变语音的方式派生出新词，而词在句中的语法功能不同，又会引起语音和词义的变化。这说明，研究语义不可避免地要涉及语音、语法的有关方面内容。传统训诂学是一门以研究语言意义为出发点和落脚点的具有实用意义的学问。

训诂学是传统语言文字学中成果最为丰富的一个分支学科，它涉及的范围非常广泛，除语音、语法外，还与文字学、词典学、修辞学、语源学、方言学等有关。训诂学孕育了这些学科的幼芽，训诂学的发展，曾极大地促进了这些与语言相关学科的发展。下面，我们具体谈谈训诂学与语言学及其相关学科的关系。

---

① 章炳麟：《自述学术次第》。

（二）训诂学与语言学相关学科的关系

1. 与语义学的关系

训诂学与语义学的关系最密切。训诂学虽不能说就是语义学，但应该属于语义学的范畴，因为它研究的重点是语义，即语文的思想内容。上面提到语法、修辞、语音、文字等专门知识的运用，也是服从于解释语义这一基本目的。训诂还要阐明名物制度、史实等，但这些解释仍应看做释义的范围，讲名物制度，讲历史背景，无非是为了更好地阐明文意。

把训诂学列入语义学的范畴，是当代语言学家比较一致的看法。陆宗达说："训诂学是汉语语言学里研究语言思想内容的一门科学，也就是语义学。"① 王力说："语言学也可以分为三个部门，第一是语音之学，第二是语法之学，第三是语义之学。这样，我们所谓语义学的范围，大致也和旧说的训诂学相当。"②

训诂学与语义学的主要区别在于：训诂学经常要涉及语文的语法结构、篇章大意和修辞手段等，而语义学的研究对象主要是语言的涵义及其发展演变规律等。

2. 与语源学的关系

语源的研究，在我国起源很早，先秦时代就已经有了萌芽，《毛传》就有很多说明语源的例子。如《召南·行露》："何以速我狱。"《毛传》："狱，确也。"毛没有解释"狱"是诉讼的地方，而用音近字"确"来说明"狱"是以确定是非曲直而得名的。东汉刘熙的《释名》，是一本企图寻找事物命名原因的专著，但很不科学。晋代杨泉的《物理论》和宋代王子美的"右文说"都涉及语源问题，但仅仅从文字符号去研究，所得甚微。清代学者倡明声训，就古音以求古义，触类旁通，发现大量同源词资料，但谁都没有写过一本科学的系统的同源词专著。这是因为他们不是从语言的角度去研究，只植根于旧训诂的土壤中。直到近代，语源的研究才掀开新的一页。章太炎的《文始》，黄侃的《说文同文》，瑞典汉学家高本汉的《汉语的词族》，王力的《同源字典》，都是这方面的专著。

同源词的研究更是与训诂学密不可分：其一，研究语源的实质就是研究语义变化发展的一部分，本身就是新训诂学的一项任务，正如王力所说：

---

① 陆宗达：《训诂浅谈》，北京出版社 1964 年版，第 3 页。

② 王力：《龙虫并雕斋文集》第 1 册，中华书局 1980 年版，第 315 页。

"同源字的研究，可以认为新训诂学。"① 其二，研究语源必须掌握大量的训诂资料，熟悉音变音转的各种知识。王力在编写《同源字典》时曾特别指出："段玉裁、王念孙等主张以声音明训诂，这正是研究同源字的方法。"又说："判断同源字，主要是根据古代的训诂。有互训，有同训，有通训，有声训。"② 可见训诂学与语源学的关系非常密切。

3. 与语音学的关系

训诂学与语音学也是紧密结合的，可以说不懂语音学，就无法进行训诂。因为语言的音和义是同时产生、同时存在、互相依存、不能分离的。词语的孳乳演变，有着明显的语音线索，声音相同或相近的词，往往是从同一个词分化出来的。这一线索为我们提供了因声求义的可能性。而语音本身，又是不断发展变化的。古今音有很大差异，我们只能就某一时代的语音求某一时代的语义，而不能以今音为古音。洪诚在《训诂杂议》一文中举了一个因不明古音导致误训的例子：《韩非子集释》"今返而御。"注云："《御览》八四九引作'期返而食'。御，谓进食也。食、御二字古本同音。《史记郦食其传正义》云：'食音异'，亦可为御为食之一证。"③ 这是以今音代替古音的错误。食与异古音同属定母，之咍部，而御古音却属疑母鱼部，与异、食毫无相通之处。只是今音御音 yù，异音 yì 方可相通。可见，不通音韵是无法进行训诂的。清代训诂学所以昌盛，解决千百年不少悬疑，重要的一条就是古音学的建立。戴震说："故训音声，相为表里。"黄侃在《声韵略说》中说："声义同条，闻一知二。古人立训，即取同声……诸传注训诂不关声者，不过百一。《释名》一书，全用声同、声近之字比方，考音之士，最宜措意者也。"④

此外，还要看到，音韵学的发展固然能使训诂方法更臻完善，但其本身也须借助训诂学的研究成果来逐步建立系统。在训诂释义及训诂专著中大量的训诂资料，特别是声训资料，都为归纳语音系统及其变化提供了依据。如《说文》"礼，履也"，"正，是也"，"叔，拾也"，"尸，陈也"，"颠，顶也"，释词与被释词之间存在音同与音近的关系，这些都是我们探索东汉时期语音概貌的宝贵素材。

4. 与语法学的关系

训诂离不开语法分析，否则弄清文意几乎不可能。我国语法观念产生很

① 王力：《同源字典》，商务印书馆 1982 年版，第 45 页。

② 王力：《同源字典》，商务印书馆 1982 年版，第 1、7 页。

③ 见洪诚：《训诂杂议》，载《中国语文》1979 年第 5 期。

④ 黄侃：《声韵略说》，《黄侃论学杂著》，中华书局 1964 年版，第 113 页。

早，而系统地进行研究则很迟。古人的语法观念是伴随训诂学同时产生的。陆宗达说过："因训诂学本是对整个具体的语言作出分析，解释它的全部内容，决不仅是单词和词义的问题，许多地方要涉及到语法。"① 陆氏的说法是正确的。我们知道，每个词都有概括义和具体义两个方面，脱离句子的词义是概括义，在句子中的涵义是具体义。很明显，词的具体义是由语言环境和语法决定的。如果不了解语法现象，不懂得遣词造句的规律和惯例，就很难把握准一个词的具体义。事实上，训诂一开始就和语法结合在一起，例如《公羊》、《谷梁》二传就已经能从语法的观点说明内动词、外动词、主动词、被动词，以及词序在前在后各种不同的语法意义。到了《毛传》，又出现了虚辞的概念。到了唐代，孔颖达开始用了"语法"一词，他在《五经正义》中用语法观念训释语义的地方比比皆是。例如，《左传·昭公三十年》疏云："两人交互乃得称'相'。"到了清代，语法已成为训诂的重要内容，俞樾的《古书疑义举例》可以说是集前人关于构词法和句法研究成果之大成。

还可看到语法分析愈周密，则对句意的理解就愈准确。例如，清代王引之曾纠前人以虚为实之失，举了由、猷两字：由，实词义为用；猷，实词义为道，但两者都可用作虚词"于"。王引之说，如用两字实词义，"用"与"道"解释"《尚书》之'别求闻由古先哲王'，《大诰》之'猷尔多邦'，皆文义不安矣"②。而引进西洋语法的马建忠则又撰文纠王之失，举《檀弓》"君无所辱命"为例："高邮王氏以所字为语词无解，不知无所辱命者，即无辱命焉，焉，于此也，以转词在先，'于'字可省也。"批评了王氏对语词的语法分析欠精，分析不通时常用"语助，无义"来搪塞了事。马建忠还举"亲之欲其贵也"句中之"之"、"其"两字不能互易，"俎豆之事则尝闻之矣，军旅之事未之学也"句中之"矣"、"也"两字亦不能互易为例，认为前人"皆知其如是而卒不知其所以如是"，为此，他著《马氏文通》，"为之曲证分解，辨析毫厘，务令学者知所区别"③，真所谓后出转精，马氏的语法分析又比前人进了一步，为古义剖释增添了利器。

5. 与修辞学的关系

古代书面语言讲究修辞，修辞手段非常丰富。通过修辞，使文章有时显得简约、精练，以少胜多；有时显得含蓄、幽默，余味无穷；有时显得鲜明

① 陆宗达：《谈谈训诂学》，载《中国语文》1957年4月号。
② 王引之：《经传释词·序》。
③ 转引自齐佩瑢：《训诂学概论》，中华书局1984年版，第43、40页。

生动，酣畅淋漓。训诂既然要讲明文意，必然要涉及各种修辞手段，也就是说，必须通过词面的意义，从词的含义和潜在意识挖掘文意。前人有个通俗的说法：弄通一篇文章有三大要诀：一是明训诂（指词义），二是通语法，三是审辞气。所谓辞气，指的就是文脉、语法和修辞手段。杨树达非常称赞朱熹在这方面所下的功夫。他在 1930 年写的《训诂学》一文中说："汉儒之所长在实，而病亦随征实太过而生，故其训释经传，往往与辞气不调，佶屈为病。朱子有见于此，其于古经传，先之以涵泳本文，故于古书之文理词气，往往昕合无间。"

历代训诂谈到修辞手段的比比皆是。如"互文"、"变文"、"错综为文"、"倒文协韵"、"前隐后显"、"气盛文繁"等术语，就是对修辞手段的说明。用典和引用古训，也是一种修辞手段，而指出典故的出处及其含义，也是训诂的任务之一。

研究词义演变的规律同样涉及修辞。修辞手段的使用，往往给词义带来临时的变化。这种临时变化虽不是该词的固有含义，但当它被长时间地重复使用，并且逐渐得到整个社会的承认时，很可能取得新词或新义的资格。从这方面看，训诂学也离开不了修辞学。

6. 与文字学的关系

训诂目的是弄清古语含义。而古语又是以文字的形式保存下来。要了解古语先得认字，所以文字学对于训诂学也是必不可少的重要一环。文字虽然只是语言的记录符号，但由于汉字属于表意文字，原始汉字都是根据词义，用象形、指事、会意、形声等造字法造出来的。所以一部分汉字能根据字形推求字义，亦即这个字所代表的词义。形声字，它的意符和声符也往往与词义有关。宋代王圣美所谓"右文说"，清代段玉裁提出的"谐声之偏旁多与字义相通"的论断，都主张根据声符寻求字义。而文字的形体古今又有很大变化，比较接近造字原形的甲、金、籀、篆，已有笔意和笔势之别。以后经过隶变和楷化，原始字形更是变得面目全非。因此我们也必须具有文字学的常识，找出字形发展变化的线索，才能准确地以形说义。如《诗经》中有很多"不"字用在形容词的前头，《毛传》认为是语助词，无义，对下列各句作这样的训释："不盈，盈也"，"不难，难也"，"不多，多也"，"不宁，宁也"，等等。戴震《毛郑诗考证》根据石刻材料，知道"不"字其实是"丕"字，《书·立政》篇的"丕丕基"汉石刻作"不不基"，这是字形笔画变化所致。金文"丕"字是"不"字末端加圆点而成，故两字容易混淆。《诗经》中的"不盈"实为"丕盈"，其他"不"字句亦如此。《说文》："丕，大也"，以此释诗，比《毛传》自然更加准确。

7. 与词典学的关系

词典学过去和训诂学原本就是一家。从汉代开始，出现了通释语义的训诂专著，如《尔雅》、《小尔雅》、《说文解字》等，这些书就是当时的词典字典。后来语文工具书在帮助人们学习文化知识方面越来越显得重要，于是出现了以如何编辞书为研究对象的词典学，这才另立了一个门户。但是词典学不管怎样单独发展，它始终离不开训诂学。编写字词书的整个过程，从语词的收集、词义的辨析，到义项的分合、归纳、排列，释义的方法、格式、用语等等，无一不有赖于训诂学。而词典学每个课题的研究，又为训诂学增添了新的内容，促进训诂学的发展。

8. 与其他学科的关系

训诂学除了与语言学及其相关学科有难以分割的联系外，与其他学科，诸如文学、史学、法学、哲学、经济学以及校勘学、版本学等，也有密切联系。训诂依靠这些知识阐明语义，而语义的阐明又可为这些学科提供考证的依据。举个简单的例子，1973 年长沙马王堆三号汉墓出土大量医学帛书，对已整理出来的《五十二病方》的抄写年代，考据学家说法不一。有的说在秦以前，有的说在汉初。如果利用训诂学的成果，这一问题就不难解决。因为书中出现了“豆”字，是指称五谷的“豆”，而“豆”的五谷义是汉以后才有的，秦以前毫无例外地指“食肉器”。所以能据此确定《五十二病方》的抄写年代不能早于汉初。这是训诂帮助了考据。

再看史学帮助训诂的例子，《经义述闻》卷七“靡国不泯”条：“《传》曰：泯，灭也。《笺》曰：军旅久出征战，无国而不见残灭也。言王之用兵不得其所，适长寇虐。引之谨按，厉王时，征伐甚罕，《竹书纪年》厉王十二年奔彘。其三年淮夷侵雒，王命虢公长父伐之，不克。是其在位之时，征伐惟此一事，所伐惟此一国。而云伐之不克，则力不能灭之矣！安得云无国不见残灭乎。今案，泯，乱也。承上乱生不夷言之，故曰靡国不乱耳。”

第四节 信息时代训诂学存在的理论依据和实践意义

训诂学作为传统语言文字学的一个重要分支学科，在汉语现代语言学建立以前，是一门凡是稍有成就的知识分子都必须具备的一门最为基础的学问。它曾是经学的“附庸”，因为经学无所不包，因此这个“附庸”，也就无所不附，无所不在了。在那个尊儒读经的时代，它作为解释经典的学问，近二千年来，一直有着非常显赫的地位。随着社会发展，经学逐渐式微，训诂学也一度跌入低谷。到“文革”期间，人们只知道有“训话”，而不知道有“训诂”，训诂学几乎被人遗忘。改革开放，科学的春天又重回神州大地，训诂学进入了复苏阶段。我们的《训诂学初稿》，就是这一阶段的产物。当时，只有一些重点高等院校的汉语言专业，作为本科生的选修课开出了训诂学，它面对的读者是十分有限的。近二十年来，全国各地出版了数十种训诂学专著或教材。我们这本《训诂学初稿》，年年重印，年年脱销。究其原因，除汉语言专业的本科生用这本教材外，还有人文科学其他一些学科的本科生、研究生、报刊记者、出版社编辑、文物考古工作者和一些中学教师都在看这本书，这出乎我们的意料之外。

近二十年来，国际国内形势发生了前所未有的深刻变化。中国经济市场化，世界经济一体化。计算机网络化和数字图书的发展突飞猛进，使异时异地的语言信息传播更加快速，便利了人与人之间、国与国之间的信息传播与交流。它是人类发明文字以来，语言信息能够超越时空制约迅速传播的一次更大飞跃。地球很大，但在高科技条件下，它也只是一个小小的地球村罢了。

由于科技突飞猛进，世界已进入信息化时代，训诂学还有没有它存在的理论根据和实用价值呢？二十年的实践，对这个问题作了非常肯定的回答。

黄季刚在《文学声韵训诂笔记》中说：训诂学“是以语言解释语言，初无时地的限域，且论其法式，明其义例，以求语言文字之系统与根源”的一种学问，是一种以解释词义为中心内容的学问，是用易懂的、已知的语言事实来解释难懂的、未知的语言事实的一种学问。用当今信息论的语言讲，它是利用文字这个语言载体，通过文字物质形式（字形、字音）及其在汉语文献中所体现、所记载的语义运动规律，穿过时空隧道，挖掘语言信息并传播语言信息的一种学问。人类在发明文字以前很早就有了语言，但语言信息，却是稍纵即逝的，不能传之久远。有了文字，人类的语言信息，就具有超越时空的意义了，就能打破时空的限制，由此地传到彼地，由此时传到彼时，使千年如旦暮、万里若比邻成为事实。这就为人类的知识积累创造了条件。文字的创造，使人类摆脱了愚昧，进入文明创造时代。在这个过程中，作为解读文献语言的训诂学，曾起到过非常重要的作用。传统训诂以文献语言研究为切入点，它对古汉语语义进行挖掘和整理，其成果保存在大量文献注释和后世编写的辞书中，它是当代语言、文化不可或缺的精神食粮。科技的进步，当代传媒的发展，只是在一些环节上改变了传播手段，加快了传播速度，并没有改变要通过语言文字传播语言信息这一根本途径。从这个意义上讲，训诂学作为一种通过文字挖掘语言信息的学问，无论从理论上还是在实际意义上，它都是在不断创新的社会生活中不可或缺的一门学问。

在科技日益发展的今天，问题不在于训诂学有没有它存在的理论价值和实际意义，问题在于能否与时俱进，把计算机语言的研究和传统训诂学语义的研究结合起来，让计算机读懂汉语，并使用汉语，传播汉语信息。这就需要不断改进传统训诂学的理论与方法，使它在挖掘汉语语义信息，传播汉语语义信息中，发挥更大的作用，以适应形势的新发展。

值得庆幸的是，近二十年的社会实践，特别是计算机网络化和古籍整理数字化成果，终于使我们看到了这一伟大时刻的到来。

众所周知，中国传统语言学发展到现代语言学，是与西学东渐分不开的。传统语言文字学中，语法没有独立出来，它包含在训诂学之中。自《马氏文通》出版以来，汉语语法才自成体系，成为汉语研究的一个重要学科，而《马氏文通》是借鉴西洋语法体系写成的。在传统语言文字学中，因为语音既是训诂学的一个重要训释对象，又是训诂学赖以形成的一种重要研究手段。加上中国是一个崇尚诗的国度，由于诗词要讲究韵律，汉语音韵学一直在发展，而且积累了丰厚的十分珍贵的历史资料。西方普通语音学的引进，历史比较法的应用和国际音标等现代记音符号的使用，使传统音韵学迅速跨过门槛，进入现代语音学的殿堂。在传统语言文字学中，惟有以研究词义为主要任务的训诂学虽然一直广泛应用于语言教学、辞书编纂和古籍整理等方方面面，但其本身的理论研究，一直裹足不前。在这期间，虽然也有一些学者引进外国词汇理论，试图建立汉语词汇学，但这种努力，也只是从语法结构角度，对汉语词汇进行语法功能和词汇意义上的归类。这种归类，当然与汉语语义研究有关，但它并不涉及汉语语义的深层次的思想内容，并不特别注意对汉语语义发展中的历时性和共时性的语义变化的研究。有关词义研究和语义研究的著作，在汉语现代语言学中，一直相形见绌。究其原因，词义、语义，虽然和语法、语音一样，都是语言中的一个要素，但它是一种与民族现存生活制度、民族传统文化形态密切相关的、具有丰富的、多变内容的要素，它是民族心理、民族性格、民族素质最深层次的表现。词义、语义的研究，比起语音和语法来要困难得多。贾彦德说："语义与语音、语法比较，在以下几个地方显然不同：（1）语言有物质方面和精神方面，语音是物质方面，语义是精神方面。精神方面的东西不像物质方面的东西，不能直接观察到、接触到。（2）语音、语法是封闭系统，相对稳定。语义是开放系统，既有相对稳定的方面，又有常常变化的方面。（3）在语言中，语义层的单位最多，单位之间的关系最复杂。比较起来，语音最简单，语法比语音复杂，但远没有语义复杂。（4）音位、语法与语言反映的主客观世界没有直接联系，而语义与语言反映的极为复杂的主客观世界联系密切。可以看出语义是语言中最复杂、最难研究的一部分。"① 在语言中，虽然语音、语法、语义三个要素在研究上有难易之分，但三个要素之间，却是互相依存，缺一不可的。缺少了任何一个要素，都不能构成语言作品，就不能传达语言信息。语音、语法是为语义服务的。语义要借助语法和语音来表达，要依附语法组织和语音表现形式而存在，但语义不是为语法和语音服务的。语义是言语作品的内容，人们通过语言进行交际，说到底是为了交流语义信息。语义是语言交际的内容，语音和语法只是语义存在、交流的手段。显然，在语言三要素中，语义最重要。

这里要补充说明一下汉语语义研究情况。汉语书面语言的书写符号是方块汉字，每个汉字都是一个形、音、义三结合的矛盾统一体。形、音是其物质外壳，字义是其所表精神内容。以汉语书面语言为研究对象的传统语言文字之学，包括文字、声韵、训诂三个互相依存，而又互相独立的研究门类。文字学从说文解字中研究汉字的形义、音义关系；声韵学以汉字声、韵、调为其研究对象，继文字学之后，进一步揭示汉字音义关系；训诂学则以文字、声韵研究成果为理论基础和方法来源，通过因声求义、以形说义、直陈语义、据境索义等方法，进入汉语书面语言广义文化领域，研究汉语历史语义。传统训诂学的优点在于它没有把语义看成一个封闭系统，而是根据语言的自然属性，把语义的训诂与语言反映的极为复杂的主客观世界联系起来，从人类生活的广阔领域寻求语言意义。传统训诂切近生活，天文地理，百科俱全，无所不包，它留下了丰富的、多方面的语义训诂成果，使我们对汉语的历史面貌，有着比其他语种更为全面、更为深刻的认识，它在文化传承上功不可没，这是谁也无法否定的。但传统训诂最大的缺点，也在于它的无所不包。在科技进步，文、理分化，各种学科逐渐分立，研究逐渐细密的今天，如果不改变它本身的缺点，把它的研究对象集中在新的汉语书面语言历史语义的研究上来，不摆脱仅从传统历史文献中去考证历史文献中的字、词意义，它就很难走进当代汉语历史语义研究的殿堂。可喜的是，传统训诂正在与时俱进，它在当代语文教学与研究，在当代汉语字典、词典和其他门类专科辞典的编写中，在当代计算机汉语应用语言研究中，正在深入新境，发出新枝，创造自己生存、发展的广阔空间。

自从中国训诂学研究会成立以来，我们欣喜地看到，训诂学的理论研究正在逐步深入，已经出版了郭在贻《训诂学》、黄典诚《训诂学概论》、许威汉《训诂学导论》、张永言《训诂学简论》、赵振铎《训诂学纲要》、孙

---

① 贾彦德：《汉语语义学》，北京大学出版社 1999 年版，第 28 页。

长雍《训诂原理》、李建国《汉语训诂学史》、罗振声《计算机时代的汉语与汉字研究》、宋永培《当代中国训诂学》、宋金兰《训诂学新论》等几十部理论专著或教材。其中，特别要提到的是武汉大学黄焯教授整理的一批黄季刚先生的遗著，如《文字声韵训诂笔记》、《尔雅音训》、《黄侃手批尔雅正名》、《说文笺识四种》、《量守庐群书笺识》、《广韵校录》、《黄侃声韵学未刊稿》、《文选平点》、《字正初编》。加上此前已经出版的《黄侃论学杂著》、《黄侃手批白文十三经》、《黄季刚先生遗书》（台湾出版）、《文心雕龙札记》等，一代训诂大师黄季刚先生的未刊书目基本出齐。还有北京师范大学陆宗达教授的《说文解字通论》、陆宗达与王宁教授合著的《训诂方法论》、《古汉语词义答问》、《训诂与训诂学》、王宁的《训诂学原理》、《说文解字与汉字学》、许嘉璐的《黄侃先生的小学成就及治学精神》和《〈说文解字〉释义方式研究》。上述著作对训诂学的理论与实践作了系统的归纳和整理，影响深远。

另一个十分可喜的现象是，近二十年来，在汉语研究中，与训诂学密切相关的词汇学、语义学，正在以前所未有的规模向前拓展，并取得丰硕成果，已经出版了许多专著和一些有分量的专论。如蒋绍愚《古汉语词汇纲要》，赵克勤《古汉语词汇学》，高守纲《古汉语词义通论》，洪成玉《古汉语词义分析》，严廷德《古汉语词汇学》，张联荣《古汉语词义论》，王宁、邹晓丽《词汇的应用通则》，符淮青《现代汉语词汇》、《词义的分析和描写》、《汉语词汇史》，葛本仪《汉语词汇研究》，武占坤、王勤《现代汉语词汇概要》，张永言《词汇学简论》，刘叔新《汉语描写词汇学》、《词汇学和词典学问题研究》，李行健、刘叔新《词语的知识和运用》，徐青《词汇漫谈》，许德楠《实用词汇学》，晁继周《二十世纪的现代汉语词汇学》，周荐《汉语词汇研究史纲》，朱星《汉语词义简析》，石安石《语义论》、《语义研究》，詹人凤《现代汉语语义学》，苏新春《汉语语义学》，徐烈炯《语义学》，伍谦光《语义学导论》，张齐《模糊语义学》，曹炜《现代汉语词义学》。特别是贾彦德编著的《汉语语义学》，结合计算语言输入的需要，把传统训诂学的研究与计算机语言研究结合起来，大量吸收近期国内外汉语语义研究成果，在汉语义素分析、义素和义位性质、语义场（义位系统）、句义、附加义诸方面，作了比较深入和切合实际的分析和总结，取得了可喜的成果。众所周知，汉语语义学与当代计算机在我国的应用密切相关。计算机要依赖汉语语义学的最新成就，才能更好地理解汉语，处理汉语信息。当然，在这个过程中，也离不开语法研究，但最核心的还是要依赖于汉语语义的研究。从这个意义上讲，可以说离开了汉语语义研究，就不可能有汉语信息处理。计算机的发展和广泛应用，不断地对汉语语义学的理论研究提出新的课题，并不断地在实践中检验它的理论成果是否切合实际。贾彦德先生参加了一些重要的汉语信息处理的科研活动，他把义素分析等理论方法用于信息处理，又把这些处理的成果写进书稿，这就大大提高了该书的科学性和适用性。叶蜚声说："作者在书中阐述的义素分析、语义场和句义结构，不但适用于自然语言，对于汉语信息处理也有参考价值。"① 这个评论是切合实际的。

汉语语义学的建立，训诂学这份宝贵遗产就理所当然地继承下来了。贾彦德《汉语语义学》正是批判地继承了这份遗产，开创了自己的理论体系，展现了它的创新成果。该书第一章在论及语义研究的发展和现状时就谈到："一、语文学时期及我国的训诂学；二、传统语义学；三、现代语义学的兴起和现状。"我国的语文学是从训诂学开始的，当代语义学是传统训诂学发展到今天的一个必然结果。贾彦德的《汉语语义学》，标志着传统训诂学向汉语现代语义学的转变已卓有成效。

这二十年，随着训诂学理论创新，随着国家各项文化事业的发展，训诂学的应用也在以前所未有的规模广泛展开，它涉及社会生活的各个层面。现仅就辞书编纂和新出土文物简帛书的整理说点情况。

先说辞书编纂。这期间，作为国家列目的重点文化工程最突出的有三项：

(1)《汉语大字典》：由湖北、四川两省动员武汉大学、四川大学等十余所高等院校教授专家七百多人，会同全国著名语言学家、文字学家参加编写，全书二千余万字。

(2)《汉语大词典》：由华东四省一市（山东省、江苏省、安徽省、浙江省、上海市）动员复旦大学、山东大学、南京大学等数十所高等院校数百名语言学专家和全国各类专业工作者参加编写，全书五千万字。

(3)《中国大百科全书》：由国家动员全国各类著名专家、教授参加编写，全书一亿字。

这三项重点文化工程都是中央和地方各类专业工作者分工合作，协同作战，历15年之久才编纂出版的。这是有史以来，在辞书编纂领域动员人数最多、持续时间最长、投入资金最巨的一次文化创新活动。三部巨著的完成，标志着"文化大革命"结束后，中国人民的精神生活已经走上正常轨道，是中国先进文化战胜"四人帮"痞子文化的重要标志之一。

在这三部巨著的编纂过程中，将传统文献学、文献语言学与辞书学结合

---

① 贾彦德：《汉语语义学·叶蜚声（序）》。

起来，在目录、版本、校勘、文字、声韵、训诂各个层面，都来了一次系统的大清理。其中，在收词、释义、举证，特别是在词义概括、义项安排等既有辞书意义又有训诂意义的问题上，进行了广泛的、深入的研究，在各类报刊上发表了大量文章，出版了许多专著。其规模之大，影响之深，不仅在辞书史上，而且在训诂学史上，也是前所未有的。

再说简帛书整理。20 年来，随着国家基本建设的开展，四处移山填海，地下文物出土骤增，其中有大量简帛书出土，使我们有幸看到许多连太史公司马迁都未曾读到过的古文字资料。在有关政治、经济、哲学、文学、史学等学科的简帛整理中，训诂学也派上了用场，显示了它的理论价值和实用价值。

以上所述，还只是传统语言研究中有关训诂应用上的一些成果。

传统语言文字研究，是在书山文海的纸质图书中进行的。书山有路勤为径，学海无涯苦作舟。纸质图书，保存困难，翻检不易，全靠个人勤奋，手工操作，才能获得所需资料。如不得其法，费时费力，也可能一无所获。现代汉语的语言文字研究，是在较为开放的语言环境中展开的，特别是在计算机普遍使用并形成网络化的条件下展开的。当今汉语的使用和研究，把人类自然语言的传统研究和计算机语言研究迅速结合起来。它使汉语语言文字之学，不仅仅是从传统的形、音、义三个方面研究汉语语言信息，而且进一步从汉字使用频率、汉字笔画顺序、字序以及音位、义位、语义场诸方面，更加全面、深入地研究汉字所载的语言信息。由于数码技术日益完善，汉字输入、输出的瓶颈逐步打开，让计算机阅读文件、处理资讯（包括现代和古代各种语言信息），将使数千年来汉语言文化的研究成果（其中也包括广泛保存在各类古代纸质经典文献中的训诂成果）能够更好地得到保存和利用。目前，正在展开的数字化古籍的研究，就令人十分鼓舞。据《光明日报》（2004 年 8 月 30 日）所载《古籍整理选定数字化方向》一文称：在第三届汉文史资料库研讨会上，到会学者专家一致认为，古籍数字化是我国古籍整理的方向。

我国古籍浩如烟海，它蕴藏着巨大的汉语言文字信息，是华夏传统文化的主要载体。它在人类文明发展史上曾起过十分重要的作用，而且在现代世界文明发展的过程中，更加证明其有着不可替代的文化价值。

由于国家的大力支持，数字化图书已取得前所未有的成绩。《网上新华字典》、《电子新华字典》等中文辞书，屏幕取词、查阅汉字音义及其他语言信息（如成语典故等），已十分方便。据网上消息，南京大学电子出版社将出版《中华通典》，其中包括四库全书、古书注疏，应有尽有。若将内容下载，就可把图书馆带回家，只要你输入关键词，轻点鼠标，就能找到相关解读资料，获得满意的解释。

据《法制晚报》报导，目前，国家图书馆已与美国哈佛大学图书馆达成协议，共同开发哈佛燕京图书馆藏中文善本古籍，实现善本古籍数字化，2010年年初读者即可在国家图书馆网站上看到珍贵的古籍。① 善本数字化是一种保存古籍的有效形式，其保真能力比重印纸质古籍更好。按工作计划，国家图书馆从2010年1月开始，正式按月度接收数字化数据，经过质量检查和元数据标引后，将很快通过国家图书馆网站发布。哈佛燕京图书馆，以其丰富的东亚馆藏著称于欧美大陆，其中部分典籍为稀世珍本，为全球广大汉学家所关注。据协议，该项目成果将由双方各自保留一份完整的数字化图像文档，分别用于各自网站免费发布和其他学术研究及文献保留之用，形成一个史无前例的中华善本古籍数字图书馆。图书数字化，已经显示了在资讯处理以及信息异时、异地传播上的极大优势。数字化图书资料，在信息传播、检索快捷方便上，是传统书籍（即纸质印刷品）无法比拟的，它具有无法替代的优势，受到了学术界和广大读者的欢迎。汉语言文化的研究，包括训诂学研究及其成果的应用，也将随着科技的进展，在信息时代，进入到一个前所未有的新天地。

第五节　研究训诂学的方法

（一）要以辩证唯物主义与历史唯物主义作指导

为了振兴训诂学，我们要批判地继承前代训诂学丰富的遗产，要认真地学习国外先进的语义学，要努力地创建科学的新训诂学。要达到这个目的，我们必须坚持以辩证唯物主义与历史唯物主义作指导，以汲取前代训诂学和国外语义学的精华，扬弃其糟粕。整个训诂学领域涉及很多理论问题，如语言的产生，语言的社会功能，语音和语义的关系，语言的历史发展，它的时代性和系统性等，所有这些，都要用辩证唯物主义及历史唯物主义的观点去观察、分析，以得出科学的结论。王力在《汉语史稿》（上册）曾举过一个例子说明运用唯物辩证法思想的重要性。他说："所谓区别一般和特殊，那是辩证法原理之一，在这里我们指的是黎锦熙先生所谓例不十，不立'法'。我们还要补充一句，就是例外不十，'法'不破。假如同时代一切史

① 消息来源见人民网2009年10月20日。

料都没有这种语言现象，只有一部书中有这种现象，这部书就有被证明为伪书的可能。”

（二）紧密结合社会生活理解语言

语言是人类思想感情互相交流的工具，随着社会的产生而产生。语言中词的涵义和发展变化，与社会生活联系最紧。只有对当时的社会生活包括生产、礼仪、习俗、科学等方面有较清楚的了解，才能弄清词语的涵义，否则就是瞎子摸象，不明事体。下面转录洪诚所举通过弄清社会礼仪而弄通文意的一个例子：

《老子》六十二章：“虽有拱璧以先驷马，不如坐进此道。”《左传·僖公三十三年》：“〔秦师〕及滑，郑商人弦高将市于东周，遇之，以乘韦先牛十二犒师。”杜预注：“先韦乃牛。古者将献遗于人，必有以先之。”

孔颖达于《左传·襄公十九年》“加璧乘马，先吴寿梦之鼎”下疏云：“古之献物，必有以先之。《老子》云：虽有拱抱之璧以先驷马。谓以璧为马先也。僖公三十三年：郑商人弦高以乘韦先牛十二犒师。谓以韦为牛先也……皆以轻物先重物。此锦璧可执，马可牵行，皆轻于鼎，故以璧马为鼎之先。以轻先重，非以贱先贵。”古人送礼物给人，把轻的东西送在重的东西的前头，所以叫以某先某，“先”，读去声……而高亨《老子正诂》说道：“拱璧，聘问之物；驷马，使者所乘。使者乘车抱璧以聘邻国，则拱璧何能先驷马哉！知其义不可通也。疑‘以先’二字当在‘驷马’下，‘先’借为‘诜’。《说文》：‘诜，致言也。’《广雅·释诂》：‘诜，问也。’《尔雅·释言》：‘聘，问也。’是诜即聘义。‘虽有拱璧驷马以先’，犹云虽有拱璧驷马以聘矣。”案，《左传·僖公三十三年》“殽之战”是人所常读的文章。书名“正诂”，这样乱通乱改，很不好。但如果《礼》文亡灭，《左传》凋残，孤立地看《老子》这一句，对这种说法也无可置辩。所以专就一字一句推敲立义，可靠性很低。①

（三）要把语言的共时性研究与历时性研究结合起来

王力说过：“前人所讲字的本义和引申假借（朱骏声所谓转注假借），固然也是追求字义的来源及其演变，可惜的是，他们只着重在汉代以前，汉代以后就很少道及。新训诂学首先应该矫正这个毛病，把语言的历史的每一个时代看做有同等的价值。汉以前的古义固然值得研究，千百年后新起的意

① 见洪诚：《训诂学》，江苏古籍出版社 1984 年版，第 220 页。

义也同样地值得研究。无论怎样‘俗’的一个字，只要它在社会上占了势力，也值得我们追求它的历史。”① 王氏这个意见是对的。据知，黄侃对此已作了有益的研究，不但研究俗字，还努力去寻找它变化的源头。例如他认为《说文》骨部的“髖”字，后出作“骽”字，就是今天的“腿”字。“骾”字就是今天的“硬”字。叉部的“叉”字，就是今天的“抛”字。木部的“栊”字，就是今天的“簰”字，语转变作“舶”字。手部的“搣”字，就是今天的“抹”字，“拏”字就是今天的“惹”字，“揟”字就是今天的“筛”字。心部的“怖”字，就是今天的“怕”字，等等。这些说法不一定个个正确，因为词义的演变是复杂的，但他能用历史主义的观点，为训诂学开辟一条新路，则是非常宝贵的。用唯物主义历史观念来研究训诂学，就是要把语言的共时性研究和语言的历时性研究结合起来不仅要上下几千年地研究每个词的意义的演变，也要进行语义的断代研究。比如，蒋礼鸿的《敦煌变文字义通释》、张相的《诗词曲语辞汇释》、陆澹安的《小说词语汇释》就是这样做的。这样的训诂，在目前更为迫切需要。只有在这种断代的训诂研究工作做好以后，纵贯几千年的汉语语义发展史才能在踏踏实实的基础上建立起来。

（四）摆脱经学附庸地位，古为今用

旧训诂为经学附庸，从先秦一直到清末都是这样。虽然也有人自觉不自觉地摆脱这一束缚，从事语言文字的研究，如〔汉〕扬雄著《方言》、刘熙著《释名》、服虔著《通俗文》，以及后世沿着他们开创的道路开展对方言、俗语、民族语言的研究，但总被经学家们视为不能登大雅之堂的小道，从而得不到充分的发展。今天我们必须彻底摆脱这一旧影响。要记住，训诂学研究的范围是整个书面语言，不只是几本儒家的经籍，考析词义的依据是当时社会的语言实际，不限于经籍的用例。我们只能对前人研究经学的成果加以利用，建立隶属于语言学的新的训诂学，而不能囿于经学的狭小天地。

开展对训诂的研究，概括其条例，寻求其法式，总结其经验，不是我们学习训诂学的最终目的。利用这些经验指导当前的训诂实践，才是我们的主要目的。当前，整理古籍、编纂字词书、改革古代汉语和文言文的教学，都是重要和紧迫的任务，都要借助于训诂学的理论和经验。我们必须结合这些课题来研究训诂，力求做到古为今用。

下面我们还要以专章、专节谈谈训诂学如何运用的问题，特别是读注和作注问题，我们在第六章将详细谈及，这里暂不多述。

---

① 王力：《龙虫并雕斋文集》第1册，中华书局1980年版，第321页。

第二章　训诂体式（上）

训诂体式，即训诂的体制和形式。章炳麟《国故论衡·明解故上》认为训诂体式有通论、驸经、序录、略例四类。其所谓驸经，就是依附于经典所做的随文释义的注疏。这个分类，不十分清晰，因为略例多附于注疏中，通论、序录大都可以纳入训诂专著中，都不应与驸经并列。我们认为训诂体式除驸经的注疏外，还有文献正文里的训诂、通释语义的专著和考订书中的训诂，合起来也是四类。四者之中，以注疏和专著为主。

第一节　文献正文里的训诂

我国的训诂，最早出现在先秦文献的正文里。远在甲骨刻辞的正文中，就已经发现了训诂，例如：

（1）帝于北方曰宛，风曰伇。
帝于南方曰光，□□□。
帝于东方曰析，风曰劦。
帝于西方曰彝，风〔曰𣏟〕。（合 261）

（2）东方曰析，风曰⿱劦口。
南方曰夹，风曰光。
西方曰彝，风曰𣏟。
〔北方曰〕宛，风曰伇。（掇 2. 158）

后来《尚书》的正文里也有一些，例如：

（1）济河惟兖州。（《禹贡》）

（2）海岱惟青州。（同上）

（3）海岱及淮惟徐州。（同上）

（4）淮海惟扬州。（同上）

（5）荆及衡阳惟荆州。（同上）

（6）荆河惟豫州。（同上）

（7）华阳黑水惟梁州。（同上）

（8）黑水西河惟雍州。（同上）

（9）五行：一曰水，二曰火，三曰木，四曰金，五曰土。（《洪范》）

（10）五事：一曰貌，二曰言，三曰视，四曰听，五曰思。（同上）

到了春秋战国时期，文献正文里的训诂，就遍及群书，不胜枚举了。据张新武的《先秦文献正文中词义训诂辑录》的统计，《周易》、《孝经》、《左传》等31部古籍中共有1562条。

文献正文里的训诂，从它的内容来说，有以下几个方面：

（一）解释词语

这一类，古文献正文中最为常见，例如：

（1）传曰：谓吾舅者，吾谓之甥。（《仪礼·丧服》）

（2）生曰父曰母曰妻，死曰考曰妣曰嫔。（《礼记·曲礼下》）

（3）物得以生谓之德。（《庄子·天地》）

（4）礼者，人之所履也。（《荀子·大略》）

（5）义者，谓各处其宜也。（《管子·心术上》）

（6）《书》曰："洚水警余。"洚水者，洪水也。（《孟子·滕文公下》）

（7）其诗曰："畜君何尤？"畜君者，好君也。（《孟子·梁惠王下》）

（8）猛毅者何也？轻诛杀人之谓猛毅。懦弱者何也？重诛杀人之谓懦弱。（《管子·参患》）

（9）南冥者，天池也。齐谐者，志怪者也。（《庄子·逍遥游》）

（10）元驹者何？蚁也。（《大戴记·夏小正》）

以上十例，对“舅”、“父”、“母”、“妻”、“考”、“妣”、“嫔”、“德”、“礼”、“义”等单音词及“洚水”、“蓄君”、“猛毅”、“懦弱”、“南冥”、“齐谐”、“元驹”等复音词或短语的解释，都在正文中。

文献正文里所解释的以实词为多，也包括一些虚词，例如：

(1) 必，不已也。(《墨子·经上》)

(2) 且然，不可正，而不害用工。(《墨子·经下》)

(3) 三月，越有小旱。越，于也。记是时恒有小旱。(《大戴记·夏小正》)

例（1）的“必”，例（2）的“且然”，例（3）的“越”，都是虚词。对它们的解释，也都在正文中。

从上面三组例句中，我们可以清楚地看到，文献正文中的训诂对象，包括了单音词和复音词，也包括了实词和虚词，还包括了一些暂未形成固定词义的复合短语。这是符合汉语实际的。因为，在汉语中，字和词这两个概念，有时是一致的，有时又并不一致。单音词中，一个字就是一个词，其字义和词义是一致的。在复音词中，情况就很复杂。单个汉字作为复音词中的一个词素，其字义和词义往往不能等同。解释词语是训诂学最核心的内容。〔清〕戴震说：“经之至者，道也；所以明道者，其词也；所以成词者，字也。由字以通其词，由词以通其道。”训诂学正是围绕着解释词语这个最为核心的内容，在解读古代文献中逐渐系统化、逐渐深化而发展起来的。文献正文中的词语训释，为以后训诂学的建立和发展提供了原动力和前进基地。

（二）串讲句意

这一类，古文献正文中也有不少，例如：

(1)《诗》云：“瞻彼淇奥，菉竹猗猗。有斐君子，如切如磋，如琢如磨。瑟兮僩兮，赫兮喧兮，有斐君子，终不可喧兮。”如切如磋者，道学也；如琢如磨者，自修也；瑟兮僩兮者，恂慄也；赫兮喧兮者，威仪也；有斐君子，终不可喧兮者，道盛德至善，民之不能忘也。(《礼记·大学》)

(2) 晏子饮景公酒，日暮，公呼具火。晏子辞曰：“《诗》云：‘侧弁之俄’，言失德也。‘屡舞傞傞’，言失容也。‘既醉以酒，既饱以德，既醉而出，并受其福’，宾主之礼也。‘醉而不出，是谓伐德’，宾之罪也。婴已卜其日，未卜其夜。”(《晏子春秋·内篇杂上》)

(3) 鄙谚曰："长袖善舞，多财善贾。" 此言多资之易为工也。(《韩非子·五蠹篇》)

(4) 七月，貍子肇肆。肇，始也。肆，遂也。言其始遂也。(《大戴记·夏小正》)

(5) "小人见奸巧，乃闻不言也，发罪钧。" 此言见淫辟不以告者，其罪亦犹淫辟者也。(《墨子·尚同下》) 以上五例，(1)、(2)、(3)、(5)，都是直解句意，(4) 是先释词后解句，也都出现于古文献的正文中。

(三) 说明章旨

这一类，古文献正文中比较少见，例如：

(1)《驺虞》者，乐官备也；《貍首》者，乐会时也；《采蘋》者，乐循法也；《采蘩》者，乐不失职也。(《礼记·射义》)

(2)《诗》云："迨天之未阴雨，彻彼桑土，绸缪牖户，今此下民，或敢侮予？" 孔子曰："为此诗者，其知道乎！能治其国家，谁敢侮之？"(《孟子·公孙丑上》)

(3)《昊天有成命》，颂之盛德也。其诗曰："昊天有成命，二后受之，成王不敢康，夙夜基命宥密。於缉熙，亶厥心，肆其靖之。" 是道成王之德也。成王能明文昭，能定武烈者也。夫道成命者而称昊天，翼其上也。二后受之，让于德也。成王不敢康，敬百姓也。夙夜，恭也。基，始也。命，信也。宥，宽也。密，宁也。缉，明也。熙，广也。亶，厚也。肆，固也。靖，和也。其始也，翼上德让，而敬百姓；其中也，恭俭信宽，帅归于宁；其终也，广厚其心，以固和之。始于德让，中于信宽，终于固和，故曰成。(《国语·周语下》)

以上三例都用正文的形式来阐明古诗的章旨。例 (1) 中的《驺虞》、《采蘋》、《采蘩》，皆出《诗·召南》。例 (2) 引诗出《诗·豳风·鸱鸮》。特别值得注意的是例 (3)。这是晋大夫叔向对《周颂·昊天有成命》这首诗的解释。开头一句，就把这首诗的章旨揭示出来。用现在的话来说，就是《昊天有成命》是歌颂昊天盛德的诗篇。"之" 犹 "其" 也，指示代词，指昊天。下面紧接着引出诗的全文。后头加上一句 "是道成王之德也"，与开头一句遥相呼应，使章旨更加明显。而 "成王能明文昭，能定武烈者也"，这两句进一步解释 "成王之德"。"夫道成命者" 至 "敬百姓也"，依次解释诗的前三句，也就是所谓串讲句意。诗的后四句，则逐字解释，"其始也”至“故曰成”，又反复诠解，把全诗的旨意贯通起来。在正文里讲训诂，这是一个最典型的例子。串讲句意和说明章旨，都是读懂古籍必不可少的环节，也是后来训诂学研究的重大课题。串讲句意，就涉及语法、修辞；说明章旨，就涉及辞章结构及写作中的诸多问题。当然，文献正文中的串讲句意，说明章旨，不是孤立的，是在解释词语的基础上进行的。这里所举例证，也充分说明了这层关系。文献正文中的训诂，是训诂学最原始的形态，它一出现就表明，训诂学是一门综合性的学问。

先秦文献正文中的训诂，是后来训诂学的胚胎。在胚胎阶段，训诂学不但在研究对象，即训释内容上已有了基本的确定，而且在训诂方式上，也与后来的注疏大体相似，为了避免重复，我们把这些问题留在第四章讨论。

第二节　随文释义的注疏

随文释义的注疏就是章炳麟所谓驸经（即附经）的训诂。下面从四个方面来论述：

（一）注疏的名称

注疏的名称很多，最初叫做“传”，叫做“说”，叫做“解”，也称为“诂”，为“训”，后来又有“笺”、“注”、“释”、“诠”、“述”、“学”、“订”、“校”、“考”、“证”、“微”、“隐”、“疑”、“义”、“疏”、“音义”、“章句”等别名。这些名称，有的名异实同，有的意义微殊，有的互相结合成为新的名称，如“训诂”、“诂训”、“解诂”、“校注”、“义疏”、“疏证”等等。现在，分别对各种名称作些解释：

1. 传

胡韫玉《古书校读法》：“《说文》：‘传，遽也。从人，专声。’辵部：‘遽，传也。’《尔雅·释言》：‘驲、遽，传也。’按：以车曰传，亦曰驲，以马曰遽，亦曰驿，皆所以达急速之事。《左成四年传》：‘晋侯以传召伯宗’是也。传者由此达彼，引申之，凡由此达彼者皆曰传。《周礼·掌节》：‘必有节，以传辅之。’传者，以符节递达者也，引申之，以言语递达者亦谓之传。《仪礼·士相见礼》：‘妥而后传言。’注：‘犹出言也。’又引申之，递达古今之言语者亦谓之传。《礼记·乐记》：‘有司失其传也。’注：‘犹说也。’《祭统》注：‘传著于钟鼎也。’《释文》：‘谓传述。’又引申之，解释古今之言语者亦谓之传。《公羊定公元年传》：‘主人习其读而问其传。’注：‘谓训诂。’《春秋谷梁传序疏》：‘传之解经，随条即释。’《汉书·淮南王安传》：‘使为离骚传。’注：‘谓解说之。’《汉书·艺文志》：《春秋》有《左氏传》、《公羊传》、《谷梁传》，《诗》有《韩诗内外传》、《毛诗故训传》。”章炳麟《国故论衡·文学总略》：“传者，专之假借。《论语》：‘传不习乎？’鲁作‘专不习乎？’《说文》训专为六寸簿，簿即手版，古谓之忽（今作笏）。书思对命，以备忽忘，故引申为书籍记事之称。书籍名簿，亦名为专。专之得名，以其体短，有异于经。郑康成《论语序》云：‘《春秋》二尺四寸，《孝经》一尺二寸，《论语》八寸。’此则专之简策当复短于《论语》，所谓六寸者也。”按：胡、章二说不同，章说似较胜。

传有内传、外传、大传、小传、补传、集传之分。西汉时，齐人辕固生、燕人韩生解说《诗经》，才创立内传、外传的名目。公羊、谷梁两家也各有外传（见《汉书·艺文志》）。《四库全书总目提要》云：“其书杂引古书古语，证以诗词，与经义不相比附，故曰外传。”那么，内传就是与经义相比附的注解了。自东汉以来，有些学者称《左传》为《春秋内传》，《国语》为《春秋外传》。韦昭《国语解序》以为“其文不主于经，故号外传”，可见它的命名是和《齐诗外传》、《韩诗外传》相类似的。刘熙《释名》云：“春秋以鲁为内，诸国为外，《国语》纪外国所传之事，故名外传。”这种解释望文生义，是不正确的。“大传”这个名称，从汉代的张生和欧阳生的《尚书大传》开始。郑玄《尚书大传序》：“伏生为秦博士，至孝文时年且百岁，张生、欧阳生从其学而受之，音声犹有讹误，先后犹有差舛，重以篆隶之殊，不能无失。生终后，数子各论所闻，以己意弥缝其阙，而又特撰其大义，因经属指，名之曰传。”据此，所谓“大传”，就是大义的意思。“小传”和“大传”相对，大概是“不贤识小”的意思，是一种谦词，犹言“裨传”或“稗传”。〔宋〕刘敞有《七经小传》，吴棫有《书裨传》，吴仪有《春秋稗传》。“补传”与“补注”同义，如范处义《诗补传》。《集传》与《集注》同义，如朱熹《诗集传》。

2. 说

《说文》：“说，说释也。一曰：谈说。”“释，解也。”《墨子·经上》：“说，所以明也。”按：说即说明、解释的意思，引申为用以解说的词语。《汉书·晁错传》：“不问书说。”注：“谓所说之义也。”《墨子》有《经说上》、《经说下》。《韩非子》有《说林》、《内储说》、《外储说》。《汉书·艺文志》：《易》有《五鹿充宗略说》，《书》有《欧阳说义》，《诗》有《鲁说》、《韩说》，《礼》有《中庸说》、《明堂阴阳说》，《论语》有《齐说》、《鲁夏侯说》、《鲁安昌侯说》、《鲁王骏说》、《燕传说》，《孝经》有《长孙氏说》、《江氏说》、《翼氏说》、《后氏说》、《安昌侯说》。

3. 解

《说文》："解，判也。从刀判牛角。""判，分也。从刀，半声。"按：解的本义是分析，训诂就是分析语义，所以也叫做解。《管子》有《牧民解》、《形势解》、《立政九败解》、《版法解》、《明法解》。《韩非子》有《解老篇》。《礼记》有《经解》。汉人注书，常以解诂连言，亦作解故，如大小夏侯《书解故》、贾逵《春秋左氏解诂》、何休《春秋公羊解诂》等；也有与注或说连言的，如许淑《左氏传注解》、伏黯《齐诗解说》。后世又有所谓集解，其义有二：一是通释经传，如杜预《春秋经传集解》；一是集各家的解说，如范宁的《春秋谷梁传集解》。

4. 诂

诂与故，古字通。汉人注书，多名为故，也叫做故训或训诂。黄以周《读〈汉书·艺文志〉》："汉儒注经，各守义例，故训传说，体裁不同。故训者，疏通其文义也；传说者，征引其事实也。故训之体，取法《尔雅》；传说之体，取法《春秋传》。孔子《十翼》，本不名传，《彖》、《象》依经立训，与故训近；《系辞》、《说卦》专论大义，与传说近。诗家毛公，合故训传为一，仍以故训为主；鲁、齐、韩诸家，故与传画分两书。"又说："汉初讲经之士，重故不重传，传多杂说，非经本指。"按：黄说分别故训和传说为两种不同的体式，但是同这些词的古义不尽吻合。章炳麟《国故论衡·明解故上》云："先民言故，总举之矣，有故事者，有故训者。《毛诗》以外，三家亦有《鲁故》、《韩故》、《齐后氏故》、《齐孙氏故》，斯故训之流也。《书》、《春秋》者，记事之籍，是以有故事。《太誓》有故，犹《春秋》有传。"又云："诸故事，亦通言传。"其说似较妥。庞石帚《国故论衡疏证》中之三："故传之名，亦得相通。征事者亦谓之故，《泰誓故》之属是也；疏文者亦谓之传，《彖传》、《象传》、《诗故训传》之属是也。"此说尤为明确。

5. 训

训的解释已见《绪论》。按：训有广狭二义。《尔雅·序篇》："释训，言形貌也。"这是狭义的训。《曲礼疏》："训谓训说理义。"《汉书·扬雄传》注："训者，释所言之理。"《经典释文》引张揖《杂字》云："训者，谓字有意义也。"这是广义的训。汉代训诂家注书称训，多用其广义，与诂义同。所以，陆德明《经典释文》解释《尔雅》云："案《释诂》以下三篇皆释古今之语、方俗之言，意义不同，故立号亦异。至于训释坟典，其实一焉。"

训常与诂连言，或称诂（故）训，如毛亨《诗诂训传》；或称训诂，如贾谊《左氏传训诂》。又有与注连言的，或称注训，如〔汉〕何休《论语注训》、《孝经注训》；或称训注，如〔晋〕刘兆《周易训注》。另外，还有与旨连言的，如卫宏《古文尚书训旨》。

6. 笺

《说文》："笺，表识书也。"注书叫笺，从汉代的郑玄开始。《毛诗正义》："郑于诸经皆谓之注，此言笺者，吕忱《字林》云：'笺者表也，识也。'郑以毛学审备，遵畅厥旨，所以表明毛意，记识其事，故称为笺。"按：这个解释是以郑玄的《六艺论》为根据的。《六艺论》云："注诗宗毛为主，毛义若隐，略更表明。如有不同，即下己意，使可识别也。"张华《博物志》云："毛公尝为北海郡守，康成是此郡人，故以为敬。"这是拘泥于魏晋时公府用记、郡守用笺的公文格式，不合郑玄的原意。《四库全书总目提要》云："康成生于汉末，乃修敬于四百年前之太守，殊无所取……康成特因毛传而表识其傍，如今人之笺记，积而成帙，故谓之笺，无庸别曲说也。"

7. 注

《说文》："注，灌也。"《仪礼·有司彻》注："注犹泻也。"这是注的本义。注书也叫注，是后起的意义。它得名的由来，从前有四种说法：第一，刘知几《史通·补注篇》："注者，流也，流通而靡绝。"第二，《仪礼·士冠礼》贾公彦疏："注者，注义于经下，若水之注物。"第三，段玉裁《说文解字注》："注之云者，引之有所适也，故释经以明其义曰注。"第四，孔颖达《毛诗正义》："注者，著也，言为之解说，使其著明也。"前三说把注解的注当做灌注的引申，后一说把注解的注当做著的假借。比较起来，贾说似较妥当。

注字亦作註。段玉裁《说文解字注》云："汉唐宋人经注之字无有作註者，明人始改注为註，大非古义也。古惟註记字从言，如《左传叙》：'诸所记註。'韩愈文：'市井货钱註记'之类。《通俗文》云：'记物曰註。'《广雅》：'註，识也。'古起居注用此字，与注释字别。"按：《说文》无註字，註即注的异体。《通俗文》及《广雅》训为记识，是后起之义。《一切经音义六》引《字林》："註，解也。"可见注释字作註，由来很古，并不是从明代开始，段说失考。

孔颖达《春秋左传正义》云："毛君、孔安国、马融、王肃之徒，其所注书皆称为传，郑玄则谓之注。"按：《隋书·经籍志》所载马融、王肃注释诸书也都称注。《经典释文》只把马融《周易传》称传，其余也都称注，与孔说不合。《经典释文》又有《尔雅》的犍为文学注、刘歆注、樊光注、李巡注，以及《老子》的严遵注。《史记·衡山王传》索隐引刘向《别录》云："易家有救氏之注。"《隋书·经籍志》还有费直、宋衷、荀爽的《周易注》。据此可知汉人注书称注者不只郑玄一人，也不始于郑氏。不过郑氏以后，注书称注的人渐多，"注"字已成训释的通称，而称传的却越来越少，因此马融、王肃所作，本称为传的，《隋书·经籍志》也改称为通行的注了。

〔清〕顾炎武《日知录·十三经注疏》云："其先儒释经之书，或曰传、或曰笺、或曰解、或曰学，今通谓之注。《书》则孔安国传，《诗》则毛苌传，郑玄笺，《周礼》、《仪礼》、《礼记》则郑玄注，《公羊》则何休学，《孟子》则赵歧注，皆汉人。《易》则王弼注，魏人。《系辞》则韩康伯注，晋人。《论语》则何晏集解，魏人。《左氏》则杜预注，《尔雅》则郭璞注，《谷梁》则范宁集解，皆晋人。"

8. 释

《说文》："釋，解也。从采，采取其分别物也，从睪声。"《尔雅》解释古今异言和方俗殊语以及各种事物的名称，所以19篇都以释为名。后世注书称释的很多，如李充的《论语释》、李颙的《尚书新释》、陆德明的《经典释文》等。

9. 诠

《说文》："诠，具也。"《晋书音义》引《字林》云："诠，具也，谓具说事理。"《淮南子》有《诠言篇》。高诱注："诠，就也，就万物之指，以言其征事之所谓，道之所依也，故曰诠言。"而《一切经音义》引《淮南子注》则云："诠言者，谓譬类人事，相解喻也。"（按：今本无此注，大概是许慎注）又引《通俗文》云："释言曰诠。"《玉篇》："诠，治乱之体也。"说法各有不同。按：《淮南子·要略》云："诠言者，所以譬类人事之指，解喻治乱之体也，差择微言之眇，诠以至理之文，而补缝过失之阙者也。"这是刘安自己解释诠言的意义，其所包含非常广阔，诸家解释，各取其某一方面，所以不尽相合。比较起来，《说文》、《字林》的解释，符合诠字的本义。后世注书叫诠的，如〔唐〕李翱的《易诠》、〔元〕赵汸的《周易文诠》、〔明〕邓伯羔的《古易诠》和《今易诠》，都取具说书中事理的意思。近人杨树达《词诠》，则是对虚词词义的解释。

10. 述

《说文》："述，循也。"《论语·述而》："述而不作。"皇侃疏："述者，传于旧章也。"后来注书称述，就是用这个意思，是一种谦词。《经典释文》有陆绩《周易述》、王尚《老子述》。

11. 学

《春秋公羊传疏》引《博物志》云："何休注《公羊》，云'何休学'。有不解者，或答曰：'休谦辞，受学于师，乃宣此义，不出于已。'"《经典释文》："学者，言为此经之学，即注述之意。"按：后世注书称学，即本于此。〔宋〕李焘有《易学》五卷、《春秋学》十卷，范处义有《诗学》一卷，喻樗有《玉泉论语学》四卷。

12. 订

《说文》："订，平议也。"按：平议即评议。注书叫做订，就是对所注的书进行评议的意思。〔宋〕王与之有《周礼订义》，〔明〕何楷有《古周易订诂》，徐骥有《洪范解订正》，史惟堡有《尚书晚订》，郭良翰有《周礼古本订注》，管志道有《论语订释》、《孟子订释》，钮树玉有《说文段注订》。

13. 校

《文选·长杨赋》："校武票禽。"注引贾逵《国语注》曰："校，考也。"考核古书叫做校，有两种情况：一是辨章学术，考镜源流，如正考父的校商颂；一是校对文字，改正脱误，如子夏读"三豕渡河"，认为"三豕"即"己亥"之形讹。刘向父子的校群书，则兼而有之。训诂家注解古书，也往往要校对文字，改正脱误，如郑玄的《毛诗笺》、《三礼注》、《论语注》等，都是这样。后来有些人把校和注区分开来，于是另有校注、校诠等名。如〔宋〕鲍彪《战国策校注》、〔清〕钱坫《说文斠诠》（斠同校）。

14. 证

《说文》："证，告也。"经典通借为征验的征。注书以证为名，即取征验的意思。《隋书·经籍志》有刘芳《毛诗笺音证》、《礼记义证》和无名氏《春秋辨证》。

15. 微

《说文》："微，隐行也。"经典通借为隐微、精微的微。《汉书·艺文志》春秋类有《左氏微》、《铎氏微》、《张氏微》、《虞氏微传》。颜师古注："微谓释其微指。"后世注述，有的叫发微，如孙复《春秋尊王发微》；有的叫阐微，如赵匡《春秋阐微》；有的叫显微，如程迥《春秋显微例目》；有的叫明微，如吴希哲《春秋明微》；有的叫见微，如范柔中《春秋见微》；有的叫表微，如程暾《读礼表微》；有的叫解微，如徐畸《周易解微》；有的叫析微，如吴源《六官析微论》；有的叫探微，如马骈《春秋探微》；有的叫述微，如万思谦《中庸述微》；有的叫穷微，如王弼《周易穷微论》；

有的叫参微，如陈仲贤《周易参微录》；有的叫指微，如鲁有开《春秋指微》；有的叫微旨，如陆淳《春秋微旨》；有的叫微言，如徐行《周礼微言》；有的叫精微，如周镇《周易精微》，并见《经义考》。

16. 隐

《史记·司马相如传》：“春秋推见至隐。”索隐引李奇曰：“隐犹微也。”注述以隐为名的，《隋书·经籍志》有郭象《论语隐》、于氏《毛诗音隐》、无名氏《说文音隐》、谢氏《礼记音隐》、无名氏《礼记音义隐》，又有徐广《毛诗背隐义》、何胤《毛诗隐义》、无名氏《丧服经传隐义》、陈统《毛诗表隐》。姚振宗云：“齐梁时隐士何胤注书，于卷背书之，谓为隐义。背隐义之义盖如此。由是推导，则凡称音隐、音义隐之类，大抵皆从卷背录出，皆是前人隐而未发之义。当时别无书名，故即就本书加隐字以名之。”（见《隋书经籍志考证》卷三）按：唐代司马贞注《史记》，名曰《史记索隐》，宋代陈良献有《周易发隐》，其义似乎与探微、发微略同，而与音隐、音义隐之类从卷背录出的不一样。

17. 疑

《说文》：“疑，惑也。”《隋书·经籍志》有《文字整疑》。姚振宗云：“文字整疑者，不知何人作《文字整》之书，因从而举其疑。”（见《隋书经籍志考证》卷十）按：《隋书·经籍志》又有何谭之《周易疑义》、《毛诗释疑》，樊氏《丧服疑问》，周舍《礼疑义》等，都以疑作注述的名称。

18. 义

《说文》：“义，己之威仪也。”经典通借为谊，即义理的意思。《礼记》有《祭义》、《冠义》、《昏义》、《乡饮酒义》、《射义》、《燕义》、《聘义》等篇，都是说明礼的义理的，其体式和古代传注相近。后世注解的书，亦多以义为名，如〔汉〕王玢《春秋左氏述义》、〔魏〕刘璠《毛诗义》、〔晋〕崔豹《论语集义》等。六朝以后，则专以解注者为义，与义疏同意，如巢猗《尚书义》、何修之《礼记义》等。

19. 疏

《说文》：“疏，通也。从㐬从疋，疋亦声。”“疋，足也。一曰：疋，记也。”《文始》（五）：“疋记之字，今通作疏。仓颉见鸟兽蹄迒之迹而作书，故谓文字曰疋，与㐅属之书相应。亦疑书本作疋，记之亦曰疋。古但作疋，今犹作疏、作写矣。”按：注疏的疏，大概兼取疏通与疏记的意思，所以六朝人所撰义疏或称为私记（如无名氏《周易私记》、《孝经私记》）。而皇侃作《论语义疏》，他的自序说“侃今之讲，先通何集”，其书引或说，也叫做“又一通”。

20. 义疏

义疏即疏通其义的意思，可以省称为义或疏。《隋书·经籍志》所载六朝义疏很多，流传到今天的只有皇侃的《论语义疏》一种。

义疏有许多别称，如义注、义章、义赞、义证、谊府、义略、义钞、疏义、正义、兼义、述义、讲义、别义、章疏、注疏、讲疏等，并见《隋书·经籍志》。

21. 音义

辨音的书叫做音，释义的书叫做义，合起来叫做音义。音义本以辨音释义为本，但也往往从事校勘，如陆德明的《周易音义》、《尚书音义》、《毛诗音义》、《周礼音义》、《仪礼音义》、《礼记音义》、《左传音义》、《公羊音义》、《谷梁音义》、《孝经音义》、《论语音义》、《老子音义》、《庄子音义》、《尔雅音义》，都是这样。陆德明的这些音义，合称为《经典释文》，可见释文就是音义的别名。

这一类书又称为音训，如服虔《汉书音训》、臧竞《范汉音训》（并见《隋书·经籍志》）；又称为音诂，如杨慎《周官音诂》、来斯行《五经音诂》；又称为音注，如虔薛《周易音注》、胡三省《资治通鉴音注》；又称为音释，如罗复《诗集传音释》、韩性《诗音释》；又称为音解，如许翰《太玄经音解》，又称为音证，如刘芳《毛诗音证》；又称为音隐，如服虔《春秋音隐》、无名氏《说文音隐》。另外，还有称为注音的，如陆德明《周易并注音》、鲁世达《毛诗并注音》。注音也是音义的别名，所以《唐书·艺文志》把鲁世达《毛诗并注音》叫做《毛诗音义》。

音义也有省称音的，所以臧竞《范汉音训》，新、旧《唐书·艺文志》并作《后汉音》，而徐邈《毛诗音》，《日本国见在书目》又作《毛诗音义》。由此推测，凡以音为名的书，不一定只是辨音，也有兼释其义的，如丁公著《孟子手音》、程贲《太玄经手音》，就属于这一类，所以《太玄经手音》，《通志》作《太玄经音训》。

22. 章句

《后汉书·桓谭传》注："章句谓离章辨句，委曲枝派也。"沈钦韩《汉书疏证》："章句者，经师指括其文，敷畅其义，以相教授。《左宣二年传疏》，服虔载贾逵、郑众、或人三说，解'叔牂曰子之马然也'，此章句之体。解诂者，《管子·刑法解》、《墨子·经说》、《尚书大传》、《毛诗传》之类。解故不必尽人能为，章句各师具有，繁简不同耳。秦恭增师法至百万言，桓荣受朱普学章句四十万言，荣减为二十万言，其子郁复删省成十二万言是也。"章炳麟《国故论衡·明解诂上》："古之为传异于章句，章句不离经而空发，传则有异。《左氏》事多离经，《公羊》、《谷梁》二传亦空记孔子生。”刘师培《国学发微》：“故传二体，乃疏通经文之字句者也；章句之体，乃分析经文之章句者也。”按：传注与章句的区别，上引三家已经说得很清楚，但有一点应当补充，就是传注一般比较简明，而章句则多繁琐，所以古代通人往往“羞为章句”（见《文心雕龙·论说篇》）。

（二）注疏的内容

谈到注疏，人们往往会认为只不过是解释字义和词义，这种理解是不够全面的。其实，注疏的内容是广阔的，大致包括以下几个方面：

1. 解释词义

注疏虽然不是单纯地解释词义（包括字义），但解释词义毕竟是注疏的主要任务。在这一点上注疏和文献里正文的训诂是一样的。自古及今，作注疏，首先就要把正文中一个个的词义解释清楚。这是大家都明白的，用不着多说了。

2. 串讲文意

这也是注疏和文献里正文的训诂相同的，汉代学者注解古书，往往在解释词义以外，再串讲一下全句或全章的大意，他们把这种注解叫做章句。当时的章句流传到今天的，有赵岐的《孟子章句》和王逸的《楚辞章句》。这里各举一例如下：

《孟子·梁惠王上》：“孟子见梁惠王，王立于沼上，顾鸿雁麋鹿，曰：‘贤者亦乐此乎？’”赵岐章句：“沼，池也。王好广苑囿，大池沼，与孟子游观，顾视禽兽之众多，心以为娱乐，夸咤孟子曰：‘贤者亦乐此乎？’”

“沼，池也”，这一句是解释词义，下面几句都是串讲文意。在这一章的末尾，为了说明全章的大意，赵岐还加了一个章旨：“圣王之德，与民共乐，恩及鸟兽，则忻戴其上，太平化兴。无道之君，众怨神怒，则国灭祀绝，不得保守其所乐也。”

赵岐的《孟子章句》，每章都有章旨。古代章句对理解古代文章大有好处。

《楚辞·离骚》：“日月忽其不淹兮，春与秋其代序。”王逸章句：“淹，久也。代，更也。序，次也。言日月昼夜常行，忽然不久，春往秋来，以次相代，言天时易过，人年易老也。”“淹，久也”至“序，次也”，是解释词义，下面是串讲文意。

串讲文意，解释章句的办法，不仅在这种章句里有，在其他传注里也有，例如毛亨的《毛诗诂训传》和郑玄的《毛诗笺》：

《鄘风·柏舟》："之死矢靡它。"毛传："矢，誓；靡，无；之，至也。至己之死，信无它心。"

"矢，誓"至"之，至也"，是解释词义。"至己之死，信无它心"，是串讲全句的意思。

《卫风·伯兮》："自伯之东，首如飞蓬。"毛传："妇人，夫不在，无容饰。"

这一句诗，毛亨在传中只串讲了文意，没有解释词义，因为全句八个字，明白如话，不需要逐字解释。

《周南·葛覃》："害浣害否。"郑笺："我之衣服，今者何所当见浣乎？何者当否乎？言常自洁清以事君子。"这也只是串讲文意。

《小雅·采薇》第六章笺："上三章言戍役，次二章言将率之行，故此章重序其往反之时，极言其苦以说之。"这是说明章旨。

从上面所举例子来看，在一般的传注里，串讲文意，解释章句，有时也是必要的，但文字应当力求精简，不要搞烦琐哲学。

3. 分析句读

分析句读，是注疏的另一个内容。汉唐的注疏中往往包括这一项，例如：

《周礼·天官·宫正》："春秋以木铎修火禁，凡邦之事跸。"郑玄注："郑司农读火绝之，云'禁凡邦之事跸'。"

《左传·僖公二十五年》："昔赵衰以壶飧从径，馁而弗食。"《经典释文》："一读'以壶飧从'绝句，读'径'为'经'，连下为句。"

《易·师》："九二，在师中吉，无咎，王三锡命。"正义："'在师而得中'者，观注之意，以'在师中'为句，其'吉'字属下；观象之文，'在师中吉，承天宠'者，则以'吉'字属上。此'吉'之一字，上下兼该，故注文属下，象文属上。"

4. 校勘文字

校对文字，改正脱误，前面已经指出，是注疏的又一个内容。现在补举两例：

《诗·邶风·绿衣》郑玄笺："绿当为禒；故作禒，转作绿，字之误也。"

《诗·王风·扬之水》："彼其之子，不与我戍申。"

郑玄笺："其，或作记，或作已，读声相似。"

按：郑玄的意思，绿是禒的形误，"记"、"已"和"其"是声近通用。

5. 阐述语法

阐述语法，在注疏中也是常见的现象。例如：

《诗·周南·麟之趾》："于嗟麟兮！"传："于嗟，叹辞。"

《诗·大雅·文王》："思皇多士。"传："思，辞也。"郑笺："思，愿也。"正义："思，语辞，不为义。……（笺）以思之为辞，止于句末，今句首言之，不宜为辞，故易传。"

《诗·大雅·行苇》："戚戚兄弟，莫远具尔。"传："戚戚，内相亲也。"正义："相者，两相之辞。"

以上都是阐述虚词用法的。也有阐述实词用法的，例如：

《春秋·僖公十八年》："春，王正月。宋公会曹伯、卫人、邾娄人伐齐。夏师救齐。五月戊寅，宋师及齐师战于甗，齐师败绩。"《公羊传》："战不言伐，此其言伐何？宋公与伐而不与战，故言伐。春秋伐者为客，伐者为主，曷为不使齐主之？与襄公之征齐也。曷为与襄公之征齐？桓公死，竖刁易牙争权，不葬，为是故伐之也。"

《公羊传》在这里讲"伐"有"主""客"之分，用现代语法学的术语来说，就是讲动词的主动式和被动式的区别。

《春秋·庄公十年》："三月，宋人迁宿。"《公羊传》："迁之者何？不通也。"

《春秋·庄公九年》："冬，浚洙。"《公羊传》："洙者何，水也。

浚之者何？深之也。”

《春秋·僖公三年》：“徐人取舒。”《公羊传》：“其言取之何？易也。”

在这些例句中，《公羊传》在《春秋》经文中挑出“迁”、“取”、“浚”等动词，统统加上一个“之”字来作解说，变成“迁之”、“取之”、“浚之”、“深之”。这些，用现代语法学的术语来说，就是讲及物动词带宾语的问题。其中“深之”的“深”还是形容词活用为动词之后带宾语的问题。又如：

《春秋·僖公元年》：“夏六月，邢迁于陈仪。”《公羊传》：“迁者何？其意也。迁之者何？非其意也。”

这里用“迁”和“迁之”作对比，以阐明“迁”和“迁之”不仅有及物、不及物的区别，而且有自动和使动的不同。“邢迁于陈仪”，这是自愿的，也就是自动词。“宋人迁宿”，这个“迁”是强迫的，也就是使动词。它由不及物动词转为及物动词，含有“使”的意思。又如：

《春秋·襄公二十五年》：“吴子遏伐楚，门于巢卒。”《公羊传》：“门于巢卒者何？入门乎巢而卒。入门乎巢而卒者何？入巢之门而卒也。”

《礼记·表记》：“不自大其事。”孔疏：“大谓夸大。”

以上两例说明实词的活用。“门于巢”的“门”，是名词用作动词，“自大”的“大”，是形容词用作动词。

注疏中不仅有阐述词法的，也有阐述句法的。前面所说“伐”有主客之分，“迁”和“迁之”有自动、使动之别，都已经涉及句法，下面再举一些有关句法的例子：

《诗·郑风·蹇裳序》：“蹇裳，思见正也。”孔疏：“见者，自彼加己之辞。”

《左传·隐公元年》：“惠公元妃孟子，孟子卒。”孔疏：“重言孟子者，服虔云：嫌与惠公俱卒，故重言孟子。”

《春秋·成公七年》：“鼷鼠食郊牛角，改卜牛。鼷鼠又食其角，乃免牛。”孔疏：“改卜牛下重言鼷鼠又食其角，不重言牛者，何休云：

‘言角，牛可知。后食牛角者未必故鼠，故重言鼠。’改卜被食角者，言乃免牛，则前食角者亦免之矣，故从下免省文也。”

《诗·豳风·七月》：“七月在野，八月在宇，九月在户，十月蟋蟀入我床下。”笺：“自‘七月在野’至‘十月入我床下’，皆谓蟋蟀也。”孔疏：“退蟋蟀之文在十月之下者，以人之床下非虫所当入，故以虫名附十月之下，所以婉其文也。”

《诗·周南·汝坟》：“既见君子，不我遐弃。”孔疏：“不我遐弃者，犹云不遐弃我。古之人语多倒。诗之此类众矣。”

《诗·大雅·嵩高》：“申伯还南，谢于诚归。”笺：“谢于诚归，诚归于谢。”孔疏：“言谢于诚归，正是诚心归于谢国。古人之语多倒，故申明之。”

《春秋·僖公十六年》：“春王正月戊申，朔，陨石于宋五。是月，六鹢退飞，过宋都。”《公羊传》：“曷为先言陨而后言石？陨石，记闻，闻其磌然，视之则石，察之则五……曷为先言六而后言鹢？六鹢退飞，记见也，视之则六，察之则鹢，徐而察之，则退飞。”《谷梁传》：“先陨而后石，何也？陨而后石也。于宋四境之内曰宋。后数，散辞也，耳治也……六鹢退飞过宋都，先数，聚辞也，目治也。”

这七个例子说明了上古汉语中三个句法问题。头一个例子说明“见”字可以表示被动句。二三两例说明句子成分的省略要有一定的条件，否则就会使语意不明。省略得好，还能起一定的修辞作用。四、五、六三例，说明了上古汉语的一些特殊语序，即通常所谓倒句。最后一个例子，也和语序有关，不过它的修辞作用更强一些。

历代注疏中所阐述的语法问题举不胜举，可惜都是一鳞半爪，又散在群书，检查不便。1964年，郑奠、麦梅翘曾搜集一部分，编成《古汉语语法学资料汇编》，由中华书局出版，对研究古汉语语法的人很有用处，只是仍嫌不够全备。希望有志于此的同志能继起搜集，编成续集。

6. 说明修辞手段

说明修辞手段，也是注疏中常见的。《毛诗诂训传》里，凡言“兴也”的地方，都是说明修辞手段的。“兴”是诗的“六义”之一，即先言他物以引起所咏之事的修辞手段，毛亨因为它的表现手法比较深婉，所以特意把它标明。例如：

《小雅·鹤鸣》：“鹤鸣于九皋，声闻于野。”“它山之石，可以为错。”毛传：“兴也。皋，泽也。言身隐而名著也。”“错，石也，可以琢玉。举贤用滞，则可以治国。”

这就是说，诗人用“鹤鸣于九皋，声闻于野”来比喻贤人隐居荒野，他的名声仍然传闻到很远的地方去。诗人又用“它山之石，可以为错”，来比喻任用贤者和那些沉沦下层的才士可以治理好国家。很显然，毛亨的这些解释，都是想使读者懂得诗人所运用的这种修辞手段，以加深他们对诗意的理解。

7. 诠解成语典故

文章运用成语，征引典故，也是一种修辞手段。先秦古书就有采用这种修辞手段的，例如：

《左传·僖公五年》：“谚所谓辅车相依，唇亡齿寒者，其虞虢之谓也。”

又：成公二年：“众之不可已也……《太誓》所谓‘商兆民离，周十人同’者，众也。”

《国语·周语中》：“古人有言曰：‘兄弟谗阋，侮人百里。’周文公之诗曰：‘兄弟阋于墙，外御其侮。’若是，则阋乃内侮，而虽阋不败亲也。”

东汉以后，用典这种修辞手段逐渐盛行，有的文章甚至句句用典。于是诠解成语典故成了注疏的一个重要内容。唐代李善的《文选注》，向来被认为注解的典范，其中成语典故的解释就占了很大的比重。现在让我们举《登楼赋》注为例：

登兹楼以四望兮，聊暇日以销忧。

冯衍《显志赋》曰：“伏朱楼而四望，采三秀之华英。”《孙卿子》曰：“多暇日者，其出入不远也。”贾逵《国语注》曰：“暇，闲也。”暇，或为假。《楚辞》曰：“迁逡次而勿驱，聊假日以消时。”边让《章华台赋》：“冀弥日以销忧。”《汉书》：“东方朔曰：销忧者莫若酒。”

览斯宇之所处兮，实显敞而寡仇。

《说文》曰：“宇，屋边。”谓楼之宇也。《西京赋》曰：“虽斯宇之既坦。”李尤《高安馆铭》曰：“增台显敞，禁室静幽。”《仓颉篇》曰：“敞，高显也。”《尔雅》曰：“仇，匹也。”

挟清漳之通浦兮，倚曲沮之长洲。

挟，犹带也。《山海经》曰："荆山，漳水出焉，而东南注于睢。《汉书·地理志》曰："汉中房陵东山，沮水所出，至郢入江。"睢与沮同。

背坟衍之广陆兮，临皋隰之沃流。

杜预《左氏传注》曰："陆，道也。"孟康《汉书注》曰："沃，灌溉也。"

北弥陶牧，西接昭丘。

《尔雅》曰："弥，终也。"谓终极也。盛弘之《荆州记》曰："江陵县西有陶朱公冢，其碑云，是越之范蠡而终于陶。"《尔雅》曰："郊外曰牧。"《荆州图记》曰："当阳东南七十里有楚昭王墓，登楼则见，所谓昭丘。"

华实蔽野，黍稷盈畴。

《春秋文耀钩》曰："春致其时，华实乃荣。"《说文》曰："畴，耕治之田也。"贾逵《国语注》曰："一井为畴。"

虽信美而非吾土兮，曾何足以少留？

《楚辞》曰："虽信美而无礼。"《北征赋》曰："曾不得乎少留。"《说文》曰："曾，谓辞之舒也。"

遭纷浊而迁逝兮，漫逾纪以迄今。

纷浊，喻代乱也。《楚辞》曰："吸精粹而吐纷浊。"孔安国《尚书传》曰："十二年曰纪。"《毛诗》曰："以迄于今。"毛苌曰："迄，至也。"

情眷眷而怀归兮，孰忧思之可任！

《韩诗》曰："眷眷怀顾。"《毛诗》曰："岂不怀归？"毛苌曰："怀，思也。"杜预《左氏传注》曰："任，当也。"

凭轩槛以遥望兮，向北风而开衿。

言感北风，逾增乡思也。《小雅》曰："凭，依也。"《汉书》曰："天子自轩槛上坠铜丸。"韦昭曰："轩槛，殿上栏，轩上板也。"《风赋》曰："有风飒然而至，王乃披衿而当之。"

平原远而极目兮，蔽荆山之高岑。

《楚辞》曰："目极千里伤春心。"《汉书》："临沮县，荆山在东北也。"《尔雅》曰："山小而高曰岑。"

路逶迤而修迥兮，川既漾而济深。

逶迤，长貌也。《尔雅》曰："迥，远也。"《韩诗》曰："江之漾矣，不可方思。”薛君曰：“漾，长也。”《毛诗》曰：“济有深涉。”《尔雅》曰：“济，渡也。”

悲旧乡之壅隔兮，涕横坠而弗禁。

《楚辞》曰：“忽临睨夫旧乡。”汉中山王胜曰：“不知涕泣之横集。”

昔尼父之在陈兮，有归欤之叹音。

《左氏传》曰：“孔丘卒，公诔之曰：‘尼父，无自律。’”《论语》：“子在陈，曰：‘归欤！归欤！’”

钟仪幽而楚奏兮，庄舄显而越吟。

《左氏传》曰：“晋侯观于军府，见钟仪，问曰：‘南冠而絷者谁也？’有司对曰：‘郑人所献楚囚也。’使税之。问其族，对曰：‘伶人也。’使与之琴，操南音。公曰：‘乐操土风，不忘旧也。’”《史记》曰：“陈轸适楚，秦惠王曰：‘子去寡人之楚，亦思寡人不？’陈轸对曰：‘昔越人庄舄仕楚，执珪。有顷而病。’楚王曰：‘舄，故越之鄙细人也，今仕楚执珪，富贵矣，亦思越不？’中谢对曰：‘凡人之思故在其病也。彼思越则越声，不思越则且楚声。’使人往听之，犹尚越声也。今臣虽弃逐之楚，岂能无秦声者哉？”

人情同于怀土兮，岂穷达而异心？

穷谓钟仪，达谓庄舄。《论语》：“子曰：小人怀土。”孔安国曰：“怀，思也。”《吕氏春秋》曰：“道德于此，穷达一也。”

惟日月之逾迈兮，俟河清其未极。

《尚书》云：“日月逾迈，若弗云来。”《左氏传》：“郑子驷曰：周诗有之，‘俟河之清，人寿几何？’”杜预曰：“逸诗也。”《尔雅》曰：“极，至也。”

冀王道之一平兮，假高衢而骋力。

贾逵《国语注》曰：“觊，望也。”冀与觊同。《尚书》曰：“王道正直。”孔安国曰：“王道平直也。”衢，谓大道也。薛君《韩诗章句》曰：“骋，驰也。”

惧匏瓜之徒悬兮，畏井渫之莫食。

《论语》：“子曰：吾岂匏瓜也哉，焉能系而不食？”郑玄曰：“我非匏瓜，焉能系而不食者，冀往仕而得禄。”《周易》曰：“井渫不食，为我心恻。”郑玄曰：“谓已浚渫也，犹臣修正其身以事君也。”张璠曰：“可为恻然，伤道未行也。”然不食，以被任用也。

步栖迟以徙倚兮，白日忽其将匿。

《毛诗》曰："衡门之下，可以栖迟。"《楚辞》曰："步徙倚而遥思。"杜预《左氏传注》曰："匿，藏也。"

风萧瑟而并兴兮，天惨惨而无色。

《楚辞》曰："萧瑟兮草木摇落而变衰。"《通俗文》曰："暗色曰黪。"惨与黪古字通。

兽狂顾以求群兮，鸟相鸣而举翼。

《楚辞》曰："狂顾南行。"王逸曰："狂，狂遽也。"《大戴礼·夏小正》曰："鸣也者，相命也。"

原野阒其无人兮，征夫行而未息。

原野阒无农人，但有征夫而已。《周易》曰："窥其户，阒其无人。"《埤苍》曰："阒，静也。"《毛诗》曰："骁骁征夫。"

心凄怆以感发兮，意忉怛而憯恻。

《广雅》曰："感，伤也。"《毛诗》曰："劳心忉忉。"毛苌曰："忧，劳也。"又曰："劳心怛怛。"毛苌曰："怛怛，犹忉忉也。"

循阶除而下降兮，气交愤于胸臆。

司马彪《上林赋注》曰："除，楼阶也。"杜预《左氏传注》："交，戾也。"王逸《楚辞注》曰："愤，懑也。"《说文》："臆，胸也。"

夜参半而不寐兮，怅盘桓以反侧。

《方言》曰："参，分也。"《韩子》曰："卫灵公泊濮水，夜分而闻有鼓瑟者。"《毛诗》曰："耿耿不寐。"《易》曰："初九，盘桓，利居贞。"《广雅》曰："盘桓，不进也。"《毛诗》曰："展转反侧。"

这种文体，句句有典，其注则几乎字字有所交待。一部《昭明文选注》，旁征博引，十分精彩，就像一部典故大全，对保存古词古义，有很大的贡献。

8. 考证古音古义

注疏中考证古音古义，汉代就已开始，如《周礼·天官·醢人》："豚拍鱼醢。"郑玄注云："郑大夫、杜子春皆以'拍'为'膊'，谓胁也。"《诗·小雅·常棣》："常棣之花，鄂不韡韡。"郑玄笺："不当作拊……古声不拊同。"《礼记·缁衣》："资冬祁寒。"郑玄注："资当为至，齐鲁之语，声之误也。"类似的例子，还有很多，因声求义，已导先路。六朝以后，后继有人，并有以"义证"、"音证"名书的，如刘芳《礼记义证》、《毛诗笺证》，大概就是以考证古代音义为主的。但是能探明音近义通的道理，以古音求古义，并作出显著成绩的学者在当时还不易得。直到清代乾嘉以后，这样的人物才相继出现。戴震、段玉裁、钱大昕、王念孙、王引之父子以及章炳麟、黄侃等人就是他们的代表。而戴震的《方言疏证》、王念孙的《广雅疏证》等书则成为我国语文学的重要著作，为注疏中考证古音、古义作了巨大的贡献。现在只从《广雅疏证》中随便举一个例子：

《广雅·释诂一》："般，大也。"疏证："《方言》：'般，大也。'郭璞音'盘桓'之'盘'。《大学》：'心广体胖。'郑注云：'胖，犹大也。'《士冠礼》注云：'弁名出于槃。槃，大也，言所以自光大也。'槃、胖并与般通。《说文》：'幋，覆衣大巾也。''鞶，大带也。'《讼》：'上九，或锡之鞶带。'马融注云：'鞶，大也。'《文选·啸赋》注引《声类》云：'磐，大石也。'义并与般同。《说文》：'伴，大貌。'伴与般亦声近义同。凡人忧则气敛，乐则气舒，故乐谓之般，亦谓之凯；大谓之凯，亦谓之般，义相因也。"

9. 叙事考史

章炳麟《国故论衡·明解故上》指出古代的"故"有故训和故事两种，故训用以释义，故事用以纪事。"传"也有释义和记事两种，汉代以后，故、训、传、注，一般都只用以释义，其用以记事的，只有《尚书大传》、《韩诗外传》等。此外也有在故训当中偶然夹叙一些故事的。例如：

《诗·邶风·二子乘舟》："二子乘舟，泛泛其景。"毛传："二子，伋、寿也。宣公为伋取于齐女而美，公夺之，生寿及朔。朔与其母诉伋于公，公令伋之齐，使贼先待于隘而杀之。寿知之，以告伋，使去之。伋曰：'君命也，不可以逃。'寿窃其节而先往，贼杀之。伋至，曰：'君命杀我，寿有何罪？'贼又杀之。国人伤其涉危遂往，如乘舟而无所薄，泛泛然迅疾而不碍也。"

《小雅·巷伯》："哆兮侈兮，成是南箕。"毛传："哆，大貌。南箕，箕星也。侈之言是必有因也。斯人自谓辟嫌之不审也。昔者，颜叔子独处于室，邻之嫠妇又独处于室。夜，暴风雨至而室坏，妇人趋而至，颜叔子纳之，而使执烛，放乎旦而蒸尽，摍屋而继之，自以为辟嫌之不审矣。若其审者，宜若鲁人然。鲁人有男子独处于室，邻之嫠妇又独处于室。夜，暴风雨至而室坏，妇人趋而托之，男子闭户而不纳。妇人自牖与之言曰：'子何不纳我乎？'男子曰：'吾闻之也，男子不六十不闲居。今子幼，吾亦幼，不可以纳子。’妇人曰：‘子何不若柳下惠然，妪不逮门之女，国人不称其乱。’男子曰：‘柳下惠固可，吾固不可。吾将以吾不可，学柳下惠之可。’孔子曰：‘欲学柳下惠者，未有似于是也。’”

至于注释史书，则有以叙事考史为主的，如裴松之的《三国志注》就是这样。它“上搜旧闻，傍摭遗逸”，保存了魏晋时期大量史料，使陈寿的《三国志》得到了充实。他所以要注此书，根据他的上皇帝表，是因为陈书“失在于略，时有所脱漏”，而且“注记纷错，每多舛互”，他要把“寿所不载，事宜存录者，罔不毕取以补其阙”；另外还要把“同说一事而辞有乖杂，或出事本异，疑不能判”的“并皆抄内以备异闻”。“若乃纰缪显然，言不附理，则随违矫正，以惩其妄。”“其时事当否，寿之小失”，他也要“有所论辩”。这就是他作此注的纲领。总之，是要考核史实。他的注解中对词语典故也作了一些诠释。他这个注解受到了历代的重视，至今还是研究三国时期历史的重要参考书。

裴注文多较长，不便摘录，这里只从《魏书·武帝操》中节引一小段，以见一斑：

公曰：“夫刘备，人杰也，今不击，必为后患。”

孙盛《魏氏春秋》云：“答诸将曰：‘刘备，人杰也，将生忧寡人。’”臣松之以为史之记言，既多润色，故前载所述有非实者矣。后之作者又生意改之，于失实也不亦弥远乎，凡孙盛制书，多用左氏以易旧文，如此者非一。嗟呼，后之学者将何取信哉！且魏武方以天下励志，而用夫差分死之言，尤非其类。

稍后，又有刘孝标《世说新语注》，体例和裴松之《三国志注》大略相同，也同样受到后代的重视，这里也从其《德行篇》中举一例：

陈仲举言为士则，行为世范，登车揽辔，有澄清天下之志。

《汝南先贤传》曰：“陈蕃，字仲举，汝南平舆人。有室荒芜不扫除，曰：‘大丈夫当为国家扫天下，’值汉桓之末，阉宦用事，外戚豪横。及拜太傅，与大将军窦武谋诛宦官，反为所害。”

为豫章太守。

《海内先贤传》曰：“蕃为尚书，以忠正忤贵戚，不得在台，迁豫章太守。"

至，便问徐孺子所在，欲先看之。

谢承《后汉书》曰："徐稚，字孺子，豫章南昌人。清妙高时，超世绝俗。前后为诸公所辟，虽不就，及其死，万里赴吊。常预炙鸡一只，以绵渍酒中，暴干以裹鸡，径到所赴冢隧外，以水渍绵，斗米饭，白茅为藉，以鸡置前，酹酒毕，留谒即去，不见丧主。"

主簿曰："群情欲府君先入廨。"陈曰："武王式商容之间，席不暇暖。"

许叔重曰："商容，殷之贤人，老子师也。"车上跽曰式。

吾之礼贤，有何不可？

袁宏《汉记》曰："蕃在豫章，为稚独设一榻，去则悬之，见礼如此。"

10. 记述山川

注疏的内容，往往随其所注之书的性质而异。史书的注解不同于经子的注解，地理书的注解又不同于史书的注解。它既不必诠释词义，也不必考核史实，它的主要内容是以原书为根据，比较细致地记述祖国多娇的山川。郦道元的《水经注》就是这样。此书记述我国主要河流137条，都穷原竟委，加以记述，而且，"因水以证地"，"即地以存古"，穿插以人物、故事以及各地的风俗、产物，有很强的文学性，所以历来受到人们的重视。这里节录其中记述江水的一段。

自三峡七百里中，两岸连山，略无阙处，重岩叠嶂，隐天蔽日，自非停午夜分，不见曦月。至于夏水襄陵，沿溯阻绝。或王命急宣，有时朝发白帝，暮到江陵，其间千二百里，虽乘奔御风，不以疾也。春冬之时，则素湍绿潭，回清倒影。绝巘多生怪柏，悬泉瀑布，飞漱其间，清荣峻茂，良多趣味。每至晴初霜旦，林寒涧肃，常有高猿长啸，属引凄异，空谷传响，哀转久绝。故渔者歌曰："巴东三峡巫峡长，猿鸣三声泪沾裳。"

11. 发凡起例

传注中发凡起例，起源于上古，如《春秋左氏传》中就有不少凡例。后来的传注也往往有凡例，有的列在卷首或卷末，有的仍附注中。其所附凡例，有的是原书的凡例，《春秋左氏传》的凡例属于此类；有的是注解的凡例，李善《文选注》的凡例属于此类；有的兼此二者，段玉裁的《说文解字注》就是这样。现在节引李、段两书的凡例各若干条如下：

《文选·两都赋序注》：

诸引文证，皆举先以明后，以示作者必有所祖述也。他皆类此。

文虽出彼，而意微殊，不可以文害意，他皆类此。

《说文解字注·一部》：

凡云“凡某之属皆从某”者，《自序》所谓“分别部居，不相杂厕也”……

凡注言一部二部以至十七部者，谓古韵也……

凡言“古文”者，谓仓颉所作古文也……

凡言“从某某声”者，谓于六书为形声也……

此以同部叠韵为训也。凡“门，闻也”；“户，护也”；“尾，微也”；“发，拔也”；皆此例。凡言“元，始也”；“天，颠也”；“丕，大也”；“吏，治人者也”；皆于六书为转注，而微有差别……

凡会意，合二字以成语，如“一大”、“人言”、“止戈”，皆是。

凡假借必同部同音。

凡言“亦声”者，会意兼形声也。凡字有用六书之一者，有兼六书之二者。

凡部之先后，以形之相近为次。凡每部中字之先后，以义之相引为次……

12. 释义和叙事

从注疏的内容来说，前面把它分为十一类，但概括起来，不外两类：一是释义，一是叙事，而释义的比较多。因此，我们把注疏归入研究语义为主的训诂学中。有人还把注疏分为传注和章句两类。但是传注中往往兼析章句，章句之中也要诠释词义，两者实难截然划分。

（三）注疏的分类

我国的注疏，不仅内容很丰富，形式也各有不同。仔细加以分析，可以分成以下几类。

1. 注和疏

从注疏的对象来说，注和疏就可分为两类。前面已经指出，注只释经，疏兼释注。

2. 他人所注或自注

从传注的作者来说，又有他人所注和作者自注两类。两者都由来已久。他人所注起源于先秦，详见第七章，这里只说自注。章学诚《文史通义·史注篇》："太史《自叙》之作，其自注之权舆乎。明述作之本旨，见去取之从来，已似恐后人不知其所云，而特笔以标之，所谓'不离古文'乃'考信六艺'云云者，皆百三十篇之宗旨。或殿卷末，或冠篇端，未尝不反复自明也。班书《年表》十篇，与《地理》、《艺文》二志皆自注，则又大纲、细目之规矩也……〔宋〕范冲修《神宗实录》，别为《考异》五卷，以发明其义，是知后无可代之人，而自为之解，当与《通鉴举要考异》之属同为近代之良法也。"按章学诚的意思似乎是把自注分为三类：自明宗旨、区分纲目、举要考异。前两类都创自司马迁。司马迁《史记》自明宗旨的例子，章学诚已举出《五帝本纪》和《伯夷列传》两处。其区分细目的例子，则有《三代世表》。班固《汉书》的十表和《地理》、《艺文》二志的自注，都是效法《史记》的。

已有自注的书，如果后人更加注解，则称其自注为本注，如刘昭注《续汉书百官志》就是这样；或称为原注，如黄汝成注《日知录》就是这样。

自注又名子注。刘知几《史通·补注篇》："亦有躬为史臣，手自刊补，虽志存该博，而才阙伦叙。除烦则意有所吝，毕载则言有所妨。遂乃定彼榛楛，列为子注。若萧大圜《淮海乱离志》、杨衒之《洛阳伽蓝记》、宋孝王《关东风俗传》、王劭《齐志》之类是也。"近代学者陈寅恪对子注的源流有更详细的考证。他所撰的《支敏度学说考》云："《出三藏记集》卷十一《竺昙无兰大比丘二百六十戒合异序》云：'余以长钵后事注于破钵下，以子从母故也。九十事中多参错，事不相对，复徙就二百六十者，令事类相对……予因闲暇为之，三部合异，粗断起尽，以二百六十戒为本，二百五十者为子，以前出常行戒全句系之于事末，而亦有永舛不相似者，有以一为二者，有以三为一者，余复分合，令事相从……'又《出三藏记集》卷十《竺昙无兰三十七品经序》云：'又诸经三十七品，文辞不同。余因闲戏，寻省诸经，撮采事备辞巧便者；差次条贯，伏其位，使经体不毁而事有异同者得显于义……又以诸经之异者注于句末……序二百六十五字，本二千六百八十五字，子二千九百七十字，凡五千九百二十字，除后六行八十字不在计中。'据此可知本子即母子、上列比丘大戒二百六十事中，其大字正文，母也。其夹注小字，子也。盖取别本之义同文异者，列入小注中，与大字正文互相配拟，即所谓以子从母，事类相对者也。六朝诂经之著作有子注之名，当与此有关。考费长房《历代三宝记》卷十五载魏世李廓《众经目录》中有《大乘经子注》十二部。子注之名散见于著录者，如〔吴〕康僧会《法镜注解子注》二卷（《历代三宝记》卷五）、〔晋〕昙铣《维摩子注经》五卷（《三宝记》卷七）、〔齐〕竟陵王萧子良《遗经子注经》一卷（《三宝记》卷十一）、〔梁〕法朗《大般涅槃子注经》七十二卷、〔梁〕武帝《摩诃般若波罗密子注经》五十卷（《三宝记》卷十一）及〔隋〕慧远《大乘义章》卷二四《悉檀义四门分别条》所引之《楞伽经子注经》皆是其例。〔唐〕刘知几《史通》卷五《补注篇》犹有'定彼榛楛，列为子注'之语，可知子注之得名由于以子从母，即以子注母。"① 又他的《读洛阳伽蓝记书后》云："鄙意衒之习深佛法，其书制成，乃模拟魏晋南北朝僧徒合本子注之体。刘子玄盖特指其书第五卷惠生、宋云、道荣等西行求法一节，以立法举例，后代章句儒生虽精世典而罕读佛书，不知南北朝僧著作之中实有此体，故于《洛阳伽蓝记》一书之制裁义例懵然未解，固无足异。"又云："观今本《洛阳伽蓝记》，杨氏记惠生使西域一节，辄以宋云言语行事及《道荣传》及《朱云家传》三书合为一本，即僧徒合本之体，支敏度所谓'合令相附'及'使事类相从'者也。"② 按：如陈说，则子注一名，其初本是魏晋南北朝僧徒注经者所创造，与自注不同，等到杨衒之等模仿其体来著书，才变成自注的一种。

又有所谓注中注，也是自注的一种别体。裴松之注《三国志》，就采用了这种办法。后来郦道元作《水经注》，注中夹注，已经广泛运用。赵宋以后，这种自注的体式，更加常见，如姚宏的《战国策注》、范成大的《吴郡志》，都是注中夹注。现在节引《水经注·河水》中的一段。

昆仑墟在西北……河水出其东北陬。

《山海经》曰："昆仑墟在西北，河水出其东北隅。"《尔雅》曰："河出昆仑墟，色白。所渠并千七百一川，色黄。(《物理论》曰："河色黄者，众川之流，盖浊之也。"）百里一小曲，千里一曲一直矣。"汉大司马史张仲功议曰："河水浊，清澄一石水，六斗泥，而民竞引河溉田，令河不通利。至三月，桃花水至，则河决，以其噎不泄也。禁民勿复引河。"是黄河兼浊河之名矣。

---

① 见旧"中央研究院历史语言研究所"集刊外编第一种《庆祝蔡元培先生六十五岁论文集》上册。

② 见旧"中央研究院历史语言研究所"集刊第八本第二部分。

“昆仑墟在西北……河水出其东北陬”，是《水经》原文。《山海经》以下是郦道元的注。《物理论》至“盖浊之也”是注中夹注。

3. 补注和集注

从注解之间的关系来说，还有补注和集注两种。

补注又可分为两类：一是补原文的阙略，这是刘知几《史通·补注篇》所谓的补注。一是补旧注的遗漏，这是通常所说的补注。

通常所说的补注，可以追溯到西汉。西汉秦恭增师法至百万言，大概就是补其师说的阙略。到了宋代，宋咸有《易补注》，洪兴祖有《楚辞补注》，都是比较有名的。清代以来，补注就很多了。

集注也有两种，如杜预的《春秋经传集解》，兼解经和注；而何晏的《论语集解》，则是采集各家的解说以为一书，以便读者阅读。

这后一种集解、集注，焦循《孟子正义》以为始于郑玄的《周礼注》。他在《题辞》疏文中说：“郑于《三礼》详说之矣，乃《周礼》本杜子春、郑司农而讨论，则又后人集解之先声也。”按：《公羊传》引子沈子、子司马子、子女子、子北宫子、高子、鲁子之言，毛亨《诗诂训传》引仲梁子、高子、孟仲子之言，都是称引师说以解经，已经为集解、集注开辟了道路，可见它的由来是远在郑玄以前了。

（四）注疏的驸经

这里，我们要谈一谈经和注的分合问题。

章炳麟《国故论衡·明解故上》云：“驸经之书，则当句为释者。”又云：“以传比厕经下，萌芽于郑王二师。”按：郑、王二师，指的是郑玄和王弼。章炳麟的意思是说，古代的传注虽然当句为释，但传注和经还是分开的，并没有合成一书。把传注附在经文各句后面，是郑玄、王弼以后才有的。他的这种说法大概是以《三国志·魏书·高贵乡公》和吴仁杰《古周易自序》为根据的。《高贵乡公》：“帝问淳于俊曰：‘孔子作《彖》、《象》，郑玄作注，虽圣贤不同，其所释经义一也。今《彖》、《象》不与经文相连而注连之，何也？’俊对曰：‘郑玄合《彖》、《象》于经者，欲使学者寻省易了也。’”吴仁杰《古周易·自序》云：“王弼《易》用郑康成本，谓孔子赞《易》之辞，本以释经，宜相附近，乃各附当爻，每爻加‘象曰’以别之，谓之‘小象’，又移《文言》附于乾坤二卦，加‘文言曰’三字于首。”

此外，还有几种说法：

1. 始于马融说

孔颖达《毛诗正义》卷一："汉初为传训者，皆与经别行，三传之文不与经连。故石经书《公羊传》，皆无经文。《艺文志》云：'《毛诗经》二十九卷，《毛诗故训传》三十卷，是毛为诂训，亦与经别也。'及马融为《周礼》之注，乃云'欲省学者两读，故具载本文。'然则后汉以来始就经为注。"据此，把传注附在经下，从马融就已开始，更在郑、王以前了。

2. 始于刘歆说

俞正燮《癸巳类稿·春秋左传书式考》："《汉书·艺文志》云：'《春秋古经》十二篇，《左氏传》三十卷'，此官书就所得经传各本也。其经十一卷，则两家立学官书，与左氏无涉。《儒林传》云：'贾谊为《左氏传训故》。'又云：'平帝时立《左氏春秋》。'《楚元王传》云：'初，《左氏传》多古字古言，学者传训故而已。及歆治《左氏》，引传文以解经，转相发明，由是章句、义理备焉。'是今传附经三十卷本，非西汉官本，乃刘歆引传解经本也。《后汉书》云：'贾逵父徽受业于歆，逵传父业。'《南齐书·陆澄传》云：'澄谓王俭曰：泰元取服虔而兼取贾逵者，服传无经，虽在注中，而传又有无经者故也。今留服去贾，则经有所阙。'是贾氏所得刘本，亦传附经也。今杜本十八卷襄公二十有六年经前之传注云：'当继前年之末，而特跳此者，传写失之。'是杜预用旧本传附经①。又此条传居十八卷首，讥其失而不改也。杜言'分经之年与传之年相附，随而解之，名曰《经传集解》。'《正义》云：'言集经传解之，与他名集解者名同实异。'《正义》之说非是。杜谓集古刘、贾、许、颍之不违者，以其解随经年传年先后相附，先见传者，则经不注，先见经者，则传不注，故名《经传集解》，不名《集经传解》也。以《汉书》志、传及杜十八卷首注言之，知合经传及分卷，皆刘歆、贾逵旧式，惟服虔注为《左传》单行本。"据此，把传注附在经下，从刘歆开始，又在马融之前。

3. 始于费直说

吴仁杰《古周易·自序》："按汲冢书有《周易上下篇》，而无《彖》、《象》、《系辞》。陆德明《释文》：'孔壁所得古文传为《十翼》而不言经。'然则《十翼》之作，其初自为篇简，不与《易经》相属，所以各得其一欤？〔汉〕田河之《易》，其传出于孔氏，《上下经》、《十翼》，离为十二篇，而

---

① 今杜本第七卷僖公三十三年传："葬僖公，缓。"注云："自此以下，遂因说作主祭祀之事，文相次也，皆当次在经'葬僖公'下。今在此，简编倒错。"这也是杜用旧本之证。

解者自为章句，此古经也。又有费直《易》，亡章句。《崇文总目序》云：‘以《彖》、《象》、《文言》杂入卦中者，自费氏始。’按：郑康成《易》以《文言》、《说卦》、《序卦》合为一卷，则《文言》杂入卦中，康成犹未尔，非自费氏始也。直本传云：‘徒以《彖》、《象》、《系辞》十篇之言解说上下经。’盖解经但用《彖》、《象》、《系辞》。《汉书》本误以‘之言’字为‘文言’耳。十篇云者，史举其凡。直之学似于每卦之后列《彖》、《象》、《系辞》，去其篇第之目，而冠传字以总之，正如杜元凯《春秋解》分经之年与传之年相附，而经自经，传自传也。然《彖》、《象》、《系辞》之名一没不复，汩乱古经，则始于此。”据此，把传注附于经下，费直就已开始，则又在刘歆之前。有人以为吴仁杰的说法不一定可信，但是，司马迁《史记·三代世表》的自注，一定不能离开《史记》而单独成篇。由此可知，自西汉以来，就有把传注附于经下的体式。只是这种体式也许是在郑玄、王弼以后才开始盛行的。

至于传注附于经下的格式，自汉以来，曾经有过多次变化。最初，大概只把注和经合为一书，如田何的《周易》，只把《十翼》附录在《上下经》的后面。经仍是经，传仍是传，没有掺在一起。后来，又有以传注分别附在各篇或各章之后，如郑玄《易注》以彖、象杂入卦中那样，经传已经掺和在一起了，但还没有句句相附。稍后，才句句相附，传注一律放在相应的各句之后，但还没有附在句中，如郑玄的《毛诗笺》、《礼记注》。更后，渐渐有把注解附在句中本字之下的，如裴松之《三国志注》、李善《文选注》，所注音切多半如此，但其余注解仍然放在句末，以后注解多半沿用这种格式。义疏和经注，原来也是分行的，南北宋之间才开始合刻在一起①。经注合刻以后，又有两种不同的办法：一种经注相连，经用大字，注用小字。起初都是单行，后来因为这样容易使经注混淆，于是把注文改为双行，夹注于经下。另一种是经注不相连，注文提行，低一二格。这两种样式，现在都还常见。明代朱升著《四书五经旁训》，采用了另一种办法，就是经文用大字正行，注用小字刻在本字旁边，间或有说明段落大意的另作一行。这种样式的刻本，在村塾中比较流行，但是，当时的高文典册，一般都不用这种办法。

自从传注附经的办法通行以后，有些书有几家注解，为了便于读者阅读，也可以一齐拆散，一并附列正文各句之下。比如《史记》的裴骃《集

① 见阮元《周易注疏校勘记》。汪绍楹则据黄唐《刊礼记正义跋》，说经注疏合刻始于南宋绍熙二年，即公元 1191 年。

解》、司马贞《索隐》、张守节《正义》都被拆散，放在其所解释的各句之下。有些书有注，有音义，又有疏，如《五经正义》，则把注、疏、音义（即陆德明的《释文》）都拆散附列各句之下。注用双行小字，紧接着经文。音义又接着注，中间加一圆圈，以资区别。疏也用双行小字，列在注和音义之后，中间标个疏字。

现在的注释，仍然有不同的格式：有的把注解放在本书的后面，有的放在各篇或各段的后面，有的放在当页的下面，有的沿用《经典释文》的老办法，摘录原文字句作为注解的标题，有的在原文和注解上都记上数字，以便寻检。格式虽然还不统一，但比古代旧注的格式却简便多了。

第三章 训诂体式（下）

第三节 通释语义的专著

所谓通释语义的专著，是对随文释义的注疏说的。两者都是释义的书，但所释的义和释义的方法却有些不同。后者所释的义常被局限在某种语言环境中，是某一词语在某一书或某一句中的意义，它和这个词语在别的书或别的句中的含义不一定相同。就释义的方法来说，注疏的释义是随文而释，不必考虑这个词语在别的书或别的句中所含的各种不同的意义。通释语义的专著刚好相反，它所释的义并不局限于某一书，更不局限于某一句中的含义，而是某一词语常用的、基本的或全部的含义。因此，它的释义方法就不应随文而释，而要全面研究各个词语的含义，融会贯通，给以准确的、简明的解释。弄清了这些区别，我们就可以断定哪些书应该属于通释语义的专著了。但有些书既随文释义，又通释群书，其体式介乎注疏与专著之间，如《经典释文》、《读书杂志》、《经义述闻》、《群经平议》、《诸子平议》等。现在姑且附列在专著这一类里。

关于随文释义的注疏与通释语义的专著二者的区别，章学诚《文史通义·释通篇》有下面一段论述，可资参考：

汉氏之初，《春秋》分为五，《诗》分为四，然而治《公羊》者，不议《左》、《谷》，业《韩诗》者，不杂齐鲁，专门之业，斯其盛也。自后师法渐衰，学者聪明旁溢，异论纷起，于是深识远览之士，惧《尔雅》训诂之篇，不足以尽绝代离辞，同实殊号，而缀学之徒，无由汇其指归也，于是总《五经》之要，辨《六艺》之文，石渠杂议之属(班固《艺文志》:“《五经杂议》十八篇。”)，始离经而别自为书，则通之为义所由仿也。刘向总校《五经》。编录《三礼》，其于戴氏诸记，标分品目，以类相从，而义非专一。若《檀弓》、《礼运》诸篇，俱题“通论”，则通之定名，所由著也(《隋志》有《五经通义》八卷，注:“梁有九卷，不著撰人。”《唐志》有刘向《五经通义》九卷。然唐以前，记传无考)。班固承建初之诏，作《白虎通义》(《儒林传》称《通义》，固本传称《通德论》，后人去“义”字，称《白虎通》，非是)，应劭愍时流之失，作《风俗通义》。盖章句训诂，末流浸失，而经解论议家言，起而救之。二子为书，是后世标通之权舆也。自是依经起义，则有集解（杜预《左传》、范宁《谷梁》、何晏《论语》）、集注（荀爽《九家易》、崔灵恩《毛诗》、孔伦、裴松之《丧服经传》）、异同（许慎《五经异义》、贺瑒《五经异同评》）、然否（何休《公羊墨守》、郑玄《驳议》、谯周《五经然否论》）诸名。离经为书，则有《六艺》（郑玄论）、圣证（王肃论）、《匡谬》(〔唐〕颜师古《匡谬正俗》)、《兼明》(〔宋〕邱光庭《兼明书》）诸目。其书虽不标通，而体实存通之义，经部流别，不可不辨也。

通释语义的专著，在我国是很多的，它们的内容和形式也是多种多样。按其内容来分，大致可以分为单解语义、音义兼注、形音义结合三大类。每类之中，又可以分为若干小类。

（一）单解语义的专著

单解语义的专著又可分为五类：一是总释群书语义的，如《尔雅》、《小尔雅》、《释名》、《广雅》、《拾雅》、《比雅》、《经籍纂诂》、《转语》、《文始》、《读书杂志》、《经义述闻》、《群经平议》、《诸子平议》等。二是只释一书语义的，如《毛诗传义类》、《说雅》、《选雅》等。三是解释部分词语的，如《通俗文》、《训俗文字略》、《恒言录》、《通俗编》、《常用字训》、《难字》、《杂字解故》、《异字》、《错误字》、《埤雅》、《尔雅翼》、《毛诗草木鸟兽虫鱼疏》、《石药尔雅》、《本草尔雅》、《骈雅》、《选雅》、《别雅》、《辞通》、《果裸转语记》、《释大》、《语助》、《虚字说》、《助字辨略》、《经传释词》等。四是解释方言的，如《方言》、《续方言》、《新方言》、《蜀方言》、《吴下方言考》等。五是解释少数民族语言或外国语言的，如《羌尔雅》、《番尔雅》、《佛尔雅》等。下面分别地说一说：

1.《尔雅》

总释群书语义的专著，以《尔雅》为最古。《尔雅》传说为周公或孔子及其门人所作，经后人考证，比较一致的看法是秦汉之间的人编成的。其所以取名《尔雅》，从前也有几种不同的说法。刘熙《释名·释典艺》云："《尔雅》，尔，昵也；昵，近也。雅，义也；义，正也。"《汉书·艺文志》张晏注："尔，近也；雅，正也。"这就是说，《尔雅》的编撰，是为了沟通各地的方言，使它接近于雅言。郭璞《尔雅注》则认为《尔雅》"所以释古今之异言，通方俗之殊语"。那么，《尔雅》的作用不仅在于沟通各地的方言，而且还在于解释古今的异语。《大戴礼·小辨篇》云："《尔雅》以观于古，足以辨言矣。"大概也有这个意思。黄侃的《尔雅略说》另有一种解释，认为"雅之训正，谊属后起，其实即'夏'之借字。《荀子·荣辱篇》云：'越人安越，楚人安楚，君子安雅。'《儒效篇》则云：'居楚而楚，居越而越，居夏而夏。'二文大同，独雅、夏错见，明雅即夏之假借也。"①据此，则所谓雅言，不过是华夏的共同语。但是，黄侃在前面那一段话的后边紧接着又说："明乎此者，一可知《尔雅》为诸夏之公言，二可知《尔雅》皆经典之常语，三可知《尔雅》为训诂之正义。"似乎他也承认《尔雅》的"雅"，兼有正和常的意思。

《尔雅》是我国第一部词典，是一种分类的词典，它共分十九篇，即：释诂、释言、释训、释亲、释宫、释器、释乐、释天、释地、释丘、释山、释水、释草、释木、释虫、释鱼、释鸟、释兽、释畜。

这十九篇，概括起来，不外两大类：前三篇是一般词语；后十六篇是各种名物。

一般词语之所以分为释诂、释言、释训三篇，据陆德明《经典释文》的解释，是因为"意义不同，故立号亦异"。那么，这三篇的意义究竟有什么不同呢？郝懿行《尔雅义疏》回答了这个问题。他以为《释诂》"皆举古言，释以今语"；《释言》"约取常行之字，而以异义释之"；《释训》"多形容写貌之词，故重义叠字累载于篇"。这些解释，似乎有一定道理，但实际上，这三篇的区别并不十分明显。所以，陆德明《经典释文》说："《释诂》以下三篇，皆释古今之语、方俗之言。"这倒说得圆通一些。下面分别举一些例子：

初、哉、首、基、肇、祖、元、胎、俶、落、权舆，始也。

① 黄侃此说本于刘台拱《论语骈枝》。

谑浪笑敖，戏谑也。

粤、于、爰，曰也。爰、粤，于也。

（以上《释诂》）

殷、齐，中也。

还、复，返也。

厥，其也。

（以上《释言》）

明明、斤斤，察也。

子子、孙孙，引无极也。

鬼之为言，归也。

（以上《释训》）

名物方面，包括很广，从社会现象到自然界事物，差不多都有。

《释亲》解释亲属名称，也就是一种社会关系，其中又分为宗族、母党、妻党、婚姻四类。例如：

父为考，母为妣，父之考为王父，父之妣为王母。(宗族)

母之考为外王父，母之妣为外王母。(母党)

妻之父为外舅，妻之母为外姑。(妻党)

妇称夫之父曰舅，称夫之母曰姑。姑舅在则曰君舅君姑，没则曰先舅先姑。谓夫之庶母为少姑。(婚姻)

《释宫》解释宫室的名称，其中包括与宫室相连的道路、桥梁。例如：

宫谓之室，室谓之宫。

牖户之间谓之扆，其内谓之家，东西墙谓之序。

路、旅，途也。路、场、猷、行，道也。

堤谓之梁，石杠谓之徛。

《释器》解释各种器物的名称，其中包括衣服、食物。例如：

木豆谓之豆，竹豆谓之笾，瓦豆谓之登。

鸟罟谓之罗，兔罟谓之罝……鱼罟谓之罛。

衣裗谓之祱，黼领谓之襮，缘谓之纯，衿谓之袸。

肉曰脱之，鱼曰斮之。冰，脂也。肉谓之羹，鱼谓之鮨，肉谓之醢，有骨者谓之臡。

《释乐》解释音乐和乐器的名称。例如：

宫谓之重，商谓之敏，角谓之经，徵谓之迭，羽谓之柳。

大瑟谓之洒，大琴谓之离。

《释天》解释有关天文的名称，分为四时，祥、灾、岁阳、岁名、月阳、月名、风雨、星名、祭名、讲武、旌旗等十二类。例如：

穹苍，苍天也。春为苍天，夏为昊天，秋为旻天，冬为上天。（四时）

谷不熟为饥，蔬不熟为馑。果不熟为荒，仍饥为荐。（灾）

焚轮谓之穨，扶摇谓之猋，风与火为庉，回风为飘。（风雨）

何鼓谓之牵牛。（星名）

注旄首曰旌，有铃曰旂。（旌旗）

《释地》解释有关地理的名称，分为九州、十薮、八陵、九府、五方、野、四极七类。例如：

邑外谓之郊，郊外谓之牧，牧外谓之野，野外谓之林，林外谓之坰。（野）

九夷、八狄、七戎、六蛮，谓之四海。（四极）

《释丘》解释自然形成的高地的名称，分为丘与崖岸两类。例如：

绝高为之京；非人为之丘。（丘）

坟，大防。涘为厓。（崖岸）

《释山》解释有关山岳的名称。例如：

河南，华；河西，岳；河东，岱；河北，恒；江南，衡。

石戴土谓之崔嵬，土戴石为砠。

《释水》解释有关水流的名称，分为水泉、水中、河曲、九河四类。例如：

水草交为湄。(水泉)

水中可居者曰洲，小洲曰陼，小陼曰沚，小沚曰坻，人所为为潏。(水中)

河出昆仑虚，色白。所渠并千七百一川，色黄。百里一小曲，千里一曲一直。(河曲)

《释草》解释草本植物的名称，其中包括一部分木本植物。例如：

椴，木槿。榇，木槿。

荼，苦菜。

笋，竹萌。

荷，芙渠；其茎，茄；其叶，蕸；其本，蔤；其华，菡萏；其实，莲；其根，藕；其中，的……

《释木》解释木本植物的名称。例如：

杜，甘棠。

柽，河柳；旄，泽柳；杨，蒲柳。

槐，小叶曰榎，大而皵，楸，小而皵，榎。

《释虫》解释昆虫的名称。例如：

蟋蟀，蛬。

蚍蜉，大蚁；小者，蚁；蠪，朾蚁；蠽，飞蚁；其子，蚳。

萤火，即炤。

《释鱼》解释鱼类动物的名称，其中包括爬行动物。例如：

鳛，鳅。

鲃，大鳠；小者，鮡。

蝾螈，蜥蜴；蜥蜴，蝘蜓；蝘蜓，守宫也。

《释鸟》解释鸟类动物的名称。例如：

鸱鸠，王鴡。
舒雁，鹅；舒凫，鹜。
蝙蝠，服翼。

《释兽》解释兽类动物的名称，分为寓属、鼠属、齸属、须属四类。例如：

鹿，牡、麚；牝，麀；其子，麛；其跡，速；绝有力，麉。
羆如熊，黄白文。（以上寓属）
豹文，鼮鼠。（鼠属）

《释畜》解释牲畜的名称，分为马属、牛属、羊属、豕属、狗属、鸡属六类（今本豕属误入兽类）。例如：

騊駼，马。
牡曰騭，牝曰骍。（以上马属）
黑唇，犉；黑眥，犑；黑耳，犚；黑腹，牧；黑脚，犈。（牛属）

《尔雅》这部书，受到历代学者的重视，被称赞为“七经之检度，学问之阶路”（见张揖《上广雅表》）。研究训诂，撰写注疏的，都以它为依据，甚至把它列入十二经或十三经，推崇到了极点。我们虽然并不把它奉为经典，但也不抹杀它的价值。我们认为它的价值，首先在于它为我国训诂学奠定了很好的基础。我国训诂学，萌芽于春秋战国时期，但当时的训诂，有的不过是古人言谈或著述中对某些词语所作的简单的解说，有的也只是对前人某一篇或某几篇论著作些随文释义的注解。到了《尔雅》，才把古今异言、方俗殊语以及各种名物加以全面的研究、系统的整理，汇成通释语义、粗具条理的汉语分类词典，使训诂学有了坚实的基础。它在训诂学史上是一个重大的突破，它的功绩是不容埋没的。

其次，《尔雅》的价值还在于它保存了汉语词语的很多故训。虽然这些故训，主要是为了解经，但也可以用它来解释先秦的其他作品。因此，《尔雅》就成了我们学习古代文献、继承文化遗产的重要工具。没有这本书，先秦的作品就很难理解，而且古汉语语义发展演变的历史也就不容易探索了。

当然，《尔雅》也存在不少缺点，其中比较严重的有以下三点：

第一，所收词语及其义项都不够完备。张揖在《上广雅表》中就曾经指出这一点。他说："若其包罗天地，纲纪人事，权揆制度，发百家之训诂，未能悉备也。"这虽然是创始者所难免，也是编辑者尊圣宗经的必然结果。《四库全书总目提要》说《尔雅》"非专为五经作"，甚至认为其"释五经者，不及十之三四"，这种说法不符合实际，不能轻信，请参看邵晋涵《尔雅正义》和黄侃《尔雅略说》。

第二，在分类方面有些不科学的毛病。如前面指出的，《释宫》把道路、桥梁也包括进去了，《释器》又包括衣服和食物在内，《释天》以讲武、旌旗与四时、祥、灾等并列，《释草》将某些木本植物当做草类，《释鱼》混入爬行动物，等等，显然都是不科学的。又如形容写貌之词一般都收入《释训》，而"暀暀、皇皇、藐藐、穆穆，美也"，"关关、噰噰，音声和也"，这两条却收入《释诂》。"朔，北方也"以下三十多条，并非形容写貌之词，又收入《释训》（疑出后人增补），这也未免自乱其例。加以一篇之内，前后重出（如："密，静也"，《释诂》两见），都有损于它的科学性。

第三，在释义方法上，往往用多义词解释某些词语，意义不够明确。如《释诂》："豫，射，厌也。"厌有吃饱、满足、安乐、厌倦等义，这里用厌来解释"豫"和"射"，到底是指的哪一种意义，就很不明确。特别是被解释的一组词中，有的意义本不相同，而把它们勉强合在一起，用同一个词来解释，更容易使人误解。如《释诂》："台、朕、赉、畀、卜、阳，予也。"予有赐予和我两个意义。台、朕、阳是我的意思，而赉、畀、卜则是赐予的意思，这两组词儿，意义既不相同，又毫无联系，把它们放在一起，又用一个多义词"予"来解释，人们怎么能够明白它们的意思到底是什么呢？

《尔雅》问世不久，就有人为它作注。最早的注是犍为文学作的。《经典释文》："犍为文学注三卷，一云，犍为文学卒史臣舍人，汉武帝时待诏。"以后又有刘歆、樊光、李巡、孙炎四家的注解，他们也都是汉代人。晋代郭璞又有《尔雅注》五卷。他在自序中说："缀集异闻，会粹旧说，考方国之语，采谣俗之志，错综樊孙，博关群言，剟其瑕砾，搴其萧稂；事有隐滞，援据证之；其所易了，阙而不论。别为音图，用袪未寤。"这就是他作此注的凡例。他"沉研钻极，历二九载"，才撰成此注；加以他的博学高才，成就比以前几家都要大些，所以此注一出，为世所重，一直流传到今天。黄侃曾评论它的得失，指出它的长处有五："一曰，取证之丰，二曰，说义之慎，三曰，旁证《方言》，四曰，多引今语，五曰，阙疑不妄。”缺点有二：“一曰，袭旧而不明举，二曰，不得其义，而望文作训。”① 这个评价是公允的。需要补充的是郭注不仅为《尔雅》释义、引证、注音，而且还附有图，形象地说明《尔雅》所解释的那些名物。这是一个值得称赞的创举，可惜他所附的图已经失传了。

六朝以后，为《尔雅》作注的还有沈旋、施乾、谢峤、顾野王、裴瑜、陆德明、郑樵等人。宋代邢昺等奉诏作《尔雅疏》，以郭注为主，成书十卷。黄侃很称赞邢疏，说它有“补郭注之阙”、“知声义之通”、“达词言之例”等“三善”，“虽清儒有时逊之矣”②。

到了清代，为《尔雅》作新注新疏的很多，见于谢启昆《小学考》的有谭吉璁《尔雅广义》、《尔雅纲目》、姜兆锡《尔雅补注》、翟灏《尔雅补郭》、周春《尔雅补注》、戴震《尔雅文字考》、任基振《尔雅注疏笺补》、邵晋涵《尔雅正义》；见于《学海堂经解》的有郝懿行《尔雅义疏》；见于《南菁书院经解》的有钱坫《尔雅古义》、《尔雅释地四篇注》、严元照《尔雅匡名》、龙启瑞《尔雅经注集证》。其中，郝疏问世较晚，汲取了以前诸家的长处，所以现在流传最广。

2.《小尔雅》

《汉书·艺文志》有《小雅》一篇，无撰人名氏，一本作《小尔雅》。《隋书·经籍志》、《旧唐书·经籍志》、《新唐书·艺文志》皆有《小尔雅》一卷。《宋中兴书目》则说：“《小尔雅》一卷，孔鲋撰，十三章。”（见《玉海》四十四)《宋史·艺文志》也有类似记载。〔宋〕晁公武《郡斋读书后志》云：“见于孔鲋书。”〔宋〕陈振孙《直斋书录解题》云：“《小尔雅》一卷，《汉志》有此书，亦不著名氏。《唐志》有李轨解一卷，今《馆阁书目》云‘孔鲋撰’。盖即《孔丛子》第十一篇也。”今天我们所见到的《小尔雅》就是宋代人从《孔丛子》这部书中录出来的，不是《汉书·艺文志》所载的那部书。经宋元以来学者考证，《孔丛子》是一部伪书③。但《小尔雅》仍然是一部汉人的训诂著作，其来源还是比较早的。康有为《新学伪经考·汉书艺文志辨伪下》认为《小尔雅》是西汉刘歆的伪作。如其说，则《小尔雅》著作时代，当在《尔雅》之后，《说文》之前。

---

① 见黄侃《黄侃论学杂著·尔雅略说》。

② 见黄侃《黄侃论学杂著·尔雅略说》。

③ 见《四库全书总目提要·子部·儒家类一》。

《小尔雅》实际是《尔雅》的一个续篇，其创作意图是广《尔雅》之未备，因此，它的篇名是《广诂》、《广言》、《广训》、《广义》、《广名》、《广服》、《广器》、《广物》、《广鸟》、《广兽》、《广度》、《广量》、《广衡》，共十三章。《尔雅》有十九篇。《小尔雅》前十章，是按《尔雅》分卷系统安排的。后三章《广度》、《广量》、《广衡》则是《尔雅》所没有的。《小尔雅》所释名物虽然不多，但大多是《尔雅》漏收了的。例如《广诂》中释词五十一条，除“大”、“治”、“高”、“近”、“美”等十五条是《尔雅·释诂》中收进的词条外，其余三十六条都不见于《尔雅》。即使与《尔雅》相同的条目，其释义也和《尔雅》有所不同。这些新收的条目和所释义项，都见于先秦典籍，是《尔雅》所忽略者。胡朴安《中国训诂学史·尔雅派之训诂》曾将此书与毛传郑笺相比较，其中相同者颇多，足可证明《小尔雅》与《尔雅》有互相补足，并存不悖的价值，可供参考。

为《小尔雅》作注的，晋代有李轨，其书已佚；宋代有宋咸。清代戴震对《小尔雅》颇多批评，后胡承珙作《小尔雅义证》，针对戴震的批评，一一给以辨释。王煦《小尔雅义疏》，也对戴震作了反驳。此外，还有宋翔凤的《小尔雅训纂》，葛其仁的《小尔雅疏证》、朱骏声的《小尔雅约注》，这些都是嘉庆、道光年间的著作。特别是宋翔凤的《小尔雅训纂》，颇多精义。黄侃曾说：“《小尔雅》为书甚少，不足为专门搜讨之勤。而清人则以其在伪书中，不肯引用。不知《小尔雅》与经传相应，宋翔凤《训纂》可取证。”① 这番话是说得很中肯的。

3.《释名》

《释名》，旧题汉北海刘熙成国撰，成国是刘熙的字。按：《后汉书·文苑传》说刘珍撰《释名》，而《三国志·吴书·韦曜传》则云：“（曜）见刘熙所作《释名》”，两说不同。据毕沅考证，刘熙大约是汉末或魏时人，时代比刘珍稍晚。可能是刘珍先有《释名》，而刘熙加以补充。

刘珍字秋孙，一名宝，南阳蔡阳人。少好学。永初（107~113 年）中为谒者仆射，曾校书东观。后迁侍中越骑校尉。延光四年（125 年）拜宗正，明年转卫尉，卒官。刘熙，北海人。其所撰《释名》，旧本又题安南太守。汉代没有安南郡，或云当做南安，似乎可信。

《释名》共八卷二十七篇，篇名如下：释天、释地、释山、释水、释丘、释道、释州国、释形体、释姿容、释长幼、释亲属、释言语、释饮食、

① 黄侃述、黄焯编：《文字声韵训诂笔记》，上海古籍出版社 1983 年版，第 261 页。

释采帛、释首饰、释衣服、释宫室、释床帐、释书契、释典艺、释器用、释乐器、释兵、释车、释船、释疾病、释丧制。分类较《尔雅》为细，也比较合理。

刘熙在自序中说明了他著此书的目的。他说："夫名之于实，各有义类。百姓日称而不知其所以之意。故撰天地、阴阳、四时、邦国、都鄙、车服、丧记，下及民庶应用之器，论叙指归，谓之《释名》，凡二十七篇。至于事类，未能究备。凡所不载，亦欲智者以类求之。"这就是说，一切事物的名称都有个由来，他要推求这些名称的由来，也就是要探索语源。他指出，他所论叙的事类虽然不很完备，但是聪明人按照他的办法去推求，也是可以弄明白的。他的办法不是别的，就是因声求义，也就是从语音上去探索语源。这种方法，训诂学上叫做声训。《释名》一书所用的训诂，几乎全是声训。例如：

> 日，实也，光明盛实也。
> 月，阙也，满则阙也。（以上《释天》）
> 土，吐也，吐生万物也。已耕者曰田。田，填也，五稼填满其中也。（《释地》）
> 山，产地，产生物也。土山曰阜；阜，厚也，言高厚也。大阜曰陵；陵，隆也，体隆高也。（《释山》）
> 川，穿也，穿地而流也。（《释水》）

声训是探索语源的方法，但不是惟一的方法，因为语义的形成和流变，不仅和语音有关，也牵涉其他许多方面。首先，它是由社会决定的，要由社会上的人们约定俗成。因此，要探索某种语言的语源，必须了解使用这种语言的社会，了解社会的历史发展、政治、经济、文化、宗教，以及人们的生活情况，各个阶级的风俗习惯，等等，不能单凭语音这条线索；否则，便缺少确实可靠的根据，只不过是玩弄一些音同、音近、音转的词语，胡乱猜想，那就会陷入唯心主义的泥坑。《释名》的缺点就在这里。譬如"山，产也"一条，《说文》和《广雅·释言》都说："山，宣也。"都是声训，究竟谁说得对？看来都是想当然耳，不能令人信服。

《释名》这部书所用的声训虽然有很多是唯心的，但也不能因此就否定了它。它保存了许多词语的古义，记录了许多有关名物、典章、制度、风俗习惯的知识，提供了许多探求语源的线索。此外，它所提供的东汉末年的语音资料，可以据以考察当时语音的演变，也是很可宝贵的。

《释名》问世不久，〔吴〕韦昭（即韦曜，因避司马昭讳，改名曜）就为它补作《官职训》一篇，并撰《辨释名》一卷。清代有毕沅《释名疏证》、《续释名》、《释名补遗》（并江声代作），王先谦《释名疏证补》，成蓉镜《释名疏证》，顾震福《释名校补》。

4.《广雅》、《广雅疏证》

《广雅》，〔魏〕张揖撰。揖字稚让，清河（今河北省清河县）人，魏明帝太和中为博士，其事迹附见于《魏书·江式传》和颜师古《汉书叙例》，均略焉不详。张揖除《广雅》之外，还著《埤苍》、《古今字诂》、《难字》、《错误字》，皆已亡佚。

《广雅》在隋代因避炀帝讳改名为《博雅》，〔清〕程荣编《汉魏丛书》就题名《博雅》。《康熙字典》引《广雅》亦称《博雅》。于是这两个名称都流行起来，其实是一部书。

《广雅》是为广《尔雅》而作的。张揖《上〈广雅〉表》说："夫《尔雅》之为书也，文约而义固。其陈道也，精研而无误。真七经之检度，学问之阶路，儒林之楷素也。若其包罗天地，纲纪人事，权揆制度，发百家之训诂，未能悉备也。臣揖体质蒙蔽，学浅词顽，言无足取。窃以所识，择撢群艺，文同义异，音转失读，八方殊语，庶物易名，不在《尔雅》者，详录品覈，以著于篇。凡万八千一百五十文。"

但是，据王念孙疏证："今本《广雅》，凡万六千九百一十三文，删衍文九十六，补脱文五百九，共文万七千三百二十六，较表内原数少八百二十四。"《广雅》原书分上中下三卷，唐以后析为十卷，王氏疏证本分为二十卷。

《广雅》因为是为广《尔雅》而作，所以在编排上也和《尔雅》一致，分为《释诂》、《释言》、《释训》等十九类，各类次序也相同。为了补《尔雅》之不备，收进了《易》、《书》、《诗》、《周礼》、《仪礼》、《礼记》、《左传》、《公羊传》、《谷梁传》、《论语》、《孟子》、《淮南子》、《法言》、《苍颉》、《训纂》、《滂喜》、《方言》、《说文》等著作中的一些训诂成果，旁及汉人辞赋中的注释。这样，就使其中一些类的范围有所扩展。例如：《释亲》包括形体，《释水》包括舟船，都是《尔雅》原来没有的。

《广雅》在训诂方法上也和《尔雅》差不多。一般词语常用同义相训，即把许多同义词或近义词放在一起，用一个单音词或复音词来解释。例如：

《释诂》："薄、怒、文、农，勉也。"

《释亲》："翁、公、叜、爸、爹、奢，父也。"

《释器》："鞬、韔、鞱、韣、弓，藏也。"

而解释各种名物，则多用定义式释义，例如：

《释器》："一升曰爵，二升曰觚，三升曰觯，四升曰角，五升曰散。"

《释鱼》："有鳞曰蛟龙，有翼曰应龙，有角曰虬龙，无角曰螭龙。"

《广雅》在词条安排上，也和《尔雅》基本一致；例如：《尔雅·释诂》前六条训为"始也"、"君也"、"大也"、"有也"、"至也"、"往也"，《广雅·释诂》前六条也是这样；《尔雅·释亲》从"父"、"母"开头，《广雅·释亲》的头两条也是如此。当然并非每章如此，其中还是有一些变动的。

《广雅疏证》二十三卷，〔清〕王念孙撰。

《广雅》是汉语训诂学中一部重要著作，它虽然没有《尔雅》、《方言》那么精彩，但正如王念孙所说："周秦古义之存者，可据以证其得失；其散逸不传者，可藉以窥其端绪。"因此，它受到训诂学家的重视，隋代曹宪就曾为它作了音释。但其书偏重注音，对《广雅》的训诂还未能阐发其奥蕴。到清代，著名训诂学家王念孙的《广雅疏证》问世，才弥补了这个缺陷。

王念孙，字怀祖，号石臞，江苏高邮人。乾隆四十年进士，官至永定河道。念孙少受业于休宁戴震，精音韵、文字、训诂之学。他从乾隆五十二年（1787 年）秋天起，至乾隆六十年（1795 年）秋冬止，前后花了将近九年的时间，写成这部《广雅疏证》。与此同时，他的儿子王引之和他通力合作，并单独完成了第十卷的疏证工作。①

《广雅疏证》是汉语训诂学史乃至整个语言学史上一部光辉著作，它对《广雅》进行了系统整理，在疏证语词时，不但举例翔实，而且运用当时古音研究的成果，"就古音以求古义，引申触类，不限形体"②。为古代汉语的研究作了许多开创性的工作。概括起来，约有五端：第一，发掘了一批语言史料；第二，纠正了前代一些错误的解说；第三，对词的词源意义作了一些有趣的探索；第四，揭示了《广雅》的某些体例；第五，校正了《广雅》

① 见王念孙：《广雅疏证·自序》，江苏古籍出版社 1984 年版，第 1 页。

② 王念孙：《广雅疏证·自序》，江苏古籍出版社 1984 年版，第 1 页。

的讹误。[1] 其中尤为重要的是通过对词义的疏通证明，把训诂原则和方法提示出来，解决了前人未曾解决的问题。《广雅疏证》就像郦道元为《水经》作注，裴松之为《三国志》作注那样，在学术史上，其价值远远超过了原书。

下面聊举一例，以见一斑：

《释诂》一上："胡，大也。"疏证："胡者，《逸周书·谥法解》云：'胡，大也。'僖二十二年《左传》：'虽及胡耇。'杜预注云：'胡耇，元老之称。'《说文》：'湖，大陂也。'《尔雅》：'壶枣。'郭璞注云：'今江东呼枣大而锐上者为壶。'《方言》：'蜂大而蜜者，燕赵之间谓之壶蜂。'义并与胡同。《贾子·容经篇》云：'祜，大福也。'祜与胡亦声近义同。"

《释训》上："踌躇，犹豫也。"疏证："此双声之相近者也。'踌''犹'、'躇''豫'为叠韵；'踌''躇'、'犹''豫'为双声。《说文》：'箸，箸箸也。'《楚辞·九辨》：'蹇淹留而踌躇。'《七谏》注云：'踌躇，不行貌。'并与'踌躇'同。'犹豫'，字或作'犹与'，单言之则曰'犹'、曰'豫'。《楚辞·九章》：'壹心而不豫兮。'王注云：'豫，犹豫也。'《老子》云：'与兮若冬涉川，犹兮若畏四邻。'《淮南子·兵略训》云：'击其犹犹，陵其与与。'合言之则曰'犹豫'，转之则曰'夷犹'、曰'容与'。《楚辞·九歌》：'君不行兮夷犹。'王注云：'夷犹，犹豫也。'《九章》云：'然容与而狐疑。''容与'，亦'犹豫'也。案《曲礼》云：'卜筮者，先圣王之所以使民决嫌疑，定犹与也。'《离骚》云：'心犹豫而狐疑兮。'《史记·淮阴侯传》云：'猛虎之犹豫，不如蜂虿之致螫；骐骥之蹢躅，不如驽马之安步；孟贲之狐疑，不如庸夫之必至也。''嫌疑'、'狐疑'、'犹豫'、'蹢躅'，皆双声字。'狐疑'与'嫌疑'一声之转耳。后人误读'狐疑'二字，以为狐性多疑故曰'狐疑'；又因《离骚》'犹豫'、'狐疑'相对成文，而谓'犹'是犬名，犬随人行，每豫在前，待人不得，又来迎候，故曰'犹豫'。或又谓'犹'是兽名，每闻人声，即豫上树，久之复下，故曰'犹豫'。或又以'豫'字从'象'，而谓'犹''豫'俱是多疑之兽。以上诸说，俱见于《水经注》、《颜氏家训》、

[1] 这五点是赵振铎总结出来的，参看他的《读广雅疏证》，载《中国语文》，1979年第6期。

《礼记正义》及《汉书注》、《文选注》、《史记索隐》等书。夫双声之字，本因声以见义；不求诸声而求诸字，固宜其说之多凿也。”

5.《拾雅》、《比雅》

这是清代学者为弥补《尔雅》、《广雅》的阙漏而作的两部训诂书。

《拾雅》，夏味堂撰。其所以取名《拾雅》，就是要采辑汉唐故训以弥补《尔雅》、《广雅》的阙漏。他在《自叙》中说：“所补大要有三：《尔雅》各部已释而未详一也，《广雅》已释而未详二也，《尔雅》、《广雅》所遗释三也。”所以他的书分为《拾雅释》、《拾广释》、《拾遗释》三篇。原只六卷，他弟弟夏纪堂为他作注，于是分为十二卷。

《比雅》十卷，洪亮吉撰。他的孙子洪用懃说他撰此书，“意在增补《尔雅》之缺漏，以为及门之指归”。陈庆镛的序，则说他“究心小学，潜研数十载，著为此书，首以《尔雅》、《说文》、《释名》、《广雅》、《小尔雅》，分编类撰，继复撰《比雅》，依《尔雅》‘释训’、‘释言’之例，属辞比事，归当合一。凡经传遗言，以及《老》、《庄》、《荀》、《管》、《逸周书》、《白虎通》、马班二史，汇辑贯成一卷，曰《转注考》。”据此，可知此书又名《转注考》。此书体例，完全仿效《尔雅》，分为《释诂》、《释言》、《释训》等十九篇。书名《比雅》，即取《礼记·经解》“属辞比事”的意思，也就是把先秦两汉的故训加以排比整理，汇成一编，以便门人学习而已。

6.《经籍籑诂》、《故训汇纂》

(1)《经籍籑诂》：

《经籍籑诂》一百零六卷，〔清〕阮元主编。阮元，江苏仪征人，字伯元，号芸台。乾隆进士，由编修转詹事。嘉、道两朝，历官礼、兵、户、工等部侍郎，浙、闽、赣、粤诸省巡抚，及湖广、两广、云贵总督，终体仁阁大学士，加太傅，卒谥文达。生平淹贯群书，精研经籍，所至以提倡学术自任。著有《研经室集》、《积古斋钟鼎彝器款识》、《畴人传》等。

汉语训诂学资料向称繁富，早自《尔雅》、《方言》、《说文》、《广雅》等书下至《玉篇》、《广韵》，都曾广为收集和整理，已经颇具规模。然而，上述著作中所据之书，一般未载篇名，难于检寻，而且经史传注未录者不少，很有必要把这些资料汇为一篇，以便学者。清代乾隆年间，戴震曾有过纂集传注的打算，但未成编。到嘉庆年间，阮元督学浙江，才亲订体例，选门下经生数十人，汇辑唐以前古籍中的训诂，聘臧镛堂、臧礼堂兄弟为总纂，编成《经籍籑诂》。

《经籍籑诂》收录的范围包括：

（甲）儒家经典和其他古籍本文中的训诂。

（乙）唐以前古代注疏中的训诂。

（丙）唐以前训诂专著中的词义训释。

（丁）古籍中以训诂代正文者。

（戊）古籍和碑碣中的通假字以及古人名字与训诂有关者。

由此可见，《经籍籑诂》把唐以前的训诂几乎网罗无遗，其取材范围较为广泛，规模较为巨大。

《经籍籑诂》按平水韵编排，每韵一卷，分为一百零六卷。它的归字原则是以所训之字归韵，单音词如："逑，匹也"，归入尤部。复音词如："窈窕，美容曰窈，美心曰窕"，分别归入篠部之"窈"、"窕"二字下。"参差"则归入侵部之"参"下，"差"下则不互见。每韵之中，先载《佩文韵府》所收之字。《佩文韵府》未收之字按《广韵》、《集韵》所收字予以补录。其异体字（或作）、通假字（通作）皆据《集韵》附归。每字之下的义项，先本义或声训，次引申义，次假借义。各义项下都注明出处。义项与义项之间，用圆圈隔开，所释字头在引文中都用"丨"代替。所引故训都照录原文，不加增减改易。其意义相同或相近者都连在一起。所引群书，按经、史、子、集次序排列。经部又按《易》、《书》、《诗》、《周礼》、《仪礼》、《礼记》、《左传》、《公羊传》、《谷梁传》、《孝经》、《论语》的次序排列。子部把《孟子》列在首位，以示尊崇。所引西汉碑碣及古人名字，则放在最后。书成，又撰《补遗》附在每字之下，其体例与正编相同。例如：

卷一·（上平声）—东·同

同 —合也〔仪礼少牢馈食礼〕—祭于豆祭注又〔汉书地理志上〕集注又〔吕览精谕〕天符—也注○未—志未合也〔孟子滕文公下〕未—而言注○—共也〔周礼司市〕以泉府—货而敛赊注又〔左氏成元年传〕是齐楚—我也注○—犹共也〔大元图〕方—九州注○—齐也〔诗车攻〕我马既—传又〔后汉马融传注〕○—犹齐也〔周礼大司徒〕六曰—衣服注○—聚也〔诗吉日〕兽之所—笺○—亦聚也〔文选东京赋〕兽之所—薛注○即—言已聚也〔诗豳风〕我稼既—笺○—皆也〔广雅释诂三〕○—犹俱也〔诗七月〕—我妇子笺○—犹一也〔国语周语〕其惠足以—其民人注○—等也〔吕览审己〕虽当与不知—注〔爱类〕除民之害—注○—和〔吕览君守〕离世别群而无不—注○—和—

也〔易同人〕释文○—谓和—也〔周书成开〕众和乃—注○—和合也〔礼记乐记〕乐统一注○—犹和也平也〔礼记礼运〕是谓大—注○—谓平之也〔礼记月令〕—度量注○—之言詷也〔礼记祭统〕铺筵设—几注○—犹通〔山海经海内经〕伯陵—吴权之妻阿女缘妇注○—谓协好恶也〔礼记乐记〕乐者谓一注○—谓威其不协僭差者〔周礼大宗伯〕以军礼—邦国注○—人亲也〔易杂封传〕○—甲谓完坚齐等〔管子大匡〕—甲十万注○共处曰—〔国语郑语〕以—于王庭注○—心不二曰—〔国语周语〕龢—可观注○好恶不殊谓之—〔后汉刘梁传〕○—者大—天下〔书顾命〕上宗奉—瑁马注○巽为—〔易象上传〕—人于野虞注〔象下传〕其志不—虞注〔系辞上传〕二人—心虞注○凡二—故言——〔公羊庄四年传〕其余从——注○—方百里〔周礼小司徒〕注引〔司马注〕○方百里为—〔考工记匠人为沟洫〕又〔淮南本经〕诸侯——注○方百里为一—〔左昭廿三年传〕土不过—注○地方百里曰—〔国语楚语〕四封不备——注又〔家语正论〕列国——注○十终为—〔周礼小司徒〕注引〔司马法〕○殷见曰—〔周礼大宗伯〕又〔诗车攻〕会—有绎传又〔周礼大宰〕大朝覲会—注又〔论语先进〕如会—郑注○殷—即殷见也〔周礼大行人〕殷—以施天下之政注○殷眺曰—〔后汉班彪传下注〕○—阴律也〔周礼春官序官注〕○—爵名〔书顾命〕上宗奉—瑁传○—酒杯〔书顾命〕郑注○故书—作铜〔周礼典同〕掌六律六一之和注○〔周礼大司乐〕掌六律六一〔汉书郊祀志下〕作六律六钟○〔左氏成二年传〕萧—叔子〔史记齐世家〕作萧桐叔子○〔国语郑语〕以—于王庭〔汉书五行志下之上〕作止于夏廷

同　〔说文〕—合会也从冂从口○—齐也〔书舜典〕—律度量衡释文引王注○—等也〔吕览义赏〕与无胜—注〔为欲〕与无立锥之地—注〔不苟〕与贤主—注〔务大〕与三王之佐—注○—谓齐等〔汉书律历志上〕乃—律度量衡注○—辈也一切经音义六引〔广雅释诂〕○—异而俱于之一也〔墨子经上〕○—重体合类〔同上〕○—食上下无异馔也〔左氏文十六年传〕振廪一食注○—谓神人相应〔国语周语〕然后可—也注○殷见曰—〔诗巧言〕君子屡盟笺○众覜曰—〔论语先进〕如会—集解引郑注○——盟〔左氏僖八年传〕不赴于—注○百里曰—水经河水注引〔风俗通〕○六—合阴声者也〔周礼大司乐〕以六律六—注

阮元是戴震的学生，在清代学者中，他治学严谨，不喜空谈。《经籍籑诂》罗列资料，条分缕析，正是他的治学态度和方法的一种表现。阮元少年得志，历居要职，能利用自己的地位，提倡学术研究，在浙江编成《经籍籑诂》；在江西刻《十三经注疏》；在广东又刻《清经解》。这些著作，对经学和训诂学的发展，都起到了很好的作用。在《经籍籑诂》出现以前，做学问都是凭记忆收集资料，往往是分散的、不系统的。《经籍籑诂》一出，训诂资料如网在纲，“展一韵而众字毕备，检一字而诸训皆存，寻一训而原书可识”（王引之《经籍籑诂序》）。这就给检寻故训者带来极大方便。因此，尽管这部书只是古代训诂资料汇编，也没有在音项、义项方面作多少整理和概括，但大家认为它仍然是学习古代汉语，研究古代典籍的一部较好的工具书。

《经籍籑诂》也有缺点。阮元在其自订《凡例》中说：“此书采辑，杂出众手，传写亦已数过，讹舛之处，或亦不免。凡取用者，宜检查原书，以期确实。至于遗漏，谅亦不少。”后来续编《补遗》，仍有不少遗漏。讹舛之处也没有得到全部纠正。如微韵“幾”字下漏引《后汉书·陈宠传》注“幾者事之微，吉凶之先见者也”一条。又如“主臣”，旧有数说：《史记·陈丞相世家》：“平谢曰：主臣。”集解引张晏曰：“若今人谢曰惶恐也。马融《龙虎赋》曰：‘勇怯见之，莫不主臣。’孟康曰：‘主臣，主群臣也，若今言人主也。’韦昭曰：‘言主臣道，不敢欺也。’”又《张释之冯唐列传》：“唐曰：主臣。”索隐引乐彦云：“人臣进对前称主臣，犹上书前云昧死。”而麌韵主字下只收《汉书·王陵传》集注所引晋灼主臣惶恐之辞一说，此四说全漏掉了。又如文韵“军”字下只引《后汉书·宋宏传注》和《朱浮传注》关于军实的解释，却漏引《左传·宣公十二年》：“无日不讨军实而申儆之”注：“军实，军器”一条。又“军实”的训诂，既收入文韵“军”字下，又有一条收入质韵“实”字下，未免自乱其例。又支韵“为”字下引《左传·成公十年》：“秦伯使医缓为之”注：“为犹治也”，“十年”误为“十六年”。震韵“讯”字下引《左传·文十七年》“郑子家使执讯而与之书”注，既误删“郑子家使”四字，又误“十七年”为“十二年”。又如质韵“术”字下引《礼记·学记》“术有序”注“术当为遂，声之误也”。《学记》误为《乐记》。

再者，其书按韵编排，不便检索，对今天初学者来说，尤其如此。好在世界书局1936年影印本，成都古籍书店1982年影印本，在卷首都有按笔画编排的《目录索引》（附同字异体），使用起来还是比较方便的。

（2）《故训汇纂》：

由武汉大学古籍研究所宗福邦、陈世铙、萧海波三位教授主编的《故训汇纂》，是在清代阮元《经籍纂诂》的基础上，用当代辞书编纂法，打破其按韵分编的体例，扩大其资料基础，精心编制的一部大型汉语工具书。此书由商务印书馆于2003年7月初版发行，它一面世，立即引起各界的普遍关注。国际国内多家报刊登载消息。著名语言文学专家程千帆、许嘉璐、王宁等为之作序并发表文章，称赞此书是继《辞源》、《辞海》、《汉语大字典》、《汉语大词典》之后的又一部汉语大型语文工具书。说《故训汇纂》的出版“是应该在古代语言文字研究史上写下浓重一笔的”①。媒体普遍反映，这是一切研究古籍与文化者的一大福音。这些评论，无疑是十分正确的、有远见的。

《故训汇纂》是一部大型的语文工具书。说它是语文工具书，是因为它的编排体例是按汉语辞书的通常体例，以字带词，按部首编排的。它也有一般语文性辞书的释义和举证系统，它解释的对象也是汉语中的字、词或短语。但它和《辞源》、《辞海》等一般性语文辞书不同，它释义系统中的所有用语，不是编纂者运用当代语言学理论，通过概括字、词意义，用典范的现代汉语给以表述的，而只是一种历史语言材料的训释文字的辑录。这些语言材料，是数千年来中国文化的积淀，它历千年而不朽，对今天的文化创新，是一种非常宝贵的资料。现在把它“汇纂”起来，以利使用。这种“汇纂”就是类书式的辑录。

我国传统类书，主要是辑录古书中的史实典故、名物制度、诗赋文章、俪词骈语等语言资料，以类相从，并按韵编排，以便寻检和引用的资料性工具书。《淮南子·内外篇》“采诸子之精粹，纳之部类”，可以说是后代类书的雏形。到后汉、三国时期，可能是秦火之后不久，书籍难得，抄录有用古籍资料成为一种风尚。把这种抄录来的资料加以剪裁和分类，就成了后代的类书。我国第一部类书《皇览》，就是在这种情况下产生的。《皇览》已佚，现存辑佚本。《皇览》开创了“撰集经传，随类相从”的类书编纂体例，是我国类书创始之作。类书是一种资料性的语文工具书，它对保存历史文献、创造新的文化大有好处，因此它被历代学问家所重视，也被历代有文化的统治者所崇尚。

在传统类书中，除了《北堂书钞》、《太平御览》等一类百科全书式的资料大汇编外，还有一些为某种用途而专门编写的类书。如清代有《佩文韵府》，汇辑古代诗文词句，是专为诗文创作和研究而编写的。《经籍籑诂》，汇辑经籍中的训诂资料，是专为解释传统典籍而编写的。类书编制，

① 见《故训汇纂·许嘉璐序》。

千年不断，品种繁多。据历代艺文志、经籍志记载的有六七百种，现存于世的至少也有二百种左右。这些类书，都是采摘历史文献资料，述而不作，只是以类相从，按韵分编，熔铸一炉，供人利用。

明确了《故训汇纂》的性质，我们就可以进一步明白，为什么一些著名学者把它定为汉语五大语文工具书之一了。在汉语五大语文工具书中，《辞源》是解释古代汉语的辞书；《辞海》是侧重当代百科性质的辞书；《汉语大字典》是楷书汉字大汇编，是我国有史以来，也是当今世界上收字最多、规模最大、解释最详的一部汉语字典；《汉语大词典》则是当今世界上收集汉语单音词、复音词、短语最多，解释最为详尽的一部大型词典。以上四书，都是通常意义上的词书字典。《故训汇纂》则是收集传统故训最为完备的资料大汇编，因为它不是通常意义上的词书字典，它是语文工具书中的另一个品种，所以它准确的名称是“汇纂”，它在五大汉语工具书中，有不可替代的地位和作用。

资料汇编性的语文工具书，是供翻检用的，它的主要价值在于要有广泛的资料基础，能解决科学研究中的资料需求。

汉语训诂资料十分丰富，是存世诸多语言中独一无二的。清代著名学者戴震、朱筠、孙星衍等，早就提出要编一部“网罗前训”的工具书，以供学者使用。直到戴震的学生阮元编成《经籍籑诂》，这个愿望才终成事实。

《经籍籑诂》在汉语文化史上作过很大贡献。清朱骏声著《说文通训定声》、日本诸轿辄次著《大汉和辞典》（日文释义，汉语例证）、我国台湾张其昀、林尹等著《中文大辞典》，以至今天我们编写《汉语大字典》、《汉语大词典》，在资料建设和编写过程中，都曾起到重要作用。但这部资料汇编性的图书，毕竟成书于二百多年前。它存在许多问题：一是资料不备；二是体例不便；三是校勘不精，讹误不少。

《经籍籑诂》资料不备，主要表现在它的资料收集集中于先秦两汉经籍及其传注，汉以后的著作极少，注疏收集的下限也只到唐代为止，宋以后的训诂几成空白。而传统训诂有三个高潮：一是两汉魏晋；二是唐宋；三是清代。特别是清代乾嘉年间，国家富强，小学鼎盛。乾嘉诸老，名家辈出，他们高举汉学旗帜，穷年累月，在经籍传注、文字考证、古籍整理上做了许多深入细致的工作。风流所及，整个有清一代，硕果累累，传统训诂及至整个传统语言文字之学达到了登峰造极的境地。《故训汇纂》面对几千年的中国文化典籍，把资料收集下限延至晚清，品种也从《经籍籑诂》的80种，扩充到250种。许多著名著作如玄应《一切经音义》，朱熹《诗集传》、《楚辞补注》，李诫《营造法式》，洪迈《容斋随笔》，沈括《梦溪笔谈》，王念孙

《广雅疏证》、《读书杂志》，王引之《经义述闻》、《经传释词》，顾炎武《日知录》等，都收录无遗。这些资料的增补，就兼容并包地把训诂史以至传统文化史上经传与非经传、汉唐朴学与宋元理学、乾嘉学派与非乾嘉学派的有关资料都照顾到了，把传统训诂的重点儒家的九经三传，扩大到整个传统古籍的三教九流。《故训汇纂》所收250种书目，是传统古籍经、史、子、集四部中训诂资料比较集中而且是学术性强、影响巨大、历千年而不朽的典范作品，这些作品的注疏又都出自历代名家。现将训诂专书中的训诂和散见于二百余种古籍中随文释义的训诂，包括其义训、形训、声训、通假、异体、同源关系以至有价值的典籍异文，都加以列目解释，这就大大超过了《经籍纂诂》，应当说是历史性的进步。从训诂史的角度考察，能收集如此完备资料于一书，这还是史无前例的。当然，此书也不是没有缺失，例如，在书目中，有关古代医学，只有唐代王冰《黄帝内经素问》一书。听说，在出版时，为了照顾篇幅，有关医学方面的训诂资料大都删掉了，非常可惜。

资料汇编性的语文工具书，其价值之二，就是其入编资料，要取用方便。这就要有适当条例，使其编排合理，不但在工具书中寻检方便，而且能由此复核原书，以利在科研中大胆使用，显示其学术价值。

《经籍籑诂》有编辑凡例十一条，说明其收录范围、归字原则、义项安排、引书、引注体例和书写规则。其中一条为“归字谨遵《佩文韵府》为主，一字数音则各审其反切归之，如有重见，则详前而略后”①。这一条说明，《经籍籑诂》是以类书的传统按韵分编的。这种按韵分编，在当时无可指摘。但这种编排和检索系统，到今天已是十分不便了。一是这个《佩文韵府》的音韵系统，由于时代的发展，对许多人来说已很难理解和掌握；二是按韵分编，一音一字，遇到多音多义字就得有多少反切就要立多少字目，造成字目重复，使人眼花缭乱；三是按韵分编，只有先知字音，然后才能进入检索。而字音只能耳治，不能目治。读者要检索某一字目，往往只知字形，不辨字音。在这种情形下，要借助字形才能进入检索。仅此一端，就使今天读者不便利用。

《故训汇纂》卷首载有《凡例》：“一、收字与条目；二、解形与注音；三、注项与引例；四、检索和附录。”它从四个方面对其编排和检索系统作了详细规定。

例如：“收字与条目”下规定：“1. 本书所收字目包括：①列目书中有

① 见《经籍籑诂·凡例》，成都古籍书店1982年重印版，第1页。

用例并有训释的字；②《尔雅》、《方言》、《说文》、《释名》、《广雅》的列目字；③辑佚书中有唐以前故训的字。”这三条规定，就本书收字列目范围作了非常明确的界定，保证了本书所释对象为“汉语故训”的专一性。

又：“2. 本书依单字立目，同一字头，不论其有几个读音，意义之间有多少差别，都只作一个条目收列。”这一条确定了在同一字目下注音、释义、解形，把传统类书编排法提升到当代字书词典编排法上来，既避免了《经籍籑诂》按韵分编的弊病，又使大家感到耳目一新。

又如，“解形和注音”下规定：“1. 字目下，见于《说文》的字，首列《说文》的义训，在注音后仍作为注项收列。2. 字目都标注读音，注音分现代、中古、上古三段标注。”

字书编制，宜祖《说文》，是汉语语文工具书编制的一个优良传统。原因很简单，因为成书于东汉时期的《说文解字》，是汉语言文字统一以后第一部汉字详解字典，它几乎囊括了以前历史文献中所用过的汉字，特别涵盖了当时所用过的常用字，这就使它包含的语言信息比任何一部典籍都要丰富，使它成为传统训诂的当家之作，成为后世研究古代文化从已知通向未知的桥梁。《说文解字》蕴藏着的古代语言信息，不但在大量传统文献训诂实践中得到应用，而且在甲骨文、金文、简帛古文的整理中得到证实。《故训汇纂》重视《说文》形训、音训、义训，并将它和其他形、音、义训诂专著以及诸多典籍中随文释义的训诂资料，在同一字头下，以类相从，用辞书条目形制给以系统安排。这就将历史上的训诂资料汇总成为一个源流并重、兼容并包的资料系统，大大提高了该书的学术质量，加强了它在训诂实践中的资料价值。

字音的三段标注，是《汉语大字典》在综合汉语音韵学研究成果的基础上，在字典注音中作出的一项切合实际的规定。这项规定，集中了历代音韵学研究（包括上古、中古、近古语音研究和现代语音规范）的学术成果。此书把它移植过来，是非常有意义的，不但使当代读者一检而知古代反切的当代规范化的读音，同时也能知道该列目字在古代语音系统中的音韵地位，这对于在训诂实践中触类旁通，实现形、音、义互求，解决与音同、音近相关的大量文字通假问题大有好处。这些措施，都有利于训诂资料所含语言信息的挖潜和利用，大大加强了本书的科学性，使这部训诂资料大汇编成为一部使用方便、十分难得的学术性的著作。

《故训汇纂》的《凡例》中，还有许多非常明确而科学的规定，我们就不一一分析了。总之，这个《凡例》使本书有了一个合理的编排和方便的检索系统，它使读者有可能实现“寻检一字而历代训释一览无遗，查阅一训而诸书用例历历在目”的愿望和目标。它将是本书学术价值经久不衰的重要原因之一。

《故训汇纂》是一部博大精深的语言学巨著，它汇辑的故训，兼包三教九流的学术内容。这些故训，又多出自历代训诂名家之手，其所训释博雅精深。虽然，由于历史的局限，其中有些见解不一定精确无误，但从总体看，许多见解，因其作者比现代读者更切近古代生活，其历史的认同感往往是现代读者难以达到的。观今宜鉴古，无古不成今。一个善于创造先进文化的民族，是不会拒绝古训的。《故训汇纂》在学术史上的价值，是毋庸置疑的。

《故训汇纂》是故训的大汇编，这些“故训”，都是古代学者名家在不同时代，针对不同的训释对象，出于不同的训释目的，运用不同的训释手段而作出的训释成果。《故训汇纂》熔铸百代学术，荟萃众家故训于一书，成为一种非常方便的研究工具。这是一部编辑难度很大的语言学巨著，是一座知识含量极为丰富的语言史料库。这部巨著的一个显著特点，在于它内容上的兼容并包，而且是原汁原味、兼容并包地将这些语言史料汇辑拢来，成此巨著。兼容并包，原汁原味，是这部书的特点，也是使用这部书的难点。不了解这个特点，就很难读懂这部书，也很难使用这部书。

由于兼容兼包，编者才有可能将各个朝代、不同流派文献正文中的训诂、随文释义的训诂和各种通释语义专著中的训诂汇辑在一起。上下数千年，书目数百种，训释千万条，原汁原味兼容并包汇集一书，“杂”不待言，如何使它杂而不乱，编者想了许多办法，制定了许多科学的条例，前面已经分析，已达到了“寻检一字而历代训释一览无遗，查阅一训而诸书用例历历在目”的要求。但从另一个角度看，在有些字目之下的注项安排，并未完全解决这个“杂”和“乱”的问题。虽然，该书《凡例》也曾规定：“注项的排列大致以类相从的原则。通常的情况是：本义在前，引申义在后，古义在前，后起义在后；实词义在前，虚词义在后；表示通假、异体或异文的注项列在其他注项之后，最后列复音词。”但由于本书性质决定，本书的“注项”，并不等同通常字词书中的“义项”，它只是兼容并包原汁原味的故训的汇辑，这个“以类相从的原则”界限，在具体条目中是难以分辨的。例如，关于文字本义在本书中的表述，一般认为《说文》所释即文字本义。《故训汇纂》每字首列《说文》所释字义，可以认为是该字条的本义。这在一般情况下，无疑是正确的。但《说文》并非无失。后世甲骨文、金文和简帛古文大量出土。后人据以研究，纠正了《说文》的不少误释。本书只汇纂“故训”，还来不及汇纂当今研究成果，虽然在字条编写中，往往在注项下有所补证，将其所列“故训”与《说文》所释保持距离，但语焉不详。如不细心辨识，很难确认。又如引申义项，往往多种形式或多层次的词义引申，隐埋在兼容并包的各类作品的故训序列中，这都需要仔细搜寻，耐心品味。

要仔细分辨注项中概括性训释和随文释义中的非概括性训释。黄侃先生说："小学之训贵园，经学之训贵专。"① 《故训汇纂》收列有多种古代形、音、义训诂专著的故训，属"小学之训诂"，大多反映的是该字在诸多语境中比较普遍的概括性字词意义。而《故训汇纂》大量汇辑的则是典籍文例中的随文释义，属"经学之训诂"，反映的多是该字在某书某句中的具体意义，这种随文释义的训诂，有些具有普遍的概括性意义，而大多数则是某个字、词或短语在某种特定环境中的专有意义，离开这个具体语境它就很难理解了，例如第 141 页的"侧"字：

①侧，旁也。《楚辞·九叹·思古》"倾容幸而侍侧"王逸注。

②侧，在其阴与左右也。《诗·召南·殷其雷》"在南山之侧"毛传。

③侧，厓也。《诗·卫风·伐檀》"寘之河之侧兮"毛传。

例①王逸注释"侧"为"旁"。训诂专著《说文·人部》、《广雅·释言》皆训"侧"为"旁"，当是"侧"的概括性意义。②、③两侧毛传所释，是"侧"在这两个语句中的随文释义，有其特有的时空意义。在研究古代文献时，这种概括性字词意义和具有特定时空意义的随文释义，都是有用的，一定要注意区分和辨析。

（3）要用历时性和共时性的眼光审视这些"故训"。文字的产生和发展，与人类社会生活息息相关。文字作为语言信息的载体，它所富集的信息，只有越过时空隧道，运用训诂学方法，才能不断挖掘出来，在人类交往中发挥作用。《故训汇纂》中的"故训"，是几千年来汉民族文化中各种信息的一个大汇编。在这个大汇编中，有些语言信息是某一时代特有的，它具有鲜明的共时性。这些信息，由于时空的变化，今天我们接触它，会感觉陌生，甚至怪异难懂；而另一些信息，则是一个时代一个时代往下传，成为至今我们仍很熟悉、容易感知的历时性的语言信息。《故训汇纂》富集着这两类语言信息。只有穿过时空隧道，运用历时性和共时性的眼光，我们才能正确而合理地了解这些信息，充分地使用这些信息。

王宁教授《故训汇纂·序》说："使用《故训汇纂》，只是以它为线索，找到原始出处后，还要运用文献学、训诂学、文化学方面的知识去分析，才

① 黄侃述、黄焯编：《文字声韵训诂笔记》，上海古籍出版社 1983 年版，第 219 页。

能使用。保存故训的原有形式，是《故训汇纂》的特点和优点，也是使用它的难度所在。”这些话说得很周全、很透彻，是我们理解这部学术巨著，使用这个资料宝库的一把钥匙。

7.《转语》、《文始》

《转语》二十章，清戴震撰。

戴震（1723—1777年）字东原，安徽休宁人，是著名语言学家江永的弟子。他深通天文、历算、史地、音韵、训诂、考据之学，创古音九类二十五部之说及阴阳入对转的理论，对经学、语言学有卓越的贡献。著作很多，在语言学方面，除此书以外，还有《声韵考》、《声类表》、《方言疏证》、《尔雅文字考》等。

《转语》已经失传①，仅存一序，收在《戴东原集》卷四。从这篇序中，可以知道这部著作是根据字音的声纽来推阐词语通转的。戴说：“人口始喉下，底唇末，按位以谱之，其为声之大限五，小限各四。于是互相参伍，而声之用盖备矣。”这就是说，人的发音器官，从喉下到口唇，可以分为喉、舌、颚、齿、唇五个部位，而从发音方法来说，每一部位又都可以分为四类（他把它们也叫做“位”，大致是按字音的清浊和送气不送气划分的。不送气的全清音见、端、知、照、精、帮为第一位，送气的次清音溪、透、彻、穿、清、滂和全浊音群、定、澄、床、从、并为第二位，次浊音喻、泥、娘、日、疑、明、微和影纽为第三位，其余的晓、匣、来、审、禅、心、邪、非、敷、奉为第四位），两者相乘，其积为二十，所以戴氏的《转语》分为二十章。他又说：“凡同位则同声，同声则可以通乎其义；位同则声变而同，声变而同，则其义亦可以比之而通。”“同位”就是声纽发音的部位相同，“位同”就是声纽的发音方法相同。他以为声纽的发音部位相同，这些纽中的字音就相同；字音相同，它的意义就可以相通。声纽的发音方法相同，字音的转变也就相同；字音的转变相同，字义也就可以互相比附，因而相同。戴氏的这种说法，其实也就是他的弟子段玉裁、王念孙等所强调的声近义通，不限形体之说，不过他对声近、声转的理论钻研得更加深入罢了。

戴氏对自己所提出的这种说法很有点自负，他说：“昔人既作《尔雅》、《方言》、《释名》，余以谓犹阙一卷书，创为是篇，用补其阙，俾疑于义者，以声求之；疑于声者，以义正之。”由此可见，他著此书的主要目的就在于

① 有人以为戴氏此书现存，即其所撰《声类表》，其说详见曾广源的《戴东原〈转语〉释补》。

“以声求义，不限形体”。他又说：“今别为二十章，以原其义。”那么，他所追求的，并不限于因声求义，还要以此为基础，而探索汉语的语源。

至于此书命名为《转语》，是从扬雄的《方言》借来的。《方言》常用“转语”这个名称，如卷三：“庸谓之倯，转语也。”卷十：“煤，火也，楚转语也。”这就是说，“庸”和“倯”，“煤”和“火”，都是一语之转。戴氏借用“转语”这个名词来作书名，就是告诉人们：此书中所讨论的都是词语通转的问题。他把词语的通转分为“正转”和“变转”两类。“凡同位为正转，位同为变转。”

《文始》九卷，近代学者章炳麟撰。

章炳麟（1869—1936年），字枚叔，后改名绛，号太炎。浙江余杭人。是俞樾的弟子。著作也很多。在语言学方面，除此书以外，还有《新方言》、《小学答问》、《国故论衡》等。

此书也是一部探索汉语语源的著作。书中把《说文》所载的独体字叫做“初文”，准独体字叫做“准初文”，两者合计，共五百一十字。章氏认为这些字都是原始的文字，而所有其他的字，则是由这些字演变出来的。演变的情况有两种：一是音义都相同，或者音近义同，只是字形不同，这就叫做“变易”；一是转化为别的声音或别的意义，而仍然有迹可寻，这就叫做“孳乳”，全书共分四百三十七条，一一按照字的声韵，分析其变易、孳乳的条理。

章氏继承了戴震、段玉裁、王念孙等人因声求义，不限形体的原则，加以发扬光大。他以上古语音研究为基础，先定古韵为二十三部，并作“成韵图”，以阐明对转、旁转的道理，又定古声母为二十一纽，然后把初文、准初文分为歌泰寒、队脂谆、至真、支清、鱼阳、侯东、幽冬侵缉、之蒸、宵谈盍九类，用声音把意义串联起来，以推求汉字、汉语变易孳乳的来龙去脉。

为了探索语源，他又提出“立语根”、“建词族”、“列词序”三种法式。这样，他的探索语源工作就能有条理有步骤地开展起来。下面从阴声歌部中节引一条为例：

《说文》：“㐄，跨步也。从反夊。䯞从此。”按：䯞，读若过，㐄音亦同。变易为过，度也。跨训渡，与过训度同。㐄训跨，即初文过字，甚明。旁转鱼，则为跨。所以跨谓之胯，股也。旁转支，则为趌，半步也。所以趌谓之奎，两髀之间也。近转泰，则为越，度也；为𨒪，逾也；与于属之粤相系。㐄在本部，又孳乳为骑，跨马也，古音如柯。

以跨步故转为跨马。又孳乳为徛，举胫有渡也。以跨故转为渡。骑又孳乳为驾，马在轭中也。《诗》、《书》有驾无骑，然骑必先于驾。草昧之初，但知跨马。舆轮已备，乃有驾御尔。（驾字，籀文作辂，从各声，又与驭字相关。）骑又孳乳为羁，马络头也。其胯之衣则曰绔，胫衣也。变易为裈，即绔也。千奎之衣则曰褰，绔也，自歌对转入寒。千对转寒，则变易为迦，过也。引申为过失。孳乳为辛，罪也；为愆，过也；与干相系。

鱼部之跨，对转阳，则孳乳为航，方舟；《诗传》曰："渡也。"又孳乳为潢，小津也；一曰：以船渡也。胯之慈乳为绔，胫衣也。千与于，歌鱼旁转，其所孳乳多相应。

泰部之越、逑，又孳乳为蹶；一曰跳也。由度越义，越又孳乳为阔，疏也。《释诂》曰："阔，远也。"阔亦变易为奯，空大也。（自注曰：豁训通谷，音亦相近。）对转寒为宽，屋宽大也。（自注曰：查训奢查，亦相近。）蹶又孳乳为趣，蹠也；跋，轻足也；为适，疾也；为娍，轻也。宽又孳乳为愃，宽闲心腹貌；为憪，愉也。

章氏的《文始》，揭示了汉语词汇的内部联系和它的系统性，奠定了汉语语源学的坚实基础，值得我们认真学习，深入钻研。由于事出草创，书中也难免有些疏略和失误。主要有两点：

第一，把《说文》中五百一十个初文和准初文都确定为汉语语根，是不妥当的。先有语言，后有文字。最原始的文字，也不一定就是语根，何况《说文》对这五百一十个字的解说也不一定都符合它们的本义，怎么能断定它们都是语根？而且语根应当根据尽可能完备的资料，认真地加以分析研究，然后拟定，不能单凭某一家的说法就建立起语根来。

第二，只为汉语汉字的孳乳变易画出一个大的轮廓，没有逐字逐词进行过仔细的研究，也没有广泛地征引故训旧说加以论证，这就是其中所以不免疏略失误的缘故。

"前修未密，后出转精。"我们寄希望于今天国内外研究汉语语源的同仁。

8.《读书杂志》、《经义述闻》

《读书杂志》八十二卷，〔清〕王念孙撰。其中包括：《逸周书杂志》四卷、《战国策杂志》三卷、《史记杂志》六卷、《汉书杂志》十六卷、《管子杂志》十二卷、《晏子春秋杂志》二卷、《墨子杂志》六卷、《荀子杂志》八卷又《补遗》一卷、《淮南内篇杂志》二十二卷又《补遗》一卷、《汉隶拾遗》一卷。这是王念孙在阅读这些古籍时所做的杂记。这些杂记主要是对上述古籍从文字、声韵、训诂、校勘诸方面进行考释，其内容十分丰富、精彩。例如《战国策·赵策四》有："左师触詟愿见太后，太后盛气而揖之"一句。其中，"触詟"这个人名，在《史记·赵世家》、《汉书·古今人表》中皆作"触龙"下有"言"字。〔宋〕姚氏本《战国策》在"詟"字下注云："一本无言字。"吴师道曾驳正鲍注，对《战国策》多所补正，但在这个问题上也同意"触詟"的说法，并加案语云："《说苑》（敬慎篇）：'鲁哀公问孔子，夏桀之臣，有左师触龙者，谄谀不正。'人名或有同者，此当从'詟'以别之。"

《战国策杂志·楚》"触詟"、"揖之"条云：

> 念孙案：吴说非也。此策及《赵世家》皆作"左师触龙言愿见太后"，今本"龙"、"言"二字误合为"詟"耳。太后闻触龙愿见之言，故盛气以待之。若无"言"字，则文义不明。据姚云："一本无言字"，则姚本有"言"字明矣。而今刻姚本亦无"言"字，则后人因鲍本改之也。《汉书·古今人表》正作"左师触龙"，又《荀子·议兵篇》注曰："《战国策》赵有左师触龙。"《太平御览·人事部》引此策曰："左师触龙言愿见"，皆其明证矣。又《荀子·臣道篇》曰："若曹触龙之于纣者，可谓国贼矣。"《史记·高祖功臣侯者表》有"临辕夷侯戚触龙"。《惠景间侯者表》有"山都敬侯王触龙"。是古人多以"触龙"为名，未有名"触詟"者。
>
> "太后盛气而揖之"。
>
> 吴曰："揖之，《史》云：'胥之'当是。"
>
> 念孙案：吴说是也。《集解》曰："胥犹须也。"《御览》引此策作"盛气而须之"。隶书"胥"字作"肙"，因讹而为"咠"，后人又加手旁耳。下文言"入而徐趋"，则此时触龙尚未入，太后无缘揖之也。

这条杂记中对"触詟"和"揖之"的考释，一是指出吴说之非，一是肯定吴说之是，既有内证，又有外证。而且从文献学、文字学、修辞学、逻辑学几个角度进行论证，材料充实，结论令人信服。十分有趣的是，王念孙的这些远见卓识，为长沙马王堆三号汉墓出土的帛书《战国纵横家书·触龙见赵太后章》所证实。原来帛书就作"触龙言愿见，大（太）后盛气而胥之"。这些出土帛书，是秦汉之际编写的。它可能是《战国策》的前身。因为，西汉刘向校定的《战国策》是根据《国策》、《国事》、《短长》等多种册子编辑而成的。现在的姚本和鲍本《战国策》，已经不是刘向所编的原本。原本三十三篇东汉时犹存，高诱曾为作注，到北宋时，三十三篇已缺十一篇，所存二十卷有高诱注者只有八卷。现在这个三十三篇的本子是由宋代曾巩访求名家藏书而重新编定的。其中，有些篇是从《史记》等书所引中再挖出来补进《战国策》的。例如，荆轲刺秦王的故事，就是如此，它虽然见于今本《战国策》，却是出自司马迁的手笔。像《战国策》这一类经过补辑的古籍，其中错讹当然不少。王念孙一一给以考释，其结论居然和《战国策》所据原书相符，其考释之严密和准确，实在令人惊叹！

《经义述闻》三十五卷，〔清〕王引之撰。引之，字伯申，号曼卿，是王念孙的长子。少从父学，也精于声韵、文字、训诂之学。嘉庆己未，中进士，官至工部尚书。此书包括对《周易》、《尚书》、《毛诗》、《周礼》、《仪礼》、《大戴礼记》、《礼记》、《左传》、《公羊传》、《谷梁传》、《国语》、《尔雅》诸书的考释。因其中训释，大都述其父王念孙之说，或根据王念孙之说而触类旁通者，故名《经义述闻》。另外，此书还附《春秋名字解诂》、《太岁考》和《通说》各二卷。

我国历史悠久，古籍特多，其中影响最大的是儒家经典。经过汉、唐各代的注疏，差可通读，但其中尚未注释或注疏错误的仍然不少。到清代，小学大明。首先是乾隆年间的惠栋和戴东原，大力研究文字的转注、假借理论，影响一代学风，人们开始大量考证汉唐旧注，做了许多补证的工作。高邮王氏父子在这方面的贡献尤为突出。其学精博，超过惠、戴。王引之《经义述闻·自序》云：

> 引之受性梼昧，少从师读经，裁能绝句而不得其解，既乃习举子业，旦夕不辍，虽有经训，未及搜讨也。年二十一应顺天乡试，不中试而归，亟求《尔雅》、《说文》、《音学五书》读之，乃知有所谓声音、文字、诂训者。越四年而复入都，以己所见质于大人前。大人则喜曰：乃今可以传吾学矣，遂语以古韵廿一部之分合，《说文》谐声之义例，《尔雅》《方言》及汉代经师诂训之本原。大人曰：训诂之指，存乎声音，字之声同声近者，经传往往假借。学者以声求义，破其假借之字而读以本字，则涣然冰释，如其假借之字而强为之解，则诘屈为病矣。故毛公《诗传》，多易假借之字而训以本字，已开改读之先；至康成笺《诗》注《礼》，屡云某读为某，而假借之例大明。后人或病康成破字者，不知古字之多假借也。大人又曰：说经者，期于得经意而已。前人传注不皆合于经，则择其合经者从之。其皆不合，则以己意逆经意，而

参之他经，证以成训，虽别为之说亦无不可。必欲专守一家，无少出入，则何邵公之墨守见伐于康成者矣。故大人之治经也，诸说并列，则求其是；字有假借，则改其读。盖熟于汉学之门户而不囿于汉学之藩篱者也。

这篇自序对王引之《经义述闻》的治学方法和经历作了全面的说明。“诸说并列，则求其是；字有假借，则改其读”，是王氏父子在《读书杂志》和《经义述闻》中所做的最主要的工作，也是他们治学的主要方法，例如《经义述闻卷五·毛诗》“终风且暴”条：

家大人曰：《终风篇》：“终风且暴。”《毛诗》曰：“终日风为终风。”《韩诗》曰：“终风，西风也。”此皆缘词生训，非经文本义。终犹既也，言既风且暴也。《燕燕》曰：“终温且惠，淑慎其身。”《北门》曰：“终窭且贫，莫知我艰。”《小雅·伐木》曰：“神之听之，终和且平。”《甫田》曰：“禾易长亩，终善且有。”《正月》曰：“终其永怀，又窘阴雨。”“终”字皆当训为“既”，“既”、“终”语之转。既已之“既”转为“终”，犹既尽之“既”转为“终”耳。解者皆失之。

为了解释一个词，旁征博引，证明“终”与“既”为一语之转，这就打破了从汉以来把“终”当成“终日”，把“终风”当成“西风”等实词义的误解，说明了这个“终”字的虚词词义。真是发千古之奥妙，令人叹服。这就是王引之所说的“诸说并列，则求其是”。也就是用比例互证的办法，来解释语言的规律，求其合乎事实的结论。这种实事求是的治学方法是很好的。王引之正是遵循着这条道路，“由大人之说，触类推之”，写出了《经义述闻》这部博大精深的训诂著作。之后，又进一步发挥，从《九经》、《三传》等周秦古籍中，收集虚字一百六十个，写成《经传释词》十卷，与《经义述闻》相辅相成。

高邮王氏父子之学，关键在以古音求古义。“字有假借，则改其读”，是建立在“古韵廿一部之分合，《说文》谐声之义例，《尔雅》、《方言》及汉代经师训诂之本原”这个基础上的。因此，要了解王氏父子之学，关键是要懂得王念孙的古韵二十一部和他们的通假学说。《经义述闻》卷三十一《通说上》载王念孙的“古韵廿一部”。《通说下》载“经文假借”、“词语误解以实义”、“经义不同不可强为之说”、“经传平列二字上下同义”、“经文数句平列上下不当歧异”、“经文上下两义不可合解”、“衍文”、“形讹”、

“上下相因而误”、“上文因下而省”、“增字解经”、“后人改注疏释文”诸条，都是他们读书的经验之谈。要了解《经义述闻》，首先要了解这些条目。现将“经文假借”条摘录如下：

> 引之谨案：许氏《说文》论六书假借，曰：“本无其字，依声托事，令长是也。”盖无本字而后假借他字，此谓造作文字之始也。至于经典，古字声近而通，则有不限于无字之假借者，往往本字见存而古本则不用本字而用同声之字。学者改本字读之，则怡然理顺。依借字解之，则以文害辞。是以汉世经师作注，有读为之例，有当作之条，皆由声同声近者以意逆之而得其本字。所谓好学深思，心知其意也。然亦有改之不尽者，迨今考之文义，参之古音，犹得更而正之，以求一心之安而补前人之阙（以下例证从略）。

这条说得很清楚，许慎《说文》的假借，是造字的假借，而王氏父子的假借，是用字的假借，也就是通假。两种假借说是不同的。王氏父子的假借说，是汉代经师训诂中“读为之例”、“当作之条”的一个合理的继承和发展。

正是由于“诸说并列，则求其是；字有假借，则改其读”，高邮王氏父子才能够在《读书杂志》和《经义述闻》中，做到“熟于汉学之门户，而不囿于汉学之藩篱”，在训诂上作出了他应有的贡献。杨树达《词诠·序例》云：“凡读书者有二事焉：一曰明训诂，二曰通文法。训诂治其实，文法求其虚。清儒善说经者，首推高邮王氏。其所著书，如《广雅疏证》，征实之事也；《经传释词》，捃虚之事也。其《读书杂志》、《经义述闻》，则交会虚实而成者也。呜呼！虚实交合，此王氏之所以卓绝一时，而独开百年来治学风气者也！”这个评价是有道理的。

9.《群经平议》、《诸子平议》

这两部书都是〔清〕俞樾所撰，也都是训诂考据的书。

俞樾，（1821—1906年）浙江德清人，字荫甫，号曲园。道光进士，官编修，提督河南学政。

《群经平议》三十五卷，所平议的有《周易》、《尚书》、《周书》、《毛诗》、《周礼》、《仪礼》、《大戴礼》、《礼记》、《公羊传》、《谷梁传》、《左传》、《国语》、《论语》、《孟子》、《尔雅》，共十五种。

《诸子平议》三十五卷，所平议的有《管子》、《晏子春秋》、《老子》、《墨子》、《荀子》、《列子》、《庄子》、《商子》、《韩非子》、《吕氏春秋》、

《春秋繁露》、《贾子》、《淮南内篇》、《太玄》、《法言》，共十五种。

俞氏的训诂、考据，在方法上，跟王念孙父子一样，以古音求古义，不限形体，不过不如王氏父子谨严。下面也从他的这两部书中各举一例：

> “耇、老，寿也。”注曰：“耇犹耆也。”疏曰：“《方言》云：‘燕岱北鄙谓耇为梨。’郭彼注云：‘梨，面色如冻梨也。’舍人曰：‘耇，觏也，血气精华觏竭，言色赤黑如狗矣。’孙炎曰：‘耇，面如冻梨，色如浮垢，老人寿征也。’”
>
> 樾谨案：冻梨之义，可以释梨，不可以释耇，故郭氏不用以说此经。至训觏训垢，又取象于狗，皆以声近之字展转相训，而义实未安，宜郭氏皆不之用也。《说文·老部》：“耇，从老省，句声。”句部：“句，曲也。”故凡从句声之字，皆有曲义。竹部：“笱，曲竹，捕鱼笱也。”羽部：“翑羽曲也。”疒部：“痀，曲脊也。”并其证也。耇老之耇，盖即痀之异文。老人之脊必曲，故以为名。其变从老省者，以疾言，则宜从疒；以寿言，则宜从老也。玉部玽篆下云：“读若人句脊之句。”然则句脊字本止作句，从疒从老，皆其孳乳寖多者矣。(《群经平议·尔雅一》)
>
> “故诵数以贯之。”
>
> 樾谨案：诵数犹诵说也。《诗·击鼓篇》：“与子成说。”毛传：“说，数也。”说为数，故数亦为说。《礼记·儒竹篇》：“遽数之，不能终其物。”正义曰：“数说也。”《荀子·王霸篇》曰：“不足数于大君子之前。”《仲尼篇》曰：“固曷足称乎大君子之门哉!”称与数文异而义同，凡称说必一一数之，故即谓之数。“诵数以贯之”犹云诵说以贯之，与下句“思索以通之”一律。诵数、思索，皆两字并列。杨注云：“使习《礼》、《乐》、《诗》、《书》之数以贯穿之”，非是。隐十一年《谷梁传》：“犆言，同时也，累数，皆至也。”范注曰：“累数，总言之也。”言即说也。(《诸子平议·荀子一》)

10.《毛诗传义类》、《说雅》、《选雅》

《毛诗传义类》，一称《毛雅》，〔清〕陈奂撰，共十九篇。陈奂另有《毛诗传疏》，三十卷。他在编撰那部义疏以前，为了弄清楚《诗经》的古注，先把毛亨《诗故训传》的训诂按《尔雅》的体式重新编写为十九篇，就成了此书。此书为专辑一书的训诂开了先河，后来的《说雅》、《选雅》

等，都是以它为榜样的。

《说雅》十九篇，〔清〕朱骏声撰。朱骏声著《说文通训定声》，既打散许慎的五百四十部，按自己所定古音十八部重新组织起来，又仿效陈奂的《毛诗传义类》，按《尔雅》十九类，编成这部《说雅》。他在《说雅》的小序中说："循《尔雅》之条理，贯许书之说解，五百四十部纪之以形，十八部纬之以声，十九篇经之以意与事。参互错综，神恉益显，其在转注假借，亦可旁通云。"

《选雅》二十卷，〔清〕程先甲撰。他把李善的《文选注》按《尔雅》十九类重新组织起来，就成了这部书。

以上三种训诂书，都是承袭前人的成果，没有什么发明创造。但是，汉唐故训，经过前贤的归纳、整理，条理比较清楚，学习起来要容易一些，因此，他们的功绩也是不能埋没的。

11.《通俗文》、《训俗文字略》、《恒言录》、《通俗编》

这几部书都是解释俚言、俗语的。

《通俗文》一卷，旧题服虔撰，见《隋书·经籍志》。颜之推《颜氏家训·书证篇》："《通俗文》，世间题云：河南服虔字子慎造。虔既是汉人，其叙乃引苏林、张揖，苏张皆是魏人。且郑玄以前，全不解反语。《通俗》反音，甚会近俗。阮孝绪又云：'李虔所造'。河北此书，家藏一本，遂无作李虔者。《晋中经簿》及《七志》并无其目，竟不得知谁制。然其文义允惬，实为高才。殷仲堪《常用字训》亦引服虔《俗说》。今复无此书。未知即是《通俗文》，为当有异？或更有服虔乎？不能明也。"据此，《通俗文》这部书的作者和成书时间都有问题。按姚振宗《隋书经籍志考证》卷十云："苏林、张揖并在魏初。林，建安中为五官将文学；揖，太和中为博士。揖卒年无考，林年八十余，景初末卒。当建安之初林年将四十矣，揖年当相去不远。此二人必及见服子慎，服序引苏张，不足疑也。"（开明书局版第182页）又，《汉书注》中服虔、应劭并有反音（见王利器《颜氏家训集解》第436页引郝懿行说）。马国翰《玉函山房辑本序》亦谓"服书有反语，不足异"。颜之推说未确。不过，颜之推称赞它是一部好书，是符合实际的。因为，在那厚古薄今，尊圣宗经的时代，它所解说的都是不登大雅之堂的俚言、俗语，光凭这一点，就值得肯定，可惜早已亡佚了，今所存为辑佚本。

《训俗文字略》一卷〔北齐〕颜之推撰，也早已亡佚了。

《恒言录》六卷，〔清〕钱大昕撰。"恒言"即常言，也就是俗语。此书搜集常言、俗语八百余条，分十九类，一一考证其源流，对汉语词汇研究提供了重要资料。〔清〕陈鳣有《恒言广证》，补《恒言录》所未备。

《通俗编》三十八卷，〔清〕翟灏撰。此书搜集俗语五千余条，内容比较丰富，分天文、地理、时序等三十八类，说明其源流变迁，对研究汉语词汇很有用。但其中也难免阙漏和错误。同时人梁同书作《直语补证》，以救其敝。下面从翟书卷三十三《语辞类》节引一例：

《归田录》："打字义本谓考击，故人相殴，以物相击，皆谓之打。而工造金银器，亦谓之打可矣，盖有槌击之义也。至于造舟车者曰打船、打车，网鱼曰打鱼，汲水曰打水，役夫饷饭曰打饭，兵士给衣粮曰打衣粮，从者执伞曰打伞，以糊粘纸曰打粘，以丈尺量地曰打量，举手试眼之昏明曰打试。至于名儒硕学，语皆如此，触事皆谓之打。而遍检字书，了无此字（丁雅反）。其义主考击之打，自音滴耿，不知因何转为丁雅也。"《芦蒲笔记》："世言打字尚多，不止欧阳公所云也。左藏有打套局，诸库支酒谓之打发，印文书谓之打印，结算谓之打算，装饰谓之打扮，请酒谓之打酒，席地而睡谓之打铺，收拾为打迭，又曰打迸，畚筑之间有打号，行路有打包、打轿，杂剧有打诨，僧道有打拱，又有打睡、打嚏、打话、打点、打合、打听，至于打面、打饼、打百索、打绦、打帘、打荐、打席、打篱笆，街市戏语有打砌、打调之类。《能改斋漫录》以释文取偏旁证之，谓'打字从手从丁，盖以手当其事者也。'此说得之矣。"又《俗呼小录》："俗凡牵连之辞，如指其人及某人、物及某物，亦曰打。丁晋公诗所谓'赤洪崖打白洪崖'，禅语所谓'东壁打西壁'是也。"

这里提供了"打"字用法的许多实例。"打"、"搞"这一类词在现代汉语中使用极为广泛，可称之为"万能动词"，但是历代词书字典对这类词的研究是极不够的。《通俗编》收集这些实例，对我们分析、概括这类词的意义十分有利，它是我们今天编写字书词典不可少的参考书。

12.《常用字训》、《难字》、《杂字解故》、《异字》、《错误字》

这几部解释常用字、难字、杂字、异字以及错误字的书，都见于《隋书·经籍志》，其中，《常用字训》一卷，〔晋〕殷仲堪撰。《难字》一卷，《错误字》一卷，〔魏〕张揖撰。《杂字解故》四卷，〔魏〕周氏撰。《异字》一卷，〔梁〕朱育撰。都已亡佚。

13.《埤雅》、《尔雅翼》、《毛诗草木鸟兽虫鱼疏》

这三部书都是解释名物的。

《埤雅》二十卷，〔宋〕陆佃撰。此书依《尔雅》体制，分《释鱼》、

《释兽》、《释鸟》、《释虫》、《释马》、《释木》、《释草》、《释天》八类。《释天》的末尾注“后阙”二字，可见此书不是完本。《四库全书总目提要》云：“其说诸物，大抵略于形状，而详于名义，寻究偏旁，比附形声，务求得名之所以然，又推而通贯诸经，曲证旁稽，假物理以明其义。中多引王安石《字说》……其诠释诸经，颇据古义，其所援引，多今日未见之书；其推阐名理，亦往往精凿。谓之驳杂则可，要不能不谓之博奥也。”这个评论，还算公允。

《尔雅翼》三十二卷，〔宋〕罗愿撰，〔元〕洪焱祖音释。此书也仿《尔雅》，分《释草》、《释木》、《释鸟》、《释兽》、《释虫》、《释鱼》六类。《四库全书总目提要》认为“其书考据精博，而体例谨严，在陆佃《埤雅》之上”；而黄侃则指出此书“以鹑为淳，以鸠为九，皆不脱王氏《字说》之恶习，虽援据载籍极多，治《尔雅》者，亦只能等之于《埤雅》之流，以视陆玑《毛诗义疏》、陶弘景《本草注》，固不逮远甚矣。”按：黄说是。

《毛诗草木鸟兽虫鱼疏》二卷，〔三国吴〕陆玑撰。此书久佚，今本是后人从《毛诗正义》等书辑录出来的，并非原本，也不是完本。不过，它保存了三国以前的名物训诂，还是可供参考的。

14.《石药尔雅》、《本草尔雅》

这是两种专释药名的书，与现在的专科词典相近。

《石药尔雅》二卷，〔唐〕梅彪撰。彪在《自序》中说：“予家西蜀江原，少考以术，穷究经方。第用药皆是隐名，就于隐名之中，又有多本。若不备见，犹画饼梦桃，通其经方与不通无别也。《参同契》云：‘未能悉究，当施直义。’今以众异名象《尔雅》词句，凡六篇，勒为二卷。”序末题“元和丙戌”，是唐宪宗元年（806年）。

《本草尔雅》，北宋时的著作，见苏轼《与陈季常书》。书已亡佚，不知是何人所作。

15.《骈雅》、《叠雅》、《别雅》、《辞通》

这四部书是解释联绵字和通假字的。

《骈雅》七卷，〔明〕朱谋玮撰。此书从古籍中采辑双音词语，依照《尔雅》的体制，分为《释诂》、《释训》、《释名称》、《释宫》、《释服食》、《释器》、《释天》、《释地》、《释草》、《释木》、《释虫》、《释鱼》、《释鸟》、《释兽》十三类，逐类诠释，所以叫做《骈雅》。〔清〕魏茂林有《骈雅训纂》，解释比较详备。

《叠雅》十三卷，〔清〕史梦兰撰。他从古籍中专门搜集重言叠字，也依照《尔雅》的体制，分为十三类，加以解释，所以叫做《叠雅》。他在

《自序》中说："诸雅所已载者，旁搜以参其同异；诸雅所未及者，博采以考其源委；字异而义同，则汇归一部；文同而解异，则别立一条；或者义相通，彼此错见，则别其字，如《别雅》之别；通其义，如《通雅》之通。"这就是他编此书的体例。书中所分的门类不明标出来。

《别雅》五卷，〔清〕吴玉搢撰。此书收集古书中假借通用的字，按平水韵编排，并注明出处，加以辨证。虽然漏略很多，并有一些错误，但对于我们研究文字的通假、音义的演变，仍然有参考价值。

《辞通》二十四卷，分上、下两册，近人朱起凤撰。此书搜集古书中双音词语，按平水韵编次，把音同音近通假、义同通假、形近而讹的词语放在一起，博举例证，以说明其用法和形、音、义三者的流变。凡字同而义异、音异者作为附录，其性质与《别雅》相类似，收集的材料比较丰富，但精审不如《别雅》。

16.《果裸转语记》、《释大》

这两部书所释的范围比前面的那些书更窄，但其所揭示的音义通转的规律却适用于一般词语的训诂，因此一向为语言学者所重视。

《果裸转语记》一卷，〔清〕程瑶田撰。收在《安徽丛书》中。程氏《通艺录》的目录里有此记，共四篇，但都有录无书。《安徽丛书》所收的是尹石公在北京访得的稿本，卷末有王念孙的跋，称此记"实为训诂家未尝有之书，亦不可无之书也"。

记的开头说："双声叠韵之不可为典要，而唯变所适也。声随形命，字依声立，屡变其物而不易其名，屡易其文而弗离其声。物不相类也，而名或不得不类；形不相似，而天下之人皆得以是声形之，亦遂靡或弗似也。姑以所云'果裸'者推广言之。"这说明程氏著此记的目的，不在于专明"果裸"这一个词的演变，而在于借这个词来阐发音义通转的道理和事物命名的规律。他认为双声叠韵的联绵字没有固定的含义和字形，经常变动不居。至于事物的命名，往往与事物的形状有关，形状相同或相似的，可以同用一个名称；而同一个名称，却不一定用同样的字，只要能标明这个名称的声音就行了。因此，出现了"声随形命，字依声立，屡变其物而不易其名，屡易其文而弗离其声，物不相类也，而名或不得不类"的现象。比如瓜果之类叫做"果裸"，字亦作"果蓏"、"苦楼"、"栝楼"，与瓜果形状相似的细腰土蜂也叫做"果裸"，字变作"咕喽"，或又变为"蝼蛄"、"蒲卢"。当然，事物当中也有名称相同而形状并不相似的，那是社会上约定俗成的结果。总之，事物的名称是多种多样的，不能一概而论。

此记中分析"果裸"一词的演变，共有二百多个名称，无非是一声之转，所以叫做《果裸转语记》。“转语”二字，前已指出，本于扬雄的《方言》。但程氏采用这两个字，也许还有仿效戴震《转语》的意思。记中屡引戴说，可以为证。

《释大》八篇，〔清〕王念孙撰，收在《高邮王氏遗书》中。王氏此书取《尔雅·释诂》“弘、廓、宏、溥”以下，凡字之有大义者，依所隶字母，汇而释之。据他的自注，应当有二十三篇。现在只存见、溪、群、疑、影、喻、晓、匣八篇。前七篇是罗振玉所得王氏手稿，有王氏的自注；后一篇是王国维从王念孙的杂稿中清理出来的草稿，没有自注。王国维云：“观王氏诸遗稿，似尚欲为《释始》、《释君》诸篇而未就者。以谓雅诂之繁，故不能一一为之疏释，王氏盖特取《尔雅》首数目释之，以示声义相通之理，使学者推而用之而已。”按：王念孙此书和他的《广雅疏证》、《读书杂志》一样，都是用因声求义的方法，以探索语言发展的规律，不过此书对声义相通的道理研究得更深入，更有条理，只可惜原稿大半遗失，不得窥其“全豹”了。

继王氏之后，阮元写了《释门》、《释且》、《释矢》、《释鲜》等篇，对声义相通的道理也有所发明。

17.《语助》、《虚字说》、《助字辨略》、《经传释词》、《词诠》、《古书虚字集释》、《文言虚字》、《虚词历时词典》

这八部著作都是解释虚词的著作。

《语助》一卷，〔元〕卢以纬撰。此书收集虚词一百多个，援引古籍解释用法，是我国研究汉语虚词最早的一部专著。

《虚字说》一卷，〔清〕袁仁林撰。此书取经史诸子百家文中虚字一百多个，类聚条析，颇有精当之处。《马氏文通》论虚字，曾采用其中的一些说法。

《助字辨略》五卷，〔清〕刘淇撰。此书为我国虚词研究奠定了坚实的基础。刘淇字武仲，号南泉，清康熙年间确山人，以著书见重于世。《助字辨略》除先秦古籍中的虚词之外，还博采唐宋诗文中的虚词，总计达四百多个，依照四声给以安排，分为上平、下平、上、去、入五卷。同一声调中又按平水韵编排。刘淇在《助字辨略·自序》中，把虚词分为三十类：

> 曰重言，曰省文，曰助语，曰断辞，曰疑辞，曰咏叹辞，曰急辞，曰发语辞，曰语已辞，曰设辞，曰别异之辞，曰继事之辞，曰或然之辞，曰原起之辞，曰终竟之辞，曰顿挫之辞，曰承上，曰转下，曰语辞，曰通用，曰专辞，曰仅辞，曰叹辞，曰几辞，曰极辞，曰总括之

辞，曰方言，曰倒文，曰实辞虚用。

这种虚词词类的划分，从今天来看，不仅烦琐，而且有许多不科学的地方。例如重言之类构词问题，以及省文、倒文之类的修辞问题，都作为虚词词类的名称，很不妥当。但是，《自序》云："构文之道，不过实字虚字两端，实字其体骨，而虚字其性情也。"这种从词性的角度来区分实字虚字的做法，是值得称赞的。《自序》又说："盖以文代言，取肖神理，抗坠之际，轩轾异情，虚字一乖，判于燕越……且夫一字之失，一句为之蹉跎；一句之误，通篇为之梗塞，讨论可阙如乎！"这种从句本位来观察虚字用法的观念，无疑也是正确的。正因为这样，他才能把"也"、"矣"定为断辞，即直陈句中的判断语气词；把"乎"、"哉"、"邪"、"与"定为疑辞，即疑问句中的疑问语气词，把"夫"、"盖"、"繄"、"维"定为发语辞，即叙述句中的句首语气词；把"是故"、"然则"定为承上，把"然而"、"抑又"定为转下，即表承接关系和转折关系的关系词。凡此等等，可以看到：刘淇已经开始从句子中的语气和结构中的关系两个方面来观察虚词的用法，并给它以适当的归类。尽管这种观察还不彻底，不全面，但在17世纪末叶的中国，在那语法研究尚未充分展开的时刻，刘淇开了这个头，还是难能可贵的。刘淇还非常注意虚词用法的规范化，它博采唐宋诗文中虚词的用例，但不用元曲的例子。《自序》说："元曲助字，纯用方言，无宜阑入，他日别为一编，以附卷尾。"可惜，我们今天没能看到这个附编，不知道他研究元曲虚字用法的情况。《自序》还总结了他训释虚字的六种方法："曰正训，曰反训，曰通训，曰借训，曰互训，曰转训。"由此可见，他几乎用了全部训诂方法来解释虚词。综上所述，正是由于在收字规模、词类划分和训诂方法三个方面的巨大成果，《助字辨略》才奠定了汉语虚词研究的坚实基础。〔清〕钱泰吉《曝书杂记》称赞此书"引据该洽，实为小学书之创例"，并同时指出："近时王伯申尚书著《经传释词》十卷，其撰著之意略同此书，诂训益精密。然创始之功，不能不推刘君也。"这个评价是正确的。

《助字辨略》初刻于清康熙五十年，是为海城卢承琰本，乾隆四十年，长白国泰重印之，为国泰本；咸丰五年聊城杨以增得传抄本，延高均儒重刊，是为海源阁本。以上三本皆为镂版。今所传为长沙杨树达据海源阁本，与国泰本对勘而重刊排印本。此本解放前由开明书店印行，解放后由中华书局据开明书店原版重印，书前有刘淇《自序》、卢承琰撰《卢序》、长白国泰撰《国序》。书后又附钱泰吉《曝书杂记》、《跋旧刻本》、王元启撰《济宁图记人物列传》、《济宁图记艺文志》、《杨绍和跋》、《刘毓崧跋》、《杨树达跋》等，对此书的研究提供了方便。

《经传释词》十卷，〔清〕王引之撰。

《经传释词》是继《助字辨略》之后又一部重要的语法著作。关于这部著作的宗旨及其写作情况，作者《自序》中有如下说明：

> 引之自庚戌岁（1790 年）入都，侍大人质问经义，始取《尚书》廿八篇紬绎之，而见其词之发句、助句者，昔人以实义释之，往往诘屈为病。窃尝私为之说而未敢定也。及闻大人论《毛诗》“终风且暴”、《礼记》“若此义也”诸条，发明意指，涣若冰释。益复得所遵循，奉为稽式，乃遂引而申之，以尽其类。自《九经》、《三传》及周秦西汉之书，凡助语之文，遍为搜讨，分字编次，以为《经传释词》十卷，凡百六十字，前人所未及者补之，误解者正之，其易晓者则略而不论。非敢舍旧说而尚新奇，亦欲窥测古人之意，以备学者之采择云尔。

这段话清楚地告诉我们：第一，《经传释词》，顾名思义是解释儒家经传中的虚词。它是从研究《尚书》中的虚词开始的，后来才把研究范围扩大到《九经》、《三传》及其他周秦西汉之书。它不像《助字辨略》那样包括唐宋诗词中的虚词用法。第二，《经传释词》中所释，只是“前人所未及者补之，误解者正之，其易晓者则略而不论”。它的重点是在补充、纠正汉儒毛亨、孔安国、郑玄诸人对虚词的训释。因此，在书中，凡是王引之对前人有所补充和纠正的地方，则尽量多举例证，给以确切的释义，而其易晓者则只在简明释义之后，用“常语也”一笔带过。这又和《助字辨略》既解释虚词的常用用法，又解释虚词的非常用用法不完全一样。《经传释词》的优点和缺点，都是和这两个特点相联系的。它的优点，在于比《助字辨略》对虚词的用法有更多的研究和辨证，其释义往往更为精确。但它没有《助字辨略》那样搜罗广泛，给以多方解释。《经传释词》是一部研究古代虚词的重要著作，但不适宜初学者使用。

《经传释词》十卷的“分字编次”，是按中古声母的次序来安排的，具体情况如下：

第一卷 ~ 第四卷　收影、喻、晓、匣等喉音字；

第五卷　收见、溪、群、疑等牙音字；

第六卷　收端、透、定、泥、知、澈、澄、娘等舌音字；

第七卷　收日、来半舌半齿音字；

第八卷 ~ 第九卷　收精、清、从、心、邪、照、穿、床、审、禅等齿音字；

第十卷　　收帮、滂、並、明、非、敷、奉、微等唇音字。

《经传释词》的释词方法，在〔清〕钱熙祚所作《跋》文中有如下之说明：

> 其释词之法亦有六：有举同文以互证者。如据隐公六年《左传》“晋、郑焉依”，《周语》作“晋、郑是依”，证“焉”之犹“是”；据庄二十八年《左传》“则可以威民而惧戎”，《晋语》作“乃可以威民而惧戎”，证“乃”之犹“则”。有举两文以比例者。如据《赵策》“与秦城何如不与”，以证《齐策》“救赵孰与勿救”，“孰与”之犹“何如”。有因文而知其同互训者。如据《檀弓》“古者冠缩缝，今也衡缝”，《孟子》“无不知爱其亲者，无不知敬其兄也”，证“也”之犹“者”。有即别本以见例者。如据《庄子》“莫然有间”，《释文》本亦作“为间”，证“为”之犹“有”。有因古注以互推者。如据宣六年《公羊传》何注“焉者於也”，证《孟子》“人莫大焉，无亲戚君臣上下”之“焉”亦当训“於”；据《孟子》“将为君子焉，将为小人焉”赵注“为，有也”。证《左传》“何福之为”，“何臣之为”，“何卫之为”，“何国之为”，“何免之为”，诸“为”字皆当训“有”。有采后人所引以相证者。如据《庄子》引《老子》“故贵以身於天下，则可以托天下，爱以身於天下，则可以寄天下”，证“於”之犹“为”；据颜师古引“鄙夫可以事君也与哉”，李善引“鄙夫不可以事君”，证《论语》“与”之当训“以”。

这六种方法，归纳起来，就是用不同词句的结构和不同版本的异文进行类比，从而求得对于词义的确解。王引之《自序》云：“盖古今异语，别国方言，类多助语之文。凡其散见于经传者，皆可比例而知，触类长之，斯善式古训者也。”所谓“比例而知，触类长之”，说的正是这种类比例互证的训诂方法。

《经传释词》是一部有影响的研究虚词的专著，它一出版就受到很高的评价。〔清〕阮元在为此书所作《序》中说：

> 高邮王氏乔梓，贯通经训，兼及词气。昔聆其“终风”诸说，每为解颐，乃劝伯申勒成一书。今二十年，伯申侍郎始刻成《释词》十卷。元读之，恨不能起毛、孔、郑诸儒而共证此快论也。

《经传释词》也有许多不足之处，章炳麟著《王伯申新定助词辨》，裴学海撰《经传释词正误》，孙经世作《经传释词补》、《经传释词再补》，都对它有所驳正和补证。此外，黄侃曾手批《经传释词》一部，利用声训解释虚词，颇为精彩，黄侃的手批本目前不知在什么地方。刘赜教授有一手抄本①，并作了如下评价：

> 《经传释词》，笺释者少，言之最难，籀读秦汉以前之书，不能不先憭于此。循览是编，搜罗赅洽。复经先生求其本字，以此推求故训，所谓如客得归矣！

《词诠》十卷，杨树达撰。此书收虚字五百三十个，古汉语中的虚词在此书中基本上都有解释。《词诠》是现代语法学和传统训诂学相结合的产物。《词诠·序例》说：

> 训诂之学，自《尔雅》、《说文》以下，更清儒之疏通证明，美矣！备矣！蔑以加矣！文法之学，筚路蓝缕于刘淇，王氏继之，大备于丹徒马氏。余生颛鲁，少读王氏书而好之。弱冠游日，喜治欧西文字，于其文法，颇究心焉，归国后，乃得读马氏书，未能尽慊，既颇刊其误，复为《文法》一书以正之。顾文法自有界域，不能畅尽其意，因仿《经传释词》之体，辑为是书，上采刘、王，下及孙经世、马建忠、童斐之书。凡诸词义，鳃理务密，畅言无隐。学者取是及向所为《文法》参互治之，于文法之事。庶过半矣。

这段话告诉我们，他的《高等国文法》，是为纠正马建忠《马氏文通》之谬误而作。只因“文法自有界域，不能尽畅其意”，他才仿效《经传释词》的体制，在语法学的基础上，兼采训诂学的办法，又写了一部《词诠》。《高等国文法》以文法系统为主，《词诠》则以词为纲，它们是互相补足的姊妹篇。《词诠·编纂大例》云：“是书取古书中恒用之介词、连词、助词、叹词及一部分之代名词、内动词、副词之用法，加以说明，首别其词类，次说明其义训，终举例以说明之。”它一方面广泛采用刘淇《助字辨

---

① 这个抄本现存湖南师范学院中文系马积高处。经过整理，曾经发表在湖南省1980年《语言学会论文集》中，后来又移录于岳麓书社出版的《经传释词》书眉上。

略》、王引之《经传释词》、孙经世《经传释词补释》、《经传释词再补》诸书中用训诂方法解释虚词的成果，又对这些虚词在语法结构中的功能按《高等国文法》中的语法体系给以描写。这种“首别其词类，次说明其义训”的方法，比传统的光从训诂角度解释虚词词义更明晰，它开了虚词研究的新局面。这是《词诠》和《经传释词》最大的不同点。也正因此，才使《词诠》成了我国最早的把传统训诂学和现代语法学结合起来对虚词进行解释的专著。

《词诠·编纂大例》又说：“王氏《经传释词》于通常用法略而不说，此编意在便于初学，不问用法为常为偶，一一详说。”“《经传释词》用唐释守温三十六字母为次，今用国音字母为次，师王氏之意也。虑有不习字母者，别编部首目录，详载卷数页数，以便寻检。”这些在编写体例、编排方法上顺应时代变化，满足读者要求的措施，也是值得称道的。

《词诠》也有不足之处：

一是所谓“词无定义”。《词诠·纂编大例》说：“习用之词，今偶及其实义：如‘则’训‘法’，乃名词；‘如’训‘往’，乃动词。本书以治虚为主，而复及此类实义者，盖欲示学者以词无定义，虚实随其所用，不可执着耳。”这里所谓“词无定义”，实际上是指同一个汉字，往往既有实词义，又有虚词义，这是汉语中的同字异词现象。其实，汉语中的词义，包括实词义和虚词义，都是客观事物在词义中的反映，并非词无定义。杨树达把字和词这两个概念相混淆，所以得出了“词无定义”的错误结论。

二是虚实杂陈。这个问题是由“词无定义”引出来的。为了使读者了解“词无定义”，《词诠》收进了一些实词义，诸如名词、动词、形容词、代词等实词义，常在说解中牵出，使这部“以治虚为主”的虚词专著形成虚实杂陈的局面，给初学者以界限不明之感。

三是释义稍嫌烦琐。《古书虚字集释》十卷，裴学海撰。此书收古书虚字二百九十个，博采各家虚词研究的成果，裴氏《自序》说：

> 夫周秦两汉之书所以不可以今人之文法读之者，要由其虚词之用法，与今不尽同耳，其不尽同之处，在刘淇《助字辨略》，王念孙《读书杂志》，王引之《经传释词》、《经义述闻》，俞樾《群经平议》、《诸子平议》、《古书疑义举例》，杨树达《词诠》、《高等国文法》、《古书疑义举例续补》诸书中，皆已详乎其言之；且均多精确之发明，堪为定谳者。然千虑一失，智者不免，故刘、王、俞、杨四家之书，虽皆大

醇，而不无小疵。

《古书虚字集释》就是继承刘、王、俞、杨诸家之学，并对其中错误有所改正的一部著作，其书主要改正了下列各点：

（甲）误解对文。例如《诗·东山篇》："不可畏也，伊可怀也。"俞樾《群经平议》不知"不"训"非"，"伊"训"是"为对文，而误训"不"、"伊"二字皆语助。

（乙）误谓字衍。例如《易·履象传》："眇能视，不足以有明也。跛能履，不足以与行也。"俞樾《古书疑义举例》不知"与"当训"有"，而训"与"为"以"，误谓下"以"字为衍文。

（丙）误谓形讹。例如《国语·齐语》："桓公择是寡功者而谪之。"王引之《经义述闻》不知"是"与"其"同义，而误谓"择是"当从《管子·小匡篇》作"择其"，"其"讹为"甚"，因讹为"是"。

（丁）误谓有省文。例如《晏子春秋·问篇》："夫国亦有焉，人主左右是也。"杨树达《高等国文法》不知"焉"当训"之"，指社鼠言，而误谓"焉"字上省去"社鼠"二字。

（戊）误以反语为正言。例如《孟子·公孙丑篇》："自反而不缩，虽褐宽博，吾不惴焉。"王引之《经传释词》不知"焉"当训"乎"，"吾不惴乎"是反语，而误谓"不"字为语助。

（己）误以实字为语词。例如《法言·先知篇》："法无限，则庶人田侯田，处侯宅，食侯食，服侯服。"杨树达《词诠》不知"侯"为"公侯"之"侯"，而误训"侯"为"何"。

（庚）误以有意义之字为语声。例如《论语·为政篇》："奚其为为政。"刘淇《助字辨略》不知上"为"字当训"谓"，而误解为"语声"。

（辛）误据彼书以改此书。例如《大戴礼·哀公问五义篇》："躬行忠信其心不置，仁义在己而不害不知。"王引之《经义述闻》不知"其"与"而"同义，而据《荀子》及《家语》误改"其"为"而"。

（壬）误据以意改字，所引失真之类书，以订正不误之原书。这一类是《古书虚字集释》中改正前贤诸书错误用力最勤的地方。此书所附《类书引古书多以意改说》一文，专门论述这个问题，其例甚多，兹不赘引。

《古书虚字集释》虽然博采各家，但它以《经传释词》为主，它对《经传释词》所收的字和所做的训释，全部采入，只是不收非语词之字，不录不允当之训，"二训之相同者，则并而为一，一节之中二训不同义者，则析为二"。也就是说，它对《经传释词》除改正错讹之外，还在虚词义项的分合上做了一些工作。《古书虚字集释》收字比《助字辨略》、《词诠》少，但比《经传释词》多。它的编排，也仿照《经传释词》分为十卷，按喉、牙、舌、齿、唇音字的次序安排，它的用例，以周秦两汉之书为主，个别地方涉及后代的书，只是那些可作附证或有疑义者。它注意版本，如《论语》用何晏本，《国语》用明道本，《战国策》用姚氏本等，一般不用类书转引的材料，是这部书的优点。

《古书虚字集释》在释词方法上，继承了《经传释词》的类比法，就是利用不同辞句的结构和不同版本的异文进行类比互证，求得对于词义的确解。值得提到的是本书的两则附录：《本书说解述要》和《类书引古书多以意改说》。前者指出："实词有本义与引申、假借之义，虚词亦然。"该书除解释本义之外，还贯穿着"关于引申之义则联以意，关于假借之义则通以声"的原则，这样，就把虚词的词义作了系统的观察和处理。后者指出："古书多古言古义，而虚字为尤甚，读之者不能尽解，恒觉其文不成义，于是于称引时，辄以意改，类书所引之古书，其语词之文，多与其原书不同者，即此故也。"而"清代诸朴学大师之校勘古书，不知实事求是，反多据类书所引，以订正不误之原书，不亦谬乎？"这里指出的类书引古书"辄以意改"和清人"多据类书所引，以订正不误之原书"这两种毛病，是带普遍性的问题。《古书虚词集释》注意避免这两个方面的毛病，并把王引之在《经传释词》中使用的"类比"法，用得更科学、更慎重，因而能够对前人著作中的错误有所匡正。

《古书虚字集释》注意用训诂学和校勘学的知识来解释虚词，但没有采用现代语法学理论给虚词划分词类，没有注意解释虚词的语法功能。他的释义方式，还是《尔雅》的那一套同义相训的办法。在这方面，它较杨树达的《词诠》大为逊色。另外，它在解释虚词时，往往流于烦琐，也是其不足之处。

《文言虚字》，吕叔湘著。这是一部流行比较广泛的研究虚字的著作。吕叔湘是当代著名的语言学家，曾任中国科学院语言研究所所长多年，在普及语法知识上用力甚多。本书取古汉语中最常用的二十几个虚字，充分举例，详细分析，说明其语法作用，并尽可能和现代语言比较，使读者易于学习又能深切体会。书后还附录《开明文言读本导言》，里面谈到了更多的虚字，可以补正文之不足。本书初印时，曾有过一篇短序，云：

> 本书论文言虚字，以常用之字及常见的用法为主。王伯申作《经传释词》，自是不刊之书，顾于习见诸用皆略焉不详，如云"与，及

> 也，常语”是也。世殊事异，孔孟之书，韩柳之文，昔之童蒙习之，今则须待中级学校稍稍讲授。于是昔之所谓常语，在今日之青年视之，强半皆有待于解释。今即就王氏所云“常语”，以今日常之语比而说之，或可为初习文言者之一助。至于别义僻解，概从省略，以现代青年之所学习者不外普通之文言，若进而研读古籍，自可求之《释词》诸书也。十二篇所论不过二十余字，微嫌不足，或当更为续说耳。

本书的特点在于解释最常见的虚词和最常用的虚词词义，目的在于普及虚词的语法知识，它把传统训诂对虚词的研究成果与当代语言学对虚词的研究成果结合起来，因而产生了广泛的社会效果。

《虚词历时词典》，何金松著。该词典共收历代汉语虚词四千六百余条，上起先秦，下至明清，按义分类，以时代为序解释词义，使各类虚词的发生和发展体现出总体规模和时代特征，故名《虚词历时词典》。它是我国目前虚词收集最多的虚词词典。

这部虚词词典，采用了当代语法学界比较一致的分法，将虚词分为副词、介词、连词、助词、语气词、叹词六大类，每一大类又按其语法功能分为若干小类，然后在小类下说明其功能，并将属于该小类的词目分为若干层次，每一层次又找出一两个有代表性的词加以解说，然后排列词目，逐一释义。汪耀楠为之写《跋》，称这种编排为“《尔雅》的方法”。汪耀楠说：“《尔雅》一书，凡十九篇，开中国词典编纂之先河，是对字或词按照它们所表示的事物或概念进行的划分，然后又用以义聚联的方法将同义字集合为一个条目，再释以某字。这一方法的好处在于便于对字词进行归纳、整理，有利于研读者按类别了解全貌，而缺点是‘同训’不能区分出同义、近义的差别。‘初’为裁衣之始，‘哉’（才）为草木之始，‘首’为人身之始，‘基’为筑墙之始，凡此之类，不借助注疏，一般人是难以明白的。《虚词历时词典》，论其长处，亦如《尔雅》；论其不足，亦如《尔雅》。”

陈克炯著文，称赞此典为“古代汉语虚词研究的重大突破”，认为它具有四个特点：一是广采博取，收罗词条丰富；二是勇于探索，对虚词的含义和归类提出了新的见解；三是居高临下，对虚词进行历时的总考察；四是覃思精虑，新义项创获颇多。①

该书前面有一篇《〈虚词简论〉（代前言）》，内容包括虚词的含义、虚

① 陈克炯：《古代汉语虚词研究的重大突破——评何金松〈虚词历时词典〉》，载《中南民族学院学报（哲学社会科学版）》1995 年第 1 期。

词的分类、虚词的词族、虚词的研究共五个方面，分别就其历史进行了回顾，并对其关键性的有争论的问题作了介绍，都能直抒己见，不回避问题。实际上是一篇虚词研究史的总结性文章，也是作者编写中处理虚词的理论说明和操作纲领。值得一读。

18.《方言》、《续方言》、《新方言》、《蜀尔雅》、《吴下方言考》

《方言》这部书的全称是《𬨎轩使者绝代语释别国方言》，旧题〔汉〕扬雄撰，但《汉书·扬雄传》和《艺文志》都没有提到这部书，因此有人怀疑不是扬雄所作。而据应劭《风俗通义序》："周秦常以岁八月，遣𬨎轩之使，求异代方言，还奏籍之，藏于秘室。及嬴氏之亡，遗弃脱漏，无见之者。蜀人严君平有千余言，林闾翁孺才有梗概之法，扬雄好之，天下孝廉卫卒交会，周章质问，以次注续，二十七年，尔乃治正，凡九千字。"又应劭注《汉书》，也引扬雄《方言》一条，应劭的说法应当是有根据的。即使此书不是扬雄所作，也一定是在应劭以前就有了的。

这部书的卷数和字数也有问题，扬雄和刘歆往来的信里说是十五卷，郭璞的《方言注》也说是三五之篇，而《隋书·经籍志》和《唐书·艺文志》都说是十三篇，与今本同。又应劭所见《方言》只九千字，而今本有一万一千九百余字。这些问题，现在还无法弄清楚，但也无关大体，可以存而不论。

《方言》和《尔雅》有一个很大的不同：《尔雅》所记载的是古书的故训，而《方言》所记载的却是活人的口语。扬雄《答刘歆书》云："故天下上计孝廉及内郡卫卒会者，雄常把三寸弱翰，赍油素四尺，以问其异语；归即以铅镝次之于椠，二十七岁于今矣。而语言或交错相反，方复论思，详悉集之，燕其疑。"可见他调查方言的工作既能深入群众，又能持之以恒。这种理论联系实际和锲而不舍的精神，是值得我们学习的。早在一千九百多年以前，我国就有这样一位语言工作者，我们应当引以自豪。他的功绩不仅在方言研究上奠定了良好的基础，而且在训诂研究上也开辟了一条新的道路，就是走出书斋，向群众学习语言。可惜后来的训诂家很少沿着这条道路前进，以致训诂学不能迅速发展。

在训诂的方法上，《方言》和《尔雅》有相似的地方，即每条先列举一些同义词，然后用一个常用词来解释。但是它跟《尔雅》在这方面也有不同之处：这些同义词不是属于同一词汇的，而是属于不同的各个方言词汇的，这就构成了方言的互译。所以，下面还必须说明某词属于某方言。全书约有十分之九的地方是这样的，例如：

台、胎、陶、鞠、养也。晋、卫、燕、魏曰台，陈、楚、韩、郑之间曰鞠，秦或曰陶，汝、颍、梁、宋之间曰胎，或曰艾。(卷一)

假、格、怀、摧、詹、戾、艐，至也。邠、唐、冀、兖之间曰假，或曰格；齐、楚之会郊或曰怀；摧、詹、戾，楚语也。艐，宋语也。皆古雅之别语也，今则或同。(同上)

嫁、逝、徂、适，往也。自家而出谓之嫁，由（犹）女出为嫁也。逝，秦晋语也；徂，齐语也；适，宋、鲁语也。往，凡语也。(同上)

以上三个例子，不仅证明了方言互译是《方言》中的普遍现象，而且可以看出《方言》是用共同语来解释方言的。“凡语”就是共同语，也叫做“通语”。另外，还有一点值得注意，就是对于当时汉语的方言，《方言》不仅作了横的描写，而且作了纵的分析。如“摧、詹、戾，楚语也；艐，宋语也。皆古雅之别语也，今则或同”。这就是说，摧、詹、戾、艐这四个方言词，在古代，就是雅言的别名，也就是从共同语中分化出来的方言词。早先，楚语叫做“摧、詹、戾”，宋语叫做“艐”。到了扬雄的时候，这四个词，有的地方却已互相通用，没有什么不同了。

为《方言》作注的人，第一个就是郭璞。他是晋代杰出的训诂家，不仅注过《方言》，还注过《尔雅》、《山海经》、《穆天子传》等书。他的《方言注》和他的《尔雅注》一样，很受历代学者的重视。他在《方言注序》里说：“余少玩雅训，旁味《方言》，复为之解，触而广之，演其未及，摘其谬漏，庶以燕石之瑜，补琬琰之瑕，俾后之瞻涉者可以广寤多闻尔。”这就是他注《方言》的目的和纲领。

王国维的《书郭注方言后二》曾经指出郭璞的《方言注》有个一贯的精神，即用今语说明古语，也就是以晋代语言解释汉代的语言。周祖谟《方言校笺自序》又举出郭璞《方言注》的五个条例，即：①原来释词不明确的给一个明确的解释；②说明方言中一个语词所以这样说的意义；③用普通语词来解释特殊语词或特殊文字；④用语言里的复音词来解释原书的单音词；⑤说明语转。这些办法都是值得肯定的。清代注解《方言》的有戴震的《方言疏证》、钱绎的《方言笺疏》、钱侗的《方言义证》、王念孙的《方言疏证》、刘台拱的《方言补校》、顾震福的《方言校补》。

《续方言》二卷，〔清〕杭世骏撰。搜集唐宋以前经、史、传、注、字书里的古代方言词语，以补《方言》所未备，依《尔雅》体例编次，但不明标其目。《四库全书总目提要》评论此书云：“其搜罗古义，颇有裨于训诂，惟是所引之书，往往耳目之前，显然遗漏……又如书中引《说文》：

‘秦晋听而不闻，闻而不达，谓之聛’，引《史记集解》：‘齐人谓之颡，汝南淮泗之间曰颜’诸条，本为扬雄《方言》所有，而复载之，亦为失检。”

后来，程际盛为此书作了疏补，另外还有沈龄的《续方言疏证》、程先甲的《广续方言》、徐乃昌的《续方言又补》。

《新方言》，章炳麟撰。收集方言俗语八百余条。仿效《尔雅》体制，分为《释词》、《释言》、《释亲属》、《释形体》等十一篇，末附《岭外三州语》一篇，考释惠州、嘉应州、潮州客家话中一部分词语的来源。此书根据声韵通转的规律，以古语证今语，以今语通古语，对汉语语源的研究有所贡献。但由于作者笃信“今之殊语不违姬汉”，硬要把“笔札常文所不能悉”的词语都在《尔雅》、《说文》里求得本字，因此往往难免主观臆断。

《蜀尔雅》三卷，见《文献通考》。陈振孙《直斋书录解题》云：“不著名氏。《馆阁书目》引李邯郸（按：指李淑《邯郸书目》）云：‘唐李商隐采蜀语为之’，当必有据。”按：专记一地的方言，似从此书开始，可惜早已亡佚了。

《吴下方言考》十二卷，〔清〕胡文英撰。此书搜集江南一带方言，证以古训，按平水韵编次，凡其他方言可与吴语相参证的，也一并附入。清代类似此书的著作还有毛奇龄的《越语肯綮录》、茹敦和的《越言释》、范寅的《越谚》、刘家谋的《操风琐录》等。

19.《羌尔雅》、《番尔雅》、《佛尔雅》

《通志》：“《羌尔雅》三卷，刘温润撰。”《文献通考》：“无名氏《番尔雅》三卷。”晁公武《郡斋读书志》：“不载撰人名姓。以夏人语，依《尔雅》体，译以华言。”方以智《通雅》云：“即《羌尔雅》。”按：这两部书都是解释我国少数民族语言的语义的，都已亡佚了。

《佛尔雅》八卷，〔清〕周春撰。此书采辑佛教书中的汉语译名，仿效《尔雅》的体制，分为《释名》、《释诂》、《释亲》、《释宫》、《释器》、《释乐》、《释天》、《释地》、《释山》、《释水》、《释草》、《释木》、《释虫》、《释鱼》、《释鸟》、《释兽》十六类，所以叫做《佛尔雅》。

（二）音义兼注的专著

音义兼注的专著大致又可分为两类：一是单注一书的音义，一是注释群书的音义。前者已归入注疏类，这里只谈后一类。这一类有《经典释文》、《群经音辨》、《玄应音义》、《慧琳音义》、《华严音义》等。现在也分别地说一说：

1.《经典释文》

《经典释文》三十卷，〔唐〕陆德明撰。所释经典有《周易》、《古文尚书》、《毛诗》、《周礼》、《仪礼》、《礼记》、《春秋左氏传》、《公羊传》、《谷梁传》、《孝经》、《论语》、《老子》、《庄子》、《尔雅》十四种。其中有《老子》、《庄子》而没有《孟子》，是因为北宋以前，《孟子》还没有列入经部，而《老子》、《庄子》则自魏晋以后为士大夫所崇尚的缘故。所谓“释文”，就是释义和释音。所以这十四种经典的释文分开来都叫做“音义”，如《周易音义》、《尚书音义》……陆德明在《自序》中说：“癸卯之岁，承乏上庠，因撰集《五典》、《孝经》、《论语》及《老》、《庄》、《尔雅》等音，古今并录，经注毕详，训义兼辩，示传一家之学。”这简单的几句话，说明了他编撰此书的宗旨和凡例。当时经学中古今文两派的斗争已经告一段落，所以，他古今并录，不守门户之见。他的释文不仅注经，还要释注，所以，他又说，“经注毕详”。他不仅为经注注音，而且阐发经注的旨意，所以，他还说“训义兼辩”。他的释文有时还涉及文字形体的分析，如《周易音义》释“易”字，引虞翻《参同契注》云：“字从日下月。”又《说卦》引王述说：“天屈西北为无。”释“邪”云：“字又作耶。”不过这种情况并不很普遍，而且多半是为了校对文字，保存异说，与《说文》的逐字说明字形结构，使人明白造字的本义不同。因此，这部书属于音义兼注类，而不属于形、音、义结合类。

这部书所采汉魏六朝音切，凡二百三十多家，又兼载诸家的训诂，考证各本的异同，对我们研究古汉语的形、音、义都是重要的资料。

黄焯著《经典释文汇校》，对《经典释文》有深入研究。他在《关于〈经典释文〉》一文中总结《经典释文》的内容和优点是：①正读音；②正讹误；③存异文；④存佚文；⑤兼采众本；⑥兼备众说；⑦兼载异音。而其缺点是：①偏颇；②是非莫辨；③误解。黄氏此文载陆宗达主编《训诂研究》第一辑。

2.《群经音辨》

《群经音辨》七卷，〔宋〕贾昌朝撰。此书把群经中一字异义、音从而异的字汇集为四类：①字同音异；②字音清浊；③彼此异音；④字音疑混。最后一卷附“字训得失”一门。其书根据《经典释文》，会集其音义，加以辨析，有如丝牵绳贯，同异粲然，使学者易于寻检，所以至今流传不废。

3.《玄应音义》、《慧琳音义》、《华严音义》

《玄应音义》(原名《一切经音义》）二十五卷，唐代和尚玄应撰。此书本为解释汉译佛经的音义而作。书中详注音切，博引群书。所引的古书，如郑玄《尚书注》、《论语注》，贾逵、服虔《春秋传注》，李巡、孙炎《尔雅注》等，都已失传，所以研究古代文献的人，把它视同珍宝。

《慧琳音义》（原名也叫《一切经音义》），一百卷，唐代和尚慧琳撰。此书以《玄应音义》为基础，更加广泛采辑，征引的古籍更多（1922 年，北京大学研究所曾辑得七百五十余种），其中早已佚失的也不少。所以也为研究古代文献者所珍视。辽代和尚希麟有《续一切经音义》十卷，补《慧琳音义》所未备。

《华严音义》四卷，唐代和尚慧苑撰。此书也以所引古书很多，可资考证，为学者所重视。

（三）形音义结合的专著

训诂学中的形、音、义结合的专著，在现代辞书学中，一般归入字书、词典范畴。

在我国古代，辞书学和词典学的许多内容，包含在训诂学中，辞书学和词典学还没有从训诂学中独立出来成为一门学科。人们一般把辞书编纂和古书注疏都看成是传统的训诂实践，字书、词典，都是训诂著作。这也可以理解，字书、词典的主要工作是给字、词作解释，而其所据又大多是古书注疏，经人编辑就成了通释语义的训诂专著中的一类：形、音、义结合的专著。

前面我们介绍了《尔雅》，下面我们将要介绍《说文解字》等著作，从现代辞书学角度，它是我国辞书学最早的代表作。从训诂学角度看，《尔雅》、《说文》又正是训诂学的奠基之作，是最重要的经典著作。现在辞书学和词典学虽然已从训诂学独立成一门学科，但它与现代词义研究和传统训诂学的关系，仍然密不可分。在讲形、音、义结合的专著前，先要说明这个历史事实。

形、音、义结合的专著大致也可分为两类：一是每解一字，都说形，说音，说义；一是书中包含着说形、说音、说义三部分，但并不是逐字解其形、音、义。前者如《说文解字》、《字林》、《玉篇》、《类篇》、《字汇》、《正字通》、《康熙字典》、《辞源》、《辞海》、《汉语大字典》、《汉语大词典》等。后者如《匡谬正俗》等。现在也分别地说一说：

1.《说文解字》

《说文解字》十四篇，并叙一卷，共十五卷，东汉许慎撰。

许慎字叔重，汝南召陵（今河南省郾城县）人。师事贾逵，博学经籍，当时人们称赞他是“五经无双”。著名的经学大师马融也很推崇他。他担任过郡功曹、洨长、太尉南阁祭酒等职，曾奉诏参加东观的校书工作。他的著作，除《说文解字》以外，还有《五经异义》十卷、《淮南子注》二十一卷，都已亡佚。

《说文解字》（以下简称《说文》）的撰著，从汉和帝永元十二年（100 年）开始，经历二十一年，至安帝建光元年（121 年），才告完成。

这部书是我国第一部字典，在它以前，我国已有不少的字书，如相传为周宣王太史所撰的《史籀篇》、秦始皇时李斯的《仓颉篇》、赵高的《爰历篇》、胡毋敬的《博学篇》以及汉代司马相如的《凡将篇》、史游的《急就篇》、李长的《元尚篇》、扬雄的《训纂篇》、贾鲂的《滂熹篇》、贾叔郎的《彦均篇》等，但都只是用韵语编成的识字课本，对字的形、音、义都没有说解，算不上字典。其中，留传至今的只有西汉元帝（前 48～前 33 年）时史游的《急就篇》，该著虽然提出了“罗列诸物名姓字，分别部居、不相杂厕”的字书编写原则，但它并未在实际上对汉字作出系统安排，也还只是童蒙识字课本。

《说文》不仅对每个字的形、音、义都有说解，而且根据“分别部居、不相杂厕”的编写原则，创立了自己全新的字书编辑体例，把他所收集的 10 516 个字（包括重文 1 163 字），按其字形结构分为 540 部，每部各建一个部首，这样，就用 540 部来统摄 10 516 个字。段玉裁称赞道：“此前古未有之书，许君之所独创，若网之在纲，如裘之挈领，讨源以纳流，执要以说详，与《史籀篇》、《仓颉篇》、《凡将篇》乱杂无章之体例不可以道里计。”① 这个评价，并不过分。

《说文》540 部之间也不是乱杂无章，而是“据形系联”，秩然有序的。黄侃《说文略说》云：“许书列部之次第，据其《自序》，谓‘据形系联’，徐锴因之以作部叙，大抵以形相近为次，如一、丄、示、三、王、玉、珏相次是也。亦有以义为次者，如齿、牙相次是也。亦有无所蒙者，冓之后次以幺、予之后次以放是也。必以为皆有意，斯诬矣。”②

至于各部之内，列字之次第，则以义相连。黄侃《说文略说》云：“许书列字之次第，大抵先名后事，如玉部自璙以下，皆玉名也；自璧以下，皆玉器也；自瑳以下，皆玉事也；自瑀以下，皆附于玉者也；殿之以靈，用玉者也。其中又或以声音为次，如示部，禛、祯、祗、禔相近，祉、福、祐、祺相近，祭、祀、祡相近，祝、褶相近。又或以义同异为次，如祈、祷同训求，则最相近；祸训害，祟训祸，训相联则最相近。大抵次字之法，不外此

① 段玉裁：《说文解字注·叙》注。

② 黄侃撰：《黄侃论学杂著》，中华书局 1964 年版，第 18 页。

三者矣。”

又云：“古人著书，次第无定义，书成之后，或多沾补。即许书列字，亦无定序，而书成之后，又有沾补也。段君不知此义，尝为移其列字之次第，殊为多事。”①

许书以“说文解字”为名，自当解析字形结构，使学者明了古人造字的本意。许君在《自序》里既概括地阐明“六书”的要旨，又在每一字之下，用不同的说解揭示其造字的方法。这也是前古之所未有，许君之所独创。现在撮其大要如下：

许慎对象形字，根据不同的情况，采取不同的说解。

如果是单纯的象形，其所象之形又很明显，就只说“象形”。如：“羽，鸟长毛也。象形。”“隹，鸟之短尾总名也。象形。”“刀，兵也。象形。”

如果所象之形不很明显，则云象某某之形，以指明之。如：“牛，大牲也。……象角头三、封、尾之形。”“牙，牡齿也。象上下相错之形。”“册，符命也。……象其札一长一短，中有二编之形。”或说象某某。如：“釆，辨别也。象兽指爪分别也。”“止，下基也。象草木出有址。”

有时对字形还作更细致的分析。如：“目，人眼。象形。重，童子也。”“眉，目上毛也。从目，象眉之形，上象额理也。”

如果是合体象形字，则云从某象形，或从某象某形。如：“朵，树木垂朵朵也。从木，象形。”“巢，鸟在木上曰巢。从木，象形。”“果，木实也。从木，象果形在木上。”“雲，山川气也。从雨，云象雲回转形。”

有些单纯象形字，也说从某象形。如：“豆，古食肉器也。从口，象形。”“日，实也……从口一，象形。”“向，北出牖也。从宀从口。”这是所谓借体。“借他字之体以成此字之形。”说见黄侃《说文略说·论六书起源及次第》。

凡变体象形字和复体象形字，一般都云从某，如：“夕，莫也。从月半见。”“片，判木也。从半木。”“品，众口也。从三口。”“友，同志为友，从二又，相交友也。”也有说从某象形的，如：“夭，屈也。从大，象形。”“交，交胫也。从大，象交形。”

许书对指事字的说解也有几种方式。

有指明为指事的，如：“⊥，高也。指事。”“⊤，底也。指事。”

有和说解象形相类似，称象某形或象某某的，如“八，别也。象分别

① 黄侃述、黄焯编：《文字声韵训诂笔记》，上海古籍出版社 1983 年版，第 86 页。

相背之形。”“入，内也，象从上俱下也。”“刃，刀尖也，象刀有刃之形。”“凶，恶也。象地穿，交陷其中也。”

有说从某象某形的，如“回，转也。从囗，中象回转形。”“亦，人之臂亦也。从大，象两亦之形。”“亼，三合也。从入一，象三合之形。”

有只说从某，不言象某物的，如：“刅，伤也。从刃从一。”“本，木下曰本，从木，一在其下。”“末，木上曰末。从木，一在其上。”

有用其他方法说解的，如：“丨，上下通也。引而上行读若囟，引而下行读若退。”“十，数之具也。一为东西，丨为南北，则四方、中央备矣。”“卒，隶人给事者为卒，卒衣有题识者。”

指事与象形，本是两种不同的造字方法，许慎为什么要把指事也说成象形呢？对于这个问题，段玉裁曾经作过解释。他说：“有事则有形，故指事皆得曰象形。”① 按：刘歆《七略》与班固《汉书·艺文志》都称指事为象事。指事言象，原不足怪。至于象形和指事的区别，段氏另有说明。他说：“形谓一物，事晐众物，专博斯分。”② 又说：“象形者，实有其物，日月是也。指事者，不泥于物而言其事，⊥⊤是也。天地为形，天在上，地在下，地在上，天在下，则皆为事。”③ 他的这种解释，虽然言之成理，但用它来区分象形与指事，还是不容易的。

许书说解会意字大致有四种方式：

第一，明确指出为会意者，如：“丧，亡也。从哭从亡，会意。”“信，诚也。从人从言，会意。”“圂，豕厕也，从囗，象豕在囗中也。会意。”

第二，只说从某从某或从某某者，如：“告，牛触人，角著横木，所以告人也。从口从牛。”“启，开也。从户从口。”“好，美也。从女子。”“周，密也。从用口。”

上举诸会意字，都由两个独体字结合而成。会意字也有合三个或四个独体字而成的，《说文》就说从某从某从某，从某从某从某从某，或从某某某，从某某某某。如：“僉，皆也。从亼，从吅，从从。”“牖，穿壁，以木为交窗也。从片户甫。”“祝，祭主赞词者。从示从儿口。”“暴，晞也。从日从出从廾从米。”（小徐本作“从日出廾米”。）

第三，在从某从某或从某某之外另加说解者，如：“名，自命也。从口从夕。夕者冥也。冥不相见，故以口自名。”“古，故也。从十口，识前言

① 见段玉裁《说文解字注·叙》注。

② 见段玉裁《说文解字注·叙》注。

③ 见《说文解字注·⊥部》注。

者也。”“章，乐竟为一章，从音从十。十，数之终也。”

第四，把构成会意的几个独体字组合为词组或句子形式，前面只加一个从字者，如：“祭，祭祀也。从示，以手持肉。”“兵，从廾持斤，并力之儿。”“囚，系也。从人在囗中。”

许书说解形声字，也有四种方式：

第一，某声。形声字一般由一个义符和一个声符构成，许书就说从某，某声。如：“丕，大也。从一，不声。”“祥，福也。从示，羊声。”也有由两个义符和一个声符构成的，则说从某从某，某声，或从某某，某声。如：“萅（春），推也。从艸从日……屯声。”“嗣，诸侯嗣国也。从册从口，司声。”“疑，惑也。从子止匕，矢声。”

第二，亦声。有会意兼形声者，则云：从某从某，某亦声。如：“禮，履也。从示从豊，豊亦声。”“胖，半体肉也……从半从肉，半亦声。”

这一类形声字，也有只说从某某声，不说从某某亦声的，如：“祰，告祭也。从示，告声。”不说从示从告，告亦声。也有只说从某从某，不云某亦声的，如：“芝，神艸也。从艸从之。”不云之亦声。段注说：“声与义同原，故谐声之偏旁多与字义相近，此会意形声两兼之字致多也。《说文》或称其会意，略其形声；或称其形声，略其会意；虽则省文，实欲互见。不知此，则声与义隔。”①

第三，省声，谓声符省去一部分。如：“哭，哀声也。从吅，狱省声。”“齋，戒，洁也。从示，齊省声。”

第四，皆声，就是一个形声字中有两个声符。如：“竊，盗自中出曰竊。从穴从米，禼廿皆声。”“韲，墜也。从韭，次𠂔皆声。”黄侃《声韵略说》云：“按廿禼、禼廿，顺逆言之，皆可得竊之声。以两声作字，是作字时且含反切之理矣。”又云：“按次𠂔、𠂔次顺逆读之，皆可得韲之声。”

许书说解转注字也有四种方式：

第一，故谓之某，如：“祳，社肉，盛以蜃，故谓之祳。”“麦，芒谷，秋种厚埋，故谓之麦。”“黍，禾属而黏者也。以大暑而种，故谓之黍。”

第二，故曰某，如：“婚，妇家也。娶妇以昏时，妇人阴也，故曰婚。”“姻，壻家也。女之所因，故曰姻也。”

第三，某之为言某也，如：“粟之为言，续也。”“林之为言，微也，微纤为功。”“狄之为言，淫辟也。”

第四，音同音近音转之字相训，如：“祡，烧柴焚燎以祭天神。”“祼，

① 见《说文解字注·示部》禛字注。

灌祭也。”

许书说解假借字，也有四种方式：

第一，言“以为”“故为”的，如：“来，周所受瑞麦来麰，来，天所来也，故为行来之来。” “乌，孝鸟也。……取其助气，故以为乌呼字。”“西，鸟在巢上。……日在西方而鸟棲，故因以为东西之西。”

第二，言古文以为的，如：“洒，涤也。……古文以为洒扫字。”“疋，足也。……古文以为《诗·大雅》字。”“哥，声也……古文以为謌字。”

第三，引经说假借的，如：“玟，人姓也。……《商书》曰：‘无有作玟。’”谓《商书·洪范》借玟为好也。又如：“垐，以土增大道上也。堲，古文垐。……《虞书》曰：‘龙，朕堲谗说殄行。’堲，疾恶也。”谓《尧典》借堲为疾。

第四，形近相借的。段玉裁说：“古文以屮为草字，以疋为足字，以丂为亏字，以倿为训字，以臭为泽字，此则非属依声，或因形近相借。”①

王念孙《说文解字注序》云：“《说文》之为书，以文字而兼声音、训诂者也。”这话说得很对。《说文》对文字的说解，先释其义，次解其形，然后注明音读。释义就是训诂之学，解形就是文字之学，注音就是声韵之学，许书或者就形以说义，或者因声以求义，把文字、声韵、训诂融合成为一体，这也是前古之所未有，许君之所独创。

《说文》的释义，一般都是释其造字的本义，如：“令”不训为县令，而曰：“令，发号也。”“长”不训为县长，而曰：“长，久远也。”就是释其本义，而不及其引申义。又如：“难”不训为难易之难，而曰：“难，鸟也。”“易”不训为容易、变易之易，而曰：“易，蜥易，蝘蜓，守宫也。”就是释其本义，而舍其假借义。

《说文》也间或有在本义之外，兼释字的引申义和假借义者，如“祥，福也。……一云：善。”许意福是祥的本义，善是祥的引申义。又如：“诐，辩论也。古文以为颇字。”“爰，引也。……古文以为车辕字。”许意辩论是诐的本义，颇是诐的假借义；引是爰的本义，辕是爰的假借义。

许书解形的条例，前面已经分析过，这里不再谈了。

许书的注音不外两种方法：一是指出形声字的声符，注明某声、某亦声、某省声、某某皆声。一是采取比况的方法，注明“读若”、“读若某同”、“读与某同”、“读若某相似”，又或用“读如”二字，或只用一个“读”字。这两种注音方法虽然都不怎么准确，但汉字的谐声体系和汉代的

① 见《说文解字注·屮部》屮字注。

读音却借此可以考察，对音韵研究是很有用的。

许慎撰《说文解字》，力求做到“信而有证”。他广引群书，博采通人，稽课其说，作为立论的根据。他是当时“五经无双”的经学大师，所征引的书自然以五经为主。他的自序说：“其称《易》，孟氏；《书》，孔氏；《诗》，毛氏；《礼》，《周官》；《春秋》，左氏；《论语》、《孝经》，皆古文。”这就是说，他所征引的经传都是古文家的经传。实际上，他所征引的并不限于这些书，还有其他一些著作。如《老子》、《汉律》、《逸周书》、《墨子》、《五行传》、《尔雅》、《逸论语》、《春秋国语》、《楚辞》、《孝经说》、《韩非子》、《汉令》、《春秋公羊传》、《司马法》、《弟子职》、《孟子》、《传》、《秦刻石》、《秦刻石峄山文》、《俗语》、《秘书》、《史篇》、《天老》、《师旷》、《鲁郊礼》、《汉律令》、《军法》、《伊尹》、《鲁诗说》、《吕氏春秋》、《韩诗传》、《甘氏星经》、《扬雄赋》、《乐浪挈令》、《山海经》。

他所采用的通人之说，有以下诸家：董仲舒、孔子、尹彤、淮南子、司马相如、杜林、刘向、谭长、贾逵、傅毅、张林、扬雄、黄颢、王育、京房、卫宏、官溥、庄都、爰礼、周盛、徐巡、郑众、宁严、桑钦、楚庄王、逯安、刘歆、张彻、班固、欧阳乔、宋弘、博士说。

《说文》引用这些经传及通人之说，有的用以证义，有的用以证形，有的用以证音。用以证义的如：“祡，烧柴焚燎，以祭天神。从示，此声。《虞书》曰：‘至于岱宗，祡。’”，“禘，谛祭也。从示，帝声。《周礼》：‘五岁一禘。’”用以证形的，如：“闰，余分之月，五岁再闰。告朔之月，天子居宗庙。闰月居门中。从王在门中。《周礼》：‘闰月，王居门中终月也。’”“葬、藏也。从死，在茻中。一，其中所以荐之。《易》：‘古之葬者，厚衣之以薪。’”用以证音的，如：“玤……读若《诗》曰：‘瓜瓞菶菶。’”“𠬪……读若《诗》曰：‘摽有梅。’”

《说文》的说解以古文家说为主，但也往往课集群言，采取他们的异说，也可以分为释义、解形、注音三类。存释义异说的如：“造，就也……谭长说，‘造，上士也。’”“畜，田畜也。《淮南子》曰：‘玄田为畜。’”存解形异说的，如：“贞，卜问也。贝以为贽。一曰：‘鼎省声。京房所说’”“牖，穿壁，以木为交窗也。从片户甫。谭长以为甫上日也，非户也。牖，所以见日。”存读音异说的，如：“鹔，从鸟，肃声。⿰叟鸟，司马相如说，从叟声。”“囧，读若犷，贾侍中说，‘读与明同。’”

许书所引诸说，有的不著作者姓名，但称一云、一曰、又曰、或曰、或说、或为、复说、旧云，或博士说。

说解文字而引证群书，保存异说，这在当时，又是前古之所未有，许君之所独创。

综上所述，许慎在此书的撰著中有四大创新，都很值得我们学习。总而言之，《说文》从分析字形入手，用“六书”理论，把文字的内容和形式结合起来，解释文字音义，构成了一整套文字训诂系统，其形训、音训、义训，最终目的都是为了训释字义，挖掘和传播文字中的语义信息，它为训诂学奠定了基本的理论和方法。此后，在中国训诂学史上，在汉语史上，《说文》一直被用做寻根探源之作，道理就在于此。另外，他还有一种“阙疑”精神，也应当受到称赞。他在《说文·自序》中说：“其于所不知盖阙如也。”这说明他作此书时态度十分严肃认真，不强不知以为知。书中言“阙”的，据叶德辉及其侄子启勋的统计①合徐铉校定本、徐锴系传本，共有五十二处。今细加核算，实有五十三处。这五十三个“阙”字，有的是许书原阙的，有的是历来传本阙的，有的是传写脱误而阙的，现在虽然难以区别，但不管怎样，许慎的这种严肃认真从事著述的高尚精神，也是我们在训诂实践中必须具备的一种科学精神。

许慎在中国语言学史中占有崇高的地位，不仅由于他对中国语言文字学有上述四种重大贡献并具有非常严谨的治学态度，还因为他所撰著的《说文》，直到今天，依然有许多实用的价值。比如我们阅读古书，整理古籍，编纂字典辞书，乃至研究我国的文字学、音韵学、训诂学、语源学、词典学、汉语史等，都不能不把这部书作为必要的读物。

当然，这部书，用今天的眼光看来，也有不少缺点和错误。主要有三点：

第一，由于历史局限，书中也有一些牵强附会的说解。比如：“帝，谛也，王天下之号也。”“王，天下所归往也。董仲舒曰：‘古之造文者，三画而连其中谓之王。三者，天、地、人也，而参通之者王也。’孔子曰：‘一贯三为王。’”

第二，说解有讹误。《说文》的说解，绝大部分是正确的，但也有不少错误。有的字形解释错了，如：“老，考也。七十曰老。从人毛匕，言须发变白也。”按：老，甲骨文作，金文作，小篆变成，本象老人扶杖的形状。许慎根据已经讹变了的小篆，以为是人毛匕三个字结合成的会意字，这就错了。有的字义也弄错了，如：“行，人之步趋也。从彳从亍。”按：

① 叶说见其所撰《说文解字阙疑释例》。

行，甲骨文作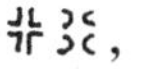，金文写成，小篆变成。本象四通八达的大路。许慎根据已经讹变了的小篆，以为从彳从亍，也是错误的。而且按照《说文》只释本义的原则，应该训为大道，人之步趋不是行的本义，而是它的引申义。

第三，体例欠严谨。颜之推的《颜氏家训·书证篇》称赞《说文》说："其书隐括有条例，剖析穷根源。"《说文》是有条例的，但这条例还不够严密，无论在五百四十部的编排上，或是在文字的说解上，都是如此，比如释义只举本义，是许书的一个条例，可是开头第一个字的解释，就不符合这个条例。他说："一，惟初太极，道立于一，造分天地，化成万物。"这是"一"的哲学概念，显然不是它最原始的造字本义。

许书所以有这些错误，也是不难理解的。他那时候，文字已多讹变，他又没有见到甲骨文和金文，认错了一些字的形体，不了解它的本义，这是见闻所限，也是不足为怪的。人的思维能力随着社会的发展而不断进步。许慎的隐括有条例自然也不会像我们一样，我们不能强求于古人。

《说文》的注解，以清代为最多，而其中用力最多、成就最大的，应当首推段玉裁的《说文解字注》。后来虽有《订补》、《匡谬》之作，并不能抹杀它的功绩。其次，王筠的《说文句读》、桂馥的《说文解字义证》、朱骏声的《说文通训定声》，也都各有所长，可以补段氏的不足。

2.《字林》

《字林》七卷，〔晋〕吕忱撰。①

吕忱，字伯雍，任城人，曾任弦令②。

这部书是为补《说文》的漏略而作的③。体制依据《说文》，也分540部。收字12 824个，比《说文》多3 471个字。《魏书·江式表》说："寻其况趣，附托许慎《说文》，而按偶章句，隐别古籀奇惑之字，文得正隶，不差篆意也。"就是说，他揣摩着吕忱用以自比和心所向往的人是谁，那就是许慎。吕忱模仿许慎的《说文》，并且参照着章句之学，来辨别古籀和一些奇特疑难的字。做到了这一步，就可以使人们行文时能用合乎规范的隶字，却不违反篆文的造字本意。正因为如此，所以任大椿《字林考逸序》

① 见《隋书·经籍志》。

② 此据《隋书·经籍志》。《魏书·江式传》说吕忱是晋义阳王典祠令，李焘《说文韵谱叙》说是晋乐莱县令，各说不同，未知谁是，也许这三种官吕忱都做过。

③ 张参《五经文字·序例》说吕忱"集《说文》之所漏略，著《字林》五篇以补之"。

说："《字林》实承许氏之绪，开《玉篇》之先。"

当然，吕忱《字林》也有自己的特点。王力举出了四点：①收字较多；②收了一些异体字，如《说文》的"蜡"（zhà），《字林》作"褚"，《说文》的"珌"（bì），《字林》作"琿"，《说文》的"蘁"，《字林》作"蕫"；③《字林》的小篆写得好，张怀瓘说："小篆之工，亦叔重之亚也"；④注释也有不同，可供参考。① 按：这四点中，小篆写得好，是书法问题，似不能算《字林》的特点。依我们看，前面所说的辨别古籀和奇特疑难的字，倒可以算一个，因为这在《说文》里并不是很突出的。

《字林》问世以后，很受人们的重视，唐代尤为盛行。《唐六典》载唐代科举要考《说文》六帖，《字林》四帖，可见当时《字林》的价值仅次于《说文》。〔南朝宋〕吴恭曾为它作《音义》五卷。宋以后，这两部书都失传了。〔清〕任大椿辑录群书所引，作《字林考逸》八卷，陶方琦又加增订，成《字林考逸补本》一卷，可惜吴恭的《字林音义》终于不可得见。

3.《玉篇》

《玉篇》三十卷，〔南朝陈〕顾野王撰。

顾野王，字希冯，吴郡吴（今江苏省苏州市）人。自幼好学，博览群经。梁大同四年（538 年）除太常博士。九年（543 年）以黄门侍郎兼太常博士，撰此书。

此书在体制上有点像《说文》，都是用部首统领所收文字，但是它们之间却有许多不同。

在收字上，《说文》所收都是篆文、古文、籀文以及古文奇字等，可以说是古字的汇编。而《玉篇》所收却都是楷字。它是我国第一部专收楷书汉字的字典。一个是为了溯源，一个是为了应用。两书的编纂目的显然不同，但都是研究中国语言文字的重要著作。

在编排上，虽然都用部首来统领所收的字，而部首有同有不同，同者五百二十九，不同者十三。部首的次序和安排的方法则更不相同。《玉篇》除开始的几个部首和最后的干支部首与《说文》一致外，其他都是重新安排的。《说文》"据形系联"，《玉篇》则以义类聚。《玉篇》三十卷大致分类如下：

第一卷：天文
第二卷：地理

① 见王力：《中国语言学史》，山西人民出版社 1985 年版，第 95 页。

第三卷：人伦
第四卷：颜貌
第五卷：口舌
第六卷：上肢
第七卷：下肢
第八卷：思想
第九卷：言语
第十卷；行止
第十一卷：宫室
第十二卷：木本植物
第十三卷：草本植物
第十四卷：蔬菜瓜果
第十五卷：五谷仓廪
第十六卷：礼器
第十七卷：兵器
第十八卷：金属舟车
第十九卷：水及相关事物
第二十卷：日月气象
第二十一卷：黑夜火烛
第二十二卷：山阜
第二十三卷：马牛羊家畜
第二十四卷：鸟鱼
第二十五卷：虫蛇
第二十六卷：羽毛皮革
第二十七卷：丝索织物
第二十八卷：巾帛衣裘
第二十九卷：语词
第三十卷：数字干支

汉字由篆而楷，篆书笔势消失，《玉篇》以楷书作字头，字形的说解就困难了。因此，它虽然仍用《说文》部首来统领收字，但在训释文字时，就只好把释义和注音当成自己的重点。《说文》先释义，然后解形、注音，《玉篇》则先注音，然后释义。注音的方法，《说文》用“读若”，《玉篇》则改用反切，这就跨进了一大步。《说文》释义一般只释本义，《玉篇》则于本义以外，兼释引申义、假借义，对多义字词的常用义，往往加以罗列，不厌其详。例如《说文》："一，惟初太极，道立于一，造分天地，化成万物。"《玉篇》："一，于一切。《说文》曰：'惟初太极，道立于一，造分天地，化成万物。'《道德经》云：'昔之得一者，天得一以清，地得一以宁，神得一以灵，谷得一以盈，物得一以生，王侯得一以为天下正。'王弼曰：'一者，数之始也，物之极也。'又同也，少也，初也。或作壹。"又如《说文》："旁，溥也。从二，阙。方声。"《玉篇》："旁，步郎切。旁犹侧也，边也，非一方也。《说文》作㫄，溥也。"从这两个字的说解，也可以看出《说文》的释义着重溯源，而《玉篇》的释义着重应用。《说文》以说明字形为主，讲本义也是为了证明字形，所以只讲本义，不讲引申义。

在例证上，《玉篇》也比《说文》丰富。

总之，在编写体例上，《玉篇》较之《说文》已有长足进步。它奠定了我国楷书字典的基础。此后字典的编写都不过在《玉篇》体例的基础上逐渐改进，逐渐完善罢了。

《玉篇》这部书，原本注文较详，篇幅甚大，后经肖恺等人修改，字数大大减少。传到唐宋，大行于世，由于不能满足人们对它的要求，因而有人出来加以增补和修订。李焘《五音韵谱序》："唐上元末（761 年），处士孙强复修野王《玉篇》，愈增多其文，今行于俗间者，强所修也。"宋大中祥符六年（1013 年），陈彭年、吴锐、丘雍等又奉诏重修，改名为《大广益会玉篇》，流传至今，已经不是顾野王的原本了。据唐封演《闻见记》所载，顾野王的《玉篇》共 16 917 字。现存的《大广益会玉篇》共 22 561 字，较顾野王原本多 5 644 字，大概就是孙强、陈彭年等人陆续增加的。这些人不仅给《玉篇》增加了不少的字，而且还改变了其中的说解，有的是增，有的是删，有的是改，因此现存的《玉篇》又有几种不同的版本。清光绪年间，黎庶昌出使日本，发现了旧抄本《玉篇》零卷，把它刊印出来，收入《古逸丛书》中。后来，《玉篇》残卷又续有发现，罗振玉曾为之比较异同，印有《卷子本玉篇残卷》，较黎氏刊本更全。这些残卷，可能是顾氏原本，可惜残缺太多，不能尽见顾氏原书的全貌。

4.《类篇》

《类篇》四十五卷，〔宋〕王洙、司马光等撰。宋仁宗宝元二年（1039 年），诏丁度等修《集韵》，以增字既多，不能与《玉篇》相参照，遂命王洙等另撰此书，最后由司马光等整理而成，与《集韵》相辅而行。此书分 544 部，大体依据《说文》，收字 31 319 个，重文 21 846 字，合计 53 165 字，比《集韵》所收仅少 360 字。《类篇》是继《玉篇》之后收字比较完备的大型字书。黄侃十分重视《类篇》在传统文字、声韵、训诂研究中的地位和作用，把它列为小学所需十种书之一。①

《集韵》是韵书，它的重点在明声韵；《类篇》是字书，它的重点在收字、释义和举例。《类篇》虽然以《集韵》为底本，但所收的字却是按字书编写体例给以重新处理的，这从它的凡例可以看出。其凡例有九：

①同音而异形者，皆两见；②同义而异声者，皆一见；③古义之不可知者，皆从其故；④变古而有异义者，皆从今；⑤变古而失真者，皆从古；⑥字之后出而无据者，皆不特见；⑦字之失故而遂然者，皆明其由；⑧《集韵》之所遗者，皆载；⑨字之无部分者，皆以类相聚。

这一凡例，说明《类篇》的字书意识是很明确的。字形是文字的视觉形式，字音是文字的听觉形式，它们是文字的物质外壳。字义则是文字的客观内容，它依形音而存在，而为人所利用。字书是供查询用的，汉语字书的字目，首先应以形体的异同来区分，收字首先要存形，不存形，则音义无所系属。汉字又常常音随义转，不断变化，产生多音多义字。因此，字书编制，另一个重要任务是要存音。只有存音，才能追索字义的演变。第一条“同音而异形者”，是指同音字。同音字就要以存形为原则。第二条“同义而异声者”，是指一字多音多义。一字多音多义，在同一个字目下，注音、释义就可以了，不必重出字目，徒增麻烦。例如：

咥（以下以“～”代），馨夷切，大笑也。又虚其切，戏笑貌。又脂利切，啮也。又陟利切，止也。《易》：“～惕中吉”，马融读。又丑二切，又虚器切，又许四切，又许既切，《说文》引《诗》：“～其笑矣。”又敕栗切，又阅吉切，又丁结切，咤～，虏姓。又徒结切，啮坚貌。文一重音十一。

《类篇》在所列字头下，以音统义，先释音，后释义，大部分所标音切下皆有义，有的还标明了音读的训诂来源，如陟利切下“马融读”。“咥”字头下，共收十一个反切，最后用“文一重音十一”给以小结，指明这个字共有十一个音项。这里所谓“重音”，是指一字多音多义现象，与凡例中

① 黄侃述、黄焯编：《文字声韵训诂笔记》，上海古籍出版社 1983 年版，第 5 页。

的“同义而异声者”是一回事。《类篇》这种在同一字头底下释音解义，以音统义，最后还将一形多音多义给以小结的编排体制，在中国字书史上是空前的，不仅有利字音的整理，而且有益于字义的疏通，在训诂史上、辞书史上都非常有价值。黄侃说：“《类篇》于每字下必载明有重音，无重音。如有重音，则具其数。此如音学为益，无方今编字书，宜仿其例，不过稍加增补而已。”①

《类篇》释义注重书证和例证，注重利用前人训诂成果。例如：

> 虹，胡公切，《说文》：“螮蝀，虹也，状如虫。”《明堂月令》：“虹始见”或书作蚟。又胡江切，溃也。《诗》：“实虹小子”，郑康成读。又古项切，郑司农曰：“白虹弥天。”又胡贡切，虹洞，相连也。又古送切，螮蝀，一曰县名，在沛郡。又古巷切。文一重音五。
>
> 鴮，眉贪切。《说文》：“鸟也。”《山海经》：“其状如翠而赤喙，可以御火。”

“虹”在《说文》中只有《礼记·明堂月令》（季春文）一条例证。《类篇》除引《说文》书证之外，又加了《诗》例及郑康成等训诂。“鴮”除《说文》书证外，又增《山海经》例证。由于加强了书证和例证，增强了《类篇》释义的可靠性和权威性。

《类篇》也有不足，书证尚嫌单薄，引书又多无篇名，所引《说文》多有错讹，也可能所引版本与今版《说文》有异。但从历史角度看，《类篇》还是一部好书，在字书传承上，功不可没。

5.《字汇》、《正字通》

《字汇》十四卷，〔明〕梅膺祚撰。此书收字 33 179 个，除古书中常用字外，还有许多俗字，但不收僻字。注音先列反切，后注直音。解释字义比较通俗易懂。在编制体例上，则将《说文》540 部简化为 214 部，按子、丑等地支分为 12 集，部首和各部中字序又按笔画多少顺序排列。这就在汉语字典编写史上破天荒第一次使用笔画顺序检字法，开创了字典编写的新局面。在此以前，汉语字典的检索一直没有一个方便而又妥善的办法。《说文》“据形系联”按部首归字，但部首与部首之间、部首内部字与字之间并没有科学的、简便的排列方法。《尔雅》以义相从，其所收既有字条又有复

① 黄侃述、黄焯编：《文字声韵训诂笔记》，上海古籍出版社 1983 年版，第 16 页。

音词条，人们也很难从字义、词义这个角度进行检索。《玉篇》基本上还是以《说文》部首来统摄汉字，但又根据汉字楷书形体的变化，对《说文》540部首进行了增删，新立了父、桌、處、兆、磬、索、床、单、文、书等部，删去了《说文》部首中的哭、延、教、眉等部，增删相抵，《玉篇》较《说文》还多出两部。部首的顺序也作了调整，它采取以类相从的办法，把542部分为30卷，每卷以第一个部首字为代表，按字义把有关的字归在一起。例如：口部是第五卷的第一个部首，也就是这一卷收字的代表，此卷所收的谷部、舌部、齿部、牙部、须部、文部、髟部等，都是与口有关联的事物。但是，这个改进，仍然没有解除检索的困难。直到《字汇》完全按笔画多少的顺序来安排部首与部首之间、部内字与字之间的顺序，这才使人一检即得，非常方便了。由于这一发明创造，有利训诂，有利于广大读者使用字书、词典，所以一直沿用至今。仅此一点，《字汇》有功于训诂，可以不朽。

当然，《字汇》也有不足，它引书或举书名而不及篇名，或举篇名而不及书名，前人之说，又不注明出处，释义也常有错误。在字书方面，它作为通俗性读物是可取的，但作为经典性的字典，还存在一些问题。

《正字通》十二卷，明末张自烈撰，或题廖文英撰。有人说是廖购得张的原稿，据为己有①。此书收字32 000多个，采用《字汇》的部首笔画顺序编排的办法，并以《字汇》为蓝本而进行编写。它常常批驳“旧注讹作”某，但并不指明“旧注”就是《字汇》的解释，这些对“旧注”的批评，有些是对的，有些则并非“旧注”的错误，而是它好道人之非，攻人之短，故意穿凿附会。《正字通》的例证比《字汇》丰富，但其征引颇为繁芜。《正字通》对《康熙字典》的编写有直接的影响，仍是有研究价值的。

6.《康熙字典》

《康熙字典》四十二卷，〔清〕张玉书、陈廷敬等三十人奉诏编撰，是一部官修的大型汉语字典。书前康熙所作的《序》中说道：

> 自《说文》以后，字书善者，于梁则《玉篇》，于唐则《广韵》，于宋则《集韵》，于金则《五音集韵》，于元则《韵会》，于明则《洪武正韵》，皆流通当世，衣被后学。其传而未显者，尚数十百家。当其

① 见钮琇《觚賸·粤觚下篇》和《四库全书总目提要·小学类存目》。近来有人为廖文英翻案，认为廖文英才是《正字通》的作者。见《辞书研究》1984年1期所载丁锋《〈正字通〉著者是廖文英》一文。

> 编辑，皆自谓毫发无憾。而后儒推论，辄多同异。或所收之字，繁省失中。或所引之书，滥疏无准。或字有数义而不详，或音有数切而不备。曾无善兼美具，可奉为典常而不易者。朕每念经传至博，音义繁赜，据一人之见，守一家之说，未必能会通罔缺也。爰命儒臣，悉取旧籍，次第排纂。切音解义，一本《说文》、《玉篇》，兼用《广韵》、《集韵》、《韵会》、《正韵》。其余字书一音一义之可采者，靡有遗逸。至诸书引证未备者，则自经史百子，以及汉晋唐宋元明以来诗人文士所述，莫不旁罗博证，使有依据。然后古今形体之辨，方言声气之殊，部分班列，开卷了然，无一义之不详，一音之不备矣。凡五阅岁而其书始成，命曰字典。于以昭同文之治，俾承学稽古者得以备知文字之源流，而官府吏民亦有所遵守焉。

康熙本人对汉语言文字懂得并不多，这篇《序》可能是别人代拟的。但这里提纲挈领地谈及汉语字书、韵书的源流，编纂时切音解义的依据，引证诸书的范围及其编写的目的。这是一代皇帝对这部字典的要求，尽管在实际编写中这些要求并没有全部达到，却是我们了解《康熙字典》的一条总线索。

在实际上，《康熙字典》（为叙述方便，文中有时简称《康熙》）是在《字汇》和《正字通》的基础上进行编写的。康熙曾说：“《字汇》失之简略，《正字通》涉于泛滥。”① 他下令要“增《字汇》之阙遗，删《正字通》之繁冗。”所以，它在许多方面和《字汇》、《正字通》既有联系，又有区别。

《康熙字典》在编排方法上也采用了《字汇》、《正字通》的办法，把《说文》的540部简化为214部，部首按笔画多少进行排列，用十二支为集名，将全书所收47 035字（最近有人统计实际只收46 128字）分为12集，每集又分上、中、下三卷。每个部首所属之字，也按笔画多少进行排列。其中，虽有少数字在归部上与《字汇》、《正字通》的归部略有变化，但214部首和它的排列顺序都没有变。《字汇》收字33 179个，《正字通》收字33 549个，《康熙字典》收字比两书都多，是一部收字比较全的字典，《康熙字典》在正文之外，附有《补遗》，收冷僻字，又列《备考》，收有音无义或音义未详字。这也和《字汇》、《正字通》不同。

注音方面，《康熙字典·凡例》对《正字通》指责颇多，说它“欲率用

---

① 见《康熙字典》卷首所载《康熙四十九年三月初九上谕》。

音和，然于字母渊源，茫然未解，以致帮滂莫辨，晓匣不分，贻误后学，为害匪浅”。针对《字汇》、《正字通》音切混乱的情况，《康熙字典》采取了“今则悉用古音正音，其他俗韵概置不录”的对策。它把多音多义字的读音分为正音或转音，与其释义中的正义、训义相配合。它的音项以《广韵》、《集韵》、《韵会》、《正韵》中的反切为主，同则合兼之，异则分载之。以上韵书所无，则参之以《玉篇》、《类篇》、《五音集韵》，以及经传和《史记》、《汉书》、《老子》、《庄子》诸书中的音释。同时兼注直音。正音之下，先列正义，再列训义。另有转音则用空格加一“又”字标明。转音之后，先列训义，再列通假字和异体字材料。此外，它还把《龙龛手鉴》，《搜真玉镜》等书中反映俗语俗言的字音资料列于《备考》，不入正集，以示字音的典范性。例如系部：

红：《广韵》户公切，《集韵》、《韵会》、《正韵》胡公切，并音洪（正音）。《说文》：“帛赤白色。”《释名》：“红，绛也，白色之似绛者。”《论语》：“红紫不以为亵服。”疏：“红，南方閒色。”（正义）又地名。《左传·昭公八年》：“大蒐于红。”注：“红，鲁地。”（训义）又草名。《尔雅·释草》：“红，龙古。”注：“俗呼红草为茏鼓，语转耳。”（训义）又《集韵》沽红切，《正韵》古红切，并音公，与功通（转音）。《史记·文帝纪》：“服大红十五日，小红十四日。”注：“服虔曰：当言大功小功。”（训义）又与工通。《前汉·郦食其传》：“红女下机。”颜师古曰：“红读曰工。”（通假）又《集韵》古巷切，音降（转音）。降或作红。《前汉·外戚恩泽侯表》孝平二十二人有“红侯”，注：“师古曰：‘疑红字当为绛。’刘攽曰：‘今有红县音降，红亦有降音。’”（通假）。

《康熙字典》中的“正义”，是指字的“本义”；“训义”即指字的转注、假借义。与“正义”相配合的是“正音”，与“训义”相配合的是“转音”。这种音义配合的关系，是系统的、贯穿全书的。这种系统的音义配合，是有特色的。

释义方面，《康熙字典》主要根据《说文》、《玉篇》进行释义，同时，还广泛采集《广韵》、《集韵》、《洪武正韵》和其他经、史传注中的训诂，这就使它的义项比《字汇》、《正字通》要丰富得多。它在词义考释上也做了许多工作，如寅集己部：“己”、“已”、“巳”诸字的考释，就很细致。

例证方面，《康熙字典》注音释义均引旧典为证。一般是一义一例，但也有许多地方，为了说明问题，一义多例，例如宀部：

> 安：……又何也。《礼记·檀弓》："吾将安仰。"《楚辞·天问》："九天之际，安放安属。"

有的不但用例证，而且引注释，使词义更加明确，如：

> 宰：……又屠也，烹也，主膳羞者曰膳宰，亦曰庖宰。《前汉·陈平传》："里中社，平为宰。平曰：'使平得宰天下，亦如此肉。'"颜师古注："主切割肉也。"

宰有官称，治理，切割诸义，《康熙字典》引出颜师古这条注，把"平为宰"中"宰"字的词义限制在"主切割肉"这个词义的范围之内，就免得与"官称"、"治理"等义相混。由于加强了例证，所以《康熙字典》在释义方面就更加可信。

当然，作为一部成于众手的大型语文字典，《康熙字典》的错误和不足之处也是很多的。

收字方面，尽管它已收字四万多个，是它那个时代收字最多的字典，但汉字实际上不止四万多个，它并没有收全。康熙《序》中说这部字典"无一义之不详，一音之不备"，是过分夸张了。例如《墨子》这部书，从文献学角度说是比较重要的，但其中"恕"、"虒"、"塼"、"斱"、"莽"等字都没有收进去。《全宋文卷三十一·谢灵运〈山居赋〉》："近北则二巫结湖，两智通沼""智"字，各典未收，《康熙字典》也漏收了。这些字比较生僻，漏收还情有可原。还有一些日常生活中的常用字，如"你"这个人称代词，由于不见经传也漏收了。这就不能不说是一个严重缺陷。

注音方面，《康熙字典》的音义配合尽管是系统的、贯穿全书的，但这个系统却有许多问题：①它把《广韵》一系代表中古音韵系统的韵书和《洪武正韵》一类代表近代中原音韵（元明语音系统）的韵书相提并论，显然不妥。②它用叶音说来反映先秦古音，更是缺乏语音演变的历史观念。叶音是六朝以后人读先秦古籍时因不明语音演变而临时改读的音，〔宋〕吴棫《韵补》和朱熹《诗集传》是其代表，而《康熙字典》将其采入，作为古音标注于每字之后，这也极其不妥。③为了"无一音之不备"，它罗列大量不区别意义的反切资料，没有贯彻音随意转的原则给以必要的归纳，显然缺乏整理的功力。④它在注音中分正音、转音，完全以那几部韵书为准，排斥反映俗语俗音的资料，这也违反了语言约定俗成的原则。因为有些字是后人造的，不一定见于韵书。有些字即使见于韵书，后来又读变了，此一时是正音，彼一时又可能不是正音，只有以“从今从俗”的原则给以对待，才能注释清楚，而《康熙字典》却忽视了这一情况，这就使它的注音，不全符合当时已经变化了的语音实际。黄侃《论〈康熙字典〉之非》说：

（《康熙字典》）古今杂陈，然否不辨，吴棫、扬慎之说本非定论，而亦取之，一弊也。《正韵》之书，乃昔人所云当代不行之典，于今不用之仪，牵取入书，转为审音之障碍，二弊也。所引《唐韵》，清世已无其书，何所依凭，辄造此目，三弊也。引《广韵》、《集韵》多与原书不符，未知乡壁虚造，抑将别有善本，四弊也。

黄侃这些批评是有道理的。

释义方面，《康熙字典》中的正义，即字的本义，主要根据《说文》和《玉篇》作释。其训义，并不是按引申、假借的次序给以系统归纳和整理，而是按经、史、子和杂著中出现的次序罗列，这是不妥的。另外释义错误或陈腐不堪的也有不少，如“心”字，它的本义是心脏，是人和动物身上主管血液循环的器官，为五脏之一。而《康熙字典》释义为：

心，《说文》：“人心土藏，在身之中，象形。博士说以为火藏。”徐曰：“心为大火。”然则，心属火也。《玉篇》、《广韵》并训火藏。

这一类解释，还是阴阳五行的那一套，只是反映了他那个时代的科学水平，从今天看来，当然是不够的。

引证方面，问题也十分突出。首先是引证古籍，多半不举篇名，这就使人难以核对。其次，所举例证，往往不是始见书籍，起不到以例证来说明语源的作用。〔清〕王引之作《康熙字典考证》，查出其引书错误达 2 588 条。主要是引错书名、篇名，引文注疏相混，删节失当，断句错误，错字别字等问题，其中许多是所用版本不善造成的。其实，《康熙字典》的错误不止这两千多条，如果将它一一考证出来，将给今天字典的编写提供十分有益的借鉴。

总之，《康熙字典》的缺点不少，但它收字多，释义比较完备，引证又很广泛，直到目前为止，它仍然是一部有价值的大型语文工具书。它最早刊行于康熙年间，因为是钦定的字典，又是皇帝赏赐大臣的贵重物品，能得到它的人是不多的。光绪以后，因引进西方照相石印技术，《康熙字典》才大量印行。今常见版本有上海鸿宝斋石印本，广益书局印本，书眉皆附篆文；商务印书馆铜版印书，书后附王引之《字典考证》；中华书局影印本，兼附篆文和《考证》。最近，中华书局和四川人民出版社皆重版印行，发行数量很大，说明其影响还不小。

7.《辞源》、《辞海》

自清朝末年以来，科学和民主猛烈地冲击着中国的封建宗法制度，一场社会的巨变逐渐酝酿成熟。人们迫切要求获得新的知识，传统的《说文解字》式的字书和《尔雅》派单纯解释古代语词的词典已不能满足时代的要求，需要一部以语词为主兼收百科知识的现代词典问世。旧版《辞源》和《辞海》就是适应这种历史潮流而产生的规模较大的词典。

《辞源》的编纂开始于1908年（光绪三十四年），编者为陆尔奎、方毅等。1915年以甲、乙、丙、丁、戊五种版式出版《辞源》正编；1931年出版《辞源》续编；1939年出版合订本；1949年又出版简编。旧版《辞源》收单字一万三千多个，词条十多万条。它以旧的字书、韵书、类书为基础，编进了现代百科的词目，熔铸古今为一编，释义简明，辅以图表。前后印数达四百多万部，曾在知识界产生过广泛影响。

但是，由于旧版《辞源》编纂的时代较早，它在收词、释义、注音方面存在不少问题，已不能适应新中国文化建设的需要。1958年春，中央文化部召开会议，决定对旧版《辞源》进行修订。根据《辞海》、《辞源》和《现代汉语词典》适当分工的原则，确定《辞源》修订本为古代汉语词典，作为阅读古籍用的工具书和古典文史研究工作者的参考书出版。1964年《辞源》修订稿第一册出版。1976年，又由广东、广西、河南、湖南四省组织有关人员，协同商务印书馆编辑部对修订稿第一分册和其他分册的初稿继续进行编辑、审定。这次修订本共分四册，现已出齐。

新版《辞源》修订本有以下特点：

其一，以古代汉语语词为主，兼收古代名物制度多方面的知识。《辞源》修订本只收古代汉语中的语词和古代名物制度的知识，收词的下限是鸦片战争期间。它不同于只收现代语词的《现代汉语词典》。因此，凡是要查阅鸦片战争以前中国历史上的词语，特别是文史方面的有关词目，在《辞源》修订本中基本可以查到。现代出现的词语，《辞源》修订本是不收的，那就只能去查《现代汉语词典》或《辞海》。例如，《辞源》修订本土部〔坦〕字头下，收有〔坦夷〕〔坦步〕〔坦坦〕〔坦率〕〔坦途〕〔坦然〕〔坦涂〕〔坦腹〕〔坦荡〕〔坦谩〕〔坦怀〕〔坦菴词〕诸条目。但“坦克车”、“坦克兵”这类现代词语则不予收列。《辞源》修订本不但收词限于古代汉语，解释也只限于古代汉语中的词义，例如，儿部“党”这个单音词，在现代汉语中，它是“黨”的简化字，有政党；特指中国共产党；由私人利害关系结成的集团；（书）偏袒；（书）特指亲族；姓等多个义项。但古代汉语中，“党”、“黨”虽然同音，却是两个不同意义的词。因此，《辞源》修订本中儿部“党”只释义为：

姓。《元和姓纂七·荡》：“本出西羌。有冯翊华阴两族系。”

而现代汉语中以“党”为“黨”的简化字而产生的一系列现代词义，则不在“党”字头下解释。《辞源》修订本根据本词典的性质和任务，删去了旧版《辞源》中有关现代自然科学、社会科学和应用技术的词语。这样，新版《辞源》修订本，与兼收百科的旧版《辞源》以及百科性的语文词典《辞海》相比较，就显示了自己的特色，使《辞源》修订本名副其实，成了古代汉语专业性的词典。

其二，以常见为主，强调实用。《辞源》修订本与旧版《辞源》比较，增补了一些常用的古汉语词目，删去了一些不成词或过于冷僻、使用价值不大的词目。为了给专业或业余研究工作者提供研究资料，还在有关词目之后略举参考书目，这是有实用价值的。例如，一部〔一〕字头下，就增加了〔一再〕〔一同〕〔一色〕〔一向〕〔一行〕〔一门〕〔一丈青〕〔一刹那〕等几十条词目。□部〔围棋〕条释义说：

棋类的一种。传为尧作。春秋战国时即有关于围棋的记载。从汉墓殉葬物中曾发现石制棋盘。隋唐时传入日本。古时棋局纵横各十七道，共二百八十九个交叉点，黑白子各一百五十枚。唐以后纵横各十九道，共三百六十一个交叉点。双方用黑白子对着，以围困对方，吃子多少定胜负，故称围棋。在此释义之后，还加注：

宋张儗的《棋经》、晏天章的《元元经》是我国最古的围棋专著。参阅《古今图书集成·博物汇编·艺术典·弈棋部》。

《辞源》修订本经增、删、注三个方面的努力，加上改用汉语拼音方案的现代注音，极大地增强了它以常见为主，强调实用的特点。

其三，结合书证，重在溯源。《辞源》顾名思义是研究汉语语词来源的词典，旧版《辞源》尽管在这方面做了不少工作，但是，在释义和书证方面的问题极多，如释义错误，似是而非；书证多系转引旧字书、韵书、类书中的第二手资料，常常张冠李戴，无中生有；引书又不注篇名、题目、卷数等等。历来学者对此批评甚多，新版《辞源》对所收词语、释义力求简明确切，尽量做到穷原竟委，利用书证来标明语词的来源和语词在发展中的演变。对书证作了复核，重新标明作者、篇目、卷次，从而增强了它的科学性、知识性。

《辞海》1979、1989、1999 年版。

《训诂学初稿》1987 年出第一版。在第一版中，我们介绍了《辞海》旧版和 1979 年版。此后，《辞海》又出了 1989 年版和 1999 年版。《辞海》发行量大，在社会上有广泛影响，虽然新版出来了，旧版并未因此而消失。在图书馆，在许多人的案头上，人们还在翻检旧《辞海》。因此，在这次修改稿中，我们没有对过去的旧稿予以撤换，而是另外增加一些文字，介绍《辞海》1989 年和 1999 年两个版本的情况。

《辞海》旧版为舒新城、沈颐、徐元浩、张相等编。它创始于 1915 年，1935 年成书，1936 年由中华书局刊行，分上下两册。它是在我国原有字书、韵书和类书的基础上，参照美国《韦氏第二版新国际英语词典》的特点编成的。全书共收进词目近 86 000 条，其中语词条目占 51%，百科条目占 49%。此书原是为了与《辞源》争夺市场而编制的，它的体制基本上和《辞源》相似，所收单字和词条也不相上下，但所引书证都经核对，并且注明了篇目，这是它胜过《辞源》的地方。《辞海》按部首编排，以字带词，而词又以字数、笔画多少为序。这种把字典和百科性综合性辞书合为一体的编写体制具有它自己的特色。《辞海》出版后，在当时文化教育界影响很大，被公认是一部有用的大型语文工具书。但是，几十年过去了，中国和世界都发生了巨大的变化。为了反映这个巨大变化，有必要对它重新修订。1957 年秋，毛泽东同志同意重新修订《辞海》，并把这个任务交给上海，由原来主编舒新城着手筹备，并担任主编。1960 年，舒新城去世后，由陈望道继任主编。1962 年出版了《辞海·试行本》16 分册；1965 年又出版了《辞海·未定稿》。后因“文化大革命”，修改工作陷于停顿。1977 年陈望道逝世，由夏征农继任主编。1979 年由上海辞书出版社出版了 1979 年版《辞海》。

1979 年版《辞海》，内容十分广泛，涉及语词、历史、文学、艺术、政治、经济、哲学、宗教、天文、地理、物理、化学、数学、生物、农业、文化教育、医药卫生、工程技术等 120 多个学科的知识。它选收单字 14 872 个，词目 91 706 条，其中包括成语、典故、人物、著作、历史事件、古今地名、团体组织，以及各个学科的学术名词等等。它既是一部词典，又是一部小型的百科全书，所以说是一部大型的综合性的辞书。

1979 年版《辞海》和 1936 年版《辞海》比较，除了单字和语词部分尚有较多保留外，自然科学和社会科学的条目则有了很大的改变，释文的政治性、科学性、知识性有很大提高，它有三个显著特点：

第一，1979 年版《辞海》以马列主义、毛泽东思想为指导，力求准确而简明地介绍各种具体知识，力求如实地反映客观实际。例如，詹天佑这一历史人物，过去有不少读物说他发明了火车的自动挂钩。但我国著名桥梁专家茅以升提出了不同看法，他认为火车首先是在欧洲发明并广泛应用的。詹天佑修京张铁路，为中国培养了第一批铁路工程技术人员，功劳很大，应当肯定，但修京张铁路时，中国还很落后，詹天佑不可能发明火车自动挂钩。《辞海》的修订者，亲自到詹天佑的家乡调查研究，查阅了他修京张铁路的日记，没有任何材料能够证明詹天佑发明了自动挂钩。新版《辞海》中“詹天佑”这一条目，就是根据专家的意见，在充分调查研究的基础上写出来的。这一条目的释文，既充分肯定了詹天佑的历史功绩，又避免了以讹传讹，坚持了求实的精神。

第二，1979 年版《辞海》在选收词目时，坚持凡是正在发展和经常变动的词目暂不收入，但内容比较稳定的词目，能收的则尽量予以收列，对学术问题，有定论的，按比较权威的意见给以介绍。尚无定论或有争议的，则作客观的介绍和概括的叙述。例如：“工农联合体”一条，除说明它是“把从事农业产品生产、加工、销售，以及为之服务的有关经济部门联成一体的组织形式”以外，还指明它“是农业现代化和社会化的产物。50 年代在美国和西欧一些国家开始建立，后逐渐在南斯拉夫、苏联、东欧以及亚非拉一些国家推行……”这种客观的介绍和概括的叙述，给人增长知识。自然科学的条目也是如此，如：“双子星座宇宙飞船”，它概括地介绍了美国第二个宇宙飞船系列的情况，即使外行看了，也能知其概貌。

第三，1979 年版《辞海》增加了一些条目引人注意。这些条目在编《辞海·未定稿》时，本来应当写的，但当时极“左”思潮泛滥而未敢写进去。例如，在《辞海·未定稿》中，收进了“平江惨案”，但比平江惨案更重要的平江起义却不敢写。为什么？因为彭德怀同志在当时正受到不公正的批判。当时收了“第一野战军”条，在释文中只提“在中共中央毛泽东同志直接指挥下”，却不敢提第一野战军的主要领导人是彭德怀。新版《辞海》突破禁区，恢复了历史的本来面貌，补收了“平江起义”、“百团大战”诸条。在“第一野战军”一条的释文中，写进了“由彭德怀、贺龙等领导”

等内容。还写了“彭德怀”专条，肯定了他的历史功绩。其他如“四五运动”、“张志新”等举世瞩目的人和事，都按历史的本来面貌写了专条。这就判明了历史是非，坚持了实践是检验真理的惟一标准的原则。

当然，1979年版《辞海》也是有缺点的。由于篇幅巨大而又成于众手，学科之间、条目之间的平衡问题还没有很好解决，有些释文过于简略，有些又比较烦琐。有些体例不够统一，漏收的条目不少，尚待进一步修订。但瑕不掩瑜，新版《辞海》崭新的面貌是不容怀疑的。

《辞海》1979年版是在《辞海》未定稿基础上修订的。当时“文化大革命”刚刚结束，人们渴望获得新的知识。《辞海》因为兼收从古代至当代的中外词语，一典在手，时间上可了解上下数千年的人类历史，空间上，可获取纵横万里的世界信息，人们对这一巨大的信息库给予极大关注。据统计，截至1989年，《辞海》就已发行三卷本七十四万套、缩印本三百五十万部，各学科分册共一千多万册。这个数字，足可说明《辞海》在提高人民素质方面，作出了重大贡献。

1979年版《辞海》尽管受到如此欢迎，但在那个时代，人们摆脱“左”的束缚毕竟还刚刚开始，《辞海》的编纂和修改也不例外，许多问题如学科之间、条目之间的平衡等还没有很好解决，有些知识还赶不上时代要求。

1978年，党的十一届三中全会吹响了改革开放的号角，中国的变化，真可以说是一日千里。计算机的广泛应用，信息科学的发展，迅速改变着这个世界。在20年中，《辞海》与时俱进，一改再改，连续出了两次修改本。两次修订再版，均保持了1979年版的优点，增加了新内容，弥补了旧版的缺漏，订正了读者来信和编纂者自己发现的一些问题。其中特别在知识创新上花了功夫。

1989年版、1999年版两个版本，在辞书性质上并没有变化，它仍然是一部侧重于百科的综合性的语文词典。但扩大了规模，增加了检索工具。1989年版共收单字一万六千个，一般词语和专科词语十万三千条，合计十二万余条，比1979年版增加了一万三千余条。1999年版，又有扩大，共收单字（包括繁体字和异体字）一万九千多个，其中一万七千余个列为字头，字头下所列词目（包括普通词语和百科词语）共十二万余条。原有附录如科技方面的附录都根据国家新的标准及时作了修改或重新编制。还新增了《中华人民共和国行政区划简表》、《常见组织机构名称简表》、《中国少数民族分布简表》、《世界国家和地区简表》等。正文检索依旧采用部首法和笔画法，还有汉语拼音索引、四角号码索引和词目外文索引，使用起来十分方便。

1989年版和1999年版《辞海》与1979年版比较在内容上有许多创新，进一步健全了学科体系。1979年版由于时代局限，全书在总体上只显示20世纪60~70年代的学术水平和研究成果。据巢峰、杨祖希两位先生介绍："1989年版的学科体系，比1979年版更合理、更完善。例如，美学、伦理学、社会学等，在1979年版中都支离破碎，残缺不全。政治学没有脱离法律学单独置类，法学中，行政法、民法等内容都很单薄，经济法、国际法也未列入收录范围。修订后这些学科内容都大为充实。又如，环境科学、行为科学、人口学、人才学、科学哲学、数理经济学、组合数学、空间电子学、戏剧学、现代语言学的一些新部门、新分支等，大多写进了1989年版《辞海》。"① 1999年版《辞海》在内容和形式上，都以更新的面貌出现在读者面前。据其再版《前言》说："本版篇幅较1989年版略有增加，条目有大量修订，主要是反映国内外形势的变化和文化科学技术的发展，弥补缺漏，纠正差错，精简少量词目和释文。本版新增彩图本，配置一万六千余幅图片，版式也有革新，分为四卷，另加附录索引一卷。同时，继续出版普及本（三卷），并在此基础上出版缩印本，另外出版分册和光盘。"此版内容于1997年12月底截稿。截稿后所有变动，只在时间和技术容许的条件下，酌量增补或修改，一般不作补正。因此，1999年版《辞海》所反映的内容基本上已是20世纪80~90年代的水平。例如，此版关于信息科学方面，在"信"这一字目下，就收有信号、信令、信息、信宿、信道、信源、信号机、信号灯、信号枪、信号剂、信息网、信息论、信息库、信息法、信息战、信息素、信息流、信息域、信息率、信息港、信噪比、信号处理、信号抽样、信包交换、信息方法、信息市场、信息材料、信息社会、信息科学、信息逻辑、信息融合、信息宽带、信息容量、信号发生器、信号噪声比、信息论美学、信息社会学、信息经济学、信号传递途径、信号觉察理论、信息传播体系、信息高速公路、信息加工心理学等44个条目。条目的写法也非常得体，例如：

> 信息科学：研究信息现象及其规律的科学。中心问题是阐明信息本质，探讨信息在人类的认识和实践过程中发挥作用的基本规律，即通过外部世界的信息来认识世界，通过主体的控制信息来改造世界。包括基

---

① 巢峰、杨祖希：《新版〈辞海〉实行修订再版制的新尝试——〈辞海〉1989年版问世纪要》，载《辞书研究》1989年第5期。

础理论（信息学）、应用理论（信息论、控制论、系统论、智能论）、工程技术（信息技术，如检测、通信、计算机和控制技术等）以及自己独特的方法论（信息方法、工程准则和整体准则）。信息科学的兴起，使以物质和能量为中心的传统科学观念转变为以信息、物质和能量为中心的现代观念。

克隆：译自英文 clone。作名词解，即“无性繁殖系”。作动词解，指克隆技术，即“无性繁殖技术”。

“信息科学”和“克隆”都是当代流行的能够改变整个世界面貌的新技术新名词，其学科内容十分广泛而复杂。《辞海》1999 年版的编纂者，却用极精练的语言把它介绍得明明白白。前者只用了二百三十多个字，把信息科学的定义及其研究对象、研究任务、研究方法、理论运用、社会意义等层次分明地作了概括性的说明。后者只用了三十多个字，把“克隆”这一名称的来源，作动词和作名词的意义，分三层给以解释。这些条目，都能做到以简驭繁，把非常复杂的问题和非常重要的语言信息，凝聚在适当的词典语言中，通过辞书条目这种形式传达给读者。从以语言解释语言的训诂角度讲，它做到了实事求是，高度概括，文字简明，义界清晰，在事理的分合上恰到好处，合不失于模糊笼统，分不失于零碎烦琐。即使你是一个外行，读了这样的条目释文，你也会对“信息科学”和“克隆”有一个比较全面的概括性的认识。《辞海》是一部十分难得的好书，它与时俱进的品质，它严谨的科学态度，它的编纂者在辞书园地辛勤耕耘的奋斗精神，是受到广泛赞誉的。

8.《汉语大字典》、《汉语大词典》

1975 年 5 月，国家出版局在广州召开中外语文词典规划会，确定组织编纂一百余部大、中型语文词典。《汉语大字典》和《汉语大词典》就是其中两部规模最大的辞书。这两部辞书，历 15 年之久，在 20 世纪 80 年代几乎同时出版，是一对巨型的姊妹篇。两典于 1987 年同时被国务院列为国家文化建设的重点科研项目，是新中国文化界、学术界的大事。此两典的出版，标志着汉语辞书与时俱进的成熟和大型化，是汉语辞书史上里程碑式的著作。几千年来，传统训诂在理论和实践方面的成果，在两典的编纂过程中，不但得到了最广泛的运用，而且得到了全面而系统的科学总结。因此，有必要在这方面多用一些篇幅，就几个方面作一些较为详细的介绍。

从 20 世纪初《牛津英语词典》、《韦氏大词典》等外国著名详解语言词典问世以后，编纂出版历时性的汉语详解词典，就一直是中国语言学界和辞书学界魂牵梦绕的理想。1931 年，在传统训诂著作的基础上，商务印书馆出版了《辞源》。1936 年，中华书局出版了《辞海》。以后，开明书局出版了《辞通》。这些辞书，曾风行一时，影响很大，但都只是中型辞书，还不能说是汉语历时性详解辞书。中华人民共和国成立以后，尽管这些辞书一改再改，一版再版，但总体说来，仍在原来框架内变动，一直未能跨进历时性详解辞书的门槛。

直到 20 世纪 70 年代中期，邓小平复出，在周恩来总理亲自关怀下，这个问题才提上议事日程。据说，在“文革”十年动乱中，欧洲一个小国家摩纳哥代表来华，赠给我们一部他们国家的百科全书。当时，正是“知识越多越反动”的荒谬年代。尽管我们已有《辞源》、《辞海》、《现代汉语词典》。但在那个时代，却被视为“毒草”，不能出版，只有一本《新华字典》可以回赠这位代表。这就是大国家小字典的故事。这不是谁乱编的荒诞离奇的轶事，而是一段历史的真实。那时，“文化大革命”尚未结束，“四人帮”横行，周恩来病重，邓小平出来主持中央工作，他以极大的勇气，拨乱反正，热情地有远见地制定了中外语文词典编纂规划，并呈报周恩来总理。周恩来在病榻上批准了这个规划，这是他批准的最后一个有关出版工作的文件。粉碎“四人帮”以后，中央非常重视这个工作，还专门发了三个文件，保证了这一巨大工程的顺利实施。由中央三次发文来保证两部语文辞书的编辑和出版，这在中国文化史上也是空前未有的。

语言科学不论在哪个时代，都是一切科学的前进基地。因为，一切科学思维，都是建立在语言基础上的，都得用语言给以表达。没有语言，没有对语义运动有清醒的判断和把握，人的思维要想获得成果，并在前人已有成果的基础上继续创造，继续前进，是不可想象的事。“文化大革命”以后，中国当代先进文化，正在传统文化底蕴上加速发展。“文化大革命”后的中国，迫切需要一种“古今兼收，源流并重”的详解辞书，以满足社会各界深层次文化增长的需求。《汉语大字典》、《汉语大词典》的出版，是时代的需要，是中国先进文化战胜“四人帮”痞子文化的产物，也是中国先进文化自立于世界文化之林的一个显著标志之一。

《汉语大字典》、《汉语大词典》的出版，曾受到国内外专家的广泛关注和高度评价。吕叔湘称赞《汉语大字典》“广搜博采，穷源溯流”。周祖谟为《汉语大字典》题词：“煌煌巨著，学海明珠。阐扬文化，流布寰区。文字总汇，训诂渊薮。源流并重，前所未有。乐观其成，传之永久。”当《汉语大字典》第一卷刚刚发行时，日本学者就迅速作出反应。《日本中国学会报》第 39 集《学界展望语言学》（1987 年）说：“无论什么人看，这一事业可以说是和修建长城一样艰巨和伟大。我们跟中国人一样，衷心希望《汉语大字典》、《汉语大词典》两部大册顺利出版下去，尽早告成。那时，两书就成为文化的长城，汉语的双璧。”

《汉语大字典》、《汉语大词典》被誉为“文字总汇，训诂渊薮”，“文化的长城，汉语的双璧”，是当之无愧的。在两典出版后，由于市场经济的开展，中国出现了“辞典热”，在不太长的时间里，出版了几千种辞书，尽管各有所长，但还没有哪一部语文性辞书能在规模上、质量上超过这两部辞书的。关键在于，此两典在吸取传统文化精华铸于一炉的过程中，不仅注意继承，而且善于创新。此两典从历代先进文化中吸取营养，完善自己的编纂体例，丰富自己的承载内容，使其成为当代最能显示知识性、科学性和实用性的大型辞书，它是经历“文革”灾难后，中国人民在文化领域坚强不屈具有群体创新精神的一次生动展示，是“文化大革命”后中国人民精神生活走向正常化的一种生动体现。

下面，分别就《汉语大字典》和《汉语大词典》作些具体介绍。

《汉语大字典》：

《汉语大字典》是当今世界上规模最大的汉语字典，也是传统训诂形训、音训、义训发展到今天的一个必然成果。它不但集中了传统训诂的优秀成果，而且在新的理论指导下，将传统训诂成果系统化、实用化、现代化。它不但是训诂史上形音义结合的专著，也是汉语辞书史上新的里程碑。

前面我们粗略地介绍了从《说文解字》（以下简称《说文》）到《康熙字典》的一些情况，为了深入了解《汉语大字典》的成就，加深对历代字书的认识，我们有必要联系历代汉语字书，特别是联系《康熙字典》作一些比较。

清代康熙四十九年（1710 年）至康熙五十五年（1716 年）成书的《康熙字典》，是一部官修的大型汉语字书，它不仅在我国辞书史上占有重要地位，而且在世界辞书史上，也是一部不可多得的巨型著作。在这部巨型汉语字书出现之前，已有《说文》、《玉篇》、《字汇》、《正字通》等著名字书相继问世，还有《尔雅》、《广雅》一系雅书，《广韵》、《集韵》一系韵书，以及为数众多的古籍注疏及其他训诂资料广为流传。汉语历史悠久，辞书编写源远流长，古籍中的字训义诂极为丰富，在世界诸语种中特别引人注目。《康熙字典》将历代辞书（包括字书、雅书、韵书）以及各类古籍中的字音义训予以清理，和古代经、史、子、集中的语言材料相印证，给以系统编排，这就极大地方便了读者，使它成为汉语字书史上的一个里程碑。这部字书，以“康熙”为名，并钦定为“字典”，开创了汉语字书称“典”的先河，它在当时的权威性是不可怀疑的。在清王朝统治下，明文以汉语字书为“典”，对当时“同文之治”，对汉语文字的历史性的统一和规范，其意义不可低估。

由于时代变迁，在《康熙字典》之后，1915年出现了陆费逵、欧阳溥存的《中华大字典》；1962年台湾张其昀、林尹、高明等的《中文大辞典》。还有用40年编辑、20年修改才出版的日本汉学家诸轿辄次的《大汉和辞典》（此典以汉字立目，例证亦用汉语文例，释义则用日文，属汉日双语辞典）。后两种兼收复音词条，系字书兼词典性质。这三部字书、词典，虽然都曾向《康熙字典》发出挑战，在编写体例，扩收字、词，调整注音、释义诸方面，皆续有进展，但编者都缺少现代辞书意识，特别是缺少编写大型汉语字典的现代意识，或者虽有了某些方面的现代意识，却因措施不当，贯彻不力，而使他们在大型汉语字书编写上，都没能对《康熙字典》从整体上作出历史性变革，以至它们在字书的影响上，都远远赶不上《康熙字典》。《康熙字典》成书至今将近三百年，此期间，它一版再版，由皇家赏赐大臣的专利品，变成一般知识分子的案头书，没有哪一部字典能取代它的地位。人们一有不认识的字，凡是中、小型汉语字典查不到的，总是说：“让我查查《康熙字典》!”因为《康熙字典》收字多，解说详细，例证也比较丰富，人们不得不承认它是从《说文》以来汉语字书中的最大权威。

但是，近三百年来，汉语的情况发生了巨大变化，它从古代汉语发展到现代汉语。汉语的研究也从传统语言学发展到现代语言学。这给大型汉语字书的编写注进了许多现代辞书意识。而《康熙字典》却越来越不能满足人们的需要。汉语字书需要变革，需要在传统字书基础上，与时俱进，编写新的大型汉语字典，以合乎历史潮流，满足人们需要，以利汉语言文字进一步统一和规范。

《汉语大字典》就是在现代辞书意识指导下编写出来的一部新型大字典。

《汉语大字典》在规划设计时，就确立了一个总体设计思想：

《汉语大字典》是一部偏重提高的大型语文工具书，它以具有中等以上文化水平的读者为对象，帮助他们解决在阅读和研究古今著作中遇到的汉字形、音、义方面的问题。它是古今汉字单字的大汇编，估计收楷书单字六万左右（后来实际只收五万六千左右）。要求尽可能历史地、正确地反映汉字形、音、义的发展。在字形方面，它是古今汉字的初步整理，楷书单字条目下收列能够反映形体演变关系的、有代表性的甲骨文、金文、小篆和隶书形体，并简要地说明其结构和演变。在字音方面，它要对所收的几万个楷书单字注出现代读音，并根据可能反映中古和上古的字音情况。在字义方面，力求义项完备、释义准确，努力反映字义的源流演变。①

这个总体设计思想，概括言之即三句话：《汉语大字典》是楷书汉字大汇编；它以解释汉字形、音、义为主要任务；其编纂方针是源流并重、古今兼收。

《汉语大字典》的编写实践，实现了这一总体设想。

源流并重，古今兼收，是《汉语大字典》编纂的总方针，它贯穿于编写全过程，体现在资料收集、字形整理、注音、释义、举证的各个环节。它是《汉语大字典》有别于《康熙字典》和一切古字书的根本标志。正是在这一点上，《汉语大字典》有一系列突破性进展，显示了它鲜明的时代特色。下面，分别就其资料收集、字形整理、注音、释义、举证五个方面予以介绍，即可看出它不仅在汉语字书史上，而且也是在汉语训诂学上前所未有的独创。

第一，扩大范围，加深基础，确保大型字书资料的完整性。

《汉语大字典》是楷书汉字大汇编，其覆盖的知识面广，面对的又是汉语言文字发展的全过程，收字当然要多，规模当然亦大。要确保其权威性，保证收字齐全，并得到较为完备的解释，首先要考虑到的就是在源流并重、古今兼收这一方针指导下，在资料收集上有足够的广度和深度。

《康熙字典》是一部大型汉语字书，它共收楷书汉字四万七千多个，并给以注音、释义、举证。从汉语字书史考查，其规模确实是空前的“大”。但从“源流并重，古今兼收”这个深度和广度上讲，就在它成书之时，也还有许多不足：①它收字仅据传统字书、韵书，宋元以来世俗通用之字多未采用；②其“切音解义，一本《说文》、《玉篇》，兼用《广韵》、《集韵》、《韵会》、《正韵》”②，偶涉其他字书注疏，亦范围有限；他的举证主要是九经三传、诸子百家和《史记》、《前汉书》、《后汉书》、《三国志》等前四史；汉晋唐宋元明以来诗人文士所述多半来自一部《昭明文选》，或元、明以来字书如《改正四声篇海》、《字汇》、《正字通》所引，且未经复核，张冠李戴，错讹极多。钱玄同说：“字典（指《康熙字典》）一书，谬误百

① 《汉语大字典·编写细则·前言》，湖北辞书出版社 1984 年版。

② 见《康熙字典·序》。

出，绝不足据。此书殆是学究多人乱抄元明时种种不高明之书而成者，凡所采引，什九错误，且杜撰甚多，绝不足据。”① 此话可能说得绝对了一点，但《康熙》的资料基础未能完善，确是不能否认的事实。从《康熙》成书以来，社会生活不断进步，汉语文字也随之发展，新字新义层出不穷，又积累了许多语言事实；古字古义，由于甲骨、金文及其他古籍资料大量出土整理，更提供了大量研究成果，可资引证，这些都是《康熙字典》成书时不可能涉及的内容。

针对以上事实，《汉语大字典》在进入编写阶段前，曾集中进行了四年资料建设，开始，参加者三百人左右。进入编写阶段，还花了相当的人力物力，继续收集资料，直到定稿时，拾遗补阙，亦未曾松懈。收集历代训诂资料，主要包括以下门类：

（1）字书系统资料，包括《说文》、《玉篇》（含原本《玉篇》零卷和《大广益会玉篇》四部丛刊本、四部备要本）、《类篇》、《龙龛手鉴》、《字汇》、《字汇补》、《正字通》、《康熙字典》（以上为古代字书）；《中华大字典》、《新华字典》、《大汉和辞典》、《中文大辞典》、《辞源》、《辞海》、《辞通》（以上为近现代字、词书）；《助字辨略》、《经传释词》、《词诠》、《古书虚字集释》、《文言虚字》（以上为虚字著作）；《匡谬正俗》、《恒言录》、《宋元以来俗字谱》、《通俗编》（以上为方言、俗语字词著作）；还有历代字书的研究资料，如《说文诂林》，近现代各种语词的训诂资料，如《敦煌变文字义通释》等等。

（2）雅书系统资料，包括《尔雅》、《小尔雅》、《释名》、《广雅》、《拾雅》、《比雅》、《选雅》、《埤雅》、《尔雅翼》、《骈雅》、《叠雅》、《别雅》及其有关注释、笺疏，如《尔雅》郭注、邢疏，王念孙《广雅疏证》，还有《经典释文》、《经籍纂诂》、《读书杂志》、《经义述闻》、《群经平议》、《诸子平议》、《诗词曲语辞汇释》、《小说词语汇释》、《戏曲词语汇释》等。

（3）韵书系统资料，包括《广韵》、《集韵》、《五音集韵》、《韵会举要》、《洪武正韵》、《中原音韵》、《音韵阐微》以及当代著名音韵学家的著作，如《古今字音对照手册》、《广韵四声字音今音表》，还有《汉语拼音方案》等。

（4）方言系统资料，包括《方言》、《续方言》、《新方言》、《吴下方言》、《蜀尔雅》及其疏证和当代语言学家的方言著作。

---

① 《钱玄同的一封信》，载《光明日报》1982年3月1日。

(5) 古典文献系统资料，包括十三经、廿四史、诸子百家和历代著名政治、军事、哲学、文学、艺术等门类专家的诗文专集，以及古代文化其他重要著作，如《内经素问》、《水经注》、《茶经》、《天工开物》、《营造法式》、《农政全书》、《徐霞客游记》、《天下郡国利病书》等。

(6) 现当代各种著名人物的著作资料，特别是当代语言大师的、具有语言典范意义的各类文体，如政论、散文、小说、戏曲、诗词等，凡孙中山、毛泽东、鲁迅、郭沫若、茅盾、巴金、老舍、赵树理等人的全集、文集、选集或其他单篇著作，皆在收集之列。

(7) 甲骨、金文和各种新出土古文字资料，如《甲骨文合集》、《金文编》、《金文诂林》等。还有楷书汉字的其他资料，如公安、民政、邮电部门的地名、姓氏用字等。①

中国历史悠久，文化遗产博大精深，一部字典想囊括无遗是办不到的。但就上述七个方面看，《汉语大字典》仍然是目前大型汉语字书中收集资料最广、资料基础最为完善的一种。更重要的是，它采用了科学的剪贴式、引得式、选择式多种资料制作办法，使所得资料互为补足，有利使用，有利校勘。事实证明，在编写过程中，由于有了广泛、深厚的资料基础，使每个字目的考释都集中了各个朝代多种文体的语言材料可供选择，通过比较互证，从而查证了以往字书（包括《康熙字典》）中难以计数的讹误。在出版前，又组织专人对入典资料反复校核，这就确保了入典资料的可靠性。

第二，上溯甲、金，下及楷书，全面清理汉字繁衍的史迹。

编字典要收字。收字就要根据字典性质和规模确定以何种字体为其训诂的对象，要规范字形，确定正字，整理异体字和通假字。要妥善解决这些问题，就要清理文字。

汉字是当今世界上使用人数最多最古老的文字之一。不仅 13 亿中国人在使用汉字，几千万华侨在使用汉字，而且，由于历史的原因，汉字传到日本、朝鲜、越南等国，形成了一个“汉字文化圈”。这个文化圈中的人，一千多年来，都曾享用以汉字为书写符号的中华文化。汉字是书写汉语的文字符号，不适合书写汉语以外的语言。汉字传入日本、朝鲜、越南之后，它们一方面大量吸收用汉字书写的汉语借词，一方面创造各自语言的书写符号。日本有假名，朝鲜有谚文，越南有字喃（亦说应当译为喃字）。西方学术传

① 关于《汉语大字典》资料收集，可从《汉语大字典·引书格式书目》见其梗概。此书目收进古今著作 2000 种左右。当时，8 卷尚未定稿，书目还在不断补充。

入东方之后，汉字受到冲击。朝鲜废除汉字，只用谚文，但最近又恢复汉字教学。韩国保留了一千九百多个汉字，只是通俗出版物全用谚文。日本战后减少汉字，最初规定“当用汉字”1 850 个为限，后来又增加“常用汉字”1 945个。越南废除汉字，改用拉丁化新文字，但语言中的汉字词根依然存在，无法改掉。不论废除还是减少，这些国家语言中存在大量汉语借词和词根。文化上寻根溯源，还得研究汉字词根，创造新词。汉字也是当今世界上最古老的文字之一。它从甲骨、金文、篆文、隶书，发展到今天使用的楷书，已有三千五百多年的历史。从发展的总趋势看，它是一个由少变多、由简趋繁、逐渐演变的过程。但在这个总趋势中，有些汉字又是由繁趋简、古今相错、正异互变、本字和假借字互存的，情况十分复杂，清理难度极大。为了统一书写符号，历代字书、韵书、雅书和近代出现的辞书，总是把规范字形、清理汉字繁衍的史迹，当做一项传统的工程。但由于时代和材料的局限，此项工作，一直未尽如人意。

《汉语大字典》根据源流并重，古今兼收的编写方针，决定上溯甲、金，下及楷书，全面清理汉字繁衍的史迹。为保证这项系统工程能够取得良好成果，采取了以下四项措施：

（1）正本清源，精选甲、金、篆、隶。

《说文解字》以小篆为训诂对象，通过字形分析文字音义，已开正本清源之先。但《说文》时代，甲骨文尚未出土，金文尚少整理、《说文》的本字、本义，受字形局限，其正本清源，不尽如人意。《康熙字典》列有《说文》所收小篆、古文、籀文，是楷书汉字字典标列古文字的创举。但它只是字形的简单对号和悉数收列。《大汉和辞典》首列甲、金字形。《中文大辞典》仿其体例，扩大为甲、金、篆、隶、草诸种字形，精芜杂陈，诸多选形未当，亦不足以正本清源，显示汉字繁衍的真实史迹。有鉴于此，《汉语大字典》曾调集专家，在著名古文字学家徐中舒先生指导下，搜集从北宋以来，特别是近八十年来出土的甲骨文、金文、篆文、隶书等古文字资料，参酌近、现代古文字学家的论著，作出系统研究，精选古文字字形，编写了《汉语古文字字形表》和《秦汉魏晋篆隶字形表》，作为《汉语大字典》古文字字形标列的基础。前者取材广泛，主要参考《甲骨文编》和《金文编》两部权威性著作，从这两部著作选取典型形体。对《金文编》未收的新出土铜器，周原出土的西周甲骨文，以及战国简书、帛书、侯马盟书，均据实物资料，分别录取。对有不同解释者，择善而从，作相应改正。对战国时代的玺印文字、货币文字、匋文等，其形音义及出土情况不明者，概付阙如。《甲骨文编》、《金文编》附录和正编中音义未详的字亦未采用①。到《汉语大字典》出书时止，甲骨文出土已有十五万片以上，整理出来的单字约四千五百个，可辨认隶化者已占三分之一②。金文出土，仅见《金文编》（1983 年续订本）即达 3 902 件，总字数为 3 772 字，其中可认识者为 2 420 字。这是今人所见甲骨、金文的总数字。这个可认识的字数，不一定非常确切，但也差不太远。因为这些可认识的字，大都可与《说文》相印证，还是比较可信的。《汉语大字典》将这些可以隶化的甲骨、金文给以收列，这就集中了近、现代古文字学的研究成果，它无疑是古文字学发展到今天的一个科学的总结。《秦汉魏晋篆隶字形表》所录为秦统一六国起至西晋为止的石刻字形。所录石刻，以原石现存或原石虽亡但有原拓可据者为限，伪刻一概不录，翻刻之能存真者，酌量少录。编制时，又一再对其编年进行清理，这就保证了入典篆、隶字形选必有据，形必存真，克服了以往字书选形粗疏的毛病。

（2）沟通古今，说解文字结构及其流变。

精选有代表性的甲骨、金文、小篆、隶书、形体，目的在于正本清源，沟通古今，显示汉字繁衍的史迹。为此目的，还得以正确的字形说解和精当的安排才能完满地体现出来。《汉语大字典》的字形说解，只对其结构和演变作简要说明。其具体安排是：

凡有甲、金、篆、隶等古文字形体的楷书汉字，在字目之下，注音之前，均以时代先后为序，分栏列出从殷代（包括周原甲骨文和殷代金文）、西周、春秋战国（包括《说文解字》的小篆、古文、籀文），以及秦、西汉到东汉、魏、晋的各种有代表性的形体。每一时期，一般不超过三个古文字形体。

为使形、音、义紧密配合，甲、金、篆、隶等古文字形体一般收列在既是字典正体字（指通行的楷书繁体字）而又见于《说文》的字目之下。《说文》的重文，在字典正体字目下，对正体字和异体字一并作释。字典正体字没有古文字形而其异体字有古文字形者，则在该异体字目下说解。只有隶书形体者，只列隶书形体，不作说解。

字形说解，以分析字形结构说明本义或较早字义为限，一般不涉及引申义、假借义，使字形说解与释义中第一义项所释内容互补互足。

---

① 见《汉语古文字字形表 · 徐中舒〈序〉》，四川人民出版社 1981 年版。

② 据《建国以来甲骨文研究》一书胡厚宣《序》。另有出土 20 万片之说，见《新观察》1983 年第 4 期访于省吾文章。今《甲骨文合集》选录41 956片，其总字数与可以辨识隶化字数与胡厚宣所述同。

字形说解尽可能吸收前人研究成果，将其考释引进字典，并标明作者、书名，以利读者进一步考察。一般只引进结论性内容。引文有必要再申述者，再加编者按语。

《汉语大字典》的字形说解，特别重视对《说文解字》的补充和订正。凡《说文》说解正确者，即引《说文》为解，如“刊”、“取”诸字；《说文》不误，而有古文字资料可补正者，或再引甲骨、金文资料给以补充，如“先”、“皃”诸字；《说文》有误，而甲骨、金文可以证误者，皆予以新的说明，给以订正，如“爲”、“射”诸字。

这样，《汉语大字典》的字形说解，就使古今字说的研究成果和编纂者对这些成果的判断抉择界说分明。同时，也克服了《康熙字典》照搬《说文解字》成说，《大汉和辞典》、《中文大辞典》选形不精、只取《说文诂林》研究成果而造成的一些讹误。

（3）规范楷书，整理新旧笔形。

汉字在楷化过程中，由于隶省、隶变或流俗通用之字在书写时求速求简，往往同一个字产生多种不同形体，如刃、刄；巨、亘之类。这些同字异体，如一个“骨”字，有三种不同写法，以之为偏旁时，又可类推成许多种同字异体。中国古籍浩如烟海，由于时代不同，版本各异，精粗互存，往往刊载这一类同字异体，各有取舍，这就使各类著作中的同字异体因时间、地点、刻工的习惯以及著作的门类不同而不统一。因此，字书编制，有必要规范字体，整理笔形。这个工作做不好，字典的正字无法确定，注音、释义将会无所系属，重复、漏释将会不可避免。为了清理汉字繁衍的史迹，《汉语大字典》根据“利今、存古、规范”的原则，作了新旧笔形的整理。它以中华人民共和国文化部和中国文字改革委员会公布的《印刷通用汉字字形表》所收6 191字和《辞海》、《现代汉语词典》、《新华字典》已收的列目字用作新字形。凡以新字形为偏旁部首者，皆类推之，并在各卷卷首载有《新旧字形对照举例》，读者通过这个表，可以由古及今，了解楷书汉字同字异体的规律性演变史迹，非常方便。同时，也把一大批笔形微异的异体字排除在外，避免了不必要的重复。

（4）确定正字，清理异体字和通假字。

有了整理新旧笔形的基础，还要确定正字，并将注音、释义、举证系属于正字之下。还得正、异分明，将必要收列的异体字和通假字作相应的说明，使其秩序井然，才能最终完成清理汉字繁衍史迹的系统工程。

“利今、存古、规范”三原则，既是整理新旧笔形的原则，也是确定正字、整理异体字和通假字的重要原则。

先说“利今”。

任何字书编写，都要为当代人服务。《汉语大字典》采用中华人民共和国文化部和中国文字改革委员会公布的《印刷汉字字形通用表》中的 6 196 字以及《字形表》公布以后的新造字字形；《辞海》、《现代汉语词典》、《新华字典》已列目字字形。简化字及其类推的范围，以国务院公布的第一批简化字为准（第二批简化字未收），超出这个范围的，以《辞海》、《现代汉语词典》、《新华字典》已列目的 3 147 个简化字为限，其余概不类推简化。这就在常用字范围内，保证了当代中国读者可以按当今汉字使用习惯，充分使用《汉语大字典》。

再说“存古”。

《汉语大字典》收字五万四千个左右，而常用字只有六千多个，加上《辞海》、《现代汉语词典》、《新华字典》所收，也不到二万字。在这二万字范围内，《汉语大字典》采用新字形。其余部分，则根据新字形作偏旁类推，对旧字形作一番整理。这是一种从实际出发，既尊重传统正字成果，又能限制本典收字数目的一个有效办法。不然，让类推简化字无限发展，或不经过整理将旧字书中旧的笔形字统统收入，会造成一大批假古董，使本典收字过滥，徒增累赘，毫无使用价值。现在用《新旧字形对照举例》来解决新旧字形众多的矛盾，实在是一个以简驭繁的好办法，它既有“利今”的好处，又有“存古”的内容，还能对整个楷书汉字作出总体性的规范。

最后说“规范”。

《汉语大字典》的规范性原则，是与“利今”、“存古”两原则紧密相联的。这种规范，是对所有楷书汉字的规范，即既有对当今流行汉字的规范，也有对历史上确有文献记载，又有历史研究意义的古代楷书汉字的规范。这种规范，既符合当前语文政策和当今使用汉字的习惯，又照顾到历史文献中的语言事实，照顾研读古籍的海外华人、港澳台胞阅读汉字著作的需要。它是根据语言文字约定俗成的社会性，根据大字典的性质和规模，为广大读者着想而采取的一些必要措施。

正是根据“利今、存古、规范”的原则，《汉语大字典》才决定在法定简化字相应的繁体字头下注音、释义，并在简化字头下交待相应的繁体。这样，法定的简化字和与之相应的繁体字，都被视为本典正字。在此范围之外，参照传统典籍用字情况和传统字书记载，依照形义结合的原则，将使用频率高、影响广泛者定为正字，进行注音、释义。与正字同时存在的同字异体，则结合书证、例证情况，作互见条目处理，统一用“同某”给以异体说明。

汉字在长期使用中，“经典往往假借”（王引之语）。古代文献中通假字的存在是一个客观事实，它常常使文意难明。历代训诂著作和字书、韵书，都有过清理，但由于各书体例不同，对古音系统的认识各有深浅，所用释语又极复杂，使通假字的说明极为混乱。

《汉语大字典》根据所标古音系统，对混乱的通假现象作了清理，统一在假借字目下用“通某”释假借本字字义，如“墨”下注：

> 通“默”。无声。《正字通》：“墨，与默通。”《荀子·解蔽》：“故可劫而使墨云，形可劫而使诎申。”《史记·屈原贾生列传》：“眴兮窈窈，孔静幽墨。”裴骃集解引王逸曰：“墨，无声也。”《潜夫论·释难》：“父母将临颠陨之患，子弟将有陷溺之祸者，岂能墨乎哉！”汪继培笺：“墨，读为默。”

《汉语大字典》根据正字，在异体字目下用“同某”表示异体字与正字的关系；又据本字，在假借字目下用“通某”表示假借字与本字的关系。全书术语统一，体例一致，这就使汉字繁衍的史迹，与汉字在使用中的通假现象泾渭分明。

总之，清理汉字繁衍的史迹，虽然代有成就，但旧字书中都只有阶段性的成果，且多混淆不清。到目前为止，也只有《汉语大字典》上溯甲、金，下及当代楷书，全面、系统地清理了汉字在三千多年来发展的历史脉络。这是一个系统工程，由于所涉时间跨度大，字目多，在具体的字目清理中，由于时间和材料局限，或因个别编写者一时疏忽，也不可能没有错误。但贯穿其中的清理整顿的创新思想原则和体现它的主要措施，无疑值得肯定。这个清理整顿的结果，就是《汉语大字典》所收五万七千多个汉字及其形训、音训、义训的说解系统。

第三，音义密合，三段标注，显示汉语声韵发展的系统性。

《汉语大字典》是楷书汉字大汇编，根据“源流并重，古今兼收”的编写方针，在注音上，自然既要说明古音，又要标明今读。要用适当方式反映汉字字音的历史演变。

标明古今音读，是汉语字书的传统，也是汉语训诂一贯的追求。

《说文解字》以分析字形来确定字音，还用“读若”、“读为”等比次声音，说明字义。有些字还注明直音。这些注音方法，就有兼包古今音读的内容。

《玉篇》以来的楷书字书，除直音外，主要用反切注音。以后又有《广韵》、《集韵》一类韵书，对古今音读资料，从声、韵、调上给以系统归纳。

《康熙字典》汇集历代字书、韵书音释，与经、史、子、集等语言材料相印证，说明汉字古今音读，做了不少工作。

汉语字书、韵书和其他古籍中的音释资料极为丰富，其完备性在世界其他语种中是很少见的。这些资料，因出自不同时代、不同作者之手，由于时空变化，方音交错，往往同一个字有多种音释资料，呈现复杂纷纭的局面，这就需要认真清理。

《康熙字典·凡例》说：

> 音韵诸书，俱用反切，人各异见，未可全同。今一依《唐韵》、《广韵》、《集韵》、《韵会》、《正韵》为主，同则合见，异则分载。其或此数书中所无，则参以《玉篇》、《类篇》、《五音集韵》等书。又或韵书所无而经传史汉老庄诸书音释所有者，犹为近古，悉行采入，至《龙龛》、《心镜》诸书音切，类多臆见，另列备考中不入正集。

《康熙字典》注意到要清理古今音释资料，它用“同则合见，异则分载”的办法，对入典音切进行整理，还据宋代“叶音”（又叫“叶韵”）将吴棫《韵补》和朱熹《诗集传》中的“叶音”资料收集起来，用以标注汉字古音。

这种清理，问题很多，如：

《康熙字典》的编纂者，根本不懂古音，他们把“叶音”当作古音，是一个错误。

《康熙字典》把中古一系韵书和近古一系韵书相提并论，将其中反切混同为“今音”，又是一个错误。①

这两条错误，造成《康熙字典》在字音标注上不今不古的混乱局面。从汉语音韵发展来讲，这种标注，可以说根本无系统可言。因此，《康熙字典》的注音，无法与字义“密合”，产生许多漏洞。

《康熙字典》注音“不今不古”的混乱，又影响到后来几部辞书的编写。

《中华大字典》想打破这个局面，采取了三条措施：

---

① 中古一系韵书，因7世纪陆法言等著《切韵》不存，后来续出的王仁煦《刊谬补缺切韵》及《唐韵》不全存，今以11世纪的《广韵》为代表，包括后来出现的《中州音韵》、《词林韵释》、《洪武正韵》、《韵略易通》、《韵略汇通》、《五方元音》等。

其一，删除“叶音”。《中华大字典·凡例》说：“叶韵，乃后人执隋唐之韵以读古经者所作，于古音今音俱无当，兹悉不录。”

其二，整理今音。《中华大字典·凡例》说：“声韵因时地各有不同，今编中音切，一遵司马温公《集韵》。《集韵》成于中州，去今未远，其详确又非元明人所为韵书所逮也。《集韵》所无，乃别采《广韵》以下韵书为用。”“音切既宗《集韵》，复取《切韵指掌图》列于编首，以明反切。”

其三，改变多音多义字列目方式，增加“平水韵部”，藉以密切音义关系。《中华大字典·凡例》说：“形体虽同而音义并异者，另为一字，复列其次（即重出字目）。其义同音异者，止别一字，兼存诸音。”“自古字书、韵书，分涂异撰。今叙合诸文，本从形体，更用《韵府》百六部目（即元阴时夫《韵府群玉》106 韵，比《礼韵韵略》107 韵稍前，后者称平水韵，两者关系密切）题识各字之下，藉以通其沟径，利彼学人。”

《中华大字典》这三条措施，使大型字书在注音方面“不今不古”的局面有所改变。删除“叶音”是一大进步；改变多音多义字列目方式，使音义配合在局部上有所改善；增标 106 部韵目，也有利于题诗作对，检讨韵部。但其今音整理，却问题很多。《中华大字典》的编者不明白《集韵》的复杂性，是问题的症结所在。《集韵》收字多，音切多，固然有其“详”的一面，但“一遵《集韵》，以为其去今未远”，却并不“确”。《集韵》收字多，主要是异体字多，其所收又不明来源，相当复杂。所收小韵 4 473 个，较之《广韵》多出 598 个（《广韵》反切有3 875个）。这样，落实到每一个字头，其反切确比《广韵》多，更不用说比元明人所为韵书多。《集韵》反切多，蕴藏着很大问题。有些是据《说文》直音、读若自造的反切，这实际上是宋人的一种改良读音。还有许多是《经典释文》的音切，是唐代人收集起来的古籍中的魏晋经师的音注。《中华大字典》为了存音，一遵《集韵》，不加选择地将其中又音照录入典，这就在他所谓“今音”中加剧了“不今不古”的混乱局面。他还要人们用《切韵指掌图》去读这些反切，实令当代读者耳目为之昏眩。

《大汉和辞典》在单字注音上，停留在《康熙》、《经典释文》的水平，无可论述。

《中文大辞典》的注音，倒是有些特色，其《凡例》云：

> （一）每字之下，先注该字本义之反切，以该字所见最早之韵书为准；其余韵书所载之反切，依时代先后列于其下，各韵书皆未载其音者，从略。（二）次列该字见于平水韵之韵目，平水韵未载者，从略。

（三）国语与罗马字注音，以教育部颁定之《国语辞典》注音为准，该辞典未注音者，根据《广韵》所载同切语之字见于《国语辞典》者推定之。其《广韵》所无之字，则据《广韵》以后之韵书。（四）一字有数音者，除本义之音外，其音依引申义、假借义之音为次，分条以甲、乙、丙等符号标明之。其反切之排列及国语注音、罗马字注音，依前条原则标注。

《中文大辞典》的注音，运用了较新的标音工具，标注注音字母、罗马字母和声调，有利当代读者，这是一大进步。又在同一字目下，将多音多义字的音项，按本义、引申义、假借义顺序排列，不像《中华大字典》那样重出字目，有利于说明多音多义字，在音义配合上，又是一大进步。但《中文大辞典》的注音，先出反切，而其反切又基本因袭《康熙字典》、《中华大字典》所录，除未载“叶音”外，并未对中古音切作出认真的、系统的清理，所以，在注音上，它仍未摆脱《康熙》造成的“不今不古”的混乱局面，自然谈不上系统严整，音义密合。

综上所述，从《玉篇》以来，汉语字书在备载音切上，可以说是应有尽有。《康熙字典》综合历代字书、韵书成果，给以“同则合见，异则分载”，再与古籍用例相印证，在音义结合上做了许多工作。但由于当时音韵学研究尚未细密，人们对古音尚无系统性认识，因此，《康熙字典》的注音呈现出“不今不古”的混乱局面，是不可避免的。《中华大字典》、《中文大辞典》，随着时代进步，注音手段有所革新，因受《康熙字典》影响，亦未能在音义密合、系统标注古今音读上有突破性进展。

《汉语大字典》采取“有重点地、适当地反映汉字字音的历史演变和发展，分现代音、中古音、上古音三段标注”，这个问题才得到了一个较为合理的解决，大型字书中音义密合，显示音韵发展的系统性，才比较切实地体现出来。

三段标注，是汉语音韵学发展到今天才可能提出来的、一种大型字书注音的科学方式。

汉语音韵学已有一千多年历史，它在清理汉语字音义训上做过许多工作。但是，宋、元以前，人们并不明白古音系统。“毛公《诗传》，多易假借之字而训以本字，已开改读之先。至康成笺《诗》、注《礼》，屡云某读为某，而假借之例大明。”① 王引之所述，说明汉代经师郑玄懂古音，因而

① 见王引之《经义述闻·自序》。

有“某读为某”的训诂。但郑玄和其他汉代经师们并未对古音有系统性研究，只是在偶涉假借字时，才点明此与古代方音有关。《经典释文·叙录》引郑玄云：“其始书之也，仓卒无其字，或以音类比方假借为之，趣于近之而已。受之者非一邦之人，人用其乡，同言异字，同字异言，于兹遂生矣。”这就是很好的注脚。汉以后，人们读《诗经》、《楚辞》，由于音韵变化，许多地方已不押韵了，一些人不明古音，就根据当时变化了的语音给以改读。南北朝时，有所谓“比音”、“叶韵”、“协句”。到宋代，“改读”之风盛行，又有所谓“叶音”说。吴棫《韵补》、朱熹《诗集传》是其代表。例如一个“家”字，在《诗集传》中，随着不同诗句的韵脚，就注了五个不同的“叶音”，随意给以改读。这是不明古音的糊涂观念。〔明〕陈第著《毛诗古音考》，大破“叶音”说，指出：“时有古今，地有南北，字有更革，音有转移，亦势所必至。”为清以后古音研究指明了方向，人们才根据语音约定俗成的社会性，用历史眼光研究古音系统。

清代以来，人们以中古韵书为出发点，结合先秦语言材料的分析归纳，辅以当代方音的考释，古音系统的研究步步深入。顾炎武分古韵十部；江永分十三部；戴震分九类二十五部；段玉裁分十七部；孔广森分十八部；王念孙、江有诰分二十一部（二人所分不尽相同）；章炳麟分二十三部；黄侃分二十八部；到王力参订《诗经》时代的古韵为二十九部，又据《楚辞》用韵，定战国时代为三十部。上古韵部越分越精密，是目前古音学中公认的成果。中古音系的声韵调，因有《切韵》（《切韵》今仅存残卷，今以《广韵》为代表）一系韵书记载，又有等韵、字母之学可作参考，意见也比较一致。只是在古音重建上有不同意见，主要是在具体音值问题方面，但在音韵系统上的争论并不大。

现代音以北京语音为标准音的普通话，因有《汉语拼音方案》的确立，也很明确。正是明清以来汉语音韵学和当代普通话的推广及当代语音规范化的成果，为《汉语大字典》的三段标注，提供了客观的可能性。

有人认为，三段标注还不足以反映汉语语音发展的系统性，《汉语大字典》的古音系统是否可以标得更细一些呢？

诚然，从目前汉语音韵史的研究成果看，汉语字音，除按上古、中古、现代三段截分外，还可细分为先秦音系、汉代音系、魏晋南北朝音系、隋——中唐音系、晚唐——五代音系、明清音系和现代音系。①《汉语大字典》没有采用过细的音系分段标注，而是将上古、中古、现代三个音系之

① 古音细分情况，详见王力《汉语语音史》，中国社会科学出版社 1985 年版。

间过渡性阶段音系内容略而不标。当然，不标并非不承认其间有过渡性阶段。音系过渡，并非突变而就，中间总有旧质的消亡和新质的渐变。《汉语大字典》按三段标注，虽然略去了一些过渡阶段的渐变事实，但其传承关系（并非对应关系）还是非常清楚的。字典和语音史不是同一类型著作，它们之间既有联系，又要有所区别。音韵学理论研究，可以根据所得资料，不受篇幅限制，详列事实、细分音系，只要言之成理，自是一家之言；而字书注音，则要综合诸家成果，求其概括和稳定，要有篇幅上的严格限制。字典注音只能是“有重点地、适当地反映汉字字音的历史演变和发展”。《汉语大字典》的三段标注，虽然从表面看似乎粗了一点，但从当前语音史研究的总体成果看，它无疑反映了当前公认的、最富稳定性的研究成果，它的科学性和系统性是不容置疑的。

《汉语大字典》的三段标注，自始至终体现着“音义密合”这个训诂学的声训原则，这是因为：

第一，它首先突出了现代规范化的标准音。其现代音按《汉语拼音方案》标注。多音多义字，在字目之下分别不同音项，用（一）、（二）、（三）等表明次第，然后以类相从，将该音项下字的本义、引申义、假借义按序排列，不用“分立字头，音项互见”的办法处理。它严守“今音从今”的原则，凡已经普通话审音委员会审定的，按审定音标注。未经审定的，根据“名从主人”的原则，确定该字的现代读音。人名的注音，亦按此原则处理。古代人名字音，凡与今音差别大而必须标明者，均据古音与普通话的声韵系统指出古音。方言字的注音，主要参考《新华字典》、《现代汉语词典》标注。不见此两书者，据方言词典注音，或据方言与普通话对应规律推出普通话的读音。《汉语大字典》收字五万七千个左右，有一万四千余字是当代其他字书已有现代注音的，其余四万多字就是根据以上办法，首次给以现代音标注的。这也是训诂史上前所未有的创造。正是这些措施，使《汉语大字典》的现代音标注的典范性得到了保障，使“音义密合”这条训诂原则得到全面贯彻。汉语发展数千年来，从兹开始才有了这样一部开卷了然，可以从它得到合乎规范的、标准的全部汉字的现代音读及其所属字义系统。

第二，它确保了中古音的典范性。《汉语大字典》的中古音标注，是以《广韵》为代表的中古《切韵》音系的语音资料。《切韵》音系的基础，是公元6世纪（隋代）南北士人通用的雅言。《切韵》是由当时洛阳、金陵两系著名文士论定的，它以南北士人的雅言、书音为标准，折中南北方音的异同而编成的，而雅言与书音中合乎传统读音者多。因此，自唐至今，一直公认它是中古文献语言的语音标准。《切韵》原本已逸，仅存残卷。《广韵》依陆氏《切韵》，加以增广，是目前保存最完整的一种古韵书。《广韵》可作为《切韵》的代表，作为中古的规范语音系统，已是目前学术界的定评。《汉语大字典》以《广韵》、《集韵》一系韵书、字书为主要反切来源，其中出自《广韵》、《集韵》、《类篇》的主音反切，皆标明中古音韵地位，标注的顺序为调、韵、声。中古音标注，亦按"音义密合"的训诂原则，主要通过主切与反切的选取来体现。其选取原则是：①同一义项下，如中古音系中有几种韵书的多种反切资料，首先从《广韵》中选取主切。《广韵》缺，则取《集韵》；《集韵》缺，则从《切韵》一系其他韵书和字书中选取。②同一义项下，如有出自同一韵书的几个反切，主切取其韵目或小韵的反切。③与北京音有明显对应关系，在古籍中出现频率高、其读音又符合楷声系统者，作为主切确定的首选条件。中古反切与现代音不一致者，就现有语言材料，或参考有关著作，尽可能从中找出现代音的根据。④中古区别意义的多个反切，原则上均作主切分别标注在各自相应的义项前。如果几个区别意义的反切折合今音不相同，则分几个音项排列，让不同今音各自领属相应的反切，并在今音前加注（一）、（二）等序号，以示区分音项。⑤中古又音的选取，采取严格筛选的办法处理，即《广韵》的又音全取，《集韵》等书中的又音一般不取。若《广韵》中没有与今音对应的反切，则在《集韵》等中古韵书、字书中酌情收录。凡又音，皆排在主切下，只注出处，不标中古音韵地位，以示主次分明。根据"音义密合"的训诂原则来选取中古音切，使中古音韵地位的标注，与现代音标注之间取得系统上的一致性，是《汉语大字典》和以往汉语大型辞书不加选择地"备载音切"的根本性区别。

与此同时，《汉语大字典》还根据《韵会举要》、《中原音韵》、《中州音韵》、《洪武正韵》、《字汇》、《正字通》、《五方元音》等元、明以来字书、韵书中的音切资料，给那些不属中古《切韵》音系范围的字注音。这些注音，只标反切来源，并根据近古音的音韵系统，推出普通话的读音，但不标调、韵、声，以示和中古音系的区分。

第三，它明确了上古韵部的系统性。《汉语大字典》的上古音只标韵部。上古音中的声类、调类，因目前音韵学研究中尚无一致结论，暂付阙如。其韵部标目为：

之部　　职部　　蒸部
幽部　　沃部　　冬部
宵部　　药部

侯部	屋部	东部
鱼部	铎部	阳部
支部	锡部	耕部
脂部	质部	真部
微部	术部	谆部
歌部	月部	元部
	缉部	侵部
	盍部	谈部

以上计阴声九部、入声十一部、阳声十部，合为三十部。这个古韵三十部，主要是《诗经》入韵字反映出来的韵部系统，也照顾到战国时期《楚辞》所反映的语言事实。三十部的配合系统严整，显示了字义之间音韵通转的基本规律，是当前公认的早期汉民族共同语音的韵部系统。这个韵部系统，对研读先秦典籍，整理出土简书、帛书等古文字资料，都有十分广阔的用途。

汉语字书，从《说文解字》因形说音解义，到《玉篇》以反切注音，归纳字义训诂，一直在追求建立一个“音义密合”的文字训诂系统。但直至《康熙字典》、《中华大字典》、《中文大辞典》等大型字、辞典，由于人们对古音系统性的认识尚未臻密，在字音训诂上摆脱不了“不今不古”的混乱局面，这种“音义密合”的文字训诂系统，一直未曾建立起来。《汉语大字典》幸值盛世，能够吸收历代，特别是近、当代古音研究的成果，采用三段标注的办法，有重点地逐字标注字音源流，显示其不同历史阶段字音与字义之间不可分割的内在联系。它把现代语音放在首位，提供五万七千多字的现代规范化的读音；又把中古音韵地位、上古韵部给以整理，备载于后。人们可以据此而追溯当代普通话的历史渊源，并以此来配合其整个字义训诂系统，这就真正做到了从古今音读上实现其“音随义转，音义密合”的系统性要求，显示了它鲜明的、创新的时代特色。

第四，科学概括，合理归项，务求字义共时性与历时性的统一。

《汉语大字典》是楷书汉字大汇编，根据“源流并重，古今兼收”的编写方针，在字义训诂上，自然既要描写横向的现代字义，也要反映纵向的历史演变的字义轨迹。如何处理好语义发展的共时性原则与历时性原则的关系，是一个非常重要的问题。

汉语训诂，从《说文解字》开始，一直用溯源及流的办法来解决这对矛盾。《说文解字》因形说义，重在溯源，研讨文字本义或最早字义。《玉篇》承其端绪，着重解释当时楷书汉字的常用字义，已是溯源及流，全面整理古今字义。《玉篇》用“总汇众篇，校雠群籍，以成一家之制”的办法来整理字义，虽涉源流，但还谈不上是科学概括，合理归项。它只是尽量广集古今字义训诂，达到其“文字之训备矣”的目的。《玉篇》这种整理字义的办法，为以后各类楷书字典所继承。《康熙》“引用训义，各以次第。经之后次史，史之后次子，子之后次以杂书，而经史之中，仍依年代先后，不致舛错倒置，亦无层见叠出之弊”①。把“总汇众篇，校雠群籍，以成一家之制”的字义整理办法发展到登峰造极的地步。但这毕竟不是一个按照词义本身特性来整理汉字字义的科学办法。尽管《康熙字典·序》称它已达到了“部分班列，开卷了然，无一义之不详、一音之不备”，但实际上，《康熙字典》的字义系统，也还是被人批评为“一义之释，类引连篇，重要之义，反多阙漏”②，既难描写当时横向的字义内容，也没有尽可能反映字义纵向的演变史迹。《康熙字典》的释义体系，也只是一个按经、史、子、集四部罗列古籍注疏的字义训诂系统。

《康熙字典》之后，由于清代传统训诂学的发展，特别是此后现代语言学的建立，人们对词义运动的基本形式认识的加深，字书编制，特别是大型汉语字书的编制，才开始清理汉字由本义而引申、而假借的种种历史线索。《中华大字典》改变《康熙字典》以音为纲，按经、史、子、集四部范围收集字训，然后以时代先后为次的办法，而是对多音多义字用重出字目的方式，在字目之下注音、释义，先将文字本义列在前面，再将派生义分列其后，使本义、引申义、假借义之间的关系较为清晰。《大汉和辞典》、《中文大辞典》继续清理，做了许多工作。《中文大辞典·凡例》说：

> 字义之解释，采用《尔雅》、《说文》、《方言》、《释名》等字书，及两汉以来诸传注。每字之下，首列本义，引申义次之，假借义又次之，分条以㈠㈡㈢等符号标明，列于其读音之下。引申义又以名词、动词、形容词、助词为序，各附例句，以证义训用法。若一义之中，须更分条详述者，以①②③等符号标明之。

《中文大辞典》对多音多义字没有采用重出字目的办法，而是在同一字目下，按字义引申的次第分立音项，然后在该音项下领属有关义项。同一音项所属义项之间，又按词类的顺序排列。这种音义配合的条例，已经比较完

---

① 见《康熙字典·序》。

② 见《中华大字典·熊希龄叙》。

善，是打破《康熙字典》字义训诂系统最有成就的一家。但从其编写实际看，它仍未对字义进行科学概括，合理归项，使它的字义整理条例，未能很好贯彻。现以《中文大辞典》开篇的“一”字为例：

一：

《广韵》《韵会》於悉切《集韵》《正韵》益悉切。质入声一　i

（一）万物之本也，万物所从始也。《说文》一，惟初太极（始），道立于一，造分天地，化成万物。《老子·四十二》道生一，一生二，二生三，三生万物。《列子·天瑞》一者，形变之始也。《庄子·天地》一之所起，有一而未形。注：一者，有之初，至妙者也。《汉书·董仲舒传》：一者，万物之所从始也。《淮南子·原道训》一立而万物生矣，是故一之理施四海，一之际解天地。（二）基数之第一数字，整数之单位也。（以下各义项之下例略不备引）（三）数之始也。（四）多数中之一。（五）一一也。（六）一次。（七）犹么一旦。（八）犹独也。（九）犹每也。（十）犹言其一也。（十一）犹初也。（十二）犹先也。（十三）犹专也。（十四）犹纯也。（十五）犹常也。（十六）犹少也。（十七）犹无也。（十八）谓空也。（十九）相同也。（二十）齐一也。（二十一）协也。（二十二）犹均也。（二十三）犹言统一也。（二十四）犹聚也，不分散也。（二十五）号令不一也。（二十六）犹皆也。（二十七）满也、整也、全也。（二十八）终也。（二十九）犹既也。（三十）犹甚也。（三十一）犹昨也、曩也。（三十二）用以代替名词：①谓道也，冲虚之德也。②谓乾元也。③谓人之真也。④谓善也。⑤谓仁义也。⑥谓孝也。⑦谓诚也。⑧谓北方也。⑨谓物也。⑩谓身也。⑪谓质也。（三十三）用作指示形容词，每略去其所指示之名词：①谓一理也。②谓一室也。③一人，谓天子也，世子也。④谓一龟也。（三十四）犹或也。（三十五）若也，苟也，表假设。（三十六）犹乃也。（三十七）语助词，盖用以加强语气者也。（三十八）犹另也。（三十九）犹纔也。（四十）《国语辞典》指定某个之称，如一天，他又来了。（四十一）《国语辞典》表略微之意，如看一看，尝一尝。（四十二）表突然。（四十三）《国语辞典》表乍行某事或某有某种表现之意。（四十四）表连续。（四十五）表完全和极度。（四十六）表总数也。（四十七）乐谱表示音调符号，或作乙。（四十八）与壹通，古文作弌。（四十九）姓。（五十）注音符号韵母之一，读如衣，单韵。

俗话说："扁担倒下来就是个一字，谁不知道呢？"诚然，"一"字谁都认识，谁都会用，但并不是任何人都可以把它的用法讲得清楚的。"一"字常用常新，词义迭出，变化万端，为了解释它的用法，古代训诂家留下了汗牛充栋的材料，读不胜读，光是古义的整理就非常困难。《中文大辞典》"一"字释义所涉及的材料，也只是其中很少一部分。有一本《一字长编》，是专门研究一字用法的专书，所集材料就有数百页厚。当代著名语言学家刘复为《中国大辞典》写过"一"字稿本，此典虽未曾付印，但刘复稿本"一"字的义释已部分登载于北京大学《国学季刊》第一卷第一期，篇名为《释一》，并有单行本印行。《辞海》主编陈望道和原国家语言工作委员会主任陈原先生都写过有关"一"字的研究文章。这都说明，"一"字的训诂是多么困难。把这个"一"字作为例证，来讨论历代字书训诂的得失，是有典型意义的。

两千年来，字书中"一"字的释义变化很大，反映了不同的信息量，有"一"的古义，也有"一"的今义。

《说文解字》："一，惟初太始，道立于一，造分天地，化成万物，凡一之属皆从一。"这是释"一"的造字本义。《说文》收字按始一终亥排列，许慎的意思是，"一"是宇宙中最古老最原始的一种存在，人世间的一切知识都立足于这个存在，是它造分了天地，变成了万物。汉字千万个，也是从"一"这个最原始的符号开始，并不断变化的结果。这个解释非常玄虚，有点汉字形体变化一元论的味道。但近两千年来，汉语字书有关"一"的训诂，几乎都是这样开始的。

《玉篇》在《说文解字》所释基础上，加释了"同也"、"少也"、"初也"三个义项，是梁、陈之际所见"一"的常用字义。

《康熙字典》以此为基础，又加释了"纯也"、"诚也"、"正一"、"一一"、"天一星"、"三一"、"尺一"、"百一诗篇名"、"姓"诸义。从《康熙字典》引例看，除纯也、诚也、姓三义可立项外，其他皆复音词义或上下文章句义，并非"一"字本身固有字义。编者无识，仅据古籍随文释义的训诂材料，毫无抉择，强行立项。在字书释义中，均属虚假义项，根本不能成立。

《中文大辞典》"一"字所释义项，三倍于《康熙字典》所释。从义项数目看，信息量大增。但仔细审核其例证，虚假义项不少，犯了《康熙字典》同样的毛病，给人以守旧有余而创新不足之感，既不足以描写"一"在当代横向的字义内容，也难反映其纵向的字义发展的史迹。从总体看，它仍然没有摆脱从《玉篇》到《康熙字典》以来，"总汇众篇，校雠群籍，以求一家之制”的藩篱。

在字书中，“一”字很难编已如上述。是否就无法编好呢？也不是。关键在要以当代辞书意识，对传统训诂中的字义进行科学概括，合理归项。

所谓“科学概括，合理归项”，就是要在当代语言学观点指导下，对前人的字义训诂成果进行新的归纳和整理。从大型字书讲，要对汉字字义的历史和现状进行深入的分析和研究，对反映在单字中汉语词义进行新的概括和归项。以往字书、辞典，在这个方面需要改进的地方极多。

诚然，《中文大辞典》以前的字书、辞典，包括《中华大字典》、《康熙字典》、《正字通》、《字汇》、《玉篇》、《说文解字》等，都是汉语辞书史上的杰作，它们在文化史上的功绩是谁也抹杀不了的。但它们大多产生在当代语言学出现之前，虽然它们也曾对汉语字义进行过一些概括，但这些概括是不充分的。从某种意义讲，古代字、词书在字义训释上，大多只是训诂资料的汇编，只是古籍上已有的随文释义的训诂资料的收集、整理。《辞源》、《辞海》、《现代汉语词典》、《新华字典》等产生于现、当代的字、词书，对字义、词义进行了大量新的概括，给我们提供了丰富的经验。但它们只是中、小型辞书、字典，而且古今各有侧重，都谈不上源流并重，古今兼收。《中华大字典》、《中文大辞典》注意到古今兼收，但又概括不足，只是一味古今杂陈。这些，给《汉语大字典》在词义训诂上的创新留下了广阔的地盘。

《汉语大字典》正是在自己广博的资料基础上，参照以往字书义释，验其得失，在科学概括、合理归项上，取得了前人未有的成果。《汉语大字典》的字义训诂遵循以下原则：

社会性原则。文字是语言信息的载体，必须从语言约定俗成的事实出发考虑字典释义。所释字义，必须建立在可靠的，既能描写现代横向字义内容，又能反映纵向历史字义演变轨迹的语言材料基础上。例证要典范，语境要清楚，要释必有据，不能断章取义，望文生义。

概括性原则。字典所释，应是文字所反映的词的理性意义的概括，即只能是语言中词汇固定义（包括实词的词汇义和虚词的语法义）的概括性反映，要尽量排除言语环境中的临时的、尚未构成词义引申的非固定语义成分，也不允许具体语言环境中上下文意混杂其中，构成虚假义项。

历史性原则。大型字书的释义，要从字义源流纵横的历史发展中，对其全部涵义进行分条训释。在分条训释中，要溯源及流，由本义（或较早字义）而引申（有不同层次和不同类型的引申），而假借，使其归项合理，系统严整。义项的分合，要尽量避免互相包容，做到所释语言准确，义界清晰，合不失于模糊笼统，分不失于零碎烦琐。古代汉语中的假借字义，要理顺本字与假借字关系，并据古音系统，作适当处置。

现实性原则。大型字书的字义训诂，在贯彻源流并重、古今兼收的方针时，还要特别重视研究汉语言文字的新发展，要从实词和虚词两大范畴，全面描写字义横向的现实内容。词类划分要符合现代语法规范，释义用语要能体现词性内容，并具有当代语感。还要在复合词中，概括具有广泛构词能力的汉字的词素义，努力扩大字典义释的覆盖面。对现代汉语中因音致讹的错别字不作假借处理，不使古今混淆，影响汉字在当代的规范用法。

这四条原则，集中起来就是要科学概括，合理归项，务求字义共时性与历时性的统一，使《汉语大字典》的字义训诂具有新、准、全的特色。现以《汉语大字典》“一”字的训释为例说明之：

一

yī《广韵》於悉切，入质影。质部。①数词。最小的正整数（例略，下同）。又表序数第一。②全；满。③相同；一样。④纯一；纯正。⑤专一。⑥少许。⑦每；各。⑧另；又。⑨单独。⑩统一；划一。⑪均；平。⑫协同。⑬相当于“某”。⑭古代哲学概念：1. 指万物本源的“道”；2. 指由“道”派生的原始浑沌之气。⑮指自身。⑯工尺谱符号之一，表示音阶上的一级。⑰副词：1. 都；一概。2. 一旦；一经。3. 乃；竟然。4. 忽而。5. 甚；极。6. 表时间的短暂或前后动作的紧接。7. 表示突然的动作和现象。8. 用在重叠的动词之间，表示动作是短暂的或是尝试性的。9. 事物有几个方面，指其中某个方面。⑱连词。⑲助词。⑳姓。

《汉语大字典》“一”字所释共二十个义项，比《康熙字典》所释十六项多了四项；比《中文大辞典》所释五十项（不包括第二层次的分义项）少了三十项。义项增减是变化之一，更重要的是所释具有新、准、全的特色，这是质的变化。

先说“新”。

《汉语大字典》因贯彻释义的四项原则，能从字义源流纵横的发展高度审视字义，所以它就有新的内容。从《说文解字》起，到《玉篇》、《康熙字典》、《中文大辞典》，近两千年来，都把“一”的本义释为“惟初太始，道立于一，造分天地，化成万物”。这是一个古代的哲学概念，意思是“一”乃万物变化的本源，既是造物之本，也是造字之本。《说文》据形系联，始一终亥，首先讲这个“一”字，不是偶合，而是一种精心的安排。近两千年来，在较大型的汉语字书中，“一”的本义都沿用许说，似乎天经地义，不容置疑。当代一些中小型字典，如《新华字典》已经怀疑到这种说法，干脆抹掉这个义项，也是一种偏颇。

“一”字是什么时候造出来的呢？从甲骨文看，它的内容似乎只是记数符号。比甲骨文更早的半坡遗址出土的陶器上，也有“一”这个符号。这是六千年前原始母系社会出土文物，算不得系统文字，但专家们认为，这仍然是一种记数符号。可见，“一”作为初民的一种表义符号，一出现就与数的观念有关。“一”作为系统文字符号，最早也应与数量词有关，这是没有疑义的。哲学是人类思维能力进一步发达才可能有的事。有许多语言材料证明，作为一种哲学观念，是春秋战国时期人们在争辩事物起源时，“一”才被赋予万物之起源这么一些内容。到东汉许慎著《说文解字》时，正是这类哲学思想盛行的时候。许慎把“一”解释为宇宙之本元，是造分天地、化成万物的根本，有其现实的思想根据。许慎所释，固然是一种语义现象的概括，不可忽视。把它作为“一”的义项之一，亦合乎情理。但毕竟不是“一”的本义，或最原始的意义。字书编制，宜祖《说文》，这本是汉语字书的一个好传统。但《说文解字》中的错误义释，不能照搬。正确的态度应当是吸收其中优秀的成分，改革其中错误的或不够科学的内容。《汉语大字典》的独特贡献，正在于它与时俱进，辩证地对待过去的训诂成果，既不盲从《说文解字》以来的字书遗产，也不采取一笔抹杀的虚无主义态度。它在“一”字字目下，列举古文字资料，指明“一”为“原始记数符号”，又在本义解释中指明为“数词。最小的正整数。又表序数第一。”还将《说文解字》所释概括为“一”的第十四个义项：“古代哲学概念：1. 指万物本源的‘道’；2. 指由‘道’派生的原始浑沌之气。”这就理顺了“一”字义释的源流纵横，使整个“一”字的训诂得以系有所本。

再说“准”。

《汉语大字典》的义训，因贯彻概括性原则，对旧字书中的义项多有增、删、补、订。例如《康熙字典》“一”字下表数词的义项有“数之始也”。是正数之始还是负数之始？释义并不明确。《中文大辞典》“一”下（二）（三）（四）（六）（十三）五个义项，从所列例证考查，只有一个语言信息，即表数概念，却用了多个义项来表示，显系极不准确。《汉语大字典》“一”下只释“①数词。最小的正整数。又表序数第一。”将数词中基数词与序数词两项内容都照顾到，这就非常概括而且准确。又如⑰副词、⑱连词、⑲助词三个义项所释，兼包了《中文大辞典》、《康熙字典》中十多个义项所释内容，并以新的语法体系，将“一”的语法义作了新的概括，还对例句所反映的语法功能作了相应的描写。这些与时俱进的概括性的释义内容，也是《康熙字典》、《中文大辞典》无法比拟的。

最后说“全”。

《汉语大字典》由于兼包古今，对古今字义作了系统整理，是当今大型字书中释义最为全面的一家。前面所释“新”和“准”，是坚持释义的科学性所应达到的两项标准。这里所说的“全”，即释义的系统性问题，不是简单地指义项多寡，它与“新”、“准”两项要求紧密相联。只有在字义概括上做到“新”和“准”，摆脱了旧字书中望文生训、任意立项的毛病，才能做到合理归项的“全”，即达到反映字义源流，兼包古今之“全”。例如“一”字只用二十个义项，就将古今所包数词、形容词、动词、名词、代词、副词、连词、助词、姓氏等各类字义分门别类作了系统的归纳和整理，其字义覆盖面之“全”，也是《康熙字典》、《中文大辞典》不能相提并论的。

当然，“一”是一个难编的字，《汉语大字典》所释，也并非十全十美，还有待补充和修订。《汉语大字典》其他字目的编写也是如此，不能说完美无缺。但《汉语大字典》在编写过程中与时俱进，把传统训诂中义训的理论与当代语言学理论结合起来，在充分运用传统训诂资料成果的基础上，要求对字义进行科学概括，合理归项，务求字义共时性与历时性的统一，要求释义的新、准、全，这些方面的训诂原则和做法，无疑具有创新的内容，是值得肯定的。

第五，加强引证，提示源流，实证字义的准确性和全面性。

《汉语大字典》是楷书汉字大汇编，根据其源流并重、古今兼收的编写方针，其字义训释要达到新、准、全，就必须有经过严格选择的、兼包古今的可靠语言材料作为实证，才能令人可信，具有不可置疑的权威性。

注重实证，向来是汉语训诂的一个重要思想。

许慎采史籀、李斯、扬雄之书，博访通人，考之贾逵而著《说文解字》，其字音字训皆有依据。

《玉篇》“总汇众篇，校雠群籍，以成一家之制，文字之训备矣”。从原本《玉篇》零卷看，其人典例证极其丰富，所涉已及后来图书分类中经、史、子、集四大部类著作，而且是其中最重要的一些著作。有些著作，不仅引了原著，而且引了一些权威训诂家的注释①，已具有大型字书的规模。

① 《玉篇》原本不存，仅《〈黎氏校刊本〉残卷》就引书53种，引注疏17家。今《大广益会玉篇》例证、疏证大多删汰，不能反映原本引证面貌。

《康熙字典》按经、史、子、集范围归纳字义，更是义证宏富，盛况空前。有些义释，甚至达到“一义之释，累引连篇”的程度。但其举证，在实证字义的准确性和全面性上，问题很多。这只要看王引之的《字典考证》和日本汉学家渡部温的《标注订正康熙字典》两部书，就能知其问题的严重性。前者光是核对引文就发现二千五百余条错误；后者考异一千九百三十余条，订误四千余条。他们的考异、订误还不是很严格的，许多错误，后人又续有考校。钱剑夫综合各家考异、订误，加上他自己校录所得，归纳《康熙字典》举证错误有十七个方面内容：第一，引书常不举篇名（例略，下同）。第二，引用旧说不举书名。第三，援引旧说但据后引，不考原书。第四，引用书证，不知溯源。第五，所引篇名极多错误。第六，引用书名错误，人名亦误。第七，书名相混淆。第八，误记年数。第九，两种全不相干的书也常相混，文字亦有差异。第十，误以正文为注……第十二，误以疏为注文。第十三，杜撰注文。第十四，断句错误。第十五，意改原文，致违原意。第十六，妄节原文，大失原意。第十七，注解杂引诸书，乱添复词，极为繁琐。①

以上十七个方面的情况说明，《康熙字典》在举证方面，混乱不堪。《中华大字典》有所改进，引书皆标篇目。《中文大辞典》续有改进，“出典、引例均标明书名、篇名、项目、题目或卷次等，其顺序以字书、经书为先，按书籍或作者时代定其先后”②。但《中华大字典》、《中文大辞典》由于资料基础尚未完备，有些亦多从《康熙字典》转引，又未核实，亦未尽脱《康熙字典》造成的混乱局面。

汉语训诂资料浩如烟海，收集起来固然不易，类聚群分用于编写字书更非易事。大型字书编写，由于人力、物力和出书时间限制，常会造成资料来源不足，考据难以深入。加上成于众手，学科知识面广，编者难以面面专精，分析难以细密，容易出现错误。古今字书，引证失误者比比皆是，本不足为奇。但如果在编辑思想上充分重视，又有必要的训诂体例予以保障，举证中的错误是可以减少的。鉴于以往经验，《汉语大字典》在编写中强调加强引证，提示源流，实证字义的准确性和全面性，要求举证一定要做到四性：

直接性。即要从语言典范的作品中直接引证，坚持用第一手资料。《汉语大字典》在编纂中，做了近六百万张资料卡，分为字档，它构成了举证

---

① 见钱剑夫：《中国古代字典辞典概论》，商务印书馆1986年版，第79~85页。

② 见《中文大辞典·凡例》。

的基础。这批资料包括：（1）历代字书、韵书、雅书系统的剪贴式资料，它是前人收集整理过的第二手资料，它们叫书证；（2）历代重要典籍的文例及其注疏，是它们直接从一本本书籍中亲手收集起来的，这是第一手资料，它们名之为例证和疏证。在具体编写中，如何处理好书证、例证、疏证材料，是一个重要的训诂原则问题。前代音释、义释资料，有其社会约定俗成的内容。新编大型字书，不能割断历史，凭空创造，任意翻新，而只能科学概括，合理归项。因此，对其中有用的成分，凡可取者，一定要取过来。这不是抄袭，而是取其符合语言实际的成分，扬弃其中驳杂不纯的内容，这就有一个再查证、再概括的过程。再说，《汉语大字典》是空前的事业，它的“大”是抄不拢来的，它不能用抄前代字书、韵书、雅书的办法，来编新型大字典。这是因为：（1）前代字书、韵书、雅书，不管规模有多大，都达不到源流并重、古今兼收的广度和深度，在传统训诂著作中，抄不到近、当代的语言资料，也抄不到甲骨、金文资料；（2）前代字书、韵书、雅书体例各不相同，内容驳杂不纯，顺手抄来，必成硬伤，于新型字书编写，不但无益，反成祸害。因有此认识，《汉语大字典》才特别强调举证的直接性原则。它入选的书证、例证和疏证，都是反复查证过的语言资料，是从原著摘引的。凡类书和后人著作中引用前人的话，均从原书直接引用。除非是佚文，一般不从类书和后人著作中间接引用。当代复合词和短语（包括熟语、成语等）作例证，有些虽未标明出自何书，但在编写中，或从当代著作摘引，或直接来自当代规范口语，皆有所据，绝非凭空生造。

典范性。它包括以下三个方面的内容：一是要从语言典范的作品中取证；二是取证既要简短，又要保持语境的完整性；三是引证出处的表达，要合乎大型字书的规范，有利读者查核。

旧的训诂著作，特别是字书、辞书，体例不同，雅俗各别，取证往往不求语言典范性。或崇经典，不入流俗；或趋流俗，任意取证，各有所偏。加之古代印刷条件限制，书籍出版不易，取证皆尚简短，不能照顾语境的完整性，往往所证不明，字义模糊。或出处交待过于简略，读者查证不便。纠偏之法，惟有加强举证的典范性，才能合乎新型字书的要求。

《汉语大字典》的举证，其古代例证，多取传统经、史、子、集四部中的典范著作。其他例证，多取唐、宋以来及现当代著名政论、散文、诗、词、戏曲、小说，如《全唐诗》、《全宋词》、《全元散曲》、《水浒传》、《红楼梦》以及孙中山、鲁迅、毛泽东、郭沫若、巴金、茅盾、老舍、赵树理等当代语言大师的作品。在取证时，注意保持原著语境的完整性。凡引证，皆标书名、篇名或卷次，戏曲标折数、出名，章回小说标回数。除引经、史、子著名字书、类书不标作者姓名外，一般皆标作者姓名。汉以后至清代作者，还要标明朝代。为保证举证的典范性，还要注意版本鉴别，尽量引用流行较广，又被公认为比较可靠的版本。编写中，又据各种版本资料，比例互证，细审文意，严加校勘。其校勘所得，皆据校勘学惯例，不改原文，而用方括号或圆括号给以标明。这些措施，都确保举证的典范性原则得到贯彻。

时段性。即所举例证要能反映字义源流变化的时段性要求，确保能以例证提示源流的准确性。

为了兼顾源流，明证古今，《汉语大字典》采用一义多例的办法来说明字义。凡仅见于近、现代的字（或字中的某一个义项），只举近、现代典籍文例或例词；凡仅见于中、近古的字（或字中的某一个义项），只举中、近古用例，凡仅见于上古的字（或字中的某一义项），只举上古用例；凡古今通用字，则尽可能兼举上古、中古、现代三个时段的用例。有些字，上、中、近古用例可以兼证古今者，现代例证亦可阙如。一般是每一义项其例不超过三个。在多个例句之间，第一例句强调选用历史上最早的用例。若最早用例生僻难懂，可补引一个时代稍晚而意义明确的用例。古代用例字义界限不明而易生歧义者，则补以疏证。疏证以明白字义为限，不搞兼收并蓄、烦琐考证。凡例证一时难得者，则引古代书证以存音义，等待后人补证。《汉语大字典》由于举证的时段性要求，形成了自己的结构比较严密的训诂用例体系，使它在兼顾源流、明证古今上，较之以往字书有明显的特色。现以“伍”字本义说解为例，比较《康熙字典》与《汉语大字典》的异同。

《康熙字典》：

> 伍，《礼记·祭义注》：“五人为伍。”

《汉语大字典》：

> 伍，古代最小的军事编制单位，五人为伍。《周礼·夏官·诸子》：“合其卒伍。”郑玄注：“军法百人为卒，五人为伍。”《左传·桓公五年》：“先偏后伍。”杜预注：“五人为伍。”又泛指军队、队伍。唐·杜牧《原十六卫》：“籍藏将府，伍散田亩。”

《康熙字典》释“伍”本义，无书证、例证，只引一条疏证。这条疏证今查出元人陈澔《礼记集说》，已是证非其源。

《汉语大字典》在“伍”字本义训诂之前，已有字形说解，引《说文》：“伍，相参伍也，从人从五。”又引段玉裁注：“参，三也。伍，五也。《周礼》曰：‘五人为伍。’凡言参伍者，皆谓错综以求之。”说明从汉至清，都有关于“伍”的本义的正确训诂。在义项①中，又举《周礼》、《左传》文例，说明在先秦已有例证，又附郑玄、杜预两条疏证，说明从汉至晋，在古人注疏中亦肯定《说文解字》之释是确凿无疑的。然后加释“又泛指军队、队伍”义，引杜牧句为证，说明此义已有专指和泛指的区分，至少在中古此类泛指在书面语言中仍广泛使用。《汉语大字典》溯源及流，义证具备，十分明确。

《汉语大字典》举证注意时段性要求，对前代字书训诂义证多有突破，像“伍”一类字例，举不胜举。

全面性。是指书证、例证、疏证的全面安排。《汉语大字典》的书证，是历代字书、韵书、雅书（一般不包括近、当代辞书）对字义的传统训诂；例证是历代重要典籍的文例。其现代例证，也可以是合乎规范的复合词或短语（包括熟语、成语）；疏证是历代著名训诂学家有关字义（词义）的传、笺、注、疏文字。其安排的原则是：凡有典籍文例者，必引例证；古代例证，往往字义难明，易生歧惑，可引一些随文注疏，以确定其所释义界；暂时找不到例证者，应引书证，以存音义。资料允许时，则三证俱引。这样，《汉语大字典》的举证，就以例证为中心，辅以书证或疏证，三证结合，冶铸古今字说于一炉，不仅使其字义既概括又有文例可资主证，而且有古代辞书资料和古代典籍训诂资料可资旁证，其释义的准确性和全面性就得到了全面而系统的实证。现以“休”字为例，比较《康熙字典》与《汉语大字典》在举证广狭深浅上的异同：

《康熙字典》中“休”字有一个音项、十一个义项。举证中有书证三条，只涉《尔雅》、《方言》二书；例证七条，只涉《尚书》、《诗经》、《周礼》、《礼记》、《史记》五种，另有“见《五代史》”一语，有书目而无例证；疏证三条，所涉《尚书》注一条，《尔雅》注和疏各一条，都未注明出自何人之手。举证下限至宋人所注《五代史》。而且，以《集韵》所释“庆也，善也”为“休”字本义，既引非其源，又训诂失当。

《汉语大字典》中“休”字共列三个音项，二十三个义项。举证中书证十三条，涉及《尔雅》、《说文》、《广雅》、《广韵》、《集韵》、《正字通》、

《说文解字义证》、《说文通训定声》八种小学著作；例证六十七条，涉及《尚书》、《诗经》、《左传》、《周礼》、《孟子》、《国语》、《战国策》、《史记》、《汉书》、《后汉书》、《三国志》、《新唐书》、《南史》、《庄子》、《晏子春秋》、〔汉〕刘向《说苑》、桓谭《新论》，〔晋〕陶潜《归去来辞》，〔唐〕李白、杜甫、白居易、王勃、李商隐的诗，〔宋〕苏轼、辛弃疾、李清照的词，宋、元以来直至当代的戏曲、小说，如《清平山堂话本》、《水浒传》、《货郎担》、《红楼梦》、《聊斋志异》、《山乡巨变》。还有一种《四书释地》，为清人有关地理考证著作；疏证十九条，包括毛亨、郑玄、服虔、赵岐、杜预、郭璞、李贤、颜师古、孔颖达、陆德明、邢昺等汉、晋、唐、宋各代著名训诂家的传、笺、注、疏。举证下限至当代作家周立波的《山乡巨变》。而且，它以《说文解字》“休，息止也”为本义，并据所列古文形体在字形说解中指明：“甲骨文像人在树旁休息。”真正做到了三证俱全，兼顾源流，明证古今。

从全典编写情况看，《汉语大字典》虽然不是字字三证俱全（也不可能每字如此），但古今常用字基本上达到了这个规模。

注重举证的直接性、典范性、时段性和全面性，使《汉语大字典》从总体上构成了一个在汉语训诂史上从未有过的一个义证体系，增强了全典字义训诂的权威性。与《康熙字典》等传统训诂著作相比，《汉语大字典》在加强举证，提示源流，实证字义的准确性和全面性上，已有突破性进展，显示了它与时俱进的鲜明特色。

上面，我们从资料基础、汉字清理、三段注音、科学释义、系统举证五个方面，对比从《说文解字》以来，特别是《康熙字典》以来汉语字书著作的成败，介绍了《汉语大字典》的一些做法，也只是重点地谈到了《汉语大字典》提供了前人那些未曾提供的成果，解决了前人那些未曾解决的问题，说明了它在汉语训诂史上的一些贡献。原国家语文工作委员会主任、商务印书馆董事长、著名社会语言学家陈原先生曾说：“语言——文字是人类社会生活的活化石。通过语言——文字可以寻出社会运动的轨迹，甚至在某些场合还可以找到社会史‘失去的环节’。因此，无论就动态（轨迹）来说，还是就静态（化石）来说，社会语言学竭力要从语言——文字的形态和结构，来解释并探求社会发展的某些规律——自然，在这样的研究过程中，也常常能发现和论证语言——文字本身的进化和发展规律。在这个意义上，八卷本《汉语大字典》（同它的姊妹篇十三卷本《汉语大词典》一样）以其十五年艰苦劳动的成果作出了巨大的贡献。这部大字典可以说是迄今为止最完备的、最实事求是因而最有科学价值的汉字数据库。不言而喻，它不仅给世界上作为母语使用人数最多的书写系统（汉字系统）做了一个带有总结意义的收集、鉴别、整理、描写、分析工作，而且对研究汉民族乃至中华民族传统文化和社会发展提供了极其有用的资料。因此，《汉语大字典》的出版带有现实的和深远的意义。"①

当然，《汉语大字典》成于众手，它在一些字的形、音、义训诂上，也不可能没有问题。前修未密，后修转精，是科学史上的必然。随着时代的前进，科技手段的更新，它和以往传统训诂著作一样，将会不断地受到挑战，它在将来，将会修订增补。这是历史发展的辩证法。汉语的训诂，无疑也将与时俱进，达到更加完美的境界。

《汉语大词典》：

《汉语大词典》是由华东四省（山东、江苏、安徽、浙江）一市（上海市）动员了上千人从三千多种古今图书、报刊中，摘录资料卡片七百多万张（此为一卷出书时统计数字，一说全书十三卷出齐时将有一千万张资料卡），经数百位语言专家和专业工作者，历十五个春秋精心编制而成的。全书收汉字二万多个，词语三十七万余条，约五千万字，是我国最大的一部汉语词典。②

语文性和历史性是《汉语大词典》编纂的总方针。

先说它的语文性。

《汉语大词典》的训诂对象是它的词目。其词目包括单字、复词、词组、熟语、典故、专科词语等。这些词目，包括了用语法分析，从语言片段中分离出来的各级语言单位：词和小于词的词素，大于词的词组和句子。当然，作为语文性词典，其词目中主要还是汉语中的词。

《汉语大词典》中的"词目"是根据该典性质选录的，它是这部具有语文性和历史性的大型词典中需要解释的语言单位。它并不都是词，也不是见词就收，如甲骨、金文、简帛古文字资料中，一些具有可以认定为"词"的语言材料，虽有训释意义，由于字形未经楷化，它也不予收录。这类词，只能查金石碑版及古文字专书。

《汉语大词典》收单字条目二万二千余条，全部单音词都在其中。多音词包括"新词"、"兼有语文意义的专科词"，以及"学科分类不明的语

---

① 陈原：《关于汉字的社会语言学考察——写在〈汉语大字典〉全书完成之际》，载《汉语大字典论文集》，湖北辞书出版社、四川辞书出版社 1990 年版，第 9~25 页。

② 本节列举数据皆出自罗竹风《回顾与展望》、王涛《〈汉语大词典〉编纂纪实》，两文均载《辞书研究》1986 年第 6 期。

词"，凡有训释意义者，皆广为收列。

《汉语大词典》还收了词素义。

词素义又称语素，是语言中最小的意义单位，也是语法分析中的最小单位。词典中解释词素义，可以帮助读者了解合成词的词义合成情况，了解词义变化的历史进程。一个汉字，往往既是单音词，同时又是与其相关的复音词的词素，它们之间的关系是很难一刀两断的。

《汉语大词典》还收列大于词的词组（也称短语），其中包括固定词组和自由词组。固定词组包括惯用语（如牛头不对马嘴）、成语（如塞翁失马，焉知非福）、谚语或格言（如皮之不存，毛将焉附）、歇后语（如哑巴吃黄连，有苦说不出）等。自由词组原则上不收，但也不是绝对不收，如经常出现在语言中的古代诗文名句、历史事件、故事传说，凡有书面语言材料，不加解释不易理解者，也在收录之列。从这个意义上讲，《汉语大词典》的收条立目，并不单从语法分析角度，看它是不是"词"，是不是"固定词组"。它收条立目的根据，是词典的语文性，即在语言实际运用中，这些条目是否需要解释。

再说历史性。

《汉语大词典》是一部"古今兼收，源流并重"的大型语文词典，它以帮助读者正确理解古今语词含义和用法为其使命。因此，它广集从先秦到今天汉语发展各个时期的语言材料，并据科学的原则，系统地收集词目，进行音释、义释和举证。其选条原则是，优先收录古今词语中"常见而通用的"和"罕见而难解的"。现代汉语中的词语，是其收录重点，力求齐备。

《汉语大词典》是"古今兼收，源流并重"的大型语文词典，其训诂对象是无所不包的词义、语义，因此，在收条立目的对象、范围上，比百科性词典要复杂得多。百科性词典只需根据词典规模，按概念在一定学科中地位和作用给以取舍，再附带收录一些常见词语即可。许慎著《说文解字》，就已"六艺群书之诂，皆训其意，而天地、鬼神、山川、草木、鸟兽、昆虫、杂物、奇怪、王制、礼仪、世间人事，莫不毕载。"① 《说文解字》这一做法，为历代字书所继承。《汉语大词典》在新的历史条件下，不但继承了这一传统，而且给予极大丰富。现以古代人名、地名、书篇名为例说明之：根据其"收词原则"，凡"一般文学作品中常用作典故的神话传说及历史人物的正名；文艺作品中塑造的典型人物（包括本是历史人物，经过艺术加工而有某种典型意义的），经后人引用已产生比喻意义的；常见于一般文学作

① 许冲：《上〈说文解字〉表》。

品的历史人物、神话传说中的别名（字）、别号、别称；常见于一般文史著作的历史人物、神话传说人物姓名、别号、爵号的并称或合称；常见于一般文学作品的著名山陵原谷、江河湖沼以及地域泛称（包括别称、省称和并称）；常见于一般文学作品的宫殿苑囿、亭台楼阁、祠庙观堂、闾里街巷等（包括省称）；文学作品中常见的书名、篇名的别称、省称或并称；主要文体、诗体名，词牌、曲牌名（包括异名），等等，都在收录之列"①。这一类规模的古代人名、地名、书篇名的汇集和训释，在以往训诂著作中是不曾见过的。《汉语大词典》在广博的语言材料基础上，对汉语名物训诂作了历史性总结，它是一座取之不尽、用之不竭的汉语语言和文化信息的宝库。

《汉语大词典》的注音。

《汉语大词典》的单字注音分古音和今音两段，今音指现代普通话的读音；古音包括以《广韵》为主的中古音和近古音。现代出现的字不标古音，近古出现的字不标中古音。词义不变，《广韵》与今音符合对应规律的不标近古音。《广韵》与近古音不合对应规律时加标近古音。《汉语大词典》采取以字带词的办法编排词目，为篇幅所限，不是每个条目都标注古今音读，全面注音主要落在单字条目上，多字条目的音读和音义配合关系，是通过相应的单字注音得到全面反映的。②

《汉语大词典》与《汉语大字典》在编写过程中，曾由两典学术顾问、中国文字改革委员会出面牵头，由两典派员参加，成立审音和检字法两个委员会，统一解决有关注音和字形、检字法问题。在《汉语大字典》情况介绍中，我们对汉字注音作了较为详细的说明。《汉语大字典》是三段注音，《汉语大词典》只是两段注音，这是两典注音的区别，其相同之处就不必重复介绍了。

《汉语大词典》的释义和书证。

《汉语大词典》的释义和书证，是建立在上千万张资料卡片基础上的。这些资料卡片，包括现有辞书的剪贴卡和看书收词的自制卡。在编写过程中，又特别注意复核资料，纠谬勘误，细心推敲，务求释义的准确，并注意相关条目的处理，务求全典的统一。例如："五侯鲭"条，典出《汉书·元后传》。"鲭"同"脏"，本是鱼和肉合烹的食物。五侯，指汉成帝在同一天

① 洪笃仁：《〈汉语大词典〉的收词原则与指导思想》，载《辞书研究》1986年第6期。

② 关于《汉语大词典》注音的详细情况，请参见唐让之《〈汉语大词典〉的注音》，载《辞书研究》1986年第6期。

所封的母舅王谭、王商、王立、王根、王逢时五人。后称美味佳肴为"五侯鲭"。《西京杂记》卷二及宋代苏轼《次韵孔毅父集古人句见赠》中均有用例，旧版《辞源》、《辞海》均将"王逢时"误作"王逢"。《汉语大词典》根据《汉书·元后传》原文给以改正。① 一字之差，足可见其释义和举证的慎重精确。《汉语大词典》是一部源流并重、古今兼收的大型语文性词典，篇幅巨大，又成于众手，难免顾此失彼。在编写中，编者特别注重相关条目的处理，例如，单字与复词之间的音义交叉，释义与收条之间的相互照应，都十分注意。

《汉语大词典》取材广泛，选材严谨，示例典范，是迄今为止汉语词典中搜讨最勤、收效最大的词典之一。

9.《新华字典》、《现代汉语词典》

《新华字典》、《现代汉语词典》不是传统意义上的通释语义的训诂专著。它和上面讲过的百科性的《辞海》、古汉语性的《辞源》以及古今兼收的《汉语大字典》、《汉语大词典》都不一样，而是专门解释现代、当代字、词的字书、词典。它是现代语言学家、辞书编纂家在注意现代字、词意义的发展中，在充分积累现代、当代语言材料的基础上，所创造出来的新的研究成果。

当然，记录现代语言成果的字、词，不是凭空产生的，它是古代用字、用词历史发展的一个必然结果。训诂的一条重要原则，就是以今释古。因此，从传统训诂的参照面讲，在介绍传统训诂著作时，也有必要对比较典范的现当代字书、词典，作一些介绍。

《新华字典》：

《新华字典》是新中国的第一部现代汉语字典。它是中华人民共和国成立初期，由新华辞书社编写的一部小型语文工具书，其主编是著名语言学家魏建功先生。此书1953年由教育出版社出版初稿，1954年出第2版。当初设计，是为普及教育服务的，主要供中、小学教师和学生使用，中等文化程度的读者也可以参考。此典开始只收单字8 500多个。它突破传统字书格局，在字头下收有包含这个字头的复音词语三千多条，用现代白话注释，并对多义词的义项作了初步清理，分别用"引"、"转"、"喻"、"泛指"、"特指"、"又指"等新的用语，说明其间意义关系。这就使它兼具小型语言词典的用途。这种设计科学得体，使此典一开始就具有小型语文辞书的简明性和实用性。它收字适当（主要是现代汉语常用字），检索便捷（有多种检索

① 此例引自骆伟里《〈汉语大词典〉首卷复审定稿札记》并略有删节。骆文载《辞书研究》1986年第6期。

手段），价格便宜（面向读者大众，始终每本不超过一斤猪肉价），携带方便（口袋书形式），很快受到广大读者的欢迎，成为昌明教育、启发民智的必备畅销辞书。

1956年，新华辞书社并入当时中国科学院辞书编辑室（后改称中国社会科学院语言研究所）。此后，就一直由语言研究所负责历次修订，由商务印书馆出版发行。1957年6月商务新1版发行。目前发行的已是2011年6月商务第11版。至今，此典连教育出版社的两个版次，累计出了十三个版次，共印263次，发行总量已超过4亿册，是世界上发行量最大的辞书，它版本多，把关严，其语言规范性和科学性特别讲究，其影响又特别广泛，持久而且深刻，是世界辞书史上很难见到的奇迹。

根据《新华字典》各次修订说明和有关评论，我们知道：《新华字典》2004年1月商务第10版，是在1992年重排本（即第9版修订本重排本）基础上修订而成的。第9版修订本除保存原有各版的规模和特点外，还特别重视贯彻执行国家颁布的语言文字法令、法规以及有关规范的国家标准，注意吸收当时语言文字及相关科学的新成果，对以前各版的字形、字音、释义、例证、体例以及附录内容作了较为全面的修改和调整，并根据《简化字总表》，增删、调整了字头，明确区分了字头后的繁体字、异体字；根据《普通话异读词审音表》改动了少数字音；根据《现代汉语通用字笔顺规范》调整了部首的排列顺序、检字表和字头的排列顺序。在第10版修订中，又认真研究了1953年版原版的风格特点，对比参考了历次修订本，在加强规范性和科学性的同时，特别注意保持原书的简明性和实用性。

2011年出版的《新华字典》商务第11版，在第10版的基础上，根据国家语文规范和标准，继续进行修订。修订内容包括：

①增补字音。例如："的"字头下，第10版有de、dí、dì三个字音。第11版增加了"的dī（外）'的士'（出租车）的省称：打～｜～哥（称男性出租车司机）"。

②增补新义。例如："晒"字头下，增加了新的释义。"晒（外）展示，多指在网格上公开透露（自己的信息）：～工资｜～隐私。"

③增删词语。例如"民"字头下增加复音词"民生"、"福"字头下，增加复音词"福祉"等。为了平衡内容容量及页码数量，还删减了一些文言词和检索率较低的词，如"手机"、"飞机"这类常用但很少有人检索的词。

④更新了部分附录。例如：根据2009/2010《世界知识年鉴》（世界知识出版社，2010）的最新统计数据，对《世界各国和地区面积、人口、首

都（或首府）一览表》进行了重新整理。

⑤增补人名、地名、姓氏用字，主要根据公安部人口普查资料、民政部所得地名用字资料，并吸收部分群众意见，新增字头 2 800 多个。另外，还增加繁体字 1 500 多个，异体字 500 多个。

《新华字典》第 11 版，共收字 13 000 多个，以字带词，共收带注释的词语 3 300 多个。它注音标准，释义准确，例证精当，内容丰富，简明实用，进一步增强了这部字典的规范性和科学性。经过不断修订，使这部字典不仅仅是中小学教师和学生使用的一本小型语文工具书，而且成了各行各业包括新闻记者、报刊编辑以及凡是从事文字工作包括各类专家、教授查询有关规范用字、用词的案头必备标准书。据《武汉晚报》2005 年 10 月 24 日《巴金最后日子》一文报道：“（在医院）巴老写作的桌子非常小，但上面必备三样东西：眼镜、收音机和《新华字典》。”这事充分说明，在当今的文字工作者中，一部小小的《新华字典》是多么重要！巴老是大文豪，《新华字典》所收多为常用字、词，他未必不识。但巴老是四川人，四川方言和普通话是有区别的，许多字的规范读音及其繁简形体、标准用法，即使是著作等身的巴老也需要查询这部小字典。巴老年纪大了，记忆不佳，这都是情理中的事。《新华字典》虽小，但在字、词规范性的意义上却非常之大，它已成为推广普通话的有力工具书。

《现代汉语词典》：

《现代汉语词典》是一部久负盛名的规范型中型汉语辞书。

这部词典，之所以久负盛名，是因为它是由一个权威性的编写机构——中国社会科学院语言研究所，以及著名语言学家吕叔湘、丁声树等，带领一批有丰富辞书编写经验的学者近百人，细心观察现代汉语共时性变化，日积月累，亲自制作资料卡片，一张张仔细分析，科学归纳，认真寻找其中变化规律，经历近半个世纪的努力，才编写和修订出来的。这部词典，从 1956 年开始准备资料，1958 年正式开编，经十六七年的努力，在 1973 年出版了“试编本”（内部发行）。以后，又经多次修订，才成目前发行的第 5 次修订版。此典前后印制 340 次，各次累计发行四千多万部。除内地外，韩国、日本、新加坡等国家和我国香港地区，还有当地相应的版本发行。它是我国流行广泛、影响深远、久负盛名的语文工具书。

《现代汉语词典》久负盛名，还在于它的规范性。

编写规范型词典，有利于国家统一和民族团结，是民族文化发展到一定高度才可能提出来的。汉语是世界上最重要的语种之一，它经历过一个很长的发展过程，方言繁多，书面语与口语脱离，曾影响人们正常的社会交际。

要求确立民族共同语，编纂规范型词典，是现代汉语发展史上一项十分重要的任务。

1955年10月，我国举行了一次史无前例的现代汉语规范化问题学术讨论会，第一次把现代汉语标准语定名为普通话，提出了“推广普通话，促进汉语规范化”这个历史性任务。当时，我国著名语言学家几乎都参加了这一盛会。他们提出，要尽快编出为推广普通话和促进汉语规范化服务的现代汉语词典来。1956年2月6日，国务院发布《关于推广普通话的指示》，把这些学者的建议正式变为政府行为。在该指示中，明文规定普通话要“以北京音为标准音，以北方方言为基础方言，以典范的现代白话文著作为语法规范”。这就从国家语言文字政策的高度，严格规定了汉民族共同语在语音、词汇、语法三个方面的标准，使从清末就已发端到中华人民共和国成立前要求“统一”的“国语”，在概念上更加清楚，在认知标准上更加明确。该指示还责令中国科学院语言研究所（即后来的中国社会科学院语言研究所)，完成现代汉语词典的编写任务。为编好这部词典，很快就组建了由著名语言学家、文字学家、教育家和辞书编纂专家组成的审订委员会，确定了编写责任人，这就从国家语言文字政策和组织班子上确保了《现代汉语词典》的规范性。

曹先擢、晁继周所著的《〈现代汉语词典〉的历史地位》一文指出：“现代汉语词典就是普通话词典。普通话是咱们民族的共同语，是一种规范的语言。规范是合乎标准的意思。”①

现代汉语是在近代汉语基础上形成的，它有一个很长的发展过程。在这个过程中，也曾有过一些现代汉语词典问世。例如，1937年开始出版、延续多年才出齐的《国语词典》，就是其中最著名的一部。由于时代的局限，这些词典在注音、收词、释义等方面，都存在不少问题。《国语词典》在注音上按北京语音系统给字、词注音，不再像“老国音”有入声，分尖团，是一大进步，但在儿化音等问题上，则存在弊病。收词上大量收进近代词，现代词很少，还杂收一些古代词。注释半文半白，并非现代白话文。总之，这类词典还不能说是合乎规范的现代汉语词典。

《现代汉语词典》则以现代汉语普通话为收词对象，与近代汉语、古代汉语词典截然不同。以虚词为例，古汉语虚词是“之、乎、也、者、亦、焉、哉”，在现代汉语中，这些虚词不常用，最常用的是“的、了、呢、吗”。《现代汉语词典》根据常用的原则，对“的、了、呢、吗”一类常用

① 《〈现代汉语词典〉编纂学术论文集》，商务印书馆2004年版，第1~11页。

词作了比较全面的收录。当然，“之、乎、也、者”一类词，因目前书面语言中还不时可见，仍然收录，加上〈书〉，指明它是书面语词。《现代汉语词典》从第5版开始，对所收虚词和实词都加注词类，这是一个难点，也是一个亮点，既是词汇问题，更是语法研究的新成果，最能体现这部规范词典的性质和成就。《现代汉语词典》根据普通话应用和查询的需要，适当地收录了一些古代汉语（即文言）词和方言词，用〈书〉、〈方〉等符号加以标明。这样，《现代汉语词典》中，凡不加任何标志的词，都属普通话词汇范围，这就把规范性和实用性结合起来，方便了读者。《现代汉语词典》是我国历史上第一部确定普通话词汇规范的词典，在它之前，还没有这样的词典。从这个意义上讲，它是汉语辞书史上的一个里程碑。

《现代汉语词典》也是第一部成功地用白话解释词语的词典，它用准确、精练的普通话书面语解释词语，尽量避免半文半白的释义用语。在释义方式上，尽量采取定义式释义方式，避免传统辞书中搬用传统训诂同义互训和递相为训等释义方式。例如：

长（長）cháng ① 形 两点之间的距离大（跟“短”相对）。a）指空间：这条路很～｜～～的柳条垂到地面。b）指时间：～寿｜夏季昼～夜短。（以下义项略）

短 duǎn ① 形 两端之间距离小（跟“长”相对）。a）指空间：～刀｜裤子裁～了。b）指时间：～期｜夏季昼长夜～。（以下义项略）。

像“长”、“短”、“大”、“小”、“胖”、“瘦”、“宽”、“窄”等一类常用词，传统训诂和传统辞书，很少用定义式释义来解释其意义，而只是用“长，跟‘短’相对”、“短，跟‘长’相对”之类的互训简单说明其反义词关系。又如：“很”：

很 hěn 副 表示程度相当高：～快｜～不坏｜～喜欢｜～能办事｜好得～｜大家的意见～接近｜我～知道他的脾气。

《现代汉语词典》在副词释义之后，用7个例证说明“很”作为副词，主要用于修饰形容词，修饰形容词的否定式，修饰动词，修饰动宾短语，作补语。这7个例句在普通话口语中很常用，也都能找到相关的白话书面例证。其排列也很讲究，能有层次地展示其语法意义。

《现代汉语词典》的释义水平，在现有辞书中是比较高的，有一定的权威性。它的释义用语，符合普通话语言规范；它开创的许多释义体例，也多为后来的辞书所借鉴，影响深远。

1957 年 10 月，经国务院审订，《汉语拼音方案》公布。从此以后，拼音字母普遍用于字典、词典的注音和语文教学。1982 年国际标准化组织采用拼音字母作为拼写汉语的国际标准。《现代汉语词典》是我国历史上最早使用《汉语拼音方案》给汉语字、词注音的词典。在字形和字音上，《现代汉语词典》的编写和修订，总是严格贯彻国家有关部门制定的标准，除《汉语拼音方案》外，还包括《第一批异体字整理表》、《简化字总表》、《现代汉语通用字表》以及《普通话异读词审音表》。条目的注音，严格贯彻词连写的原则，轻声、儿化音也根据北京话读音情况作出规范化处理。

《现代汉语词典》是一部规范型的普通话词典，它的成就是多方面的。商务印书馆出版吕叔湘、胡绳著《〈现代汉语词典〉学术讨论集》（1996 年北京版）和韩敬体编《〈现代汉语词典〉编纂学术论文集》（2004 年北京版）有许多文章专论该词典的规范性，值得一阅。

以上是每解一字，都有说形、说音、说义者。

10.《匡谬正俗》

《匡谬正俗》八卷，〔唐〕颜师古撰。

颜师古（581—645 年），名籀，以字行。京兆万年（今陕西西安）人。颜之推的孙子。曾任秘书少监、中书侍郎等职。贞观中，与孔颖达等同定《五经正义》，又给《汉书》和《急就篇》作注。他以世俗之言多谬误，于是“质诸经史，匡而正之”，撰成这部《匡谬正俗》。据他的儿子扬庭奏上此书的表说：“稿草才半，部帙未终。”可见这原是一部没有完成的著作，是他儿子替他编成的。其中所纠正的都是古籍和俗语中的谬误，有字义方面的，有字形方面的，有字音方面的，也有三者交织在一起的，范围较广，考证也多精当，一向为训诂学者所推崇。现在摘录几条，以见一斑。

〔背〕《伯兮篇》云：“焉得谖草，言树之背。”

毛传云：“背，北堂也。”谓于堂北种之，以忘忧耳。而陆士衡诗云：“焉得忘忧草。言树背与襟。”便谓身体前后种之，此亦误也。（卷一）

〔兽〕《武成序》云：“武王伐殷，往伐归兽。”

孔安国注云：“往诛纣，克定，偃武修文，归马牛于华山、桃林之牧地。”徐仙民音兽为始售反。按《武成》当篇云：“归马于华山之阳，放牛于桃林之野。”此与序意相承。又许氏《说文解字》云：“獸，犍也。”《字林》：“獸音火又反。”獸字从嘼从犬，斯则六畜之字本自作嘼，于后始借畜养字为耳。且獸、畜类属不同。嘼者，人之所养，獸者，是山泽所育。故《尔雅》论牛、马、羊、豕，则在《释畜》；论麋、鹿、虎、豹，即在《释獸》，较然可知。若武王归鹿华山之阳，放虎桃林之野，可言归獸。所归放者，既是马牛，当依嘼字本音读之，不得以作獸字一边，便谓古文省简，即呼为獸。且《尧典》云：“鸟獸孳尾”，“鸟獸毛毨”，“鸟獸希革”，“鸟獸氄毛”；《旅獒》云：“珍禽奇獸，不育于国。”皆作獸字，不作戱也。何独《武成》一篇以嘼为獸，斯不然矣。(卷二)

〔逡遁〕贾谊《过秦论》云：“尝以十倍之地，百万之师，叩关而攻秦。秦人开关延敌，九国之师，逡遁而不敢进。秦无亡矢遗镞之费，而天下诸侯已困矣。”遁者，盖取盾之声以为巡字，当音详遵反。此言九国地广兵强，相率西向，仰形胜之地，泝函谷之关，欲攻秦室。秦人恃其险固，无惧敌之心，不加距闭，开关而待；然九国畏懦，自度无功，持疑不进，坐致败散耳。后之学者，既不知遁为巡字，遂改为遁逃。因就释云：九国初见秦闭关，谓其可胜，所以率兵来攻。忽见秦人开关，各怀恐惧，遂即奔走。故潘安仁《西征赋》云：“或开关而延敌，竞遁逃以奔窜”，斯为误矣。若见秦开关，遁逃而走，即应大被追蹑，覆军杀将，岂得但言不敢进而已乎！且书本好者，今犹为逡遁，不作遁逃也。(卷五)

〔陂池〕《东观汉记》述光武初作寿陵，云：“今所制地不过二三顷，为山陵陂池，裁令流水而已。”按：陂池犹如《弔二世赋》：“登陂陁之长坂。”凡陂陁者，犹言靡陁耳。光武言不须如前世诸帝高作山陵，但令小隆起陂陁然，裁得流泄水潦，不垫坏耳。今之读者谓为陂池，令得流水，此读非也。(卷五)

〔计偕〕凡举事立称，当依义理。若遵古昔，须得其衷。《班书》：“武帝元光五年，征吏民有明当世之务，习先圣之术者，县次续食，令与计偕。”此言所征之人，县别给食，令上计之使俱诣京师耳。而晋朝谓计簿为计阶簿，意欲酌于故实，乃所以彰其谬陋，变“偕”为“阶”，了无意旨。(卷五)

〔若柯〕问曰：俗谓如许物为若柯，何也？答曰：若干，谓且数也。《礼》云：“始服衣若干尺矣。”《班书》云：“百加若干”，并是其义。干音讹变，故云“若柯”也。(卷六)

当然，其中缺点错误，也在所难免。例如：

〔俘〕《庄六年经》书“齐人来归卫俘”，传言“卫宝”；《公羊》、《谷梁》并为“宝”。杜预注云：“疑《左氏传》经误。”案《尔雅》云：“俘，取也。”《书序》云：“遂代三朡，俘其宝玉。”然则所取予卫之宝而来献之，经传相会，义无乖爽，岂必俘即是人。杜氏之说为不通矣。（卷四）

在这个问题上，段玉裁的见解比颜师古高明。《说文·人部》“俘”字段玉裁注：“《春秋左氏经》‘齐人来归卫俘’，传作‘卫宝’。《公羊》、《谷梁》经传皆作‘卫宝’。杜曰：‘疑《左氏》经误。’按：非误也。俘，孚声；宝，缶声。古音同在尤幽部。经用假借字，传用正字。又如经曰：‘莒人弑其君密州。’《左氏传》云：‘《书》曰：莒人弑其君买朱钼。’买即密，如溟水即汨水。朱钼即州，如邾娄即邹。亦是字异实同，不得疑经误，亦不得谓传误。”段玉裁的注，为我们拨开了迷雾，使我们看到：杜预注疑经传有误不对；颜师古引《尔雅》训“俘”为“取”，也失之迂远。而且，按颜氏的意见理解为“齐人来归卫取”，也不成话。颜氏此条实不足取。《匡谬正俗》中此类情况还有不少。《四库全书总目提要》和王力《中国语言学史》都曾指出一些，可供参考。

以上是书中包含说形、说音、说义，但并非逐字解其形、音、义者。

第四节　杂考笔记中的训诂

我国汉语的训诂不仅有无数专著，而且还有许多散见于杂考笔记中。这一类训诂资料，在《四库全书》中，多半被列入子部杂家类。《四库全书总目提要·子部·杂家类一》说：“以立说谓之杂学，辨证者谓之杂考，议论而叙述者谓之杂说，旁究物理胪列纤琐者谓之杂品，类集旧文涂兼众轨者谓之杂纂，合刻诸书不名一体者谓之杂编，凡六类。”这类著作虽然分为六类，但就其收录的书目来看，杂考笔记、杂纂杂编各类野史异闻，是其主要内容，这里，姑且以杂考笔记统称之。

这一类著作，从汉代就已出现。最早的一部就是后汉班固所撰《白虎通义》。《四库提要》说：“方汉时崇尚经学，咸兢兢守其师承。古义旧闻，多存乎是，洵治经者所宜从事也。”① 其实，不光治经，今天我们研究古代训诂和古代文化各门各类学问，这些杂考笔记资料，也是非常宝贵的，例如《白虎通义》：

(1) 王者自谓一人者，谦也，欲言己材能当一人耳。（四部丛刊本，卷一）

(2) 三皇者何？谓伏羲、神农、燧人也。或曰：伏羲、神农、祝融也。《礼》曰：伏羲、神农、祝融，三皇也。（同上）

(3) 五祀者何谓也？谓门、户、井、灶、中霤也。（同上，卷二）

(4)《尚书》曰：“予欲闻六律、五声、八音。”五声者何谓也？宫、商、角、徵、羽。土谓宫，金谓商，木谓角，火谓徵，水谓羽。《月令》曰：“盛德在木，其音角。”又曰：“盛德在火，其音徵；盛德在金，其音商；盛德在水，其音羽。”所以名角者，跃也，阳气动跃。徵者止也，阳气止。商者张也，阴气开张，阳气始降也。羽者纡也，阴气在上，阳气在下。宫者容也，含也，含容四时者也。八音者何谓也？《乐记》曰：“土曰埙，竹曰管，皮曰鼓，匏曰笙，丝曰弦，石曰磬，金曰钟，木曰柷，此谓八音也。法《易》八卦也，万物之数也，八音，万物之声也。”（同上）

(5) 商贾何谓也？商之为言商其远近，度其有亡，通四方之物，故谓之商也。贾之为言固，固有其有用之物以待民来，以求其利者也。行曰商，止曰贾。《易》曰：“先王以至日闭关，商旅不行，后不省方。”《论语》曰：“沽之哉！我待贾者也。”（同上，卷六）

稍后，应劭撰《风俗通义》，蔡邕撰《独断》，都沿袭班氏《白虎通义》的体式，把训诂与考订辩证结合起来。例如：

(1) 笛，谨案：乐器，武帝时丘仲之所作也。笛者涤也，所以荡涤邪秽，纳之于雅正也，长二尺四寸，七孔。其后又有羌笛。（《风俗通义》四部丛刊本，卷六）

(2) 批把，谨案：此近世乐家所作，不知谁也。以手批把，因以为名。长三尺五寸，法天、地、人与五行。四絃，象四时。（同上，卷六）

① 见《四库提要·卷一一八子部·杂家类二》，中华书局1965年版，第1015页。

(3) 丘，谨案《尚书》:“民乃降丘度土。”尧遭洪水，万民皆山栖巢居，以避其害。禹决江疏河，民乃下土，营度爽垲之场而邑落之。故丘之字从二人立一上。一者地也，四方高，中央下，象形也。《诗》云:“至于顿丘”，“宛丘之下”。《论语》:“他人之贤，丘陵也。”《尔雅》曰:“天下有名丘五，其三在河南，其二在河北。”(同上，卷十)

(4) 朕，我也。古者尊卑共之，贵贱不嫌，则可同号之义也。尧曰:“朕在位七十年。”皋陶与帝舜言曰:“朕言惠可底行。”屈原曰:“朕皇考”。此其义也。至秦，天子独以为称，汉因而不改也。(《独断》卷上，百川学海本)

(5) 陛下者，陛，阶也，所由升堂也。天子必有近臣执兵陈于陛侧，以戒不虞。谓之陛下者，群臣与天子言，不敢指斥天子，故呼在陛下者而告之，因卑达尊之意也。上书亦如之。及群臣士庶相与言曰殿下、阁下、执事之属，皆此类也。(同上)

(6) 三代学校之别名：夏曰校，殷曰庠，周曰序。天子曰辟雍，谓流水四面如璧，以节观者。诸侯曰頖宫，頖言半也，义亦如上。(同上)

(7) 天子出，车驾次第，谓之卤簿。有大驾，有小驾，有法驾。大驾则公卿奉引，大将军参乘，太仆御，属车八十一乘，备千乘万骑。(同上，卷下)

到了晋代崔豹撰《古今注》，也是这样。例如：

(1) 履者，屦之不带者也。(卷上，畿辅丛书本)

(2) 不借者，草履也。以其轻贱易得，故人人自有，不假借于人，故名不借也。(同上)

(3) 肆，所以陈货鬻之物也。店，所以置货鬻之物也。肆，陈也。店，置也。(同上)

(4) 阙，观也。古每门树两观于其前，所以标表宫门也。其上可居，登之可远观，故谓之观。人臣将至此，则思其所阙，故谓之阙。其上皆丹垩，其下皆云气仙灵奇禽怪兽，以昭示四方焉。(同上)

(5) 隍者，城池之无水者也。(同上)

(6) 紫塞，秦筑长城，土色皆紫，汉塞亦然，故称紫焉。(同上)

唐宋以后，这一类著作逐渐增多，名称也不断变化，或曰笔记，或曰笔谈、笔录、笔乘、随笔、杂记、杂俎、杂抄、杂志、偶谈、漫录、漫志、丛语、丛抄、闲评、记闻、类编、类要、汇考，等等。《四库全书总目》收入子部杂家杂考类的就有李匡乂《资暇集》、李涪《刊误》、洪迈《容斋随笔》、王应麟《困学纪闻》、黄溍《日损斋笔记》、方以智《通雅》、顾炎武《日知录》、阎若璩《潜邱札记》等五十四部，收入子部杂家杂说类的又有封演《封氏闻见记》、宋祁《笔记》、沈括《梦溪笔谈》、周密《齐东野语》、陆友《研北杂志》、方以智《物理小识》、王士祯《池北偶谈》等八十四部。此外，《四库全书总目》所未收，以及后出的同类的书，还有不少，这里不一一介绍了。

从这一类书中训诂的体式来看，它有三个明显的特点：

(1) 信手拈来，不加诠次。这一点可以洪迈《容斋随笔》为代表。(续笔、三笔、四笔、五笔同此) 洪氏自序云："予老去习懒，读书不多，意之所之，随即纪录，因其后先，无复诠次，故目之曰'随笔'。"这是说得很老实的。其实唐宋以来这种随笔式的"杂文"多得很，何止洪氏一人！

(2) 散见书中，不相连缀。唐宋以来，杂考笔记中的训诂也多半如此。前面的那一种不消说，即使精心诠次的著作，如〔明〕方以智的《通雅》，也不免此弊。方氏此书五十二卷，又《序录》一卷，卷首三卷，共五十六卷。仿效《尔雅》的体制，分为《疑始》、《释诂》、《天文》、《地舆》、《身体》、《称谓》、《姓名》、《官制》、《事制》、《礼仪》、《乐曲》、《乐舞》、《器用》、《衣服》、《宫室》、《饮食》、《算数》、《植物》、《动物》、《金石》、《诗原》、《切韵声原》、《脉考》、《古方解》二十四类，每类之中又有子目。博考名物、象数，而以训诂、声音、文字为主，征引经籍，以至俗谚，考据精确，条理严谨，在明代考证之学中，应当首屈一指。因此，为学术界所重视。但就其训诂来说，仍然不能一以贯之，因而还不免驳杂之诮，被目录学家列入杂家。

(3) 零零碎碎，不成体系。这也是杂考笔记中的训诂的通病。杂考笔记中的训诂虽然有这些通病，但是它的价值却是不能抹杀的。因为，这一类杂考笔记的作者，大多是著名的学问家，他们写作时多有"故家文献"作依据，又有"博恰贯通"的知识积累和写作功底，其中一些人还经历过宦海沉浮，他们常常把自己经历的朝野见闻、宫闱琐事形诸笔端，大多可补正史之阙，可纠国史之谬，成为后人修史的重要资粮。他们将亲历的域外异闻、风俗习尚，偶记数笔，往往可补民俗学之漏，证中外交流之变。他们吟诗作对，偶释趣闻，作读书札记，释语词，讲典故，考释经典异文，训释诗词词义，又是后代文、史、哲、经各类文献注疏之学难得的资料。

我国传统训诂专著，主要是为了解释儒家经典而发展起来的，它们往往忽视稗官野史之类的杂考笔记。近代辞书编纂和各类古代史学著作，除利用古代经（包括字书、韵书和各种经典注疏）史和集部各种专集资料外，已开始发掘魏晋唐宋以来杂考笔记资料，因为这些资料能够提供古代字书和经典注疏所缺少的词语、典故。如〔晋〕崔豹《古今注》、张华《博物志》、〔南朝梁〕宗懔《荆楚岁时记》等有关名物考释和风土人情的记述，特别是唐宋以来杂考笔记中所涉及的朝廷秘闻、宫闱轶事、士林佳话，许多都已约定俗成，成为后世掌故。宋代程朱理学盛行，疑古成风，又有许多训诂成果在争鸣中通过杂考笔记这种形式传留下来。宋元戏曲兴起，词曲大盛，又有许多杂考笔记，记叙都市风貌、瓦肆伎艺、俗言市语，新词新义，层出不穷。清代乾嘉以来，国家统一，社会相对稳定，文化一度繁荣，考据之风大盛，在大量训诂专著出现的同时，还留下了大量杂考笔记，反映了那个时代的社会风貌。这些资料，不仅为现代戏曲、小说、电视、电影等创作留下了丰富的、取之不尽的趣闻、轶事等历史故实，也为近、现代各类辞书特别是大、中型辞书编纂提供了丰富的词目和例证。大量杂考笔记中对这些词语的考释，理所当然成了这类辞书在词义训诂中的重要依据。例如，《辞源》在许多词目下，就曾引用〔晋〕王嘉《拾遗记》，〔南朝梁〕宗懔《荆楚岁时记》、任昉《述异记》等资料来诠释古汉语词义。《汉语大字典》和《汉语大词典》引用就更多。诸如《水经注》、《梦溪笔谈》、《徐霞客游记》、《日知录》、《阅微草堂笔记》等，都成为它们立目、释义、举证的依据。

但是，从总的情况看，杂考笔记中的训诂资料，还远远没有被充分利用。我们希望能有更多的人来开发这个宝库，整理这些资料，使它从杂乱的变成有条理的、有系统的、便于运用的东西，以便发挥其应有的作用。

第四章 训诂条例

训诂条例指的是前人在训诂实践中沿袭使用并不断发展的训诂方法、方式，用语特点，行文格式等。对这些实践经验加以总结，找出规律性的东西，用当代先进的语言学理论加以说明，这是训诂学的一个重要任务。下面着重谈谈释义的方法及行文的格式，并附带说一说训诂中常用的术语。

第一节 释义的方法

释义的方法，指的是探求词语意义的方法。前人习惯地把它分为三类，即声训、形训和义训。这里就按照这一习惯分别加以介绍和论述。另外，还有所谓“观境为训”的方法，也在这里一并谈谈。

（一）声训——因声求义的方法

声训就是因声求义，即通过语音寻求语义。简单地说，就是从被释词的语音着眼，利用语音和语义的关系，推求它的词义。用来解释的词与被解释的词，或音同，或音近，或音转。

所谓音同，是指两者声母与韵母均同。如《诗·豳风·七月》：“万寿无疆”，《毛传》：“疆，竟也。”疆、竟同属见母、阳韵。《小雅·六月》：“似续妣祖”，《毛传》：“似，嗣也。”似、嗣同属邪母、之韵。

所谓音近，指的是声母不同，韵母相同。如《礼记·檀弓》：“葬者藏也。藏也者，欲人之弗得见也。”葬、藏同属阳韵。声母略异：葬，精母。藏，从母。《诗·召南·汝坟》：“遵彼汝坟。”《毛传》：“遵，循也。”遵、循同属文韵。声母略异：遵，精母。循，邪母。

所谓音转，是指声母相同，韵母有异。如《诗·桧风·羔裘》：“岂不尔思，中心是悼。”《毛传》：“悼，动也。”悼、动同属端母。悼，药韵。动，东韵。《鄘风·定之方中》：“我车既攻，我马既同。”《毛传》：“攻，坚也。”攻、坚同属见母。攻，东韵。坚，真韵。

从以上例句中，我们可以看到，声音相同或相近，其义往往可以相通。为什么会出现这一现象呢？这里牵涉到语言学一个基本理论问题，即语音和语义的关系问题，必须首先弄清。

众所周知，语言的声音和意义是同时产生的，它们互相依存，不能分离，共处于语言这个实体之中，语音是语言的物质外壳，语义是语言的思想内容，它们之间是形式与内容密不可分的关系。

自从人类由类人猿变成人，结合成人类社会，就有了有声语言。有声语言是人类进行交际的工具。民族学告诉我们，历史上没有任何一个落后民族，哪怕是最原始的民族，会没有自己的有声语言。人类最早产生的是有声语言，手势语是在有声语言的基础上才可能产生的。有声语言是在人类历史上帮助人类摆脱动物界，发展自己的思维，组成社会与自然界作斗争并取得人类文明进步的重要因素之一。

语音和语义既然不能分离，是不是同样的声音必然要表示同样的意义呢？这也不是的。语言形成之初，用什么声音表示什么意义，是没有必然性的。如果有必然性，就不能解释为什么不同的语言会有不同的语音形式。比方“书”这个词，汉语念 shū，英语念 book，俄语念 книга。其他的语言也各有自己的特殊的语音形式。由此可知用什么声音表示什么意义，不是上帝决定的，而是由使用这一语言的社会人们共同约定的。我国古代哲学家荀卿早就指出了这一点，他说：“名无固宜，约之以命，约定俗成谓之宜，异于约则谓之不宜。”① 这就是说，名称对于事物来说，没有天然的适合性，事物的名称都是由社会约定的。这约定的名称，久而久之成了习惯，就是适宜的；不合习惯的名称，就是不适宜的。现代普通语言学里所说的音义关系的任意性，也就是这个意思。

问题的关键就在这里。“约定俗成”以后，某一具体语言中语音和语义形成的实际关系就不再是任意性的了，它已有严格的规定性。在这以前，就汉语说，可以呼“天”为“地”，呼“牛”为“马”。在这以后，“上而清”的只能叫“天”，再不能叫“地”；有角的只能叫“牛”，再不能叫“马”。否则，别人就听不懂，就不能用语言进行交际，就会“志必有不喻之患，

① 荀子：《正名篇》。

而事必有困废之祸”①。唐代有个无名氏著《无能子》也讲过：“万物之名亦岂自然著者？清而上者曰天，黄而下者曰地；烛昼者曰日，烛夜者曰月……皆妄作者强名之也。人久习之不见其强名之初，故沿之而不敢移焉。昔妄作者或谓清上者曰地，黄下者曰天；烛昼者曰月，烛夜者曰日，今亦沿之矣。”②

有人要问，语音和语义有严格的规定性，在历史的发展中，这种关系是否维持下去？人们在创造新词的时候，是否可以撇开原有的音义关系，任意地取音表义？不，人们不这样做，也不能这样做。因为语言作为社会的重要交际工具，不能有片刻的中断，因此人们创造新的词语必须利用原有的音义关系，迅速地大量地创造新词，这样才能适应社会不断发展、新事物不断出现的需要。就汉语而言，人们往往是通过联想，在原有词语的基础上用相同的或相近的语音形式，来表示一组关系密切、特点相似的新概念。所谓关系密切，通常是指种与属的关系，具体与抽象的关系，自然现象与社会现象的关系，因与果的关系，“动”与“名”、“施”与“受”的关系，事物本体与作用、性状的关系，等等。所谓特点相似，是指一组概念，它们所代表的事物在外形、性状、作用、处所等某一方面有相同或相似的地方。由于事物之间有以上种种联系，人们在创造新词时，就可以用表个别事物的词，表一般事物，如用表长江的江，表一切江；用表“未成豪”的小狗表一切狗。可以用表具体事物的词，表抽象事物，如用表火炷的主，表宾主的主；用表睡醒的寤表觉悟的悟。可以用表自然界的事物的词，表社会事物，如用表树木丛聚的丛，表人类社会同一血统的族（丛族一声之转）；用表自然界的风，表某种社会上的思想行为的风。可以用表因的词，表这个因造成的果，如知识的“知”是因，它的果是智，可用知表智。人们还可用表某事物本体的名词，表与该事物有关的动词，如舆是名词，可用来表动词抬舆的舁；鱼是名词，可用来表动词捕鱼的渔。动词的施和受也是这样，可以用施表受，也可以用受表施。人们又根据事物本体与作用、性状有联系这一特点，用表本体的词表作用、性状，或用表作用、性状的词表本体，如用表左右手的左右，表助人的佐佑；梳的性状是“疏”，即以为梳名，篦的性状是“比”（密），即以为篦名。一组特点相似的事物也是这样。可以用表甲事物的词表与之相似的乙事物，如水決、玉玦、门阙三者缺的外形相似，所以都可谓之“決”（玦、阙）。皮肤、被子、衣帔作用相同，所以都可谓之

① 荀子：《正名篇》。

② 见齐佩榕《训诂学概论》，中华书局 1984 年版，第 49~50 页。

“皮”（被、帔）。水边、山边处所相似，所以都可谓之厓（涯）。

以上情况表明，人们通过联想造词，促使词义的引申和发展。引申和发展的结果，在语音方面有两种情况：一是语音不变，在一个词内增加新义项；一是语音稍变，由一个词派生出新词。前者如“淫”，本义为雨水过多，引申出过分、放纵、淫乱、邪恶等义，而声音不变。后者如“洗”，本义是洗脚，先礼切，引申为赤足，音变为苏典切。自然这种引申仍是社会性的，它由人们的感情、心理状态、风俗习惯，甚至社会制度所决定，不是个人想怎样造就怎样造。

上述情况还说明，词的发展总是以声音为纽带的。不论是词本身的词义系统或一组词组成的词族，都由语音这一纽带联系着，词与词之间、义项与义项之间不是一盘散沙而是有它的系统性。抓住声音这一线索，就有可能探求出词的本义、引申义、假借义以及命名由来、所属词族等；而就同一词族来说，音同、音近、音转的词，意义又往往相通。这就是因声求义的理论根据。

因声求义的方法，远在先秦时期就已萌芽。如《周易·说卦》：“乾，健也。坤，顺也。震，动也。坎，陷也。离，丽也。兑，说也。”《孟子·滕文公上》：“庠者养也，校者教也，序者射也。”这一类的训诂，在当时的文献的正文里，已经屡见不鲜了。

到了汉代，以《释名》为代表，声训得到全面推广，解决了不少词语的训释问题。如《诗·豳风·东山》“烝在栗薪”，《郑笺》：“栗，析也……古者声，栗、裂同也。”在解释《仪礼·既夕篇》“柩车”时，郑玄又说：“《周礼》谓之蜃车，《杂记》谓之团，或作辁，或作抟，声读皆相附耳。”这就是说，因为声近，所以柩车也可叫蜃车、团车、辁车、抟车等。

声训到了晋代，又出现声旁兼表字义说。

晋代初年，杨泉在他的《物理论》里解释“坚”、“紧”、“贤”三个字说：“在金石曰坚，在草木曰紧，在人曰贤。”① 这简单的三句话却给训诂学者一个重要的启示，即形声字的声符可以兼表字义。到了北宋，王圣美提出“右文说”，更把这个问题从理论上加以阐发。他说：“古之字书皆从左文。凡字，其类在左，其义在右，如木类，其左皆从木。所谓右文者，如戋，小也。水之小者曰浅，金之小者曰钱，歹而小者曰残，贝之小者曰贱。如此之类皆以戋为义也。”② 当时这种说法引起了训诂学者的重视，于是张

① 这是《物理论》的佚文，见《艺文类聚·人部》，《丛书集成》有辑本。

② 见沈括《梦溪笔谈》卷十四。

世南、王观国也提出了类似的见解。张世南的《游宦纪闻》云：“自《说文》以字画左旁为类，而《玉篇》从之。不知右旁亦多以类相从。如戋有戋小之义，故水之可涉者为浅，疾而有所不足者为残，货而不足贵重者为贱，木而轻薄者为栈。青字有精明之义，故日之无障蔽者为晴，水之无溷浊者为清，目之能明见者为睛，米之去粗皮者为精。凡此都可类求，聊述两端，以见其凡。”王观国的《学林》卷五云：“盧者，字母也。加金则为鑪，加目则为矑，加黑则为黸。凡省文者，省其所加之偏旁，但用字母则众义该矣。亦如田者字母也，或为畋猎之畋，或为佃田之佃。若用省文，惟以田字该之。他皆类此。”这里所谓“右文”、“字母”，名称不同，实质却相同，都指形声字的声符。形声字的声符，在他们三个人看来，不仅表音，也往往兼表意义。用形声字的声符去推求字义，也就是因声求义的一种办法。

这种办法是有一定道理的，它是词义发展变化在文字上表现出来的结果。一个词，由本义产生引申义的最初阶段，语音和字形都没有变化。后来义项渐多，人们不易辨认这个多义词究竟用它哪个义项，为了避免混淆，就加偏旁以示区别。例如开阚的阚、偏僻的僻、劈柴的劈、逃避的避，最初同作辟，后来引申出上列义项，就分别加形旁门、亻、刀、辶以示区别，原来的本字“辟”成了声旁。声旁表义就是据此而来的。

汉以前没有产生“右文说”，但已懂得用声旁释义。其法大致有三：

其一，用声母释声子。如《尔雅·释言》：“讹，化也。”《说文·示部》：“祫，大合祭先祖亲疏远近也。”《释名·释首饰》：“帽，冒也。”

其二，用声子释声母。如《尔雅·释言》：“干，扞也。”《说文·古部》：“古，故也。”《释名·释形体》：“眉，媚也，有妩媚也。”

其三，同声母相释。如《尔雅·释言》：“葵，揆也。”《说文·示部》：“祳，社肉，盛以蜃，故谓之祳。”《释名·释言语》：“恭，拱也，自拱持也。”

以上可见，古人已懂得“其义在右”了。

“右文说”为声训开辟了一条新路，但由于局限于字形，仍不能圆满达到因声求义的目的。章炳麟对它有很中肯的批评。他在《文始·略例庚》中说：

> 昔王子韶（即王圣美）创作“右文说”，以为字从某声，便得某义。若句部有钩、笱，臤部有紧、坚，丩部有纠、茻，𠂢部有𧖴、覛，及诸会意形声相兼之字，信多合者；然以一致相衡，即令形声摄于会意。夫同音之字，非止一二，取义于彼，见形于此者，往往而有。若夫

农声之字多训厚大，然农无厚大之义；支声之字多训倾邪，然支无倾斜之义。盖同韵同纽者别有所受，非可望形为谂。况复旁转对转，音理多涂；双声驰骤，其流无限；而欲于形内牵之，斯子韶所以为荆舒之徒，张有沾沾，犹能破其疑滞。

这就是说，王圣美的“右文说”从形声字的声符推求字义，符合因声求义的原则，有可取处，但是他以偏概全，局限形体，又把形声字一概归入会意，实际上是和王安石的《字说》同属一派了。

黄侃在《声韵略说》中对“右文说”也有一段正确的评论，他举从果得声的祼、踝、课、敤、髁、夥、稞、窠、裹、颗、淉、錁、婐为例，说：“此诸文者，论字形则偏旁皆同，而论声义，乃各有所受。宋人王子韶有右文之说，以为字从某声，即从某义，展转生说，其实难通。如知众水同居一渠，而来源各异，则其谬自解矣。故治音学者，当知声同而义各殊之理。”

到了清代，由于对音义关系认识加深，加上古音的研究有重大突破，声训便有更大的发展，解决千百年来诸多疑义，具有超越前人的新水平。其特点是：

第一，明确提出因声求义的主张，使声训实践有了更高的自觉性。最早提倡这一主张的是戴震，他在《转语》一书中说：“各从其声，以原其义。”“俾疑于义者以声求之，疑于声者以义正之。”他的弟子王念孙、段玉裁继承了这一主张，并有所发展。在《广雅疏证·自叙》中，王念孙明确提出：“就古音以求古义，引申触类，不限形体。”《广雅疏证·段玉裁序》也说：“学者之考字，因形以得其音，因音以得其义。治经莫重于得义，得义莫重于得音。”这些论点，都被公认为对训诂实践具有指导意义，影响深远。

第二，注意了语音的时代性。声训一般是分析语音的异同，定出其流变通转，以达到因声求义的目的。而所谓语音的异同，必须处在同一时间平面上才能分辨清楚。不在同一时间平面，今音相同，古音可能有异；今音有异，古音可能相同。例如“火”和“衣”，隋唐不同韵，“火”，果韵，“衣”，微韵，而上古音则同属微韵，《诗·豳风·七月》“七月流火，九月授衣”，“火”“衣”相押。“茅”和“旄”，元明清至现在都是宵豪韵；但上古音不同韵，“茅”，幽韵，“旄”，豪韵。

清以前，人们对语音的发展变化的认识，缺乏历史观念。朱熹注《诗》，用今音读古音，遇到不押韵就改读，称之为“协韵”，即人为的协调通押。如《诗·召南·行露》“家”字与“屋”、“狱”、“墉”三字相押，上古音本同韵或对转，但宋时不同韵，于是朱熹遇“家”与“屋”、“狱”

相押，就将“家”改读为“谷”，遇与“墉”相押，就将“家”改读为“工”，这显然是不科学的。

到了清代，学者对古今音变才有较清醒的认识，而且能通过各种训诂资料的归纳，理出不同时期的语音的声、韵特点。大致分出三个时期：先秦两汉为上古音，魏晋至隋唐为中古音，宋以后为近代音。段玉裁对古音的历史分期与此稍异。他的《六书音均表》中有《音韵随时代迁移说》，说：“今人概曰古韵不同今韵而已，唐虞而下，隋唐而上，其中变更正多，概曰古不同今，尚皮傅之说也。音韵之不同，必论其世。约而言之，唐虞夏商周秦汉初为一时，汉武帝后洎汉末为一时，魏晋宋齐梁陈隋为一时。古人之文具在，凡音转、音变、四声，其迁移之时代皆可寻究。”在《六书音均表·古假借必同部说》中进一步论证：

> 古本音不同今音，故如《夏小正》借养为永，《诗》、《仪礼》借蠲为圭；古永音同养，蠲音同圭也。古音有正而无变，故如借田为陈，借荼为舒，古先韵之田音如真韵之陈，模韵之荼音如鱼韵之舒也。古四声不同今韵，故如借害为曷，借宵为小（见《学记》）为肖（见《汉书》），古害声如曷，小肖声皆如宵也。故必明乎此三者，而后知假借。

为了使声训建立在更科学的基础上，清代学者又对上古音的声母和韵母进行研究，归纳出若干类别，使每个字都有所归属。最初，由于各家的分合取舍不同，得出的结论不尽相同。经过近人黄侃总其成，得出古韵二十八部，古声（声母类别）十九纽，成为多数学者公认的结论。其后，王力又重新作了研究和归纳，得出古韵三十部、古声二十七纽的结论。

第三，把语音相近的字归纳为双声、叠韵两大类。双声指两个字的声母相同，叠韵指两个字的韵母相同。双声字又叫音转字，即阴声韵、阳声韵、入声韵可以通转。叠韵字又叫音近字，即韵母的发音部位与发音方法相去不远。清代学者认为，这两类字都存在声近义通的关系。如黄承吉说：“同部之字，其义皆不甚远。”① 戴震说：“古声同纽之字，义多相近。”②

其实，音同、音近、音转之字相训，古已有之，只是没有清代学者分析那么透彻，运用没有那么自觉罢了。以《毛传》为例：

（1）以同音字相训。《邶风·谷风》宴训安，《郑风·扬之水》迂训诳，

① 黄承吉：《字义起于右旁之声说》。

② 戴震：《转语·序》。

《郑风·褰裳》士训事，《齐风·东方未明》樊训藩，《陈风·东门之池》晤训遇，《豳风·七月》疆训竟，《小雅·六月》公训功，《采芑》鞠训告，《斯干》似训嗣，《小弁》坏训瘣，《大雅·思齐》恫训痛，《抑》止训至，《烝民》古训故，《周颂·闵予小子》序训绪等。

同音字相训中，还包括同字为训，如《邶风·北风》以虚释虚，《魏风·葛屦》以要释要。

(2) 以音近字相训。音近字通常是指叠韵字中声纽相近的字。如《周南·汝坟》遵训循，《召南·野有死麕》舒训徐，《邶风·匏有苦叶》泮训散，《鄘风·相鼠》俟训待，《卫风·氓》垝训毁，《伯兮》甘训厌，《郑风·羔裘》洵训均，《遵大路》掺训揽，《齐风·卢令》偲训才，《唐风·蟋蟀》聿训遂，《豳风·七月》穹训穷，《小雅·十月之交》腾训升，《小旻》溃训遂等。

(3) 以音转字相训。音转字通常指双声字中韵部相近、主要元音相同的字，又有对转、旁转之分。对转的如：《卫风·氓》泮训坡（阴阳对转），《曹风·下泉》苞训本（阴阳对转），《小雅·大田》秉训把（阴阳对转），《王风·中谷有蓷》仳训别（阴入对转），《陈风·墓门》斯训析（阴入对转），《鄘风·定之方中》零训落（阳入对转），《桧风·羔裘》悼训动（阳入对转），《小雅·天保》蠲训絜（阳入对转），《桑柔》屏训蔽（阳入对转）。旁转的如：《王风·扬之水》戍训守（侯幽旁转），《豳风·七月》烝训众（蒸东旁转），《小雅·天保》享训献（阳元旁转），《车攻》攻训坚（东元旁转），《无将大车》颎训光（耕阳旁转），《楚茨》抽训除（幽鱼旁转），《宾之初筵》祈训求（脂幽旁转）。

清人由于对双声、叠韵之间音义关系有较透彻的认识，自觉用于训诂，从而得出很多令人信服的确解。略举数例如下：

《谷梁传·隐公五年》："苞人民，殴牛马曰侵。"范宁注苞为制。王引之认为苞应读为俘，两者古声相近。《尔雅》："俘，取也。"贾逵《国语》注："伐国取人曰俘"，与此正同。苞是借字，又可写作包、抱、捊，晋灼注《汉书·贾谊传》"包陈以南"，亦训包为取。①

《诗·鄘风·柏舟》："实维我仪。"《毛传》："仪，匹也。"马瑞辰按："训匹者，仪与偶双声，同在疑母，盖以仪为偶字之假借，犹献与仪双声，献即可假借为仪也。"

《诗·邶风·北门》："王事敦我。"《毛传》："敦，厚也。"《郑笺》：

---

① 见王引之《经义述闻》卷二十五。

"敦犹投掷也。"马瑞辰按:"《广雅》:'搥,掷也。'《笺》训敦为投掷者,以敦为搥之假借,敦与搥双声,搥借作敦,犹追琢之作敦琢也。"①

声训这种训诂方法在中国语言学史上起过一些什么作用,有哪些缺点,这里也简略说一说。

声训的作用主要有三种:

第一,说明文字的通假。我国古籍中经常使用通假字,用声训的方法说明通假,可使读者容易理解。王引之《经义述闻·自序》引其父王念孙说:"训诂之旨存乎声音。字之声同声近者,经传往往假借。学者以声求义,破其假借之字而读以本字,则涣然冰释。如其假借之字而强为之解,则诘屈为病矣。故毛公《诗传》多易假借之字而训以本字,已开改读之先。至康成笺《诗》注《礼》,屡云'某读为某',而假借之例大明。后人或病康成破字者,不知古字之多假借也。"王氏这种说法是正确的。至于注释中说明通假的方式又有三种:

(1)用本字释借字,例如:

《诗·周南·汝坟》:"未见君子,惄如调饥。"毛传:"调,朝也。""朝"是本字,"调"是借字。

《卫风·芄兰》:"虽则佩韘,能不我甲。"毛传:"甲,狎也。""狎"是本字,"甲"是借字。

(2)用借字释本字,例如:

《管子·轻重丁》:"今齐西之粟,釜百泉。"注:"泉,钱也。""泉"是本字,"钱"是借字。《周礼·天官·外府》:"外府掌邦布之入出。"注:"布,泉也。布读为宣布之布。其藏曰泉,其行曰布,取名于水泉,其流行无不遍。"可证"钱"不是"泉"的本字,"钱"的本义是农具,即现在的锹。秦汉以后借钱为泉,一般人已经不知道钱本名泉,故《管子》尹注用钱来解释泉,也可以说是用今字释古字。

(3)用本字的意义释借字,例如:

《诗·小雅·四月》:"秋日凄凄,百卉具腓。"毛传:"腓,病也。"按《尔雅·释诂》:"痱,病也。"毛传训腓为病,即以"腓"为"痱"的借字,故用"痱"的意义来解释"腓"字。

《诗·邶风·柏舟》:"耿耿不寐,如有隐忧。"毛传:"隐,痛也。"按《说文》:"殷,痛也。"毛传训"隐"为痛,即以"隐"为"殷"的借字,故用"殷"的意义来解释"隐"字。

① 马瑞辰:《毛诗传笺通释》。

第二，探索词语的来源。所谓“声训”，它的主要目的之一就是以声音为线索来推求语源。突出的例子是东汉刘熙的《释名》。他认为“名之于实，各有义类”，可是“百姓日称而不知其所以之意”。他撰此书，就是要把事物之所以命名告诉人们，换句话说，也就是要推求语源。许慎的《说文》，有人以为是形书，但据黄侃的统计，其中义训只占十分之一二，而声训则占十之七八。① 用于推求语源的也很多，这里只举几个例子：

> 祳，社肉，盛以蜃，故谓之祳。(一上示部)
> 黍，禾属而粘者也，以大暑而种，故谓之黍。(七上黍部)
> 韭，菜名，一种而久者，故谓之韭。(七下韭部)
> 婚，妇家也。礼，娶妇以昏时，妇人阴也，故曰婚。（十二下女部)
> 姻，壻家也。女之所因，故曰姻。(同上)
> 粟之为言续也。(七上卤部)
> 狄之为言淫辟也。(十上犬部)
> 祡，烧柴焚燎，以祭天神。(一上示部)

第三，保存古音的历史面貌。前面，我们已经指出，远在春秋战国时期，就有因声求义的声训。到了汉代，这种训诂方法更加盛行。刘熙《释名》一书，几乎全用这种方法。这些训诂资料，多半流传下来。它反映上古语音，极可宝贵。若能利用它来考察先秦两汉语音，一定会有很多创获。罗常培、周祖谟就很重视这个工作。他们拿《释名》的声训资料作为研究对象，先分析《释名》的声训方式为五种：

(1) 取同一韵部字为训，包括同音字在内，如老，朽也；爪，绍也；髭，姿也；日，实也。

(2) 取异部的双声字为训，如颐，养也；晷，规也；省，瘦也；祸，毁也。

(3) 平上去三声字取入声字为训，或入声字取平上去三声字为训，其中以双声字居多，如消，削也；始，息也；慝，态也；肉，柔也。

(4) 取阳声韵字训阴声韵字，或阴声韵字训阳声韵字，如水，准也；颎，倾也；癣，徙也。

① 见黄侃述、黄焯编：《文字声韵训诂笔记》，上海古籍出版社 1983 年版，第 190 页。

(5) 取同一字为训，但四声读法不同，如宿，宿也；济，济也；观，观也。

然后根据这几种方式来研究。从第（1）种方式可以知道很多字在刘熙时代韵部的归类。例如：

负，背也（之部）；火，化也（歌部）；河，下也（歌部）；
覆，孚也（幽部）；羹，汪也（阳部）；笄，系也（支部）。

从第（3）种方式，可以了解一些阴声韵与入声韵相配的关系。例如：

之：职　始，息也；亥，核也；簂，恢也；福，富也；墨，晦也。
幽：沃　叟，缩也；肉，柔也；麴，朽也；蹙，遒也。
宵：药　要，约也；消，削也；臛，蒿也。
鱼：铎　庶，摭也；粗，错也；疏，索也。
侯：屋　头，独也。
歌：铎　骂，迫也。
支：锡　姊，积也。
脂：质　私，恤也；寐，谧也。
祭：月　岁，越也；害，割也；濑，竭也；绁，制也；杀，窜也。

从第（4）种方式，可以看出一些阴阳对转的关系和青徐的方音。

从第（5）种方式，可以认识到四声改变和意义的关系。

其中第（2）种方式对于了解古声母帮助极大，如手，须也；出，推也之类。对于考订韵部的读音也有一定的用处。

他们考订的方法是严谨的，他们所作的判断是令人信服的。我们希望有更多的人继之而起，重视前人声训的资料，善于利用它来研究汉语音韵发展的历史，并作出更大的成绩。

当然，前人的声训也是有缺点的，举其重要的，有以下三点：

(1) 主观推测，没有佐证。早期声训多半只用音同、音近、音转的字相训，而没有佐证。其中有的是传自其师，有的是出自推测。推测自然有推测得对的，但推测得错的也很多。师传也有是有非，不一定都可信。有时同解一个字，或用这个音同、音近的字来训释，或用另一个音同、音近的字来训释。如"山"，《说文》云："宣也，宣气散生万物。"《释名》云："产也，产生万物也。"到底哪一个说得对，由于都没有佐证，无法判断。看来，都有一定的主观性。

（2）曲解“音近义通”，扩大声训范围。“音近义通”是训诂学上常用的术语，它的意义有些含混。前面曾经指出，它可以包括音同义同、音转相通，这是它范围的扩大。它的范围也可以缩小，只限制在同根词范围之内。我们赞成这个办法，因为从汉语的实际来看，音近义通是以同根词为前提的。换句话说，只有同根词，才能出现音近义通的现象。否则即使是同音字，也不可能音近义通。我们要看到汉语中既有许多异音同义词，也有大量的同音异义词。黄侃说得对：“同音者虽有同义，而不可以言凡。淮南虱与瑟同音，周人谓玉为璞，郑人谓鼠为璞，此音同而不必义同也。物有同音而异语者，亦有同语而异音者。同音异语，如虱与瑟；同语异音，如《尔雅》初、哉、首、基俱训始是也。同音者不必有一定之义，同语者不必一音，而往往同音，如江、河、淮、海、汉、湖、洪、沆皆大也，洪与红亦同，鸿、讧亦有关。若言凡匣母字皆有大义，则非也。”① 现在却有不少人滥用通假，动辄就说某与某一声之转，这是声训的一厄。

（3）误解音义关系，出现一些不科学的臆说。清代学者邹伯奇第一个提出“声象乎意说”，企图否定语言的社会约定性，他自己解释说：“声象乎意者，以唇舌口气象之也。”② 后来，陈澧承袭了他的这一说法，说：“声者肖乎意而出者也。”③ 并引《释名》加以阐明：“《释名》云：‘天，豫、司、兖、冀，以舌腹言之，天，显也，在上高显也；青、徐以舌头言之，天，坦也，坦然高而远也。风，豫、司、兖、冀，横口合唇言之，风，氾也，其气博氾而动物也；青、徐言风，踧口开唇推气言之，风，放也，气放散也。’此以唇舌口气象之说也。”④ 他又自加注释云：“更有显而易见者，如大字之声大，小字之声小，长字之声长，短字之声短。又如说酸字，口如食酸之形；说苦字，口如食苦之形；说辛字，口如食辛之形；说甘字，口如食甘之形；说咸字，口如食咸之形。故曰以唇舌口气象之也。”⑤

按陈氏所引《释名》关于“天”和“风”的解释，是用声训的方法，以探索“天”、“风”二词的语源。这两个字，在豫、司、兖、冀四州和青、徐一带所以有不同的读音，按刘熙的看法，就是由于它们在这个地区各有不

① 黄侃述、黄焯编：《文字声韵训诂笔记》，上海古籍出版社 1983 年版，第 48～50 页。

② 陈澧：《东塾读书记》卷十一。

③ 陈澧：《东塾读书记》卷十一。

④ 陈澧：《东塾读书记》卷十一。

⑤ 陈澧：《东塾读书记》卷十一。

同的语源。豫、司、兖、冀四州的人所说的“天”来源于“显”，“风”来源于“氾”，而青、徐一带的人所说的“天”来源于“坦”，“风”来源于“放”。这种诠释是否正确，姑且不论，总之，刘熙并不想借此来说明什么“声象乎意”。至于陈氏关于大、小、长、短、酸、苦、辛、甘、咸等字的解释，则的确是想借此来说明“声象乎意”了。但是我们以为这种解释实在未免穿凿。我们的祖先在制造这些字的时候，想来用的仍然是我们前面所说的约定俗成的办法，而不会考虑它们的声音能否像它们的意义。再者，和它们同音异义的字各有一些，比如“大”字吧，和它同音异义的字《广韵》有汏、軑、釱、䟦、默、忕、伏七个，那么，“大”这个声音究竟像哪个字的意义呢？又如“长”字，和它同音异义的字《广韵》也有苌、肠、场、跊、埁、蛥、瓺七个，“长”这个声音又到底像哪个字的意义呢？由此可见，“声象乎意”这种说法显然是站不住脚的。其所以站不住脚，不仅如前所述，还由于持这种说法者没有弄清楚语音和语义的关系，以为语义取决于发音器官，从而否定了语言的社会约定性。这是声训的又一厄，幸而这种观点很早就被证明是错误的，没有什么人再相信它了。

（二）形训——以形说义的方法

汉字是表意文字，它最原始的象形字是用笔画简单的图形、记号来代替语言中的一个词，字的形体结构和造字时词的本义或常用义是一致的。后来造字的方法有了很大发展，不局限于象形、指事，出现了会意、形声、转注、假借。商周以后，以记录语音为主的形声字还逐步占了统治地位。虽然如此，但汉字直至今天仍未发展成为表音文字，字的形体结构与字义仍有不同程度的联系：象形字，许慎所谓“画成其物，随体诘屈”，是实物的简单图形，如、、、等，形义联系最为紧密。指事字，虽然只是符号，但也是“视而可识，察而见意”。会意字则是象形字的组合，“比类合谊，以见指㧑。”这三类字，不是象形，就是象意，都有象可寻。至于形声字，它的形符指出字义的归属，它的声符，前面说过，往往又是字义的承担者。凡此都说明字形与字义有密切的联系。这样我们就有可能通过对字形的分析来寻求字义。这就是形训的理论根据。

事实上，辨清字形对掌握字义的重要性，比我们想象的要重要得多。有这么一个故事：明人沈石田，朋友送他一篓枇杷，信中误写作琵琶，沈即回信跟他开玩笑：“枇杷不是此琵琶，只恨当年识字差；若是琵琶能结果，满城箫管尽开花。”这则故事说明形符对区别字义的重要性。又如睡眼矇眬不能写成睡眼朦胧，细雨濛泷也不能写成细雨矇眬。这是就形符说的。至于笔画的长短、部件的位置，都能影响字义。《说文》就有过例证，如对“丨”的解释：“丨，上下通也。引而上行读若囟，引而下行读若退。”现代规范了的汉字，己、已、巳，戍、戌，奕、弈，畀、畁，都存在笔画的细微差别。钱大昕在《十驾斋养新录》卷四取笑张守节，说他在《史记》发凡中举字三四音例，所指为“氾”，音祀，又音凡，又音夷，又音孚剑反，实则他是合汜、氾为一字，这说明字形些小差别，连大学者都认错，不可不慎。

形训的方法也是春秋战国时期就有了的。如《左传·宣公十二年》：“夫文，止戈为武。”《昭公元年》：“于文，皿虫为蛊。”《宣公十五年》：“故文，反正为乏。”《韩非子·五蠹》：“古者苍颉之作书也，自环者谓之厶，背厶谓之公。”汉代以后，经师的解经，《说文》等书的释义，也常用这种训诂方法，如《周礼·大司徒》：“一曰六德：知、仁、圣、义、忠、和。”郑注：“忠，言以中心。”《周易·讼卦》释文：“讼，争也，言之于公也。”《诗·小雅·皇皇者华》笺：“中和谓忠信也。”疏：“于文，中心为忠，人言为信。”《荀子·劝学篇》：“天见其明。”注：“明谓日月。”

《说文》可以说是形训的专著，它对字形的解说多半是为了释义。例如：

> 丧：亡也，从哭亡，会意，亡亦声。
> 命：使也。从口令。
> 吠：犬鸣。从口犬。
> 㬥（暴）：晞也，从日出廾米。
> 歬（前）：不行而进谓之歬，从止在舟上。
> 戒：警也。从廾戈，持戈以戒不虞。

形训的方法不但出现早，而且在社会上被广泛使用，成为一种民族习惯，很多人都会用拆字的办法以形说义。不过人们使用形训，往往有不同的目的，大致可分为两种：一种是为了宣传某一思想，如《说文》解释“王”字时，用董仲舒的说法：“古之造文者，三画而连其中谓之王。三者，天地人也，而参通之者，王也。”又引孔子说法：“一贯三为王。”又如前面所举的“止戈为武”、“自环为私”等，这些形训都是宣传一种政治思想。还有宣传迷信思想的，如汉代的谶纬学，历代算命、占卜者的拆字。黄侃《说文略说》曾指出：“汉世俗书渐众，故其释字形不本于古。以泉、货为白水、真人，以印金刀为刘，以日月为易，以千里草为董，以乙力土为地，以白下羊为皋……以造字正义衡之，固为谬妄，察其离析之法，亦自合于解字之理。”

另一种形训则是训诂学上的形训，它的目的是根据对文字形体的分析，求出它所表的词的真正含义，有利于我们正确解释语言。这样的形训既着重分析字形，又伴之以语言事实作佐证，不陷于随便猜测，乱说一通。这才是我们需要的形训。许慎著《说文解字》，虽然也有唯心臆说，但总体上是一部形训的好书。他并没有简单地说形，而是“博采通人，至于小大，信而有证，稽撰其说”，“其称《易》，孟氏；《书》，孔氏；《诗》，毛氏；《礼》，《周官》；《春秋》，左氏；《论语》、《孝经》，皆古文也。”① 就是说，他用这些古籍来作佐证。另外，还寻求声音线索，尽量做到字形、字音与字义相符。以“字”字为例，他没有以“文字”义相释，而是依字形训为“乳也”。而“乳”下说：“人及鸟生子曰乳”。这应该也是“字”的本义，与子在宀下的字形吻合，会意为屋内产子义。而语音方面，许慎又说“子亦声”，此声又通“滋”，通“孳”，是孳乳繁衍的意思。这样形音义就结合了。在《说文解字·叙》中许慎又说：“字者，言孳乳而渐多也。”这是说明“文字”义即由本义引申而来，许慎这一解说很精到，可以认为是形训的范例。

训诂学上的形训，它的作用大致有三个方面：

一是求本义。寻求文字的本义是诠释古代典籍，辨明通假现象，以及研究词义系统不可缺少的一个步骤。这里先谈谈求本义对诠释古代典籍的重要意义。我们知道，文字所代表的词，经过数千年历史演变，古义可能已湮没，我们只熟悉它的后起义或今义，而古代典籍常常用的是古义，这就有赖于形训，因为那个时候一般是为词造字，形与义基本相一致，据形即可索义。如“向”字，甲骨文的形体为㐭，像墙上开凿窗户，它的本义即为《说文》所释“北出牖也”，指北边的窗户。这一本义早已消失，而《诗·豳风·七月》“塞向墐户”正好保存了下来。又如《左传·成公二年》：“物土之宜而播之利”，“利”，后起常用义是“利益”，这一义项无法解释“播之利”，不能说在土地上播种利益。而“利”的字形，是镰刀割禾状，本义应与此有关。再联系到《诗·大雅·大田》这首诗，它描写丰收后大田遗留下粮食的情况，其中，出现“利”字：“彼有不获穉，此有不敛穧；彼有遗秉，此有滞穗；伊寡妇之利。”诗意很清楚，这些不获穉、不敛穧、遗秉、滞穗，就成了寡妇的“利”。根据字形分析和书证，“利”的本义就是粮食，而“播之利”也就是播种粮食。

① 许慎：《说文解字·序》。

又如《左传·僖公二十二年》："虽及胡耇，获则取之，何有于二毛。"胡耇和二毛都是指老年人，句意是说，即使赶上逮住老年人，也要"获而取之"。"取"是什么，如按现在"领取"义解释说既获就取他，则重复无解。而分析字形，便知它是用手取耳之意，可断定割耳是它的本义，即古代对战俘采取的"馘"刑，割下耳朵，以便统计战果。这样"获"和"取"就不是一回事了。

上面所举的求本义的例子，都是象形、会意字。那么，形声字能不能求本义呢？我们认为，形声字也可通过对形符的分析，求得本义。如"访"，有询问、看望、寻求、查访四个义项，本义应该是询问，因为"访"字从言。《尚书·洪范》"王访于箕子"就是王询问箕子，向他求教，不是到处查访他。又如"诛"有诛责和诛杀两义，因形旁从"言"，本义应是诛责。

二是求词义系统。词义系统是指多义词而言。多义词中，各个义项不是各自独立的，也不是统统并列的、没有层次的，它有严格的系统性，是由一个本义或中心义引申派生出来的。有的是近引申，有的是远引申。例如"兵"这个词，有武器、士兵、军队、战争等义，从篆书字形结构""看，武器是本义，引申为拿武器的人——士兵，再引申为众多士兵——军队，再引申为军队的职能——战争。武器——士兵——军队——战争，就是"兵"的词义系统，是个连锁式的引申。就文字符号而言，词义系统还包括假借义。如"安"，有安全、平坦、安插等义，而作为疑问代词"安"，就是它的假借义。

求词义系统是训诂学的重要任务，也是学习古代汉语的重要方法。古汉语一词多义的现象很普遍，掌握词义系统有助于我们更好的理解和记忆，而要分析、整理词义系统，了解本义则是首要一环。以"属"字为例，篆书字形为""，形符是"尾"，尾对体，有连接之义，故本义应该是"连"。《说文》："属，连也。从尾蜀声。"段注："取尾之连于体也。"由此引申，物相连，总是一个跟着一个，于是便有"随从"义。《史记·项羽本纪》："项王渡淮，骑能属者百余人耳。"一个连一个，也就成了一族，于是又有"类属"、"隶属"义。物相连为属，字相连亦可为属，于是又有"写作"义。《晋书·谢安传》"入则吟咏属文"，《史记·屈原列传》"属草稿"，都是作文、写草稿的意思。

又如"引"字，字形是弓和箭在一起，"开弓"是它的本义。《列子》说列御寇射，"引之盈贯，措杯水其肘上，发之"。引之盈贯，就是拉满弓的意思。拉弓的结果是把弓拉长，于是又产生拉长义，如"引领而望"，即拉长脖子看。拉弓射箭是使箭沿着所要发射的目标走，于是又产生率领、引导义。拉弓时，箭和弦由甲处后移到乙处，于是又产生搬动、移动义。《吕氏春秋·察今》“引婴儿而欲投入江中”的“引”，以及引书、引证等，都是搬动、移动义。拉弓的“拉”，又可虚化为一切“拉”，于是又有“引车卖浆”和“牵引”等说法。

求得本义和引申义，又可进一步识别假借义。我们这里所说的假借，是依照清代江永的说法：“本义外展转引申为他义……其无义但借其音或相似之音则为假借。”① 辨别假借的方法是：先以各字的本义或引申义解释本句，如果发现哪个字所有义项都解释不通，就可能是假借字。如《吕氏春秋·任地篇》：“草谌大月，冬至后五旬七日，菖始生。”大月是十月，十月冬至以后五十七日菖开始生长。“草谌”是什么？谌从“言”，《说文》释为“数也”，责备、数落的意思，此义无法释“草谌”，知其为假借字。本字为何，则以声音求之，知其为同音之黇字。黇从“黄”，本义是黄黑色，如此“草谌”义便大明，是草已枯黄的意思。

前面提到，掌握词义系统有助我们加深对汉语句意的理解。前人在训诂实践中用本义和引申义先后注释原文，就是为了这个目的。如《论语·学而》篇：“学而时习之”。朱熹集注：“习，鸟数飞也。学之不已，如鸟之数飞也。”《楚辞·离骚》：“帝高阳之苗裔兮”。朱熹集注：“苗裔，远孙也。苗者草之茎叶，根所生也。裔者，衣裾之末，衣之余也。故以为远末子孙之称也。”段玉裁的《说文解字注》则是谈如何由词的本义引申出众多义项的好典范。如《说文·阜部》：“阜，大陆也。”注：“引申为凡厚、凡大、凡多之称。《秦风》传曰：阜，大也；《郑风》传曰：阜，盛也。《国语》注曰：阜，厚也。皆由土山高厚演之。”又《说文·阜部》：“隙，壁际也。”注：“引申之凡坼裂皆曰隙。又引申之，凡空间皆曰隙。”

三是求有利于语文教学和识字教育。形训这一训诂方法把字形和字义结合起来，使人见形知义，易懂易记，因此有利于我们进行识字教育。直到现在，中小学语文教师还用这种方法教学生认字。如告诉学生，“信”就是人讲话要诚实，“休”就是靠着树木休息。爪和瓜的区别在于前者像手爪之形，后者像下面结瓜之形。这几年兴起的所谓《应用文字学》、《现代汉字学》，研究的主要问题就是如何在汉字规范化的基础上，利用汉字的形义关系，进行扫盲和儿童识字教育。殷焕先《汉字三论》有“新说文解字”一说，认为为了识字教学，可以对字形作有趣的贴近生活而又思想健康、浅显易见、生动活泼的解释。如丰衣足食为“裕”，小土为“尘”，一火为

① 见戴震：《答江慎修论小学书》。

“灭”等。我们认为这种新解是值得提倡的。

和声训一样，形训也有很大的局限性：

第一，只依靠字形进行推敲而没有其他语言材料证明，就可能是仁者见仁，智者见智。有位学者开玩笑说：凭他的感觉，日字是玻璃窗，衣字是烂布条，目字是梯子，巾字是叉子。虽是玩笑，也说明光靠字形说义不行，还需结合声训和以其他语言资料予以佐证。

第二，汉字书写方面的衍变，有笔意与笔势之分。最古的文字存在笔意，而经过甲、金、篆、隶、楷数次变化，笔意完全被笔势所取代，逐渐变成单纯的符号，形象感已大大减弱，这就影响了我们见形知义。

第三，就词义的发展而言，某些词与字形相符的本义逐渐消亡，人们一直用它的后起义，即使最古的典籍，也没有发现用过它的本义。在这种情况下，再从字形结构求本义就没有必要了。《说文》对某些字的解释，如“强，蚚也”，“顚，大头也”，“也，女阴也”等，连最早书面语卜辞也没有这些用法，所以〔清〕王筠评论说：“(《说文》) 反古复始，其利也。古义失传之字，形体传讹之字，必欲求其确切，遂至周章，其蔽也。”①

（三）义训——直陈语义的方法

义训就是直陈语义而不借助于音和形。如果按性质严格区分，义训只是一种陈述语义的方式，而不是推求语义的方法，跟声训、形训不能并列。但它又是不可少的。我们知道，训诂的目的是释古今之异言，通方俗之殊语。古今异言、方俗殊语，有的是语音在时间、地域间的变化，这自然有声音线索可寻，可用声训办法解释。有的则是不同时代、不同地域自我形成的词语，并非音变、音读形成的差异，没有语音上的受义关系，这就要用义训的方式解释。再有，声训主要用一个音同、音近或音转的词解释另一个词，这种词语式的解释远远不够，有些词语丰富的内涵还须用其他方式陈述，这一任务即由义训承担。

义训既然是陈述语义的方式，那么，它是怎样陈述的呢？大致可分为下列五种：

1. 同义相训

有的是用一个词去解释另一个同义词。例如：

《尔雅·释言》：“增，益也。”

① 王筠：《说文释例》。

《说文·一部》:“元，始也。”

《广雅·释言》:“贱，卑也。”

有的是用一个词去解释几个或许多个同义词。例如:

《尔雅·释诂》: “迄、臻、极、到、赴、来、吊、艐、格、戾、怀、摧、詹，至也。”

《广雅·释诂》:“龄、齿、稔、稘，年也。”

《广雅·释诂》:“僮、莫，稚也。”

有的是两个同义词互相训释。例如:

《尔雅·释宫》:“宫谓之室，室谓之宫。”

《说文·艸部》:“芜，薉也。”“薉，芜也。”

《说文·口部》:“咽，嗌也。”“嗌，咽也。”

有的是几个同义词展转递训。例如:

《尔雅·释言》:“煽，炽也。炽，盛也。”

《尔雅·释鱼》:“蝾螈，蜥蜴；蜥蜴，蝘蜓；蝘蜓，守宫也。”

《说文·口部》:“咙，喉也”；“喉，咽也”；“咽，嗌也。”

有的是用今语解释古语。例如:

《说文·尗部》: “尗，豆也。”段注:“尗、豆，古今语，亦古今字。此以汉时语释古语也。”

《说文·舟部》:“舟，船也。”段注:“古人言舟，汉人言船。”

《论语·子路》:“必也正名乎?”郑注:“古者曰名，今世曰字。”

有的是用通语释方言，例如:

《方言一》:“党、晓、哲，知也。楚谓之党，或曰晓，齐、宋之间谓之哲。”

《说文·口部》:“哓，秦晋谓儿泣不止曰哓。”

《方言三》："胶、谲，诈也。凉州西南之间曰胶，自关而东西或曰谲，或曰胶。诈，通语也。"

有的是用常用语解释不常用语。例如：

《尔雅·释言》："殷、齐，中也。"
《广雅·释言》："尟，是也。"

同义相训还有下面几种变例：

（1）以狭义释广义，即以外延小的词语解释外延大的词语。例如：

《孟子·尽心下》："养心莫善于寡欲。"赵歧注："欲，利欲也。"

《礼记·乐记》："小人乐得其欲。"郑玄注："欲谓淫欲也。"

《国语·吴语》："执玉之君皆入朝。"韦昭注："玉谓珪璧也。"

（2）以广义释狭义，即以外延大的词语解释外延小的词语。例如：

《小雅·伐木》："相彼鸟矣。"《笺》："相，视也。"

《小雅·瞻彼洛矣》："瞻彼洛矣。"《笺》："瞻，视也。"

《小雅·大东》："监亦有光。"《笺》："监，视也。"

以上三例说明，视包括一切视的动作，而相、瞻、监则是其中的类别。

（3）以共名释别名，即指出被释词所属的种类。例如：

《说文·艸部》："萁，艸也。""葵，菜也。"《木部》："李，果也。"《疒部》："痫，病也。"

（4）以类相释，即释词与被释词之间只是同类，不是同义。例如：

《郑风·遵大路》："掺执子之袪兮。"《传》："袪，袂也。"《疏》："袂是袪之本，袪为袂之末……此云'袪：袂'者，以袪袂俱是衣袖，本末别尔，故《传》举类以晓人。"

《郑风·大叔于田》："叔在薮。"《传》："薮，泽也。"《疏》："《地官·泽虞》注云：'泽，水所钟也。水稀曰薮'。然则泽薮非一，此云'薮：泽'者，以薮泽俱是旷野之地，但有水无水异其名尔。此亦以类相释也。"

（5）同字相训，即释词和被释词同为一个字。

这是一种很特殊的释义方式。如《诗·邶风·北风》，《传》以虚释虚；《魏风·葛屦》，《传》以要释要；《大雅·桑柔》，《传》以赫释赫。《易·大传》："比者比也"，"剥者剥也"，"蒙者蒙也"，都是同字相训。究其实，两字字面相同，音义却有差别，有的是名词和动词的关系，有的是本义和引申义的关系。阮元《校勘记》以"虚虚相训"为例解释说："虚本训丘虚，因又训空虚，嫌其义之不可定也，故释之曰，此丘虚字，其义则空虚也。”又解释“要要相训”说：“谓此非人腰领之腰，乃衣裳之腰也。”

同字相训产生于口耳相传的讲经时代，有人把口述内容记录下来，又求简洁，便造成语义含混，不便目治。因此，除以上数例外，其他训诂书甚为罕见。

2. 反义相训

即以反义词互相解释，这在古代训诂中也不乏其例。《尔雅》就有下面四条：

徂，存也。(《释诂》)
乱，治也。(《释诂》)
故，今也。(《释诂》)
曩，曏也。(《释言》)

反义相训，训诂学习惯称为反训。有人认为这是一种不科学的提法，怎么能用意义与之相反的词解释这个词呢？其实，这并不足怪，一个词包括正反两个义项是词义引申发展的结果，是客观存在的事实，绝大多数语言学家都承认这一事实。晋代的郭璞首先从训诂学的角度指出这一现象。他在《尔雅·释诂下》“治、肆、古，故也，肆、故，今也”条下注云：“肆既为故，又为今，今亦为故，故亦为今，此义相反而兼通者。”又于同篇“徂、在，存也”条下注云：“以徂为存，犹以乱为治，以曩为曏，以故为今，此皆训诂义有反复旁通，美恶不嫌同名。”按：从这种反义相训中，我们可以看到古代训诂也有朴素的辩证法。

我们知道，词总是以本义为中心，向多方面引申发展的。既然是多方面的，就会有相反的方面，引申的方向一向东，一向西，就形成相反的义项。如“茫”，本义是看不清，麦子和针刺的尖端不易看清，于是有麦芒、针芒的叫法，代表小。而浩渺的大水、广阔的天空也不易看清，于是有苍茫、渺茫的叫法，代表大。另一方面，词表达的概念即客观事物，本身就是辩证的统一，相对于绝对的统一。确定一个概念的内涵，总要根据一定的条件。如时间概念，除夕晚12时，对于旧岁是终，对于新岁则是始。施予概念，对于施予者是施授，对于领取者则为承受。同是“置”，把人放在岗位上是任用，把人放在闲处则是投闲。“他日”，《论语·季氏》“他日尝独立，鲤趋而过庭”中“他日”是往日，而陆机《文赋》“他日可谓曲尽其妙”中的“他日”则指将来。

由此可见，反训这一方法是成立的，是符合辩证法的。

3. 设立界说

即给词所标志的事物下定义。上述各种义训，多半是用单词解释单词，而单词往往多义，因此，其所释的意义有时不够明确。为了弥补这个缺点，训诂学家就采用下定义的办法，用几个词或许多词组合起来，以说明某一事物的定义。例如：

《尔雅·释亲》："男子，先生为兄，后生为弟。男子谓女子先生为姊，后生为妹。父之姊妹为姑。"

《尔雅·释宫》："宫中之门谓之闱，其小者谓之闺，小闺谓之阁，巷门谓之闳。"

《说文·口部》："口，人所以言食也。"

《说文·韦部》："韤，足衣也。"

《说文·衣部》："衰，艸雨衣。"

4. 描写形象

即对词所标志的事物的形状、性能加以描写。例如：

《尔雅·释鸟》："二足而羽谓之禽，四足而毛谓之兽。"

《尔雅·释兽》："麐，麕身，牛尾，一角。"

《尔雅·释畜》："驳如马，倨牙，食虎豹。"

《说文·牛部》："犀，南徼外牛，一角在鼻，一角在顶，似豕。"

5. 比拟事物

即把两种类似的事物加以比拟。例如：

《周礼·天官·大宰》："以八法治官府，一曰官属。"郑众注："官属谓六官，其属各六十，若今博士、大史、大宰、大祝、大乐，属大常也。"

《周礼·春官·典瑞》："珍圭以征守。"郑玄注："杜子春云：'以征守者，以征召守国诸侯，若今时征郡守以竹使符也。'"

《尔雅·释兽》："兕，似牛。""犀，似豕。"

《说文·艸部》："蔽，芦菔，似芜菁，实如小尗者。"

前两例是以今制拟古制，后两例是以此物拟彼物。

有人又将以上义训的方式归纳为三类：一是词语式，即用一个单词去释另一个单词；二是定义式，即上面所说的“设立界说”；三是描写式，包括描画事物性状、特征，以及比拟事物等。

（四）观境为训——据境索义的方法

境，指语言的环境，也有人叫做词场。据境索义，就是根据词语所处的语言环境，以推求词语的准确解释。为什么要在声训、形训、义形之外加一条观境为训呢？这是因为声训、形训并未尽善，它们只能解决有声可通、有形可说的部分，不能解决其他词语和句意。同时，声训也好，形训也好，都还需要其他方面佐证，所以说据境索义也是必不可少的办法。根据前人的经验，主要办法是：

1. 根据对文推敲

古人行文，往往讲求对称美，如“天苍苍，地茫茫”，“时维九月，序属三秋”，“君子喻于义，小人喻于利”，“上古竞于道德，中古逐于智谋，当今争于气力”等。所谓对文，指在句式相同的两个或几个句子中，处于相同地位、相互对应的词语。在多数情况下，它们之间存在着同义、同类或反义的关系。“天”、“地”是反义，“苍苍”、“茫茫”是同义，“时”“序”、“九月”“三秋”是同义。由于对文有这些特点，我们就可以利用它来推求词义。如俞樾解释《尚书·洪范篇》“木曰曲直，金曰从革”，说：“‘曲直’对文，‘从革’对文。《汉书·外戚传》注曰：‘从，因也，由也。’盖从之义为由，故亦为因。从革，即因革也。金之性可因可革，谓之从革；犹木之性可曲可直，谓之曲直也。”① 又如《吕氏春秋·察今篇》：“东夏之命，古今之法，言异而典殊。”“东夏”与“古今”对文，“古今”是反义词组成的并列词组，“东夏”亦应当如是，而高诱却注为“东方”，作偏正结构。后人觉得不妥。孙锵鸣说：“东夏与古今对文，犹言夷夏也。东方曰夷，故亦可言东。命，名也，名亦言也。”②

又如陆机《文赋》：“考殿最于锱铢，定去留于毫芒。”乍一看，“殿最”不太好懂。我们可从下句对文“去留”考虑，去、留是两个反义词，扬弃和吸取的意思。那么，“殿最”也应该是两个反义词，“最”，古汉语有形容词的用法，最好的意思。“殿”则是“殿后”、“殿军”之“殿”，最劣的意思。这样“考殿最于锱铢”句意就迎刃而解了。

---

① 俞樾：《群经平议》卷五。

② 见《吕氏春秋集释》卷八。

再如《论语·为政》“学而不思则罔，思而不学则殆”也是对文。何晏注第二句：“不学而思，终卒不得，徒使人精神疲殆。”意思是“殆”借为“怠”。但在《论语》中表示疲殆的意思一般用“倦”：《述而》“诲人不倦”，《子路》“（孔子）曰：‘无倦’”；用“劳”：《泰伯》“恭而无礼则劳”，《尧曰》“劳而不怨”。未见用“殆”。再说，前文“学而不思则罔”，罔是迷罔的意思，而疲怠与迷罔义不相类。王引之的解释是：“谓思而不学，则事无征验，疑不能定也。”① 但疑惑与迷罔义复，亦不合对文之例。并且“殆”字本身也不可能有疑惑义。

我们认为，这一句里的“殆”是借为“佁”，即“佁痴”的“佁”。《老子》二十五章：“周行而不殆。”罗运贤说：“殆、佁同声通用。《司马相如传》：‘佁儗’张揖训为不前。不前，凝止之意。”《老子余义》《老子》五十二章：“天下有始，以为天下母。既知其母，又知其子，既知其子，复守其母，没身不殆。”朱谦之《老子校释》谓：“此与二十五章‘周行而不殆，可以为天下母’义同。谓子母相承不绝，即不殆之义。‘不殆’犹不止。”帛书乙本《德经》正作“没身不佁”。此“殆”借为“佁”之明证。《说文》：“佁：痴貌。从人台声，读若騃。”又“殆……从歺，台声。”是“殆”“佁”古音相同。

“思而不学则殆”意谓思而不学，则孤陋寡闻，思维局于一隅，停滞呆板。《论语·卫灵公》：“吾尝终日不食，终夜不寝，以思，无益，不如学也。”无益即无所增益的意思，亦即佁儗不前。又《韩诗外传》卷六：“子曰：‘不学而好思，虽知不广矣’……”此与“思而不学则殆”意同。《荀子·荣辱》说：“广之则通达，不广则佁滞。”《礼记·学记》说学者四失，其一曰：“或失则止。”郑玄注：“失于止谓好思不问者。”古代学与问是分不开的。先秦私家讲学，是采取弟子问难的方式。故“好思不问”与“好思不学”意近。孔颖达疏曰：“人心未晓知而不肯咨问，惟但止住而自思之，终不能达其实理，此失在于自止也，此是‘思而不学则殆’。”可见，“殆”应该理解为“止”的意思，“殆”为“佁”之假借。②

2. 根据上下文句推敲

这一办法和前一种办法略异。它不局限于一句之内或两句之间的对文，而是从更宽的语言环境，即从几个相连的句子或离得较远的句子中找出对应

---

① 王引之：《经义述闻·通说上》。

② 见罗邦柱、罗积勇：《“思而不学则殆”的“殆”》，载《中国语文通讯》1985年第2期。

关系来诠释词义。如：

《尚书·洪范》："恭作肃，从作乂，明作晢，聪作谋，睿作圣。""谋"字董仲舒、马融、班固、郑玄都当做"谋事"讲。王引之对照上下文认为不妥。他说："恭与肃、从与乂、明与晢、睿与圣义并相近，若以谋为谋事，则与聪字义不相近，斯为不类矣。今案谋与敏同，敏古读若每，谋古读若媒，谋敏声相近，故字相通。《中庸》'人道敏政，地道敏树'。郑注曰：'敏或为谋'，是其证也。《晋语》'知羊舌职之聪敏肃给也'，聪与敏义相近，而云'聪敏肃给'；犹睿与圣义相近，而云'睿圣武公'也。《小雅·小旻篇》：'国虽靡止，或圣或否，民虽靡膴，或哲或谋，或肃或艾'，《毛传》曰：'人有通圣者，有不能者，亦有明哲者，有聪谋者，有恭肃者，有治理者。'《传》以'聪谋'连文，犹《晋语》以聪敏连文，曰通圣、曰明哲、曰聪谋、曰恭肃、曰治理，上字与下字义并相近。若以谋为谋事，则与聪字义不相属矣。聪则敏，不聪则不敏。故《五行传》曰：听之不聪，是谓不谋。不谋即不敏。若以为不能谋事，则谋上须加能字，而其义始明。是毛公之解或哲或谋，伏生之解聪作谋，皆以谋为敏，正与经指相合，而董、刘、马、郑诸儒以谋为谋事，胥失之也。"①

王引之又于《尚书·禹贡》"厥篚元纁玑组"下曰："传曰：玑，珠类，生于水……引之谨案：元也，纁也，组也，皆女红所为也。玑则珍宝之属，厕于玄纁组之间，殊为不伦。篇内凡言厥篚织文，厥篚檿丝，厥篚玄纤缟，厥篚织贝，厥篚织纩，皆无及珍宝者。徐州厥贡蠙珠之下，乃言厥篚玄纤缟，则珠玑非入篚之物，不得云厥篚玄纁玑组也。窃疑玑当读为暨，暨者与也，及也，厥篚元纁组者暨组者，厥篚所贡则有玄纁及组也。徐州厥贡淮夷蠙珠暨鱼，文义与此正合。"②

3. 根据辞例推敲

辞例就是古人用辞的习惯，也就是用辞的固定格式。有些格式是一个时代或几个时代共有的，有些格式则是某部典籍专有的。了解辞例，有助于对词义作出正确的判断。〔清〕俞樾的《古书疑义举例》就是据辞例明训诂的专著。下面请看他列举的"倒文协韵例"：

> 《诗·既醉篇》："其仆维何，釐尔女士。釐尔女士，从以孙子。"按：女士者，士女也。孙子者，子孙也。皆倒文以协韵。犹"衣裳"

---

① 王引之：《经义述闻》卷三。

② 王引之：《经义述闻》卷三。

恒言，而《诗》则曰“制彼裳衣”；“琴瑟”恒言，而《诗》则曰“如鼓瑟琴”也。《甫田篇》“以谷我士女”，此云“女士”，彼云“士女”，文异义同。笺云：“予女以女而有士行者，则失之纤巧矣。经文平易，殆不如是。”①

此外，《诗经》还有省文、变文协韵例。省文如《诗·王风·君子阳阳》“左执簧，右招我由房”。毛传：“由，用也。国君有房中之乐。”“房”即“房中之乐”之省文，与上两句“阳”、“簧”押韵。《笺》释为“右手招我欲使我从之于房中”，此解甚误：一则与执簧不相承，二则“由房”释为“从之于房中”亦欠妥。郑是不知省文协韵例。变文如《诗·周南·关雎》：“参差荇菜，左右流之；窈窕淑女，寤寐求之。”《毛传》训流为求。陈奂《毛诗传疏》说：“流、求同部。流本不训求，而诂训云耳者，流读与求同，其字作流，其意为求，古人假借之法也。”所谓假借，就是变文，如仍用求字，则与下文“求”语复，古人行文之忌。朱熹《诗集传》增字作解，释为“顺水之流而取之”，误。

杨树达《古书疑义举例续补》也是发明古书辞例的。下面是他列举的“文中有标题例”：

古书中有作者自标之题，其初本与正文分析者也。后经传写，遂致混淆，读者不之知，遂竟误为正文矣！此例《荀子》书中最多，有为前人所已言者，亦有为前人所未及言者，今详举之。《修身篇》云：“扁善之度：以治气养生，则后彭祖；以修身自名，则配尧禹；宜于时通，利以处穷，礼信是也。”“扁善之度”四字，标题也。“以治气养生”云云，皆指以礼信而言。盖谓以礼信治气养生，则后彭祖；以礼信修身自名，则配尧禹；以礼信既宜于时通，复利以处穷，此其所以为扁善之度也。（王念孙读扁为徧，是也。）《韩诗外传》卷一乃改为“君子有辩善之度以治气养性”云云，若谓以辩善之度治气养性云者，则文理颠倒不可通矣。②

互文也是古人行文的辞例之一，即前后两句参互见义，互相补充。下面

① 俞樾著、刘师培补、杨树达续补：《古书疑义举例五种》，中华书局1956年版，第20、206~208页。

② 俞樾著、刘师培补、杨树达续补：《古书疑义举例五种》，中华书局1956年版，第208页。

讲训诂术语时还要详细介绍“互文”。这里只谈如何利用互文观境为训。《离骚》：“启九辩与九歌兮，夏康娱以自纵。”若作互文看，则句意甚明，康娱自纵者实夏启一人，上句单言启，下句单言夏。王逸不知是互文，夏康连读，认为是指少康。其实“康娱”是当时的习惯语，篇内三见，康不须连夏读。再者，《墨子·非乐》引《逸书·武观》叙述夏启“淫逸康乐”的种种行为，没有一句提及少康，可见王逸的注释误。

4. 根据修辞手段推敲

词语在句子中，有时受修辞手段的支配，词义往往发生某种变化。例如，《史记》“起更衣”这一词组，在《外戚世家》“是日武帝起更衣，子夫侍尚衣轩中，得幸”句中，是换衣服的意思，而在《魏其武安侯列传》“座乃起更衣，稍稍去”中，王力主编《古代汉语》则注为“上厕所”的代称，因为这是避俗的描写手法所用的词，又如《诗·豳风·硕鼠》，“硕鼠，硕鼠，无食我苗。逝将去女，适彼乐郊”，鼠吃谷不吃苗，《诗》用“苗”，目的是与“郊”相押，这时苗即有谷义，故《毛传》：“苗，嘉谷也。”根据修辞手段理解词的含义，就是孟子所说的：“不以文害辞，不以辞害志，以意逆之，是谓得之。”

黄焯对《诗经》各种修辞手法很有研究，他的《诗说》集中了他这方面的研究成果。现摘录其“诗义重章互足说”如后：

> 诗三百篇皆古乐章，其章句措置之法，往往异于他文，故有辞意限于字句音节不能完具者，则以前后章互足其义。而风诗间采民俗歌谣之作、反复咏叹者特多，故有一义而离为数章、析为数句者。若执一章一句而立解，则鲜有合者矣……今试求之国风小雅之中，其易知者，如《魏风·伐檀》首章言“伐檀”而不显其用，次章三章独言伐辐、伐轮，骤视之似嫌于不词，盖诗人多相因之辞，此合首章为言，乃谓伐檀以为辐为轮，非斩伐其辐与轮也……《唐风·葛生》首章言“予美亡此，谁与独处”，次章言“谁与独息”，三章言“谁与独旦”，此独旦与独处、独息互足为义。诗盖托为妇人之念其夫云：予所美之人今不在此，吾谁与居乎？惟旦夕独处独息耳。郑笺以独旦语意不完，因训旦为明，谓独自洁明，实为赘义也。①

姜亮夫《屈原赋校注》也注意到屈赋中修辞手段的运用。如《湘君》

---

① 黄焯：《诗说》，长江文艺出版社1981年版，第33页。

“斲冰兮积雪”，王逸注：“斲，砍也。言己乘船遭天盛寒，举其櫂棹，斲斫冰冻，纷然如积雪，言己勤苦也。”姜氏校注：“此说至陋。既需斲冰乃能行舟，又何以采辟荔、搴芙蓉乎？此盖喻词，非写实。斲冰者，言刺船之速，破水而去，如斲冰，水自船舷激而为浪，翻腾如雪之积也。此言舟行之速，本亦有艰辛之义。”①

5. 根据行文条理次第推敲

段玉裁注《说文》，非常注意这方面的问题。他以玉部为例，仔细分析许慎对玉部字排列的次序。他说：

> 按自璙以下皆玉名也；瓒者，用玉之等级也；瑛，玉光也。璑以下五文记玉之恶与美也；璧至瑞皆言玉之成瑞器者也；璬、珩、玦、珥至瑂皆以玉为饰也；玼至瑕皆言玉色也；琢、琱、理三文言治玉也；珍、玩二文言爱玉也；玲以下六文，玉声也；瑀至玖，石之次玉者也；珁至瑎，石之似玉者也；琨、珉、瑶，石之美者也；玓至珊皆珠类也；琀、璗二文，送死玉也；璗，异类而同玉色者；灵谓能用玉之巫也。通乎《说文》之条理次第，斯可以治小学。

王引之也用这个办法考求过《诗·大雅·皇矣》篇中“栵”字的训释。《皇矣》是一篇歌颂周先人古公亶父启辟森林、艰苦创业的诗，其中一段为：

> 作之屏之，其菑其翳；修之平之，其灌其栵；启之辟之，其柽其椐；攘之剔之，其檿其柘。

《毛传》释“栵”为“栭”，木名。王引之根据前四句，说的都是树木砍伐后的形状，菑是立死的树，翳是自倒的树，灌是丛生的树。后四句才出现木名，如柽、椐、檿、柘等，故列于前四句的“栵”，也应该是表性状之词，非木名，故以为是“烈”的借字，烈，枿也，即斩而复生的幼蘖，与菑、翳、灌同例。②

前面为了叙述的方便，我们把训诂的方法分为声训、形训、义训几大类，每类之中又分为若干种。应该指出：在实际运用时，这些类和种常常是

① 见姜亮夫：《重订屈原赋校注》，天津古籍出版社1987年版，第197页。
② 见王引之：《经义述闻》。

结合在一起，不能任意分割的。

再者，声训、形训、义训三者之间有没有轻重之分，训诂学家对此有不同的意见。有人强调声训，有人强调义训，也有人强调形训。我们认为，从汉语来说，音义同源，离开语音，就不能深刻地理解语义；离开语义，也无法透彻地理解语音。应该像戴震说的那样“疑于义者以声求之；疑于声者以义正之”，不应有所轩轾。从汉字来说，形、音、义应当结成一体，研究训诂，对此三者要一视同仁，也不必强分轻重。从训诂实践来说，那倒是要根据需要，侧重某一方面，或者专攻某一方面，不必强求一律。但这不是孰重孰轻的问题，而是分工合作，各尽其力的问题，不可混为一谈。

第二节　行文的格式

训诂文字是一种特殊的文体，它的行文有自身的特殊格式，现从以下三个方面加以阐述。

（一）语言贵精练

人们读注总是希望注文言简意明，能让人很快掌握原文文意。为此，我国历代训诂大师都在这方面作了很大努力，力求做到语言精练。〔宋〕洪迈曾以孟子为例说：“解释经旨，贵于简明，惟孟子独然。其称《公刘》之诗，‘乃积乃仓，乃裹餱粮，于橐于囊，思辑用光，弓矢斯张，干戈戚扬，爰方启行’，而释之之词但云：‘故居者有积仓，行者有裹粮也，然后可以爰方启行。’其称《烝民》之诗，‘天生烝民，有物有则；民方秉夷，好是懿德’。而引孔子之语以释之，但曰：‘故有物必有则，民之秉夷也，故好是懿德’，用两‘故’字，一‘必’字，一‘也’字，而四句之义昭然。”①

〔西汉〕毛亨的《毛诗诂训传》则是语言精练的典范。为了语言的精练，他甚至把判断句中“某，某也”的“也”字也省掉。例如：

《周南·卷耳》：“嗟我怀人，寘彼周行。”传：“怀，思；寘，置；行，列也。”

《郑风·遵大路》：“遵大路兮，掺执子之袪兮。”传：“遵，循；路，道；掺，擥；袪，袂也。”

① 见《容斋随笔》卷一，上海古籍出版社1978年版，第9页。

《周颂·访落》："访于落止，率时昭考，於乎悠哉，朕未有艾，将予就之，继猶判涣。"传："访，谋；落，始；时，是；率，循；悠，远；猶，道；判，分；涣，散也。"

《唐风·蟋蟀》："无已大康，职思其居。"传："已，甚；康，乐；职，主。"

前三例，只保留了最后一个"也"字；后一例，连最后一个"也"字也省掉了。

陈澧《东塾读书记》卷六说："《毛传》连以一字训一字者，惟于最后一训用'也'字，其上虽累至数十字，皆不用'也'字，此传例也。然有不尽然者。今考'也'字不合传例之处，其下皆有'郑笺'。此由昔人因笺缀传下，传无'也'字，则文势不断，故增'也'字以隔绝之，此已不当增而增矣。段氏定本又于旧所未增者而亦增之，如'淑，善；逑，匹也。''寤，觉；寐，寝也。''善'字、'觉'字下皆增'也'字，则段氏亦未知传例矣。"

汉代其他训诂书中也往往有这样的格式。有的也省掉了最后一个"也"字。例如：

《尔雅·释草》："芣苡，马舄；马舄，车前。"

《尔雅·释木》："柽，河柳；旄，泽柳；杨，蒲柳。"

《孟子·离娄下》："武王不泄迩，不忘远。"赵岐注："泄，狎；迩，近也。"

当然，训诂文字的精练，不仅表现在判断句中省掉"也"字，也表现在其他方面。比如《尔雅》的《释诂》、《释言》、《释训》，把许多同义词列为一条，用一两个字来解释，这也使得语言显得十分精练。又如《说文解字》往往用很少几个字给含义很丰富的词下定义，像"袜，足衣也"，"衰，艸雨衣也"，"口，人所以言食也"，"跳，雀行也"，精练到了极点，值得我们学习。

再者，训诂文字不仅要力求精练，还要力求准确，这从前面所举的《说文》的例子，就可以得到证明，无须再旁征博引了。

（二）次序不固定

训诂通常是先解释词义，再串讲句意。如果是章句之学，串讲句意以后，还要说明章旨，例如：

《孟子·离娄下》：“博学而详说之，将以反说约也。”赵岐章句：“博，广；详，悉也。广学悉其微言而说之也。章旨：言广寻道言，详说其事，要约至义，还反于朴，说之美者也。”

《楚辞·橘颂》：“受命不迁，生南国兮。”王逸章句：“南国，谓江南也。迁，徙也。言橘受天命，生于江南，不可移徙；种于北地，则化而为枳也。屈原自比志节如橘，亦不可移徙。”

《诗·豳风·东山》：“其新孔嘉，其旧如之何？”郑笺：“嘉，善也。其新来时甚善，至今则久矣，不知其如何也。又极序其情，乐而戏之。”

也有先串讲句意，后解释词义的。例如：

《诗·卫风·河广》：“谁谓河广，曾不容刀。”郑笺：“不容刀，亦喻狭。小船曰刀。”

《诗·魏风·伐檀》：“不稼不穑，胡取禾三百廛兮？不狩不猎，胡瞻尔庭有悬貆兮？”郑笺：“是谓在位贪鄙，无功而受禄也。冬猎曰狩，宵田曰猎。胡，何也。貉子曰貆。”

《诗·小雅·无羊》：“尔牧来思，以薪以蒸，以雌以雄。”郑笺：“此言牧人有余力，则取薪蒸，搏禽兽以来归也。粗曰薪，细曰蒸。”

也有把串讲句意和解释词义穿插在一起的。例如：

《诗·邶风·简兮》：“简兮简兮，方将万舞。”郑笺：“简，择；将，且也。择兮择兮者，为且祭祀，当万舞也。万舞，干舞也。”

《诗·曹风·蜉蝣》：“蜉蝣之羽，衣裳楚楚。”传：“蜉蝣，渠略也。朝生夕死，犹有羽翼，以自修饰。楚楚，鲜明貌。”

《吕氏春秋·仲秋纪》：“是月也，易关市，来商旅，入货贿，以便民事。”高诱注：“易关市，不征税也，故商旅来。市贱鬻贵曰商。旅，行商也。货贿，财赂也。以所有易所无，民得其求，故曰以便民事。”

至于注解中的其他内容，措辞行文更没有固定的格式，这里从略。

（三）说解可用韵

训诂一般都用散文，但也有用韵文的。例如《尔雅·释训》中有这样一段：

> 子子孙孙，引无极也；颙颙卬卬，君之德也；丁丁嘤嘤，相切直也；藹藹萋萋，臣尽力也；噰噰喈喈，民协服也；佻佻契契，愈遐急也；宴宴粲粲，尼居息也；哀哀悽悽，怀报德也；儵儵嘒嘒，罹祸毒也；晏晏旦旦，悔爽忒也；皋皋琄琄，刺素食也；懽懽愮愮，忧无告也；宪宪泄泄，制法则也；谑谑謞謞，崇谗慝也；翕翕訿訿，莫供职也；速速蹙蹙，惟逑鞫也。

陈澧《东塾读书记》卷十一说："此必是一篇古人文字而取入《尔雅》也。"按：古代字书，从周代的《史籀篇》到汉代的《凡将篇》、《急就篇》等，都用韵语，以便记诵。《尔雅》中这一段是否取古人文字，虽难断言，但是它继承了古代字书用韵的传统，则是无可怀疑的。后来郭璞注《尔雅》承袭了这个传统，在某些注解中，也尽可能地采用韵语。例如在《释训》"丁丁嘤嘤"至"速速蹙蹙"共十四条下，用下列韵文注释：

> "丁丁，斫木声；嘤嘤，两鸟鸣。以喻朋友切磋相正。""梧桐茂，贤士众；地极化，臣竭忠。""凤凰应德鸣相和，百姓怀附兴颂歌。""赋役不均，小国困竭；贤人忧叹，远益急切。""盛饰宴安，近处优闲。""悲苦征役，思所生也。""悼王道秽塞，羡蝉鸣自得，伤己失所遭谗贼。""伤见弃绝，恨士失也。""讥无功德，尸宠禄也。""贤者忧惧，无所诉也。""佐兴虐政，设教令也。""乐祸助虐，增谮恶也。""贤者陵替奸党炽，背公恤私旷职事。""陋人专禄国侵削，贤士永哀念穷迫。"

注解中用韵最多的，要数王逸的《楚辞章句》。全书十七篇中，《远游》、《卜居》、《渔父》、《九辩》、《招隐士》、《九怀》等六篇的注解绝大部分是韵语。① 这里举《渔父》为例：

原　文	**注　文**
屈原既放，	身斥逐也。
游于江潭，	戏水侧也。
行吟泽畔，	履荆棘也。
颜色憔悴，	皯霉黑也。
形容枯槁。	癯瘦瘠也。
渔父见而问之，曰：	怪屈原也。
“子非三闾大夫欤？	谓其故官。
何故至于斯？”	曷为遭此患也？
屈原曰：“世人皆浊，	众贪鄙也。
我独清；	志洁己也。
众人皆醉，	惑财贿也。
我独醒。	廉自守也。
是以见放。”	弃草野也。
渔人曰：	隐士言也。
“圣人不凝滞于物，	不困辱其身也。
而能与世推移。	随俗方圆。
世人皆浊。	人贪婪也。
何不淈其泥	同其风也。
而扬其波？	与浮沉②也。
众人皆醉，	巧佞曲也。
何不𫗦其糟，	从其俗也。
而啜其醨”？	食其禄也。
何故深思高举，	独行忠直。
自令放为！”	远在他域。

---

① 《四库全书总目提要·集部·楚辞类·楚辞章句》条：“《抽思》以下诸篇注中，往往隔句用韵，如‘哀愤结縎，虑烦冤也。哀悲太息，损肺肝也。心中诘屈，如连环也’之类，不一而足，盖仿《周易·象传》之体，亦足以考证汉人之韵；而吴棫以来，谈古韵者皆未征引，是尤宜表而出之矣。”按此以注释用韵是模仿《周易·象传》，也可备一说。

② “浮沉”，各本俱作“沉浮”。按：此以“沉”与“婪”、“风”叶韵，应乙转。

屈原曰："吾闻之，	受圣制也。
新沐者必弹冠，	拂土芥也。
新浴者必振衣，	去尘秽也。
安能以身之察察，	己清洁也。
受物之汶汶者乎！	蒙垢尘也。
宁赴湘流，	身沉渊也。
葬于江鱼腹中，	身消烂也。
安能以皓皓之白，	皓皓犹皎皎也。
蒙世俗之尘埃乎？"	被点污也。
渔父莞尔而笑	笑离龈也。
鼓枻而去，	叩船舷也。
乃歌曰："沧浪之水清兮，	喻世昭明。
可以濯我缨；	沐浴升朝廷也。
沧浪之水浊兮，	喻世暗昏①。
可以濯我足。"	宜隐遁也。
遂去，不复与言。	合道真也。

另外，《九章》中的《涉江》、《哀郢》、《抽思》、《思美人》、《惜往日》、《悲回风》等章的注解也有一部分用韵。这里节录《抽思》一段为例：

原　文	**注　文**
有鸟自南兮，	屈原自喻生楚国也。
来集汉北，	虽易水土，志不革也。
好姱佳丽兮，	容貌说美，有俊德也。
牉独处此异域。	背离乡党，居他邑也。
既茕独而不群兮，	行与众异，身孤特也。
又无良媒在其侧。	左右嫉妒，莫衒鬻也。
道卓远而日忘兮，	
愿自申而不得。	
望北山而流涕兮，	瞻仰高景，愁悲泣也。
临流水而太息。	顾念旧故，思亲戚也。

---

① "暗昏"，各本俱作"昏暗"。按：此以"昏"与"遁"、"真"叶韵，应乙转。

望孟夏之短夜兮，	四月之末，阴尽极也。
何晦明之若岁？	忧不能寐，常倚立也。
惟郢路之辽远兮，	隔以江湖，幽僻侧也。
魂一夕而九逝。	精神夜归，几满十也。
曾不知路之曲直兮，	忽往忽来，行亟疾也。
南指月与列星。	参差转运，相递代也。
愿径逝而未得兮，	意欲直还，君不纳也。
魂识路之营营。	精灵主行，往来数也。
何灵魂之信直兮，	质性中正，不枉曲也。
人之心不与吾心同。	我志清白，众泥浊也。
理弱而媒不通兮，	知友劣弱，又鄙朴也。
尚不知余之从容。	未照我志之所欲也。

王弼的《周易注》也间或用韵，例如：

《大畜》注：“尚贤制健，大正应天，不忧险难，故利涉大川也。”

《睽》注：“见豕负涂，甚可秽也。见鬼盈车，吁可怪也。先张之弧，将攻害也。……往不失时，睽疑亡也。贵于遇雨，和阴阳也。阴阳既和，群疑亡也。”

许慎《说文》的说解很少用韵，只在开头和结尾两处特意作韵语。开头的“一”字下云：“惟初太极，道立于一，造分天地，化成万物。”结尾的“亥”字下云：“亥而生子，复从一起。”前后呼应，以表明“分别部居，始一终亥”的意思。此外，间或也有用韵的，多半是引用旧说，不是有意作韵语的，例如：

鹔，鹔鷞也，五方神鸟也。东方发明，南方焦明，西方鹔鷞，北方幽昌，中央凤凰。

鼫，五技鼠也。能飞不能过屋，能缘不能穷木，能游不能度谷，能穴不能掩身，能走不能先入。

龙，鳞虫之长，能幽能明，能细能巨，能短能长，春分而登天，秋分而潜渊。

第三节 常用的术语

训诂学作为一门科学，也和其他科学一样，有自己的术语，每一个术语有一定的用法。现在只举常用的，略加解释如下：

（一）某，某也；某者，某也；某也者，某也

这一组术语，采用判断句的形式，解释词的意义。被解释的词和用以解释的词是义同或义近的关系。例如：

《周易·象上传》："师，众也。"

《周礼·天官·大宰》："掌建邦之六典。"郑玄注："典，常也，经也，法也。"

《说文》一上·士部："士者夫也。"

《礼记·杂记》："子贡观于蜡。"郑玄注："蜡也者，索也。"

也有解释专名，指出被释词是什么的，例如：

《国语·周语上》："穆王将伐犬戎。"韦昭注："穆王，周康王之孙、昭王之子、穆王满也。"

上面的例句有个特点，就是被释词都是单词。下面则是用这种格式解释一个词组或一个句子的，例如：

《诗·邶风·简兮》："日之方中，在前上处。"笺："在前上处者，在前上列也。"

《周礼·天官·冢宰》："惟王建国。"郑玄注："百物阜安，乃建王国焉。"贾公彦疏："乃建王国者，于百物盛安之处乃立王国，王国则洛邑王城是也。"

（二）曰、为、谓之、之谓

这组术语，主要用来下定义，立界说。被释词一般是一种名物或制度，解释词则是一个短语。例如：

《诗·周南·汉广》:“之子于归,言秣其马。”毛传:“六尺以上曰马。”

《左传·文公三年》:“执事不以衅鼓。”杜注:“以血涂鼓为衅鼓。”

《诗·小雅·巧言》:“彼何人斯?居河之麋。”《传》:“水草交谓之麋。”

《尔雅·释宫》:“宫谓之室,室谓之宫。”

《孟子·告子上》:“生之谓性。”

《礼记·中庸》:“天命之谓性,率性之谓道,修道之谓教。”①

这组术语的另一个特点是用对比为训,例如:

《诗·卫风·淇奥》:“如切如磋,如琢如磨。”毛传:“治骨曰切,象曰磋,玉曰琢,石曰磨。”

《尔雅·释宫》:“一达谓之道路,二达谓之歧旁,三达谓之剧旁,四达谓之衢,五达谓之康,六达谓之庄,七达谓之剧骖,八达谓之崇期,九达谓之逵。”

《尔雅·释天》:“春猎为蒐,夏猎为苗,秋猎为狝,冬猎为狩。”

(三)谓、言

“谓”主要用来说明被释词在句中特指某一事物。例如:

《诗·邶风·谷风》:“何有何亡”,毛传:“有谓富也,亡谓贫也。”

《左传·僖公三十年》:“且君尝为晋君赐矣。”杜注:“晋君谓惠公也。”

---

① 戴震《孟子字义疏证》卷中“古人言辞,‘之谓’、‘谓之’有异。凡曰‘之谓’,以上所称解下,如《中庸》:‘天命之谓性,率性之谓道,修道之谓教。’此为性、道、教言之,若曰性也者天命之谓也,道也者率性之谓也,教也者修道之谓也。《易》:‘一阴一阳之谓道’,则为天道言之,若曰道也者一阴一阳之谓也。凡曰谓之者,以下所称之名辨上之实,如《中庸》:‘自诚明谓之性,自明诚谓之教’,此非为性教言,以性教区别自诚明、自明诚二者耳。”按:戴说区别“之谓”和“谓之”,很精确。最近,何乐士的《论“谓之”句和“之谓”句》,也从戴说,并加以阐发,更为详明。其文收在中国社会科学院语言研究所古代汉语研究室所编的《古汉语研究论文集》中,可参看。

《离骚》："恐美人之迟暮。"王逸注："美人谓怀王。"
《诗·邶风·柏舟》："母也天只"，传："天谓父也。"

"谓"有时用于以狭义释广义。例如：

《诗·小雅·大东》："有饛簋飧。"毛传："飧，熟食，谓黍稷也。"
《国语·吴语》："执玉之君皆入朝。"韦昭注："玉谓珪璧。"
《礼记·曲礼》："君无故玉不去身。"孔颖达疏："玉谓佩也。"

"谓"有时用来串讲句意。例如：

《诗·郑风·野有蔓草》："野有蔓草，零露漙兮。"笺："零，落也。蔓草而有露，谓仲春之时，草始生，霜为露也。"

《诗·小雅·雨无正》："巧言如流，俾躬处休。"笺："巧犹善也。谓以事类风切剀微之言，如水之流，忽然而过，故不悖逆，使身居安休休然。"

"言"这个术语常用来串讲文意，有"说明"的意思。例如：

《诗·曹风·候人》："彼候人兮，何戈与祋。"毛传："言贤者之官，不过候人。"

《诗·周南·卷耳》："陟彼砠矣，我马瘏矣。我仆痡矣，云何吁矣。"郑笺："此章言臣既勤劳于外，仆马皆病，而今云何乎？其亦忧矣。深闵之辞。"

有时，"言"只有"说"的意思。例如：

《诗·周南·卷耳》："我姑酌彼金罍"，传："姑，且也。"郑笺："言'且'者，君赏功臣，或多于此。"

《诗·召南·采蘋》："于以采蘋"，笺："于以，犹言往以也。"

（四）犹

"犹"字的用法，概括起来有四种：

(1) 说明被释词和解释词不是同一含义，只是某一方面词义相当，或引申可通，即段玉裁所说的“义隔而通之”①，用现代汉语翻译，就是“某跟某差不多”，“某相当于某”，“某有某的意思”。例如：

《孟子·梁惠王上》：“老吾老，以及人之老。幼吾幼，以及人之幼。”赵岐注：“老犹敬也，幼犹爱也。”焦循正义：“老无敬训，幼无爱训，故云‘犹敬’、‘犹爱’。”

(2) 用本字释借字。例如：

《诗·魏风·葛屦》：“掺掺女手，可以缝裳。”毛传：“掺掺，犹纤纤也。”

枚乘《七发》：“淹沈之乐，浩唐之心。”李善注：“唐犹荡也。”

(3) 以今语释古语。例如：

《说文·爻部》“爾”字下：“丽爾犹靡丽也。”段注：“丽爾，古语，靡丽，今语。”

司马迁《报任安书》：“谁为为之?”李善注：“谁为犹为谁也。”谁为，古语常见句法；为谁，今语常见句法。

(4) 也有用作解释同义词、近义词的。例如：

《诗·小雅·小明》：“政事愈蹙。”笺：“愈犹益也。”

《诗·小雅·四月》：“冬日烈烈”，笺：“烈烈犹栗烈也。”

(五) 貌

“貌”，指事物的形状，等于说“某某的样子”。其所解释的都是形容词或副词。例如：

---

① 见《说文》三上言部讎字下。

《说文·艸部》："茸，艸茸茸貌。"
《周易·咸卦》释文引王肃注："憧憧，往来不绝貌。"
《楚辞·涉江》："冠切云之崔嵬。"王逸注："崔嵬，高貌也。"

（六）之言、之为言

这两个术语的作用主要是说明被释词的语源。例如：

《荀子·修身》："以不善先人者谓之谄。"杨倞注："谄之言陷也。"
《说文》七上卤部："粟之为言，续也。"

先秦文献中用这两个术语，也有只释其义，与语源无关的。例如：

《易·乾·文言》："潜之为言也，隐而未见，行而未成。"
《礼记·祭统》："畀之为言与也。"
《谷梁传·隐三年》："求之为言，得不得未可知之辞也。"《僖四年》："溃之为言，上下不相得也。"《文六年》："犹之为言可以已也。"《昭二十二年》："乱之为言，事未有所成也。"

（七）辞、词

古代训诂中把虚词叫做"辞"，或作"词"。东汉以后又叫"语助"。例如：

《诗·周南·芣苡》："采采芣苡，薄言采之。"毛传："薄，辞也。"
《说文·矢部》："矣，语已词也。"
《诗·邶风·柏舟》："日居月诸"，孔颖达疏："居诸者，语助也。故《日月》传曰，'日乎月乎'，不言居诸也。《檀弓》云：'何居？我未之前闻也。'注云：'居，语助也。'《左传》曰：'皋陶庭坚不祀忽诸。'服虔云：'诸，辞。'是居诸皆不为义也。"

（八）属、别

古代训诂中常用“属”和“别”表示事物的种类。例如：

《说文·艸部》：“藨，鹿藿也。一曰：蔽之属。”“蓍，蒿属。”

《说文·禾部》：“秔，稻属。”“稗，禾别也。”段注：“凡言属者，以属见别也。言别者，以别见属也。重其同，则言属，秔为稻属是也；重其异，则言别，稗为禾别是也。”

这就是说，强调事物之间的共同性，就说某是某之属；强调事物之间的区别，就说某是某之别。

“属”又叫做“丑”。例如：

《尔雅·释艸》：“蘩之丑，秋为蒿。”郭璞注：“丑，类也。春时各有种名，至秋老成，皆通呼为蒿。”

《尔雅·释虫》：“蠭丑，螸；螽丑，奋；强丑，捋；蜂丑，螫；蝇丑，扇。”

（九）读若、读如、读为、读曰、读若某同、读与某同、读

汉代训诂中，常用“读若”、“读如”、“读为”、“读曰”、“读若某同”、“读与某同”等语，有时也单用一个“读”字。段玉裁《说文解字注》云：“凡传注言‘读若’者，皆拟其音也。凡传注言‘读为’者，皆易其字也。注经必兼兹二者，故有‘读为’，有‘读若’。‘读为’亦言‘读曰’，‘读若’亦言‘读如’。字书但言其本字本音，故有‘读若’，无‘读为’也。唐人作正义，已不能知，‘为’与‘若’两字，注中时有讹乱。”①

钱大昕《古同音假借说》云：“汉人言‘读若’”者，皆文字假借之例，不特寓其音，并可通其字。即以《说文》言之，‘鄦，读若许。’《诗》：‘不与我戍许’，《春秋》之‘许田’、‘许男’，‘许冲上书阙下’，不必从邑从无也。‘郪，读若蓟。’《礼记》：‘封黄帝之后于蓟’，《汉书·地理志》有蓟县，不必从邑从契也。‘琫，读若淑。’《尔雅》：‘璋大八寸谓之琡’，琡即淑之讹，不必从玉从寿也。‘珣，读若宣。’《尔雅》：‘璧大六寸谓之宣’，不必从玉

① 见《说文》一上示部槖字下。

从旬也。'趋读若茕。'《诗》:'独行茕茕',不必从走从勻也。'𧼈,读若匐。'《诗》:'匍匐救之','诞实匍匐',不必从走从音也。'丮,读若戟。'《春秋传》:'公戟其手',不必作丮也。'檷,读若柅。'《易》:'系于金柅',不必改为檷也。'勼,读若鸠。'《书》:'方鸠僝功',不必改为勼也。'㬪,读若叠。'《诗》:'莫不震叠',不必改为㬪也。'奡,读若傲。'《书》:'无若丹朱傲',不必改为奡也。'橾,读若薮。'《考工记》:'以其围防捎其薮',不必改为橾也。'㒒,读若仆。'《孟子》:'仆仆尔亟拜',不必改为㒒也。'𨷲,读若阑。'《汉书》'阑入'字不必改为𨷲也。'㚔,读若阿。'《史记》'阿保'字不必改为㚔也。'辛,读若愆。'今经典罪辛字皆作愆。'刅,读若创。'今经典刅业字皆作创。'亼,读若集。'今经典亼合字皆作集。'羍,读若达。'今《诗》正作达。'翌,读若皇。'今《周礼》正作皇。'翇,读若绂。'今《周礼》作帗。帗与绂亦同也。'芮,读若汭。'《诗》:'芮鞫之即',《韩诗》作汭,是芮汭通也。'瞿,读若句。'《春秋》'鸜鹆',《说文》作鴝鵒,是瞿句通也。'雁,读若鴈。'今经典雁鴈亦通用也。《说文》又有云'读与某同'者,如'莫,读与蔑同',今《尚书》'莫席'正作蔑字。'喦,读与聂同。'今《春秋》'喦北'正作聂字。'卟,读与稽同。'今《尚书》'卟疑'正作稽字。'雀,读与爵同。''攺,读与施同。'今经典鸟雀字多用爵,敷攺字皆用施。"㥯,读与隐同。'《孟子》、《庄子》皆有隐几字,不作㥯。以是推之,许氏书所云'读若'、云'读与同',皆古书假借之例。假其音,并假其义,音同而义亦随之,非后世譬况为音者可同日而语也。近世尊信《说文》者,知分别部居之不可杂,欲取经典正文,悉改而从许氏之体,是又未谕许君通假之例矣。"①

按段、钱二说不同,其实都不免以偏概全。段氏强调《说文》中的"读若"只拟其音,不易其字,而不知其中确实有很多是既拟其音,又易其字的。钱氏强调"许氏书所云'读若'、云'读与同',皆古书假借之例",而不知其中也确实有只拟其音而不是说假借的。

至于《说文》中所用的术语,也不只"读若"一种,还有"读如"、"读与某同"、"读若某同"、"读若某相似"。除"读与某同",钱氏已列举了六例以外,下面也补举几例:

> 匚部:"匩,读如羊驺箠。"
> 走部:"趌,读若跬同。"

① 见《潜研堂文集》卷三。

𠬪部："𠬸，读若乱同。"
目部："睒，读若白盖谓之苫相似。"

（十）古字某某同、古声某某同、某某义同、某与某古字通

这一组术语也是讲文字通假的，例如：

《论语·公冶长》："无所取材。"集解引郑玄注："古字材哉同耳。"

《诗·小雅·常棣》："常棣之花，鄂不韡韡。"笺："不当作柎……古声不、柎同。"

《诗·大雅·皇矣》："载锡之光。"笺："载，始也。"疏："哉载义同。"

《诗·大雅·文王》："陈锡哉周。"毛传："哉，载。"疏："哉与载古字通。"

（十一）以某为某、名某为某

训诂中讲文字通假，还可以说"以某为某"、"名某为某"。例如：

《周礼·天官·醢人》："豚拍鱼醢"。注："郑大夫、杜子春皆以'拍'为'膊'，谓胁也。"

《周礼·夏官·序官》："司爟"注："今燕俗名汤热为观。"

（十二）当为、当作

训诂中改正误字误读，则说"某当为某"或"某当作某"。例如：

《礼记·昏义》："为后服资衰。"注："资当为齐，声之误也。"

《礼记·缁衣》："资冬祈寒。"注："资当为至，齐鲁之语，声之误地。"

《礼记·檀弓上》："自败于臺鲐始也。"注："臺当为壶，字之误也。"

《诗·邶风·绿衣》笺："绿当作褖……字之误也。"

《周礼·夏官·训方氏》："诵四方之传道。"注："故书'传'为'傅'，杜子春云，'傅当作传'。"

（十三）或为、或作、本作、本或作、本亦作、本又作、一本作、某本作

这组术语用于校勘文字异同，"本"指另一版本。例如：

《周礼·夏官·职方氏》："其泽薮曰弦蒲。"注引郑众说："弦或为汧，蒲或为浦。"

《礼记·聘义》："温润而泽，仁也。"注："润或作濡。"

《礼记·曾子问》："命毋哭。"释文："毋，本作无。"

《周易·说卦》："幽赞于神明而生蓍。"释文："幽赞，本或作讃。"

《周易·序卦》："比必有所畜。"释文："所畜，本亦作蓄。"

《周易·系辞下》："来者信也。"释文："信也，本又作伸。"

《周易·乾·文言》："处终而能全其终。"释文："能全，一本作能令。"

《周易·讼卦》："终朝三褫之。"释文："褫，郑本作拕。"

（十四）今文、古文、故书

汉代经学家郑玄兼通古今文诸经，所以他作经注时能用今文本、古文本和故书本来校对，择善而从，并注明某字今文作（为）某，古文作（为）某，故书作（为）某。例如：

《仪礼·士冠礼》："阑西阈外。"注："古文阑为槷，阈为蹙。"

《仪礼·士相见礼》："毋改，众皆若是。"注："古文毋作无，今文众为终。"

《礼记·乡饮酒义》："介僎象阴阳也。"注："古文《礼》僎皆作遵。"

《礼记·射义》："扬觯。"注："今文《礼》扬皆作腾。"

《周礼·天官·大宰》："嫔贡。"注："嫔，故书作宾。"

《周礼·天官·小宰》："七事。"注："七事，故书为小事。"

“故书”二字，专用于《周礼》，这是因为《周礼》只有古文本，没有今文本，所以不称为古文，而改称“故书”，犹云旧本而已。

（十五）读破、破字、易字

用本字来改读古书中的假借字，叫做“读破”，也称为“破字”或“易字”。

“破字”、“易字”有时也指改正形误的字。因此，前面所说的“读为”、“读曰”以及“当为”、“当作”之类，都可以称为“破字”或“易字”。

“读破”还有另一种意义，就是改变一个字原来的读音，以表示意义的转变。比如“恶”字，作罪恶、丑恶解，原读入声，引申为憎恶解，读去声，用作疑问词，则读平声。这也叫做“读破。”

（十六）浑言、析言、统言、通言、散言、对言、散文、对文

“浑言”是笼统地说，“析言”是分开来说。训诂中常用这两个术语来说明对某词的解释所以不同的原因。如《说文·口部》：“哯，不欧而吐也。”段玉裁注：“欠部曰：‘欧，吐也’，浑言之；此云‘不欧而吐也’者，析言之。”又走部：“走，趋也。”段注：“《释名》：‘徐行曰步，疾行曰趋，疾趋曰走。’此析言之。许浑言不别也。”又鸟部：“鸟，长尾禽总名也。”段注：“短尾名隹，长尾名鸟，析言则然，浑言则不别也。”

“浑言”又称为“统言”。段玉裁《说文解字注》就用了这两个不同的名称。用“统言”的例子，如行部：“行，人之步趋也。”注云：“步，行也。趋，走也。二者一徐一疾，皆谓之行，统言之也。《尔雅》：‘室中谓之时，堂上谓之行，堂下谓之步，门外谓之趋，中庭谓之走，大路谓之奔’，析言之也。”草部：“茅，菅也。”注：“按统言则茅菅是一，析言则菅与茅殊。”宫部：“宫，室也。”注：“按宫言其外之围绕，室言其内，析言则殊，统言不别也。”

“浑言”也称“通言”，唐代就有这个名称。如《礼记·曲礼下》：“生曰父，曰母，曰妻；死曰考，曰妣，曰嫔。”孔颖达正义：“此生死异称，出《尔雅》文，言其别于生时耳。若通而言之，亦通也。”

“浑言”，还可以称为“散言”或“散文”，析言也可以叫做“对言”或“对文”。“对言”就是相对而言。相对而言的文辞叫做“对文”，不相对而言的文辞叫做“散文”。“对文”、“散文”这两个名称也是唐代就有的。如《诗大序》："声成文谓之音。"正义："此言'声成文谓之音'，则声与音别……对文则别，散则可以通。"又《诗·齐风·南山》："南山崔崔，雄狐绥绥。"正义："对文，则飞曰雌雄，走曰牝牡，散则可以相通。""对文"、"散文"也称为"对言"、"散言"，或者同时并用。如《尔雅·释畜》："未成豪，狗。"郝懿行疏："狗犬通名，若对文，则大者名犬，小者名狗。散文，则《月令》言'食犬'，《燕礼》言'烹狗'，狗亦犬耳。今亦通名犬为狗矣。"马瑞辰《毛诗传笺通释》卷二十："'家父作诵'，'诵'与'讽'对文则异，散文则通。《周官·大司乐》注：'倍文曰讽，以声节之曰诵。'此对文则异也。《说文》：'讽，诵也。'此散文则通也。"又"'出此三物'，传：'民不相信，则盟诅之。'瑞辰按，毛传通言'盟诅'者，'盟'与'诅'亦散言则通，对言则异也。"

（十七）通语、凡语

扬雄《方言》中常用"通语"和"凡语"这两个术语。通语指非地区性的普通话词语，如卷一："娥、嬴，好也。秦曰娥，宋、魏之间谓之嬴。秦、晋之间，凡好而轻者谓之娥。自关而东，河、济之间谓之媌，或谓之姣。赵、魏、燕、代之间曰姝，或谓之妦。自关而西，秦、晋之故都曰妍。好，其通语也。"

"通语"也可以指几个地区内普遍使用的词语，如卷二："朦、庞，丰也。自关而西，秦、晋之间，凡大貌谓之朦，或谓之庞；丰，其通语也。"

"凡语"即普遍使用的词语，相当于现在所谓共同语或普通话。如卷一："嫁、逝、徂、适，往也。自家而出谓之嫁，由（犹）女而出为嫁也。逝，秦、晋语也。徂，齐语也。适，宋、鲁语也。往，凡语也。"

（十八）转语、代语

因为时地不同或其他原因以至音有转变的词语叫转语，有音转而义不变的，如《方言》卷二："庸谓之倯，转语也。"庸、倯是叠韵相转。又卷十：煤，火也，楚转语也。犹齐言焜火也。""煤、焜、火是双声相转。有音转义变而分化为不同的词的。如《尔雅·释水》："水注川曰溪，注溪曰谷，注谷曰沟，注沟曰浍，注浍曰渎。"溪、谷、沟、浍都是双声相转，渎和谷是叠韵相转。音转义变，遂成为不同的词，但其音义仍有联系，结为一个词族。

代语是方言之间意义相同，可以互相代替的词。如《方言》卷十："惐鳃、乾都、耇、革，老也，皆南楚江湘之间代语也。"郭璞注："凡以异语相易谓之代也。”又卷十三：“梁、益之间谓鼻为初，或谓之祖。祖，居也。”郭璞注：“鼻、祖，皆始之别名也。转复训以为居，所谓代语者也。”

（十九）文

“文”指文句。例如《诗·秦风·车邻》：“今者不乐，逝者其耋。”毛传：“耋，老也。”疏：“耋老，《释言》文。”《释言》文即《释言》中的文句。“无文”则表示某一注释在经传中没有出处。“共文”则指同在一个文句里。如《诗·陈风·月出》：“月出皎兮”，毛传：“皎，月光也。”疏：“皎言月光者……以其与月出共文，故为月光。”

（二十）互文

古代的文章中，常有前后参互见义、互相补充的文句，叫做“互文”，也称为“互辞”或“互言”，有时又在“互文”二字中间插入一个“其”字，或者改称为“文互相备”、“互相足”、“互相明”、“互相见”、“互相成”、“互相挟”。名称虽各有不同，其实都是同一种修辞手段。汉代的经师一般都兼长文学，他们注经，往往要阐明这种修辞手段。像郑玄的《毛诗笺》和《三礼注》就是这样。例如：

《诗·小雅·采芑》：“钲人伐鼓，陈师鞠旅。”笺云：“钲也鼓也，各有人焉。言‘钲人伐鼓’，互言尔。……陈师告旅，亦互言之。”

《楚茨》：“楚楚者茨，言抽其棘……我仓既盈，我庾维亿。”笺云：“茨言‘楚楚’，棘言‘抽’，互辞也。……仓言‘盈’，庾言‘亿’，亦互辞，喻多也。”

《甫田》：“倬彼甫田，岁取十千……今适南亩，或耘或耔。”笺云：“于古言税法，今言治田，互辞。”

《周礼·天官·大府》：“凡式贡之余财，以共玩好之用。”注云：“言‘式’言‘贡’，互文。”

《礼记·月令》：“是月也，天子饮时，用礼乐。”注云：“孟冬云‘大饮烝’，此言‘用礼乐’，互其文。”

《文王世子》：“诸父诸兄守贵室，子弟守下室，而让道达矣。”注云：“上言‘父子孙’，此言‘兄弟’，互相备也。”

《仪礼·公食大夫礼》：“雍人以俎入，陈于鼎南。旅人南面，加匕于鼎，退。”注云：“雍人言‘入’，旅人言‘退’，文互相备也。”

《周礼·天官·笾人》：“羞笾之实，糗饵、粉餈。”注：“饵言糗，餈言粉，互相足。”

《仪礼·乡射礼》：“弟子自西方应曰：‘诺’。”注：“㫚获者许诺，至此弟子曰诺，事同，互相明。”

《既夕礼》：“丈夫髽，散带垂，即位如初。”注：“此互文以相见耳。”

《公食大夫礼》：“会饭三饮，不以酱湆。”注：“初时食加饭，用正馔，此食正饭，用庶羞，互相成也。”

《礼记·玉藻》：“夕深衣，祭牢肉。”注：“天子言日中，诸侯言夕。天子言馂，诸侯言祭牢肉，互相挟。”

唐人注疏中也有谈到这种修辞手段的，孔颖达的《毛诗正义》就有许多处。例如：

《诗大序》：“动天地，感鬼神。”正义云：“天地言动，鬼神言感，互言耳。”

《邶风·旄丘》：“何其处也？必有与也。”“何其久也？必有以也。”正义云：“言‘与’言‘以’者，互文。”

贾公彦《仪礼注疏》中也有不少，并在《乡射礼》“主人曰：‘请彻俎’”下给“互文”下了这样一个定义：“凡言互文者，各举一事，一事自周是互文。”

互文、互辞，有时也指由于行文需要避免重复，用同义词互相替换。顾炎武《日知录》第二十四卷：“《易》：‘幹父之蛊，有子考无咎’，言父又言考。《书》：‘予恐来世以台为口实’，言予又言台。‘汝猷黜乃心’，言汝又言乃。‘予念我先神后之劳尔’，言予又言我。‘越予冲人，不卬自恤’，言予又言卬。《诗》：‘岂不尔受？既其女迁’，言尔又言女。《论语》：‘吾不欲人之加诸我也’，《孟子》：‘我善养吾浩然之气’，言我又言吾，《左传》：‘尔用而先人之治命’，言尔又言而。‘女丧而宗室’，言女又言而。《史记·张仪传》：‘若善守汝国，我顾且盗而城’，言若言汝又言而。《诗》：‘王于出征，以佐天子’，言王又言天子。‘乃命鲁公，俾侯于东’，言公又言侯。《谷梁传》：‘言君之不取为公也’，言君又言公。《左传》：‘以其子更公女而嫁公子’，言公女又言公子。《史记·齐世家》：‘子我盟诸田于陈宗’，言田又言陈。皆互辞也。”

第五章　训诂的运用

训诂学是一门有着广泛用途的学科。过去，它是经学的附庸，研究经学的人少不了它，认为它是“七经之检度，学问之阶路”①，是“九流之津涉，六艺之钤键”②。“五四”运动以来，打倒孔家店，鄙弃群经，训诂学随着经学的衰微，而逐渐被人忽视。特别是“四人帮”横行的时候，训诂学被歪曲摧残，使许多人不知训诂学为何物。“四人帮”被粉碎以后，科学逐渐战胜了愚昧，真理逐渐代替了谬误，人们对批判继承古代文化遗产的重要性的认识越来越深刻，而训诂学也从经学的附庸中解放出来，广泛地应用于各个文化领域，人们才知道训诂学不仅仅是专家之学，而且是一门有广泛实用价值的学问。

第一节　用于阅读古书

我国古书浩如烟海。20 世纪 60 年代，上海市图书馆编《中国丛书综录》，把当时全国 41 家主要图书馆藏书收集起来，编入目录的丛书就有 2 797种，共收单本书籍38 891种，其中绝大部分是古书。而未收入综录的古书还有很多。最近，有人估计，我国古籍有 8 万至 15 万种之多。这些古籍，记载了我们中华民族的光辉历史，以及各种各样的科学资料，是一份极为宝贵的遗产。这些书有的已有注释，但多半未作注释。即使是作了注释的，有些因注释的时代较早，文字比较古奥，也需要重新作注；有些注而未

① 张揖：《上广雅表》，见《广雅疏证》，江苏古籍出版社 1984 年版，第 3 页。

② 郭璞：《尔雅序》，见《十三经注疏》，中华书局 1980 年版，第 2567 页。

详，有些详而多误，也需要重新作出较详较好的注释。解释古书以便人们阅读，是训诂学的首要任务，这是一个方面。另一方面，我们也不能等待别人把一切古籍都注好了，才去阅读古籍，最好是自己能够运用训诂学最基本的知识去读古书。具体地说，要读懂古书，就要练好三个基本功。

（一）能准确地理解词义

杜甫诗《秋兴》八首的第四首诗云："故国平居有所思。"这"平居"二字，旧注没有解释，近来中国社会科学院文学研究所所编《唐诗选》注云："平居，平昔所居。"谓此句为"心怀长安旧居"。这个注解，乍看起来，也说得过去，但是王依民的《释"平居"》① 一文对此却提出了异议，他认为"平居"在这个句子中是时间副词，其义为"平时"、"平常"。他说："诗言故国平常有所思，亦即时时想念故国之意。如是解诗，甚切杜甫思念长安之感情。若谓想念'故国中的旧居'，反有多此一举之感。"他又说："释'平居'为'平昔所居'是望文生训，实为疏误。"

王依民的释义是正确的，因为它是建立在训诂学的基础上的，而且有许多确切可靠的证据。

首先，他从《杜甫诗集》中找到了两个证据：一是《赠特进汝阳王二十韵》：

晚节嬉游简，平居孝义称。

一是《追酬故高蜀州人日见寄序》：

开文书帙中，检所遗忘，因得故高常侍适往居在成都时，（高任蜀州刺史）人日相忆见寄诗。

前者以"平居"与"晚节"相对偶，同为时间状语，若以"旧居"训之，则不可通。

后者的"往居"亦即"往常"，断不可以"居住"释"居"。

除此以外，他又从唐宋名家的散文中举出下列证据：

韩愈《柳子厚墓志铭》："今夫平居里巷相慕悦，酒食游戏相征逐，

① 王依民：《释"平居"》，载《中国语文》1980 年第 6 期。

诩诩强笑语以相取下，握手出肺肝相示，指天日涕泣，誓生死不相背负，真若可信；一旦临小利害，仅如毛发比，反眼若不相识……”

此处以“平居”与“一旦”相对为文，其“平常”、“平时”义显然可见。

柳宗元《答韦中立论师道书》：“平居望外遭齿舌不少，独欠为人师耳！”

欧阳修《泷冈阡表》：“其平居教他子弟，常用此语，吾耳熟焉，故能详也。”

苏洵《张益州画像记》：“今夫平居闻一善，必问其人之姓名，与其邻里之所在。”

苏轼《留侯论》：“当韩之亡，秦之方盛也，以刀锯鼎镬待天下之士，其平居无罪夷灭者，不可胜数。”

以上数例，其平时、平常之义昭然可识，如强以“平昔所居”为释，显然不妥。

“平居”有“平时”、“平常”之义，并非从唐宋开始，唐代以前也有，例如：

《汉书·昭帝纪》：“遣水衡都尉吕破胡募吏民以发犍为、蜀州奔命击益州，大破之”，颜师古注引李斐曰：“平居发者二十以上至五十为甲卒，今者五十以上六十以下为奔命。”

以“平居”与“今”相应，此小学家以“平居”为“平常、往常”之例。

“居”又与“常”同义连文为“居常”，意亦为平常、时常。《汉书·韩信传》：“由此，日怨望，居常鞅鞅。”《南史·徐勉传》：“勉尝为书戒其子崧曰：……‘浊酒一杯，弹琴一曲，求数刻之暂乐，庶居常以待终’。”“居常”与“日”、“数刻”相对为文，均为时间状语。又《后汉书·崔瑗传》：“瑗爱士，好宾客，盛修肴膳，单极滋味，不问余产，居常蔬食菜羹而已。”这三例也都在唐以前，以至汉代。

再往上推，先秦古籍中“居”之“平常”、“平时”义，亦非少见。例如《论语·先进》:"子曰:以吾一日长乎尔,无吾以也。居则曰:'不吾知也'①,如或知尔,则何以哉?"《老子》:"君子居则贵左,用兵则贵右。"这两个"居"字都是平常、平时的意思。

总之,按照王依民的考证,"平居"一词自周秦以来就有"平常"、"平时"的意思,杜诗的"平居",也应当这样解释,不能训为"平昔旧居"。

又例如:

古乐府《东门行》:"出东门,不顾归。""不顾"一词,一本作"不愿"。余冠英说:"义可并存。"北京大学中国文学史教研室选注《两汉文学史参考资料》,根据余说作了进一步发挥,说:"两说皆可通。'不顾归'是说出东门时原已下定决心,铤而走险,不再考虑回家的事;'不愿归'是说当时自己再也不愿回家了。语气和情感的强弱稍有不同。"在古籍中,由于版本的差异,造成同一词句两义并存的事例是常有的。但是,如果细加训诂,弄清一个词的来龙去脉,这种两可的解释又是可以避免的。蒋礼鸿《义府续貂·顾返顾归》说:

> 案:顾归是也。晋乐所奏一篇亦作顾归。《古诗十九首》:"浮云蔽白日,游子不顾返。"顾归、顾返皆两字为一词,其义则同为顾返,顾字不属上读。《吕氏春秋·观表篇》:"郈成子为鲁聘于晋,过卫,右宰谷臣止而觞之。陈乐而不乐,酒酣而送之以璧。顾返,过而弗辞。"《战国策·赵策三》:"公子魏牟过赵,赵王迎之。顾反,至坐前。"〔梁〕刘遵《度关山》云:"行人思顾返,道别且徘徊。"斯其确证。盖顾字亦有返义。《穆天子传》卷三,天子答西王母之谣曰:"予归东土,和治诸夏。万民平均,吾顾见汝。"郭璞注:"顾,还也。"陶潜《咏荆轲》诗:"心知去不归,且有后世名。登车何时顾,飞盖入秦廷。"犹言何时还也。又王粲《七哀》云:"行者不顾反,出门与家辞。子弟多俘虏,哭泣无已时。"曹植《吁嗟篇》:"惊飙接我出,故归彼中田。"故归即顾归,言转蓬沉渊,而惊飙接之,冀得复归中田也。《公羊传》桓公十一年:"少辽缓之,则突可故出,而忽可故反。"故出之故涉下文而衍;故反即顾返,犹故归即顾归也。古故字有用同顾者,如《史记·赵世家》:"秦服其劳而赵受其利,虽强大不能得之于小弱,小弱故能得之于强大乎!"《国策》文同,而故作顾。顾归之与故归,顾

① 何晏《论语集解》引孔安国曰:"女居常云:人不知己"是居平、居常,亦即平常、平时之义。《老子》"居"与"用兵"对言,其为平常、平时之义更加明显。

返之与故反，亦若是则已矣。敦煌《云谣集杂曲子》《凤归云》词："待公卿回故日。"俞平伯校："故乃顾之误。"余旧校以为皈之误，此皆未知故借为顾也。

词义的训诂，要注意词义的时代特性。"顾返"是一个同义复合词，它的出现，最早当在战国后期。《义府续貂》已举例说明了。徐复在《读〈义府续貂〉识语》中又从同时代的《韩非子》一书中补充两例：

《内储说上》《七术》："商太宰使少庶子之市。顾反，而问之曰：'何见于市?'对曰：'无见也。'"

《外储说右上》："曾子之妻之市，其子随之而泣。其母曰：'女还，顾反为女杀彘。'"

有了这些例证，我们就可以判断，"顾返"这个同义复合词，它的词义就是"还""反"。古乐府《东门行》中一本作"不顾"，"顾"当是"顾"的讹误。这样，我们就可以避免那种两可的似是而非的释义，把这些古籍读懂。

（二）能正确地分析文章的章句

训诂中解释词语的意义，离不开章句结构的分析。因为只有在章句里，词语的意义才显示出其具体性来。弄不清章句的结构，对词义和句意就难有正确的理解。例如《文选·繁钦与魏文帝笺》云："咏北狄之遐征，奏胡马之长思，悽入肝脾，哀感顽艳。"黄侃《文选评点》云："'哀感顽艳'与上俪句，言顽者艳者皆为其哀音所感耳。尝见有人云：'哀感顽艳四字兼而有之'，不知是何言语矣。"按黄说甚确。他能从章句结构分析中，认识到"悽入肝脾，哀感顽艳"，是对偶句，句法相同，都是主动宾的结构。因此，他断定："哀感顽艳"四个字不是并列的，而是顽者艳者都被哀音所感动的意思。这是无可怀疑的。那个说"哀感顽艳四字兼而有之"的人，没有弄清楚它的句法结构，因而对它的句意和词义都误解了。

又如杜甫《秋兴》诗第八首有"香稻啄残鹦鹉粒，碧梧栖老凤凰枝"二句。解说的人多以为是鹦鹉啄残香稻粒，凤凰栖老碧梧枝的倒装。其实它的本意是：香稻啄残，无非鹦鹉之粒；碧梧栖老，犹是凤凰之枝。文从字顺，并不是什么倒装。有些说解的人没有弄清楚它的句子结构，把两个判断句误认为叙述句，因而句意也被歪曲，致使鹦鹉、凤凰品性高贵、不同凡鸟的精神，变成日暮途穷、凄凉衰颓的形象了。

（三）能细心地琢磨古人行文的体例

古人行文，往往有一定的体例。弄清这种行文体例，也是训诂学的一项重要内容。例如《水经注》卷三十四写长江“三峡”风景云：

> 冬春之时，则素湍绿潭，回清倒影。绝巘多生怪柏，悬泉瀑布，飞漱其间，清荣峻茂，良多趣味。

此文用的是骈体句式，特别讲究平仄相间，错落有致，所以读起来声调铿锵。其遣词造句，也着意经营，需要细心体会。如“悬泉瀑布，飞漱其间”，前面四个字作主语，后面四个字作谓语，句法整齐，文气贯通。但前边的“素湍绿潭，回清倒影”却颇存纹结。“素湍”就是雪白而湍急的流水，“绿潭”就是碧绿而平静的深潭，“回清”是流水回旋着清波，“倒影”是在水面上倒映着各种景物的影子。这里虽然只有八个字，但动中有静，静中见动，把水下和水上的景物交错起来，可说是描写得神情飞动。但仔细一想，矛盾也就来了。既是雪白而湍急的流水，怎么能够在水面上倒映着各种景物的影子呢？这种动着的水面，即使倒映出一些景物，其形象也一定是凌乱而不美丽的。这种描写和三峡的秀美不是产生了矛盾吗？原来，作家在这里是有意交错为文，它逻辑上的结构是“素湍回清，绿潭倒影”，只是为了形成骈俪的风格，才写成“素湍绿潭，回清倒影”。我们只有这样理解这个句子，才能领会它的妙趣，否则就会胶柱鼓瑟，失其旨意了。

再看“清荣峻茂，良多趣味”一句，也得运用训诂知识，才能领略其趣味。“清荣峻茂”是四个形容词重叠使用，但我们不觉得重复，只觉得别致。为什么？就因为这四个字正好利用了汉字形声结构的特点，借用其中的偏旁意义点明是水清、木荣、山峻、草茂。作者似乎是有意地运用文字学、训诂学的知识，把诸多景物压缩成“清荣峻茂”四个字，引出“良多趣味”这一句，以结束“冬春之时，则素湍绿潭，回清倒影。绝巘多生怪柏，悬泉瀑布，飞漱其间”这一段。这种写景的手法，又正是和这种行文体例相一致的。

从上举诸例可以看到，要读懂古书，不仅要懂词义，而且要懂句义，还要懂得篇章结构以及古人行文体例。这一切，都离不开训诂知识的运用。只有把释词和析句有机地结合起来，并在此基础上，注意分析篇章结构和古人行文体例，把章句学和训诂学融为一体，才能真正把古书读懂。

第二节　用于整理古籍

整理古籍，就是对古籍进行校勘、标点、注释、翻译、辑佚和辨伪，以便古为今用。这些工作，都与训诂学的运用有密切关系。现在分别地说一说。

（一）训诂与校勘

我国的古书，在唐代以前，没有雕版印刷，全靠手抄行世。这些手抄本，文字常有讹误、衍脱，加以抄书的人水平不一，其所根据的本子，也时有差异，这就需要校定。晚唐以后，发明了雕版印刷，于是产生了版本问题。版本不同，也就难免有文字讹误、衍脱等毛病。加上古代学术各有师承。师承各殊，虽然同说一经，文字亦有异同，其分章断句，也往往很不一致。东汉以后，以注附经，又出现了经注混淆的现象，或注误入经，或经混入注。这些也都要校勘，才便于后学阅读。

校勘之学，在我国由来很久，远在春秋时期就已开始了。《国语·鲁语下》："昔正考父校商之名颂十二篇于周太师，以《那》为首。"后来孔子删《诗》、《书》，定《礼》、《乐》，所谓"删"、"定"，其实也就是对古籍进行校勘和整理。孔子的学生子夏，也长于校勘。《吕氏春秋·慎行论·察传篇》："子夏之晋，过卫，有读史记者曰：'晋师三豕涉河。'子夏曰：'非也，是己亥也。夫己与三相近，豕与亥相似。'至于晋而问之，则曰：'晋师己亥涉河'也。"很明显，子夏指出"三豕"是"己亥"之误，就是校改讹字，他的校勘学是很高明的。但是这种校勘毕竟是偶一为之，还不是什么有计划有组织的学术活动。真正有计划有组织的校勘，是从汉代开始的。汉朝初年，图籍散乱，高祖命"萧何次律令，韩信申军法，张苍为章程，叔孙通定礼仪"①。这里面就包括着有计划有组织的校书工作。到了汉成帝河平年间，又组织了一次大规模的校书活动，在以刘向为首的专业队伍分工合作的条件下，取得了辉煌成绩。这在我国的校勘学史上是值得大书特书的。从此以后，校书一事越发受到人们的重视，而且逐渐和训诂合流。

汉人的传注常常包含着校勘，郑玄的三《礼》注和《毛诗》笺，尤其是如此。〔唐〕陆德明的《经典释文》也是这样。他于注音释义之外，注意做好校勘工作，把三者密切结合起来。这些都说明校勘就离不开训诂，训诂

---

① 《史记·太史公自序》。

也离不开校勘。因为校书要有广博的知识，特别是文字、声韵、训诂的知识，而训诂要做到精深，又非辅以校勘不可。

段玉裁《经韵楼集·与同志论校书之难》一文说："校书之难，非照本改字不讹不漏之难，定其是非之难。"训诂的繁难正是校书中难定是非的一个重要原因。在中国训诂学研究会第一次年会中，蒋礼鸿有一篇《误校七例》，很好地说明了这个问题。蒋礼鸿说："校书要通训诂，从文字的本义、引申、假借到各个时代的通俗常言的意义都需要有所了解，一经忽略，就难免致误。"例如，《韩非子·外储说左下》引管仲对齐桓公的话云："垦草仞邑，辟地生粟，臣不如宁武，请以为大田。"这个"仞"字，屡经校改，难得确诂，就是这种情况。对这个字最早进行校勘的是俞樾，他在其所著《诸子平议》卷二十一"垦草仞邑"条中说："仞当作牣，谓牣造其邑也，作仞者字之误。旧注曰：'仞，入也，所食之邑能入其租税也。'训仞为入，未得其义。《新序》载此事，正作牣邑①，当据以订正。"此后，陈奇猷《韩非子集释》采用俞说，并补充说："王先慎曰：'《管子·小匡篇》仞作入，即旧注所本，俞氏失考耳。'《广雅·释诂三》：'入，得也。'太田方曰：'仞，牣也，满也。'《国策》蔡泽见逐章：'垦草牣邑'注：'牣，造也。义亦通。'奇猷案：旧注见《管子》仞作入，遂训仞为入。仞训入，古书未闻，王说从之，非是。太田方训为满，满邑殊嫌强解。此当从《新序》作牣。《秦策》：'大夫种为越王垦草牣邑，辟地殖谷'，与此文同义可证。松皋圆引山氏说与俞说同，是。杨树达训仞为满，与太田方说同，非。"

其实，俞樾的校改是错误的，陈奇猷引俞说，又以讹传讹。蒋礼鸿《误校七例》说："'牣'就是'创造'的'创'的本字。俞氏认为'仞'是长度单位，又碰着《新序》这一异文就改了字。其实，《新序》与《韩非子》不同是传本之异。'仞'字并不是误字，而是'充牣'的'牣'字之借，'仞邑'就是使都邑充实，民物殷富。《史记·殷本纪》：'益收狗马奇物充仞宫室。'《汉书·司马相如传》载《子虚赋》：'若乃俶傥瑰玮，异方殊类，珍怪鸟兽，万端鳞崪，充仞其中者，不可胜数。'《文选·王融〈三月三日曲水诗序〉》：'盈衍储邸，充仞郊虞。'又贾谊《新书·君道》引《诗·大雅·灵台》的'于牣鱼跃'，也作'仞'字，证据不可谓不明确，而俞氏忘却通借之例，就改错了。"蒋礼鸿的这个意见无疑是正确的。由此可见，没有训诂学的根底，要想做好校勘工作是不可能的。

---

① 《新序》卷四，"管仲言齐桓公曰：'夫垦草牣邑，辟土殖谷，尽地之利，则臣不若宁武，请置以为田官。'"四部丛刊本。

清代乾嘉之际，校勘盛行，成就巨大，如王念孙、王引之父子的《广雅疏证》、《读书杂志》、《经义述闻》，俞樾的《群经平议》、《诸子平议》、《古书疑义举例》，孙诒让的《札迻》等，都有所发明有所创造。他们之所以在校勘上成绩卓著，正是因为他们都是著名的训诂学家。当然，他们在校勘上也难免有这样那样的错误。这说明我们今天从事校勘工作必须慎之又慎，不能任意乱改古书。黄侃说："凡轻改古籍者，非愚则妄。"① 这是从事校勘者应当引以为座右铭的。

（二）训诂与标点

古人著书，不施标点。后人阅读古籍，在书上圈圈点点，做些断句的工作，这就是训诂上所谓明句读的功夫，对于我们今天整理古籍来说，也是十分必要的。

古代的语文教学，也很重视这种明句读的功夫。《礼记·学记》说："古之教者，家有塾，党有庠，术〔遂〕有序，国有学。比年入学，中年考校。一年视离经辨志……" 这就是说，古代很重视教育，在 25 家的闾里设有"塾"，500 家的党里设有"庠"，12 500家的术〔遂〕里设有序，都城里设有国学。名称各有不同，其实都是学校。国学年年招生，隔一年举行一次考试，头一年考试的科目就是"离经辨志"。什么叫"离经辨志"？郑玄注："离经，断句绝也。辨志，谓别其心意所趣乡（向）也。"依郑说，离经就是断句，这是对的。但是，郑以"辨志"为辨别其心意所趋向，似乎不妥。有人认为辨志是辨明每段的大意，我们同意这种看法。

《礼记·学记》的这一段话不仅强调语文教学的重要，而且告诉我们古人著书虽然不施标点，而古人读书却需要断句分章，以明其旨意。

那么，古人断句分章，用不用一些符号呢？现在我们的标点符号基本上是近代才从外国借用过来的，古代当然没有，但古代也自有一些常用的符号。近人吕思勉所著《章句论》对此曾有精当的考证，这里节录一段：

> 章句之朔，则今符号之类耳。何以言之？案《说文》，"章"之义为"乐竟"，则章本乐曲之名。故左氏已有"扬水卒章"之言，《曲礼》亦有"丧复常读乐章"之语。引而申之，则凡陈义已终，说事已具者，皆得谓之为章。《系辞传》所谓易六画而成章也。又《说文》句下云："曲也。"钩下云："曲钩也。"亅下云："钩，逆者谓之亅。"𠄌

① 见《黄侃手批白文十三经·前言》，上海古籍出版社 1983 年版。

下云："钩，识也。"四字音近义通；后虽殊文，始实一语，钩识之亅，即章句之句。段氏曰："章句之句，亦取稽留可钩乙之意，古音总如钩。后人句曲音钩，章句音屦，又改句曲字为勾；此浅俗分别，不可与道古也。"又曰："钩者，用钩表识其处也。褚先生《滑稽传》：'东方朔上书，凡用三千奏牍。人主从上方读之，止，辄乙其处。二月乃尽。'此非甲乙字，乃正乚字也。今人读书有所钩勒，即此……"予案《说文》下云："有所绝止而乙之也。"尺下云："从尸从乙。乙，所识也。"此乙，亦钩识字，非甲乙之乙。("钩识也"三字，当如王氏《句读》之例，以钩字为一读，谓为表识之曲形也。为表识之曲形，以乚象之。书写形状小异，即成乙。)然则，与乚并古断句之符号矣。章句二字，本义如此。知古所谓章句者，实后世画段点句之类。故《论衡》谓"文字有意以立句，句有数以连章，章有体以成篇也"(《正说篇》)。去古渐远，语法渐变；经籍之义，非复仅加符号所能明，乃不得不益之以说。类乎传注之章句，由是而兴。①

表示分章断句的符号，宋代以后，除丶与乚以外，还有不少。

现在既有新的标点符号可供我们使用，用不着再去研究那些老古董了，我们应该讨论的是怎样使用新的标点符号，练好明句读的基本功。这件事看起来容易，做起来却很困难。因为明句读和讲训诂有密切关系，不精通训诂，就不能保证句读没有错误。黄侃说："研治先秦古籍，必自分析章句始。"② 其实不只研治先秦古籍应该如此，就连明清人的文章，也何尝不应该先分析它的章句。近来出版的明清人著作，标点错误的就不知道有多少。这里只举一例：

常璩《华阳国志》于林、闾、翁、孺、杨、庄并云见杨子《方言》。李善注《文选》，引张伯松曰："是悬诸日月不刊之书也。"亦直称扬雄《方言》曰："可证歆、雄遗《答书》附入《方言》卷末已久。"③

这短短三句话，就有三处用错了标点符号：

① 吕思勉：《文字学四种·章句论》，上海教育出版社 1985 年版，第7~8页。
② 见《黄侃手批白文十三经·前言》，上海古籍出版社 1983 年版。
③ 见《戴震集》，上海古籍出版社 1980 年版，第 202 页。

第一句中，林间翁孺是一个人（此人复姓林间，名翁孺），被标点成四个人；杨庄也是一个人，被标点成两个人，当然都错了。

第二句是说李善《文选注》引附在《方言》卷末的扬雄《答刘歆书》中所记张伯松的话，也直称《方言》曰，“曰”字下当加句号，今作冒号，后面又标引号，也错了。

第三句本是戴震的话，标点者误以为扬雄之语，真可谓张冠李戴。又“歆雄遗答书”指刘歆《遗扬雄书》和扬雄《答刘歆书》，遗答二字并列，应当同处于书名号内。今只有答字处于书名号内，又是一个错误。

看来这三处错误都不能归咎于排字工人，而是标点者没有弄清文意，又缺乏足够的文化知识所致。如果加强训诂的学习，这类错误有许多是可以避免的。

（三）训诂与注释

注释古书，要有训诂学知识，是不言而喻的。郑樵在论述传注时曾经说过：“古人之言所以难明者，非惟书之理意难明也，实为事物难明也。非为古人之文言难明也，实为古人之文言有不通于今者之难明也。能明乎《尔雅》之所作，则可以识笺注之所当然。不明乎《尔雅》之所作，则不识笺注之旨归。”① 郑氏深知注释古书困难之所在，提出要以古代训诂著作作为依据，运用训诂学的原则和方法，通过注释，说明古书中的事物，说明古人语言中为今人难以明了的地方。郑樵推崇《左传》的杜预集解和《汉书》的颜师古注，认为这是两部有特点的注释文字。他说：“颜氏所通者训诂，杜氏所通者星历地理。当其颜氏之理训诂也，如与古人对谈，当其杜氏之理星历地理也，如羲和之步天，如禹之行水。然亦有所短，杜氏则不识虫鱼鸟兽草木之名，颜氏则不训天文地理。孔子曰：‘知之为知之，不知为不知，是知也。’杜氏于星历地理之言，无不极其至，至于虫鱼鸟兽草木之名，则引《尔雅》以释之。颜氏于训诂之言甚畅，至于天文地理则阔略焉，此为不知为不知也。”今天，我们为古书作注释，杜预解《左传》和颜师古注《汉书》的经验，还是有借鉴意义的。

现在，有些古书的注释错误较多，仍然在古事不明，古语不通而强作解释这两个问题上。从根本来说，仍然是缺乏训诂根底。例如《宋诗一百首》，其中《邵定翁（插田）》：“邱嫂拔秧哥去耕”注“邱嫂，阿三的嫂子，姓邱”。这是不明古事而造成的误释。《汉书·楚元王传》：“高祖微时，

① 郑樵：《通志·卷三十六·艺文·春秋左氏传》。

尝与宾客过其丘嫂食。”颜师古注引张晏曰：“丘，大也，长嫂称也。”丘、邱古字通。邵定翁的诗用此典故，其中的“邱嫂”即大嫂。注者不知，望文生训，误释为姓邱的嫂子。①

又如中学语文课本中的文章《西门豹治邺》：“洗沐之，为治新衣，闲居斋戒。”注：“〔闲居斋戒〕古时举行祭祀，先要斋戒（包括沐浴、更衣、素食、独居等），表示对神的恭敬。”在中国训诂学研究会第二次年会上，马振亚《词义训诂质疑举例》一文对此提出异议，认为这是一种没有划清古今词义界限的误释。

马振亚认为：“斋”又叫“斋戒”，在古籍中是个常用词。《孟子·离娄上》：“虽有恶人，斋戒沐浴，则可以祀上帝。”《国语·周语上》：“王即斋宫，百官御事，各即其斋三日。”《礼记·祭统》：“及其将齐（斋）也，防其邪物，讫其嗜欲，耳不听乐，故记曰：齐（斋）者不乐，言不敢散其志也。心不苟虑，必依于道。手足不苟动，必依于礼。”从这些记载看，“斋戒”作为一种祭礼，是有许多讲究的，包括沐浴、更衣、节制嗜欲等正心洁身的要求，但是，并不要求素食。相反，古人斋戒，还强调肉食。因为只有多吃肉，才能精神旺盛，胜任斋戒时诸多的体力活动。《周礼·天官冢宰·膳夫》：“王日一举，鼎十有二，物皆有俎。”郑玄注：“杀牲盛馔曰举。王日一举，以朝食也。”又：“王斋日三举。”郑司农云：“斋必变食。”孔颖达疏：“斋必变食，故加牲体至三大牢。”就是说，到了斋戒之日，不光是朝食要杀牲，而是一天要杀三次牲，早、中、晚都要变化着花样吃肉。把“斋戒”与素食联系起来，是佛教盛行以后的事。佛教是在西汉末年传入中国的，而《西门豹治邺》这一文中所反映的语言事实则在西汉以前，因而其中的“斋戒”是不可能要求素食的，注释者正是由于不明白“古人之文言有不通于今者”，因而作了错误的注释。

从以上事例可以看到，为了提高注释质量，学习和运用训诂的知识是何等重要。

（四）训诂与翻译

翻译有两种：一是把外国语或少数民族语译为汉语，一是把古语译为今语。前者始于先秦。《礼记·王制》：“五方之民，言语不通，嗜欲不同。达其志，通其欲，东方曰寄，南方曰象，西方曰狄鞮，北方曰译。”可见当时

---

① 此例采自刘世南《谈古文的标点、注释和翻译》一文，见《中国语文》1979年第4期。

已经有专管翻译的官。西汉末期，佛教传入中国，于是翻译佛经的逐渐多起来。明清以后，又有翻译西学的。这两种翻译对我国文化都产生过很大的影响。这里无须多说。

后者起源也很早，远在西汉时代，司马迁撰《史记》，就运用了这种翻译的办法。他采用了很多古代流传下来的史料，如《尚书》、《左传》、《国语》、《国策》，等等。这些史料中，有些传世久远，文字佶屈聱牙，很不容易读懂。为了便于人们阅读，他就不照原文记录下来，而是运用"以训诂代经文"的原则来改写，用现在的话说，也就是古语今译。具体地加以分析，大致有以下四种方法。①

（1）取同义字代替，如《尚书·尧典》："钦若昊天。"《史记·五帝本纪》作"敬顺昊天"。以"敬"代"钦"，以"顺"代"若"。"钦"与"敬"，"若"与"顺"，皆同义。又《尧典》："庶绩咸熙"，《五帝本纪》作"众功皆兴"。"庶"与"众"，"绩"与"功"，"咸"与"皆"，"熙"与"兴"，皆同义。

（2）取音同、音近、音转的字代替。如《尧典》："协和万邦"，《五帝本纪》作"合和万邦"。"合"、"协"音近义通。又《尧典》："平章百姓"，《五帝本纪》作"便章百姓"。"便"、"平"一声之转，古人通用。

（3）取常用字代替冷僻字，如《尧典》的"瞽子"，《五帝本纪》作"盲者子"。又《尧典》的"不格奸"，《五帝本纪》作"不至奸"。

（4）增字以足意，如《尧典》："有能俾乂"，《五帝本纪》作"有能使治者"。又《尧典》："试可乃已"，《五帝本纪》作"试不可乃已"。清人钱大昕说："古人语急，以不可为可也。古经简质，得史公而义益明。"

现在，我们为了批判地继承我国的文化遗产，也需要组织一大批熟悉古汉语的人来翻译古籍，这个工作是很重要也很艰巨的。

翻译古书，与翻译其他著作一样，要求做到严复所提出的信、达、雅。信，就是要准确地表达原文的意旨，不允许添加或减少以致歪曲原文的意思；达，就是不但译出原作词句的意义，而且要文字通畅；雅，就是要使译文符合汉语的规范，具有一定文采。这就要求译者既要精通训诂，又要有当代语言的修养。只有博古通今，才能胜任古籍的翻译工作。现在，有些古籍的今译错误较多，原因很复杂，而缺乏训诂的功力是主要的。下面举两个例子来说明。

---

① 参见张舜徽：《中国文献学》，中州书画社 1982 年版，第 174~175 页；陆宗达：《训诂简论》，北京出版社 1980 年版，第 159~160 页。

上海某出版社出版的《明清笔记故事选译·秦淮健儿传》有一段描写秦淮健儿臂力过人的故事。原文是："（健儿）乃至父兄前，以两手擎父兄两胫，去地二尺许。"这段话被这个选本断句为："乃至父兄前，以两手擎父兄，两胫去地二尺许。"译文是："就走到那人跟前，用两只手把他举了起来，使他两条腿离地有两尺多高。"

这段译文在训诂上有三个毛病：（1）错把"父兄"译为"那人"，把复数变成了单数；（2）把"以两手擎父兄两胫去地二尺许"误断为"以两手擎父兄，两胫去地二尺许"；（3）"二尺许"译为两尺多高，也不妥当，当译为两尺来高。就是这三点错误，弄得整个译文似是而非。

又如，同一篇文章中还有一段描写秦淮健儿与人饮酒比赛，误伤人命的故事。原文是："与僚友饮，酒酣斗力，毙之。"被这个选本误断为："与僚友饮，酒酣，斗，力毙之。"译文是："有一次，跟一个同事喝酒，喝醉了，打了起来。健儿一用力，就把那人打死了。"其实，原文的意思是：健儿与同事一起喝酒，喝到高兴时，就一起比赛，看谁的力气大，谁料下手过猛，竟把那位同事打死了。

这一段译文，除了句读的错误外，还把"酒酣"误译为"喝醉了"，又误将"斗力"一词强行分开，把"斗"误译为"打了起来"，把"力"误译为"健儿一用力"。一段只有十个字的文章，出现了这样多的误译，正是译者缺乏训诂功力的表现。

总之，训诂与翻译的关系是十分密切的，为了改进古文今译的工作，也需要认真学习训诂学的知识。

（五）训诂与辑佚

辑佚就是搜辑、整理已经全部散佚或散佚了一部分的古籍，企图恢复原书的面貌。这个工作是从宋代学者开始的。章学诚《校雠通义·补郑篇》说：

> 昔王应麟以《易》学独传王弼，《尚书》止存《伪孔传》，乃采郑玄《易注》、《书注》之见于群书者，为《郑氏周易》、《郑氏尚书注》。又以四家之《诗》，独《毛传》不亡，乃采"三家诗说"之见于群书者，为《三家诗考》。嗣后好古之士，踵其成法，往往缀辑逸文，搜罗略遍。

而叶德辉《书林清话》则以为“辑刻古书不始于王应麟”①。在王氏以前，已有人辑出了《相鹤经》。但其人也是宋人，因此说辑佚始于宋人，是站得住脚的。

到了清代，辑佚工作有了很大的发展。〔清〕高宗编定四库全书，不特广收海内藏书，还派员从《永乐大典》中辑出一大批佚书，计经部 66 种，史部 41 种，子部 103 种，集部 175 种，共 385 种，4 926卷。后来私人所辑的佚书也有很多，如马国翰的《玉函山房丛书》辑周秦至隋唐佚书 600 种，张澍的《二酉堂丛书》辑汉魏佚书 36 种，黄奭的《汉学堂丛书》辑经书 85 种，纬书 56 种，子史 74 种，附《高密遗书》14 种。

这些书，辑自各种古籍，其中以类书为多，但也有不少是从汉唐人注疏中辑出的，因此辑佚是和训诂分不开的，而且要做好辑佚工作，必须精通训诂，熟悉古代的注疏，没有这种根底，辑佚是无法进行的。

（六）训诂与辨伪

辨伪就是辨别古籍的真伪。我国的古籍向来有真有伪。清末张之洞在《𬨎轩语》中说过：“一分真伪，而古书去其半。”这也许是过分夸张，但他提醒我们要善于辨别古书的真伪，不要把假古董当做真宝贝，这用意是好的。

当然，伪书也是多种多样的，有的伪在作者依托前人以自重，而所依托之前人实未尝撰此书，如《汉书·艺文志·诸子略·小说家》有《伊尹说》二十七篇，注云：“其语浅薄，似依托也。”又《农家》有《神农》二十篇，注云：“六国时，诸子疾时怠于农业，道耕农事，托之神农。”这一类的书，作者虽是后人所依托，其内容亦多浅薄，但其中也不乏优秀的著作。如医经类有《黄帝内经》18 卷，亦见于《汉书·艺文志》，此书的作者当然也出于依托，但确是一本好书，所以一直流传至今。

有的伪在委托别人为己著书，书成之后，又署自己姓名。如《尚书今古文疏证》本是毕沅命江声替他写的，直到现在出版的本子，其作者的名字仍然是毕沅，而不是江声。这一类的书中也有好的，《尚书今古文疏证》就很好。

有的伪在盗窃别人著作以为己有，如郭象的《庄子注》。《世说新语·文学篇》：“初，注《庄子》者数十家，莫能究其旨要。向秀于旧注外为解义，妙析奇致，大畅玄风。惟《秋水》、《至乐》二篇未竟而秀卒。秀子幼，

① 叶德辉：《书林清话》卷八“辑刻古书不始于王应麟”条。

义遂零落，然犹有别本。郭象者，为人薄行，有俊才，见秀义不传于世，遂窃以为己注。乃自注《秋水》、《至乐》二篇，又易《马蹄》一篇，其余众篇，或定点句而已。后秀义别本出，故今有向、郭二《庄》，其义一也。”

有的原书散佚，别人因此伪造一本，冒充原书，如《古三坟》一书就是这样。《四库全书总目提要·易类存目四》：“案《三坟》之名，见于《左传》。然周秦以来，经传子史，从无一引其说者。不但汉代至唐，咸不著录也。此本，晁公武《读书志》以为张商英得于比阳民舍，陈振孙《书录解题》以为毛渐得于唐州，盖北宋人所为。其书分山坟、气坟、形坟。以《连山》为伏羲之《易》，《归藏》为神农之《易》，《乾坤》为黄帝之《易》，各衍为六十四卦，而系之以传，其名皆不可训诂。又杂以河图代姓纪及策辞政典之类，浅陋尤甚。至以燧人氏为有巢氏子，伏羲氏为燧人氏子，古来伪书之拙，莫过于是。故宋元以来，自郑樵外，无一人信之者。至明何镗，刻入《汉魏丛书》，又题为晋阮咸注，伪中之伪，益不足辨矣。”

有的书本是真品，但其中有后人增加的成分，因此也被认定为伪书。如《汉书·艺文志·诸子略·道家》有《太公》二百三十七篇，注云：“吕望为周师尚父，本有道者。或有近世又以为太公术者所增加也。”按注文有误，疑注末当为“或又以近世有为太公术者所增加也。”也就是说，这二百三十七篇并非都出自太公之手，其中有些是后人加进去的。又小说家有《鬻子说》十九篇，注云：“后世所加。”也是指出《鬻子说》中有后人加进去的内容。

至于辨伪的方法，也是多种多样的，这里只谈一谈运用训诂来辨别古籍的重要性。制造伪书者往往要模仿原著，力求在遣词造句乃至文章风格上酷似原著，这样才能以假乱真。但是这种模仿很不容易做到家，在细心人的眼里，总会露出破绽来。细心人要找出伪书的破绽，当然也有种种方法。一般说来，运用训诂来研究伪书的遣词造句和行文风格，是辨伪者常常要采用的一种有效的办法。让我们从清代阎若璩的《尚书古文疏证》的第五十六条摘录一段为例：

> 又余向谓文有承讹踵谬，千载莫知其非，而一经道破，真足令人笑者，不独《大禹谟》之于《左传》，抑且见《五子之歌》之于《尔雅》矣。《尔雅·释诂篇》：“郁、陶、繇，喜也。”郭璞注引《孟子》曰：“郁陶思君。”《礼记》：“人喜则斯陶，陶斯咏，咏斯犹。”“犹”即繇也。邢昺疏：“皆谓欢悦也。郁陶者，心初悦而未畅之意也。”又引《孟子》赵氏注云：“象见舜正在床鼓琴，愕然反辞曰：‘我郁陶思君，

> 故来。’尔，辞也。忸怩而惭，是其情也。”又引《下檀弓》郑注云：“陶，郁陶也。”据此，则象曰：“郁陶思君尔”，乃喜而思见之辞，故舜亦从而喜曰：“惟兹臣庶，汝其予于治。”孟子固已明下注脚曰：“象喜亦喜”，盖统括上二段情事。其先言“象忧亦忧”，特以引起下文，非真有象忧之事。大凡凶恶之人伪为忧尚易，伪为喜实难，故象口虽云然，而色则否。赵氏注一段，颇为传神，伪作古文者一时不察，并窜入《五子之歌》中，曰：“郁陶乎予心，颜厚有忸怩。”不特叙议莫辨，而且忧喜错认，此尚可谓之识字也乎？历千载人亦未有援《尔雅》以正之者，抑岂可独罪伪作者？噫，余盖不敢深言矣！

这一段揭穿《伪孔传》的作者不学无术，承讹踵谬，不知道《尔雅》有“郁、陶、繇，喜也”的雅诂，而于《尚书·五子之歌篇》释“郁陶”为哀思。从这两个字的解释，就可以证明《伪孔传》绝不出自孔安国之手。由此，又给我们以启示：要辨别古书的真伪，就必须精通训诂学。

（七）训诂与简帛书整理

简书、帛书是一种出土文献。在造纸术发明以前，我国的历史文献，除甲骨、钟鼎文之外，最多的就是这种写在竹木简和绢帛上的文字资料。简帛书的整理，是古籍整理的一个门类，但和传统古籍整理在对象、方法上略有不同，因此，有必要专门谈谈这方面的一些问题。

先谈简帛整理的意义。

简帛书的出土，并不是今天才有的现象。据历史记载，我国历史上曾有过多次简帛书的出土，由于对这些文献训诂的目的、方法上的差异，曾给学术界带来巨大影响。这在汉代今文经和古文经之争中，我们已作了说明。下面，我们要谈的是现代出土的简帛书整理问题。

20世纪，殷墟甲骨出土和一些钟鼎文的整理，使古文字学大大跨进了一步。甲骨、金文的整理，也使训诂学有了新的材料、新的对象，扩大了训诂学的范围，丰富了训诂学的内容，使传统文献语言学进入了一个前所未有的领域，取得了丰硕的成果，也使古器物学、古地理学、古民俗学和古代社会经济史、科技史，及至整个思想文化史的研究得到了新的资粮。

随着国家经济建设的大规模展开，近二三十年来，我国出土了大量简帛书，其数量之巨，品种之丰，涉及古代各门学科之广，可谓是空前的。它使我们能够看到太史公司马迁所未能看到过的大量历史文献，令许多学者惊喜不已、赞叹不已！例如，1972年山东临沂银雀山汉墓出土了兵书；1976年湖北云梦睡虎地秦墓出土了法律文献；1972年旱滩汉墓和1973年马王堆汉墓出土了大量医学文献；1973年湖北江陵凤凰山汉墓出土了有关田租、赋税、徭役、商贸等经济史方面的文献；1993年湖北荆门郭店楚墓出土了儒书十一种十四篇和许多有关老子的著作，共一万多字，几乎全是有关学术思想方面的著作。特别是郭店楚简，由于其墓葬年代明确，“可估定不迟于公元前300年”①，有些简帛的成书年代还应早于下葬年代。这是到目前为止，我们能够看到的最早的简帛书。它引起了全世界的关注，并迅速成为国内外汉学界研究的热点。1995年5月，北京国际儒学联合会召开首次学术讨论会之后，美国学者获得信息。同年5月下旬，美国达慕思学院就举办了一次“郭店《老子》国际讨论会”。来自中国、美国、加拿大、英国、法国、德国、日本、比利时等国家和地区的三十余名专家学者参加了讨论。世界各国传媒迅速报道了会议情况。有的把这批简书称之为“中国的死海遗书”。接着，北京在炎黄艺术馆召开了隆重的讨论会。1999年10月，由武汉大学文化研究院、美国哈佛燕京学社、国际儒学研究会、中国哲学史学会、湖北省哲学史学联合会主办的“郭店楚简国际学术研讨会”在武汉大学召开。来自中国、美国、德国、日本、新加坡等地的近百名学者参加了会议，提交了八十余篇论文。“就郭店楚简的形制分类、字句篇章释义、文本比较、学派归属、思想内涵、文化史意义以及墓葬时代和墓主身份等问题，从考古学、简牍学、文字学、文献学、校勘学、史学、民俗学、人类学、哲学、思想史、文化史等不同角度进行了探讨并展开了热烈争论，进一步发掘了郭店楚简的学术价值和文化意蕴，推动了郭店楚简研究的深入发展。”②

为什么这一万多字的竹简会引起世界各地学者如此关注？武汉大学教授萧萐父的回答非常深刻，他在《郭店楚简的价值和意义》中说：“这首先是因为这批竹简所承载的文化信息太丰富、太重要了，几乎全是最高水平的学术著作……代表了当时时代精神的精华和学术思想的主流。这批竹简连同尚未公布的上博（即上海博物馆）藏简一千多枚（保存古籍更多），比之西方1947年在埃及死海所发现的有关基督教早期资料或许更为重要……这次大批简书的缤纷出土和研究的逐步深化，势必对中华学术文化的未来发展产生巨大的、难以估量的影响。”此文还引用了在香港举行的“传统文化与21

① 李学勤：《郭店楚简〈六德〉的文献学意义》，载《郭店楚简国际学术研讨会论文集》，湖北人民出版社2000年版，第17页。

② 胡治洪：《学脉探源儒道合 人文化成古今谐——“郭店楚简国际学术研讨会”综述》，载《郭店楚简国际学术研讨会论文集》，湖北人民出版社2000年版，第681页。

世纪”学术会上饶宗颐先生的话：“近二十年的考古新发现，特别是大批楚简的出土和研究，有可能给21世纪的中国带来一场自家的文艺复兴运动以代替上一世纪由西方冲击而引起的新文艺运动。”①

萧、饶两位所见，是一种有远见的预测，因为改革开放的中国，正在进行着前所未有的社会主义物质文明和精神文明的建设。社会主义精神文明的建设，不是凭空创造的，它一定是在充分利用自己民族文化有用的成分，在以往先进文化的基础上，不断创新的结果。这种先进文化，将以鲜明的民族个性，自立于世界文化之林。同时，也只有以其世界的普遍性，才能融合于世界先进文化不断创造的伟大进程中，为世界广大人民所认可、所享用。美国人文社会科学院院士杜维明教授说：

> 就其实质而言，郭店楚简的意蕴在于人文精神，这才是它的不朽价值。
>
> 任何一种文明，除了经济资本之外，必须有社会资本，除了科技能力还要有文化能力，除了智商还要有情商（以及伦理智慧），除了物质条件还要发展精神价值。人文学就是指涉及人类精神的科学，它关注人的自我认识和反思、个人与社群的关系、人与自然的和谐乃至人心与天道相应合等课题。
>
> 可以说，在郭店楚简中，人文学所应关注的问题基本都有涉及，自我修身、群己相成、万物一体、天人互动之类的思想多彩多姿，美不胜收。这是中华文明大师大德的思想结晶，是作为“文化中国”的认同基础的重要组成部分。
>
> 自改革开放以来，我国经济资本和物质条件都有了很大的增长和改善，但精神资源与文化资本是否也在同步积累？面对以英语为媒介的英美文化占绝对强势的国际互联网的咄咄攻势，中华文明如何生存和延续？所有这些严肃甚至是沉重的课题都指示我们必须发掘、阐扬并且十分珍视我们的人文资源，以之为我们文化认同的深厚根基。郭店楚简的面世为我们提供了契机。
>
> 2001年将是文明对话年。希腊传统、佛教、基督教、伊斯兰教、兴都教、犹太教以及儒学、道家（道教）等轴心文明系统都将争取尽可能大的言论空间。而争取言论空间必须拥有非常非常丰富的人文资

① 萧萐父：《郭店楚简的价值和意义》，载《郭店楚简国际学术研讨会论文集》，湖北人民出版社2000年版，第12页。

源。郭店楚简的面世也为我们提供了美好的希望。我们至少要有三代人的努力，庶几达致中国文化一阳复来的境地。①

杜维明教授从世界性人文精神建设高度，论述了郭店楚简出土意义，也是对郭店楚简初步整理所作的崇高评价，对我们理解出土简帛整理的重要性、迫切性，都是有教益的。

次谈简帛整理的基础是认字。

读书必先识字，简帛整理的关键也是识字，它是简帛研究的基础。

今天我们所见传统古籍，主要是秦汉两代经过隶化的文字资料。经汉唐以来训诂学家们的多次训释，这些资料已没有多少文字上的障碍。但今天出土的简帛书，则多半是秦始皇统一中国以前的古文字资料。这些古文字主要是先秦六国文字，对于今天的读者来说，如果不加训诂，则如同天书，难以理解。

古文字对于今天的读者，从总体说来，仍是一个未知的领域。如何才能进入这个未知的世界，把它的意义搞清楚呢？这就得讲究方法，要有一条正确的认字路线。这个认字的路线，应当是从已知探求未知，从今字认识古字。

从今字认识古字，就得以《说文解字》为桥梁，借鉴《说文解字》对汉字的训诂，上推古文字的音义。

《说文解字》是我国历史上第一部分析字形、辨识声读、说解字义的字典。《说文解字·叙》说："秦始皇帝初兼天下，丞相李斯乃奏同之，罢其不与秦文合者。斯作《仓颉篇》，中车府令赵高作《爰历篇》，太史令胡母敬作《博学篇》，皆取史籀大篆或颇省改，所谓小篆者也。"秦灭六国，实行"书同文"政策，废止六国古文，以小篆为正字，作为全国规范字体，这就统一了表达汉语的文字符号系统，使方言复杂的中国在书面语言的交流上扫清了障碍，有利于政令统一和文化交流，对国家的统一、文化的进步起到了良好作用。

《说文解字·叙》中提到的秦国前期的《史籀篇》，秦始皇时代的《仓颉篇》、《爰历篇》、《博学篇》都已不存。就连《汉书·艺文志》所载其他西汉时期如司马相如的《凡将篇》、扬雄训诂《仓颉》的《训纂篇》等都已不存。比《说文解字》更早的字书只有一本西汉史游的《急

① 杜维明：《郭店楚简的人文精神》，载《郭店楚简国际学术研讨会论文集》，湖北人民出版社2000年版，第22页。

就篇》，这也只是一般的童蒙识字课本。《说文解字》是在《史籀篇》、《仓颉篇》、《爰历篇》等基础上编写出来的。它以篆文为字目，它的说解对象主要是小篆，而不是六国古文。但它是一部在古文经学和今文经学两派斗争中产生的有实用价值的语文性字典。许慎是著名古文经学大师贾逵的学生，又曾校书东观，饱读许多先秦六国用古文字书写的秘籍，从《说文解字·叙》看，诸如鲁恭王从孔壁中发现的《尚书》、《春秋》、《礼记》、《孝经》、《论语》；北平侯张苍所献《左氏传》；河间献王所得先秦旧书如《周官》、《尚书》、《礼》、《礼记》、《孟子》、《老子》等，他都非常熟悉。许慎著《说文解字》已是东汉中叶以后，其时古文经学已经压倒今文经学，因而能在古文向今文的转变过程中，以语言事实为根据，对汉字这一历史性演变从形、音、义三个方面给以疏通和说解。近二千年来汉语训诂的实践说明，不仅“字书编制，宜祖《说文》”，而且一切经典训诂，亦无不以《说文解字》为依归，凡有疑虑，求之《说文》，参以其他训诂著作，如《尔雅》、《方言》等，亦能得其会通。《说文解字》是一座沟通古今的桥梁。

《说文解字》收字9 353个，这个数字，几乎是秦汉之际汉语言单音词的总汇。而其中常用汉字，据目前已存古文经书用字推测，也不过五千字左右。经过二千年的大发展，今天我们编写的《汉语大字典》，作为楷书汉字大汇编，也才收54 000个字，其中，包括中华人民共和国文化部和中国文字改革委员会公布的《印刷通用汉字表》所收6 196个汉字。而这6 196个通用字中，使用频率最高的印刷常用字也只有三千个左右。《汉语大字典》所收其他字，并非一般人说的是“死字”，而是有经典文例的历史文献用字。《说文解字》在五千个左右通用字外，收到近一万字的规模，估计也是这种情况，即除通用字外，还将古文经书中已有文例的字也大量收进，这就增加了《说文解字》在阅读古文上的价值。

当然，古今汉字的通用字并不是固定的、不变的，在具体字目和字数上，它都是一个不断变化的动态过程。某字古为常用字，今成历史文献用字。今为报刊常用字，今后也可能变成历史文献用字。但不管如何变化，汉字总字数和汉字常用字之间的比例，是大致可以测定的，即从《说文解字》以来，到《玉篇》收字二万多个，到《康熙》收字四万多个，到《汉语大字典》的今天，汉语通用汉字总数大致稳定在五千字左右。我们不厌其烦地讲这个汉语通用字在汉字总字数中的比例，目的在于说明《说文解字》虽然以“小篆”为它训诂的主要对象，但它也是“古今兼收”的一种汉语字典。

关于这一点，黄侃根据《说文解字·叙》的交待和《说文》收字实际情况，在其所著《〈说文〉略说·论〈说文〉所依据（下）》有一段非常明确的说明：“《说文》以小篆为质（注意：未言以小篆为主），而益以古文，及奇字，及古文异体，及大篆异体，及篆书异体，及后所改定，及鼎彝之铭，实集仓颉造字以来及于汉世文字之大成。如或有遗漏，则为编沓未周，或见闻亦有不及耳。今如谓《说文》为完具，则《说文》偏旁有而正篆无者已多；如谓《说文》为只据小篆，而不识古文，则显与序文不合。折中立论，当云《说文》为据‘六书’以解释字体之书，汉以前文字已略具于是；继此而有发现，当以补苴罅漏，而不可妄破《说文》。斯为平情之欤！”今天，我们已经看到了比黄侃先生所能看到的更多的古文字资料，再考查《说文》解字的实际情况，我们的结论仍然是，《说文解字》在收字上的确反映了汉语文字渐变的历史事实，黄侃先生的结论仍然是十分正确的：篆文中有古文。我们可以从篆文中的古文，来找到一些认识古文的途径和线索。关于篆文中多古文，黄焯先生《篆文中多古文说》云：

小篆本于古籀者多，李斯之同文书，亦存其与秦文合者。《说文·叙》云：“或颇省改。”所谓或颇省改者，不尽省改之谓。必谓《说文》皆为秦篆，实为诬言。《说文》九千三百五十三文，自李斯三千三百以外，固不尽为汉人所作，其中多古文籀文无疑。顾《说文》所载重文，有明称“古文”者，或但云“古文省”、“籀文省”者，或云“篆文奇字”者，其称“古文省”、“籀文省”，则其正文之为古文可无疑。其称“篆文奇字”者亦然。如：玥云古文省，则瑁亦古文也。蔽，籀文薇省，则薇，古文也。蒋，籀文蒁省，则薅古文也。厤，古文麓省，则麓亦古文也。㷄，籀文省，则歸古文也。㝵，古文省彳，㝵省则得亦古文也。訨，古文诗省，则诗亦古文也。㐰，古文信，从言省，则信亦古文也。這，籀文誕省正，则誕古文也。畫，古文畫省，则畫亦古文也……

又说：铭，《周礼·春官小祝》注：“铭，今书，或作名。”是铭乃古文也。防暑隮，《士虞礼》今文隮为齊，则隮乃古文也。

酳，《仪礼·特牲馈食礼》注：今文酳，当为酌，则酳乃古文也。此在《说文》及经传之为古文而未明言者。若夫篆文与古籀为一体，《说文》亦多未明言者。如：“一”为篆文，“弌”为古文。“一”字之作，断不后于“弌”字，是“一”字亦为古文可知。许君以古文“一”字为秦篆所承用，故不明言耳。若此类者，正未易更仆也。清世张行孚谓小篆多古籀文，其说极谛，今故引而申论之云。①

通过《说文解字》的篆文来认识古文是一条路径。除此之外，今存其他古籍中的汉人注疏，也可以找到许多古文线索，请看本书训诂条例第二节今文、古文、故书条。

《说文解字》的用途和价值是多方面的，仅就文物考古而言，不仅整理简帛书要借助《说文解字》这座识字的桥梁，从已知通向未知，就是研究比简帛更早的甲骨卜辞、钟鼎款识，也少不了《说文解字》。徐中舒的《甲骨文字典》、陈初生的《金文常用字典》就是证明。凡是甲骨、金文中可以辨认隶化者，即与《说文解字》对照，大致可以确定其意义。

《说文解字》从分析字形入手，通过“六书”理论，把文字的内容和形式结合起来，形成一套形、音、义互相求解的辩证体系，来解释文字音义，为我们解读古文字提供了最根本的经验。在这个意义上讲，郭店楚简的解读，给我们提供了丰富的事例。现以庞朴《郢燕书说——郭店楚简中山三器心旁文字试说》② 为例说明之。

郭店楚简文字中，从“心”的字特别多，作者将这些字与1971年在河北出土的“中山三器”上从“心”的字联系起来考察。这郢燕两地出土的文献，尽管一南一北，但时代基本一致，从“心”的字都很多，很突出。经过作者研究，可以辨认的字有三十多个。其新造楷书字形是：

恿　愸　㥁　愻　懃　墪　惖　𨑒　㣺　迒　恧

遈　慏　愸　㥯　㞋　眚　訷　遉　羕　息　恕

羕　㥷　㥯　饭　戲　戫　惇　思　㥯　㬬　裩

在这三十多个字中有以下字通过与《说文解字》的对比研究可以确定其意义：

恿、戫（勇）；

愻（遜）；

悘、饭（返）；

迒（忘）；

㣺、𨑒、川（顺）；

① 黄侃笺识、黄焯编次：《说文笺识四种》，上海古籍出版社1983年版，第357页。

② 见庞朴《郢燕书说——郭店楚简中山三器心旁文字试说》，载《郭店楚简国际学术研讨会论文集》，湖北人民出版社2000年版，第37页。

⿰忄矣、逘（疑）；

戁、⿱易心（難、易）；

⿰忄爲（爲为）；

⿱身心（仁）；

宜、我、⿱吾心、⿱我心（義义）。

作者认为：“郢燕悬隔，地北天南。这两组异地同时文献之以‘心’为形符之字之多，使人可以想象，那时候人们对于内心世界或心理状态的研究，已是相当可观的了。否则，自无从造出众多的‘心’旁字来，使得今天我们也惊叹不已的。”

例如，简帛中的恿、⿰甬戈两字，就是今“勇”字。《说文解字》“勇”下就附有这两个古文，并指明：“勇，或从戈用”，“古文勇从心”。这两个古文通过作者寻流溯源，一查《说文解字》就确认了。但《说文解字》虽附录其形，却并未指出这两个古文所以从戈从心的道理。作者通过简帛例句，进一步解释，从“心”、从“戈”的两个“勇”字其意思是不同的。从“心”的“恿”表示一种心态，一种德行，是孔子所谓的“力行近乎仁，知耻近乎勇”的恿。而从戈的⿰甬戈字，则显然是表示行为上的⿰甬戈猛。作者通过查《说文解字》认识了勇的两个古文，又通过恿、⿰甬戈两字的简书例证，与《论语》中的用例相比较，反过来又补证了《说文解字》的不足，用新的语言材料丰富了传统训诂著作。

在认识这两个古文的过程中，作者因源及流，再寻流溯源，然后用其他古籍用例，与简书古文用例比例互证，互相参照，这是一种动态的考察方法，正是我们认识古文字的行之有效的、非常重要的一种训诂方法。

又如，郭店楚简中出现频率最高的心旁字是从心从身的“⿱身心”字。此字多见于玺文，仅《古玺文编》所见就有二十八例之多。但都把这个“⿱身心”字与信字相混。郭店楚简一出，经庞先生考查，用许多例证，充分说明“⿱身心”当读仁义之“仁”，已是铁证如山，不容否定的事实。

但与楚简同时代的中山三器中，仁字并不作“⿱身心”而是从尸从二作“𡰥”，与古夷字同。作者再查《说文解字》，在“仁”下附有古文二：一从千心，一从尸从二。庞先生认为，“其所谓的从千，看来就是楚简、古玺从身之误识；这点从玺文看得清楚。而从尸从二的𡰥，或系假借夷字来表示人际亲爱的古风，所谓礼失而求诸野者欤？”庞先生将燕郢两地出土的古文字资料放在一个共时性的研究环境中给以描述，让我们同时见到《说文解字》中所附两个“仁”的古文的同时存在，这也证明《说文解字》所附古文形体，和其他说解一样，的确是“不空作，皆有依据”①。郭店楚简一万三千多字中，无论各篇思想倾向如何，学术派别有无差异，以及手抄字体如何带有个性，但其表示仁爱的仁字，一律写作上身下心的“⿱身心”，无一例外。据此，庞先生设想：“郭店楚简之不用从尸从二的夷字来充当仁爱之仁，而用一个新字⿱身心，也许他们对于仁的理解，已从求诸野的阶段，进入到心性论的时期。这个时候，仁义圣智等道德规范，已不再被认为是君临于常人的超人的特殊天赋，或者是先进于礼乐的野人们的淳朴遗风，而被相信为是每一个人的内心世界所具有的禀性，是受命于天命、藏于身心、见于人情的德行。问题只在于你是如何用心而已。”“在这样的理念中，⿱身心字之被儒家学者使用起来乃至发明出来，像任何新的学说都有自己的术语一样，用以强调仁爱是每个身体所必具和应具的基本心态，便是顺理成章之举了。这个⿱身心字，心是形符，身是意符也是音符，大概是不成问题的。”

仁者爱人。仁的仁爱义，是今天字典对儒家心性理念的一种抽象的、概括性反映，这是字词储存在字词书中的静态词义内容。作者根据古文⿱身心字从身从心的字形结构，根据郭店楚简中的具体文例，从儒学发展的历史角度，把仁爱之义具体化为“每个身体所必具和应具的基本心态”，从而得出结论：“这个⿱身心字，心是形符，身是意符也是音符。”

庞先生对古文⿱身心字形体结构的分析是细致的。这种把字词书中抽象的、概括性字词义和具体文例中的具体性的字词义相结合，从共性走向个性，又从个性走向共性；从概括走向具体，又从具体走向概括的字词训诂，把静态字义和动态字义结合起来给以描写，符合字词在应用过程中其意义从具体到抽象转换的客观事实。这也是传统训诂常用的一条成功训释文字音义的正确路线，其所得结论，当是确定无疑的。

又如，仁义的義（义），在郭店楚简中的写法又是一种情况，共有五种之多。一作“宜”、一作“義”、一作“我”、一作“⿱我口”、一作“⿱我心”，情况相当混乱。庞先生认为：“这一混乱，反映彼时彼地人们对于义之含义的理解正处于新旧纷陈的过渡时期之中，尚无一定准绳。”

孔子很少谈义，墨子多谈义，其义近乎今日之“主义”。《说文》：“義（义），墨翟书義从弗。”这表明墨子对我字的否定。庞先生认为：“对我字的否定，当系针对我字左旁的古杀字而来，这是墨子兼爱非攻思想的逻辑引申。”又说：“楚简中对義（义）的改造，与墨子异趣。他们保留我字，予以心化，犹之乎写仁作⿱身心的办法，将义字写成⿱我心状。这可以说是儒学走向心

① 许冲：《上〈说文解字〉表》。

性论研究，相信人道源于人心的又一表现。”

这种把握语言环境，从动态的语言事实中，透过字形分析语义变迁的方法，无疑也是科学的，经得起事实考验的。因为一切语义的变迁，一切反映语义事实的比较原始的汉字形体的差异，都得从特定的语义场中去寻找。字义是概括的，也是具体的。字书提供给我们的字义往往只是概括性的意义，但进入具体语言环境时，其意义又往往表现出鲜明的个性。郭店楚简的释义，也给我们提供了丰富的实例。

我国地域辽阔，民族众多，是一个多民族共处的文明古国。在秦始皇统一中国前，我们曾有过多元的灿烂的古代地区文化，按任继愈的分法，主要有“荆楚文化与北方的邹鲁文化、燕齐文化、三晋文化，南方的闽粤文化，西方的巴蜀文化”①。因孔子删诗书、定礼乐，留下了大量典籍。虽经秦灭六国，焚书坑儒，但汉以后各代，一直尊崇儒学，致使我们研究的主要还是邹鲁文化。其他地区文化，由于资料不足，一直未能充分展开。20 世纪发现了千佛洞，出现了敦煌学，曾引起世界关注。后来又发现了曾侯乙编钟、长沙马王堆帛书、长沙走马楼三国吴简，使我们大开眼界。此次郭店楚简出土，更使我们惊喜不已。随着国家建设的推进，将会有越来越多的地下文物被发掘出来，整理简帛书和其他古文字的任务将越来越重。这次郭店楚简之所以能够迅速传遍海内外，关键是湖北荆门博物馆的几位学者，特别是北京大学裘锡圭教授辛勤劳动，将这批简书整理出来，由文物出版社出版了《郭店楚墓竹简》一书。任继愈先生说：“如果不是他们的功劳，今天大家来开会，即使拿到竹简实物及照片，恐怕也难以开展深入的讨论，因为有些字很难辨认。楚简的整理者为今后的研究提供了继续前进的基础。”②

但是，从目前全国简帛的整理情况看，我们还有许多工作要做。任继愈先生在郭店楚简国际讨论会上，专门讲了整理简帛中的识字问题。他说：

> 研究楚墓竹简，还要多识楚字。楚国的文字，使用范围限于楚境，秦统一后“书同文”，通用的文字有的保留，有的改写，与原来的文字不尽相同。我们现在有的字还不认识，有的字有了诠释，但未取得共识。个别关键性的字，更要认得准确无误，下面的发挥、解释的根据才

---

① 任继愈：《郭店竹简与楚文化》，载《郭店楚简国际学术研讨会论文集》，湖北人民出版社 2000 年版，第 1 页。

② 任继愈：《郭店竹简与楚文化》，载《郭店楚简国际学术研讨会论文集》，湖北人民出版社 2000 年版，第 1 页。

立得牢。现在对竹简的考订、训诂，还没达到清人王念孙等人对古汉语训诂的熟练程度。我们凭借《老子》、《管子》、《礼记》等古籍，与楚简对照，据上下文义给以填充，这是阅读古籍方法的一种。研究楚文化必须认识楚文字，不能含混。

如果能像许慎那样，把一个字的结构、组成、本字、假借字、形声字、象形字、会意字整理一遍，使字无遁形，那时，我们的研究将会提高一步。

认识楚文字，难度很大。汉代许慎所整理的汉字是政府公布、通行多年的规范汉字。楚文字早已废弃不用，而且留存在今天的字数较少，人们经常利用的统计归档的办法不占优势，不易操作。研究楚音、楚韵，我们的音韵学专业人才有待成长。秦汉统一后通用汉字本字、假借字，是否也是楚文字的本字、假借字，双方不相衔接。楚语习惯用语、省略用语有它的特殊性。这一领域，对我们现在的人来说，也是一片生荒地，开垦起来很不容易。为了把地区文化的研究推上一个新台阶，这一步再困难也要跨过去。过了这一关隘，我们研究的天地就更宽了。久已不用的文字，如吐火罗文、回鹘文、西夏文，都要有人研究。如果有人甘于寂寞，不怕困难，不求速效，投入精力，把楚文字吃透、认准，真是莫大的功德。我们翘首以待。①

任先生这一语重心长的话，说得非常及时、非常深刻，不光适用于郭店楚简的整理，也适用于其他古文字的整理。不仅是古文字整理的问题，而且也是一种学风建设的问题，不改善这个基础，只凭一知半解就大胆解读，那会是训诂的大弊、学术的灾难。

第三节　用于编纂辞书

辞书字典是一种特殊的出版物，它提供人们翻检查阅有关问题所需要的基本知识和基本线索，它是科学研究工作者的有力助手，是普及文化教育的有效工具。

辞书字典的编纂和出版，在我国源远流长，它一开始就是和训诂密切相连的。我国最早的训诂专著《尔雅》、《说文》、《方言》、《释名》等，实际

① 任继愈：《郭店竹简与楚文化》，载《郭店楚简国际学术研讨会论文集》，湖北人民出版社2000年版，第1页。

上也就是我国最早的辞书字典。这些训诂专著，在编写体例、释词方式等方面，对后代辞书字典产生过深远影响。关于这个方面，陆宗达的《训诂简论》有中肯的论述，我们就不再重复，我们只打算从训诂的角度谈谈当前辞书编写中的一些问题。

随着四化建设的深入开展，我国辞书编写呈现出一派欣欣向荣的景象，甚至出现了“辞典热”，编纂出版了几千种各类辞书，改变了“文革”之后辞书奇缺的局面。从已出版的辞书字典看，虽主流是好的，但仍有很多不足之处。即从《中国语文》、《辞书研究》等刊物发表的有关评论看，现在出版的辞书字典，除一些重点辞书质量较好以外，还有一些辞书在收集资料、解形、注音、释义、引证甚至编纂作风、治学态度等方面，都存在比较严重的问题。这些问题，都和训诂学的运用有密切关系。

（一）训诂与资料收集

资料是辞书编纂的基础。编纂一部辞书字典，首先要广泛收集有关字、词的训诂资料，掌握前人研究的成果，并在此基础上添补新的语言材料，才能进行编写工作。目前，我们国家几部大型语文工具书如《汉语大字典》、《汉语大词典》都已编纂出版。其资料的收集，主要依靠下列方式：

（1）引得式资料，即对重要典籍，逐字逐句制成引得卡片。这类卡片，可以保证对所收重要典籍中的文句，包括正文中的训诂和注释资料，一字不漏地收集起来，供编写使用。

（2）选择式资料，即对古籍或现代著作中的语言材料，有选择地制成卡片。凡是有注释的，则连注释一起收集，以利使用。

（3）剪贴式资料，即对过去字典、辞书和训诂专著整本地按字头词条给以剪贴分类，制成卡片。它可以系统地收集前人的训诂成果，供人使用。

以上资料，都是手工操作制作的。资料制作的质量，取决于制作者是否有训诂学和语言学的基础。在“四人帮”横行的时代，强调开门编字典，组织许多缺乏基础的人从事这个工作，造成了资料卡片重复多、废片多、冗片多、二手资料多、无法统一使用等毛病。为了进一步提高辞书编写质量，有人建议在全国建立语言资料中心。这就需要运用训诂学知识和当代科学技术，重新制作资料卡片，并对散见在各地的卡片资料进行清理，择其可用者输进电子计算机，形成资料库，以利全国使用。总之，辞书编写的资料工作，过去、现在和将来，都与训诂学的运用密切相关。没有训诂学的基本知识，要想做好资料工作是十分困难的。

（二）训诂与解形

辞书的解释不外解形、注音和释义三个方面。汉字形义相生，它的意义常常与它的形体结构有关。所以汉语的字典，很早就注意因形说义，这就是训诂中的形训。《说文》很重视形训，以后研究汉字的人都承其端绪。宋以后，特别是近代发现甲骨文之后，人们运用甲骨、金文材料解释文字形义，取得了很大成绩。这些成果，经过整理，都已写进《汉语大字典》。其他一些中小型字典，虽然没有这样规模巨大的字形说解，但词形说解的任务仍然是存在的。例如，联绵词的词形问题就很复杂。《现代汉语词典》对此采取了三种办法："一是取并列式，把不同词形的条目并列起来，如〔负嵎〕〔负隅〕，〔落寞〕〔落漠〕〔落莫〕。二是采取正副条的方式，在正条下作注，副条见正条，如〔纪念〕下有注文，〔记念〕下注：见〔纪念〕。如果词目第一个字相同，就不另出条，只在正条下注末加一句'也作××'，如〔照相〕注后有'也作照像'，照像不另出条。三是作异体处理，如〔侥幸〕〔儌幸、徼倖〕。第一种方式表示所列的词都通用，哪一种写法都可以，而编者倾向于用排在最前面的（注文即在该条下）。第二种方式表示正条是通用的，但用副条也不错。第三种方式表示只能用词目中的写法，圆括号内是被取消了的。这三种方式以第三种最彻底。"① 《现代汉语词典》的这三种办法，实际上是对联绵词词形的三种解释和处理方法。同一类词的词形，一会作同音替代处理，一会作异体处理，反映了在辞书字典的编写中，词语的异写、误写给编写带来许多麻烦，使编写难以决断。而这个难以决断，主要是训诂不明造成的。如果了解这类词发展的本末，根据从众、从今的原则，选择其中一个词形作正条给以注释，其他都作互见条目处理，应当是没有问题的。如果各部字典辞书处理得比较统一，那么联绵词的词形就可以趋于标准化，这将给读者带来极大方便，也有利于汉语的规范化。

（三）训诂与注音

现在出版了许多字典辞书，在注音方面出入较大。如"间不容发"的"间"字，1979年版《辞海》和甘肃师范大学中文系编的《汉语成语词典》注为jiàn，《现代汉语词典》则注为jiān。"佶屈聱牙"中的"佶"字，1979年版《辞海》注为jié，《现代汉语词典》、《新华字典》则注为jí。汉字多

---

① 语言研究所词典编辑室：《辞书编写与研究工作要有一个更大的发展》，载《中国语文》1982年第4期。

音多义，是汉语在逐渐发展和丰富的过程中形成的，我们不能要求一个汉字只能有一个注音，特别是大型辞典中，对有区别词义的音，要尽量注释出来。但是，对那些区别词义没有多大作用的别音，如果随意给以注释，就会造成冗音，给读者带来负担，也不利于字音的规范化。这类情况是由许多原因造成的。训诂不明，是其中原因之一。以“间不容发”为例：

《大戴礼记·曾子天圆》：“律历迭相治也，其间不容一发。”

《经进东坡文集事略·留侯论》：“当此之时，子房不死者，其间不能容发，盖亦已危矣。”

《宋史·儒林二·王向传》：“先生聪明才能，过人远甚，而刺口论世，立是立非，其间不容毫发。”

《苏东坡后集·广州资福寺罗汉阁碑》：“海道幽险，死生之间，曾不容发。”

《陈亮集·祭章德文侍郎文》：“危疑之间，一发不容。”

这些从汉至宋代的例句①，都与“间不容发”的句义一脉相承，这里头的“其间”、“生死之间”、“危险之间”在语法结构上也是相同的，“间”字在诸例中都是“中间”的意思。音随义转是一种训诂常识，也是字典注音中应当遵循的一条规律，因此，“间不容发”的“间”只能读阴平，而不能读去声。《汉语成语词典》等把“间不容发”的“间”注音为jiàn，是因为把这个“间”误释为“空隙”、“隔开”等义造成的。由此可见，要提高字典辞书注音的准确性，加强训诂方面的研究，注意音义配合，是其中的关键。

（四）训诂与释义

辞书的释义与古籍中的训诂既有联系又有区别。辞书编写的灵魂在于释义，而释义的根本问题是要对字、词义进行科学的概括。这种概括，要在已有训诂成果的基础上进行。例如：梅，木名，梅树，古代名䔛，又名干枝梅、红梅。蔷薇科，落叶乔木。叶阔卵形，边缘或有细密锯齿。木质坚实，可以作器物。《诗·召南·摽有梅》：“摽有梅，其实七兮。”陆德明释文：“梅，木名也。”《山海经·中山经》：“灵山，其木多桃、李、梅、杏。”王维《杂诗》：“来日绮窗前，寒梅著花未？”叶森《林和靖先生墓堂记》：

① 见梁之抑：《成语之释文与考订》，载《中国语文》1979年第3期。

“揭诸亭，植梅数百本于山之上下。”

又梅树的果实，通称酸果子，又称酸梅子。《类篇·木部》：“梅，酸果也。”《书·说命下》：“若作和羹，尔惟盐梅。”孔安国传：“盐，鹹。梅，醋。羹须鹹醋以和之。”白居易《生离别》：“食檗不易食梅难，檗能苦兮梅能酸。”苏轼《雨晴后步至四望亭下鱼池上》：“海棠真一梦，梅子欲尝新。”

又梅花。〔梁〕简文帝《梅花赋》：“春风吹梅长落尽，贱妾为此敛娥眉。”周邦彦《玉烛新》：“溪源新腊后，又数株红梅，剪裁初就。”杨万里《梅花下小饮》：“今年春在腊前回，怪底空山早见梅。”

根据以上训诂资料和其他语言资料，我们就可以把“梅”概括成三个义项，用第一个义项指梅的全体的概念；第二个、第三个义项分别指梅果和梅花两个部分的概念。这就是辞典学中从全体与部分这个角度对词义进行的概括。

在辞典编写中，对词义进行概括的方面是很多的，例如：还可从词义的共时性和历时性的角度对词义进行概括。所谓词义的共时性，是指词在一个特定的历史阶段的暂时的稳定性；所谓词义的历时性，则是词义经历不同历史阶段而保存下来的稳定性。如果要编写大型字、词典，要做到源流并重、古今兼收，就得从词义的共时性和历时性这个角度进行概括。这种概括的程度，就是要能够区分古今词义的异同。这也需要运用以往的训诂成果，才能把这种词义的概括工作搞好。再以“梅”字为例来说明这个问题。

《说文·木部》：“梅，柟（今‘楠’字）也。”又：“柟梅也，从木冄声。”《尔雅·释木》：“梅，柟。”陆玑《条梅疏》：“似豫章，大木也。”根据这些训诂可知，梅，本义为楠树，这个字最早并不是指上面所说的梅树、梅子、梅花。《康熙字典·木部》“梅”字条下，就是采用这些训诂成果，把这定为“梅”的本义。这是秦汉训诂著作中对“梅”字所作的训释。

《说文·木部》又有“楳”字，是“梅”字的或体。《玉篇·木部》：“某，莫回切，酸果也。又音母，不知名者曰某。”《集韵》《正韵》梅音谋杯切，《韵会》：“梅音谋杯切”，又注：“或作槑、楳，亦作棊。”《康熙字典》即据上述材料把“某”、“槑”列为“梅”字古文。根据以上训诂资料可知：“某”与“梅”同音。“某”的本义是酸梅子。“某”的古文作“槑”，就是树上结了酸果的会意字。槑，省变作“某”，隶变作“某”，后来形声字又叠床架屋加一义符变成“楳”。今天，我们用来表示“梅树”、“梅花”、“梅果”中的“梅”，最早就是写成这个“某”字。“某”字另一个音读母，它是不定代词某人、某事的“某”和表示“酸果”义的“某”是同一个字。

“梅”与“某”本是两种不同的事物。这两字的本义在现代汉语中都不用了。现在，我们用本义为楠树的“梅”字表示“梅树、酸梅子、梅花”的词义，用本义为酸果的“某”字来表示不定代词某人某事的“某”义，这是怎么一回事呢？这是由于同音假借造成的。“梅”是“某”的借字，这是本有其字的假借。借酸果义的“某”作某人某事之“某”，则是本无其字的假借。这两个字都久借不归，所以它们的本义都被人遗忘了。但从词义的共时性和历时性考虑，这两个字的本义和今义都可以分别概括成义项。

从有亲缘关系的复合词中的同义词角度对字义进行概括，这又和训诂中的同义互训有密切关系。在古代汉语中，单音词占绝大多数，后来，由于语义的发展，在单音词的基础上，派生出许多同义的复合词。这些同义词的形成和固定，正是从发展的角度告诉我们，这些单音词已经分化出不同的义项。所谓同义，正是在某一义项上相同。所以，只要我们找到了与之相应的同义词，就是找到了该字的新义项。这是区别字义，建立字典义项的一个最简便的办法。例如，《说文》：“偷，薄也。”《论语·泰伯》：“故旧不遗，则民不偷。”邢昺疏：“偷，薄也。”《左传·昭公十六年》：“晋国韩子不可偷也。”杜预注：“偷，薄也。”《国语·晋语》：“衣躬之偏，而握金玦，令不偷矣。”韦昭注：“偷，薄也。”

“偷，薄也。”这是古人的一条同义互训，这在古代词义中是一条确凿不移的解释。但是，时至今日，如果我们新编的辞书字典仍停留在这条训诂上，那就不能反映汉语发展的实际。因为，“偷”从“薄”义，已经分化出许多义项。例如：

《潜书·存言》：“由是风俗日偷。”

《汉书·酷吏列传》：“叔世偷薄，上下相蒙。”

《陈亮集·廷对》：“若使以皇极为名，而取其偷惰者而用之，以阴灭下之贤者，则风俗日以偷，而天下之事去矣！”

《方望溪文集卷十二·万季野墓表》：“而在今则事之信尤难，盖俗之偷久矣！”

以上“偷”字，皆为“浇薄”义。又如：

《左传·昭公十六年》：“晋国韩子不可偷也。”杜预注：“偷，薄也。”

《淮南子·修务训》："然而莫能至焉者，偷慢懈惰多不暇日之故。"高诱注："偷，薄。慢，易。"

以上"偷"字皆指对人的态度而言，与"薄待"、"简慢"同义。又如：

《国语·晋语》："衣躬之偏，而握金玦，令不偷矣。"韦昭注："偷，薄也。"

成语："偷工减料。"

以上"偷"字，指数量增损方面的内容，它与"减损""菲薄"同义。又如：

刘向《新序》卷九："今夫蜀西辟之国而戎狄之偷也，弊兵劳众，不足以成名，得其地不足以为利。"

《东坡奏议集·乞降度牒修定州禁军营房状》："岂可深居大厦，而使士卒终年处于偷地破屋之中，上漏下湿，不安其家?"又"多是两椽小屋，偷地盖造，椽柱腐烂，大半无瓦"。

以上"偷"字，是对地利而言，它与"瘠薄"同义。又如：

《黄梨州文集·李杲堂先生墓志铭》："因相与校覆雅郑，洗其偷薄之说。"

此例中的"偷"与"薄"同义复合，就文风、作风而言，与"轻薄"、"浅薄"同义。

根据以上材料，我们可以在"偷，薄也"这一条训诂的基础上，进一步概括出下表所列义项：

偷→薄也
- 浇薄，不纯厚（指民情风俗方面）。
- 薄待，简慢（指待人接物方面）。
- 菲薄，微薄（指数量损益方面）。
- 瘠薄（指地利方面）。
- 轻薄，浅薄（指文风作风方面）。

总之，从复合词中的同义词这个角度来概括词义，将使今天的字典辞书在义项方面较之过去训诂著作的字词义项有更多的发展，这是新训诂学的一项光荣使命。

（五）训诂与引证

辞书的引证是释义的根据，没有例证，释义的可靠性就无从说明。汉语辞书，向来重视引证工作。但是，在这方面问题还是不少。例如：

“磨杵成针”这一成语，旧版《辞源》、《辞海》引用〔明〕陈仁锡《潜确类书》为证。其实，早在宋代祝穆《方舆胜览》卷五十三“磨针溪”条下就有磨杵成针的故事。〔清〕王琦注《李太白集》在附录中，以及顾张思《土风录》卷十三“铁孔（chuǎng）磨如针”条下，均曾注明出于《方舆胜览》。由此可知旧《辞源》、《辞海》引《潜确类书》是引非其源了。①

新修订的《辞源》、《辞海》在引证工作中花了许多气力，改正了不少错误，但还是问题不少。例如：修订本《辞源》中“五老”条云：“神话传说中的五星之精。《竹书纪年·帝尧陶唐氏》：‘择良日，率舜等升首山，遵河渚，有五老游焉，盖五星之精也。’《文选》〔南朝·梁〕任彦昇（昉）《宣德皇后令》：‘五老游河，飞星入昴。’”

这里引用的《竹书纪年》一条，系引自今本《竹书纪年》中的注文，并非它的正文。这条注文又是从沈约的《宋书·符瑞志》中抄过来的。再一查，沈约的《符瑞志》也并不是这条材料的源头，它的出处是《论语比考谶》。② 由此可见，修订本《辞源》的这条引证是古本与今本不分，正文和注文相混而又引非其源。③

又如1979年版《辞海·口部》“吴戈”条云：“戈是平头戟；春秋时吴国所产的戈最锋利，古时多用来指锋利兵器。《楚辞·九歌·国殇》：‘操吴戈兮披犀甲，车错毂兮短兵接。’”

其实，《辞海》这条注释出自刘熙《释名》。《释名》云：“盾大而平头者曰吴魁，本出于吴，为魁帅者所持也。”刘熙的这条解释是否可靠，值得怀疑。《楚辞》王逸注：“或者操吾科，楯之名也。”王念孙《广雅疏证》说：“吴，大也。魁亦盾名也。吴魁犹言大盾，不必出于吴。”王逸和王念

① 见梁之抑：《成语之释义与考订》，载《中国语文》1979年第3期。

② 《论语比考谶》是一部纬书，已佚。

③ 见艾荫范等：《修订本辞源第一二册综评》，载《中国语文》1982年第4期。

孙的训释比较近于情理。而新版《辞海》的引例与释义之间不够贴切。

辞书的引证，一是提供典型用例，二是为了说明语源。显然，上述例证都不能很好地起到这些作用。这些引证上的问题，也主要是训诂不明造成的。

综上所述，训诂与辞书编纂的关系极大，为了多出和快出质量较好的辞书，有必要学习训诂知识，加深训诂学的研究和应用。

（六）训诂与信息字典的编纂

上面谈到训诂与辞书编纂的五个方面的关系，是就传统的一般汉语辞书而说的。

当今世界科技日新月异。由于计算机的广泛应用，及其网络的快速发展和形成，一场信息革命正在席卷全球，它改变了整个世界，同时，也改变了辞书学和训诂学的内容和形式。

文字是语言信息的载体，自有文字以来，人类的语言信息就能借助书面语言的形式克服时空的限制，使千年如旦暮，万里若比邻。传统训诂是从说文和解字开始的，传统字书所提供的汉字信息，是一般意义上的字音字义的诠释，字形的说解只限于按“六书”系统给以本字、本义的说明。传统训诂通过对汉语书写系统——文字的形、音、义的诠释，通过书面语言形式，来实现人与人之间的交流。就这个层面讲，传统训诂这种以语言解释语言的学问，在现代传媒出现以前，已是很高明的挖掘汉字信息、传播汉字信息的学问了。计算机的出现，计算机网络的发展，打破了人与人之间通过传统书面语言交流的局面，它要求人机对话，信息网络化传输。就是说，你要使计算机懂得人的语言，计算机才能把你的语言信息传输给你的用户。通过现代传媒，大大缩短了信息传播的时间，使瞬息之间就可以千年如旦暮，万里若比邻。

汉字信息字典，是当前计算机网络化的迫切需要。它除了提供传统字书有关汉字形、音、义方面的语言信息外，还迫切需要提供有关汉字字量、字序、字频、字码等方面的情况，以便程序编制和使用。一般信息字典都应具备以下特点：

（1）收集按国家标准确定的正体字，并将与之相应的繁体、异体、别体字给以重新整理，合理分集排列，相互参见，以利检索。这就需要在《新华字典》、《现代汉语词典》、《汉语大字典》，以及电信常用的《标准电码本》、《现代汉语通用字表》、《第一批异体字表》、《现代汉语通用字笔顺规范》《普通话异读词审音表》、《第一批异形词整理表》中，按标准严格挑选正字，并按国家规定的《简化字总表》处理繁、简字，确立规范字。只有在这个基础上，才能编写信息交换用汉字编码字符集，确定汉字信息基本用字。

（2）汉字无定序是汉字检索难的根本原因，传统字书、辞书的语义训释成果难以充分利用，也是难在这个问题上。为了解决这个问题，汉语信息字典必须把重点放在对每个汉字的笔画数、笔画顺序、部件结构、结构类型作尽量全面而细致的描述，还要详尽地列举字频、字码的信息。汉字在使用中，每个字的使用频率是不同的，可以根据频率的大小，给每个汉字编定频序，确定频级。这些信息，在汉字信息处理中是必不可少的。这些十分有用的信息，在传统汉语训诂中是被忽略不计的。在新技术条件下，它才能被挖掘出来，在语言交际中，充分发挥其作用。

（3）在传统字书、辞书中，一般都是以字带词，字目和它附带列出的词目注音、释义、举证，即可充分传达相关语义信息。而信息字典则还要提供汉字的数码信息。一般说来，要在每个字目之后列举“义项数等级”和“构词能力等级”这两项语言信息，在统计、分类、对比信息中，还要列举“义项数等级”和“构词能力等级”的综合情况。

（4）汉字信息字典，还要确定汉字连续检索的序号，编制简易的、可靠的、便于快速查询的检字法。

传统字书一般采用据形系联或据音系联，即用部首法和音序法编制检索系统。例如，《现代汉语词典》就是把所列字目分类归入四千多个音节，每个音节又根据构成音节的字母顺序排出次序，这就可以把非同音字目按序编排，但却无法确定同音字的先后次序。汉字信息字典，则必须将所有入选汉字安排一个固定的不能任意颠倒的顺序，这也是传统字书未曾有过的要求。

以上所述汉字信息字典的要求，给汉字教学和汉语训诂提供了新课题，促进了汉语训诂的新发展，同时，也扩大了我们对于汉字信息的眼界。

上海交通大学汉字编码组和上海拼音文字研究组在编纂《汉字信息字典》的过程中，“经过反复摸索和试验，确定了一种由‘音节序号、笔画数、各笔笔型代码’三维因素组成的三个数节 11 位数综合序码。使用这个序码，可以把7 787个正体字大部分离散开来，同码字相当低。如再加进字的部首、结构等类型因素，同码字率还可以更低”①。《汉字信息字典》就是“根据这个 11 位数综合序码的大小给每 个字目确定连续序号。这个连续序号安置在每一个字目的上端，相当于每个字目的门牌号。它不仅清楚地

① 见刘如冰等:《〈汉字信息字典〉的编纂和特点》，载《辞书研究》1989 年第 5 期。

显示字典所收字目的序号，还为字典提供的各种查字法创造了快速查字的条件”①。

汉字因为是按部首偏旁组合起来的方块字，这就决定了它是一种本身属性信息全面，字形结构信息细致，字频、字码信息和综合统计信息丰富多彩的表音兼表意文字，它蕴藏的有些信息，在传统训诂中是无法表现出来的。计算机的运用，扩大了我们对汉字信息的视野，增强了汉字在信息传播中的功能，也有力地促进了汉字教学对书写规范化和读音规范化的要求，扩大了训诂学研究的新途径。实现汉字输入、人机对话，关键是如何挖掘汉字形、音与语义之间的联系，并将这种联系数码化。在这方面，各种形码输入和语音输入，成果越来越多，已有专门的一门学问来研究这些问题。限于篇幅，在这里我们只能作一般性的介绍。

第四节　用于其他方面

训诂学这门学问，不仅可以用来解决上述三方面的问题，还可以用来研究其他一些问题。概括起来，不外乎两个方面：

（一）研究语言学的其他分支

在本书的第一章里，我们就曾经指出，研究训诂，不可避免地要涉及语音、语法、语源、文字、修辞等，从而给音韵学、语法学、语源学、文字学、修辞学等提供丰富的原始资料，促进这些语言学的分支向前发展。这个问题，在第一章里还来不及加以论述。现在让我们补作一些粗略的说明。

1. 怎样利用训诂学来研究音韵

前面我们曾经一再谈到“因声求义”的训诂方法。这种方法既推动着训诂学不断前进，也给音韵学提供了研究古音的极其丰富的资料。比如刘熙的《释名》，就是研究东汉末年汉语音韵的宝贵的资料库。罗常培、周祖谟合著的《汉魏晋南北朝韵部演变研究》，就曾经利用这个资料库来考证汉末青徐语音韵部的归类。除此以外，《尔雅》、《说文解字》等书也经常运用因声求义的方法来解释词义，也是汉代音韵资料的宝库。我们应该充分利用这些资料来研究上古的音韵。

又汉儒注经，有“读若”、“读为”之例，前者用来注音，后者用来说明假借。这也是研究古音的重要资料，汉语音韵学就是在不断挖掘这类资料

① 见刘如冰等：《〈汉字信息字典〉的编纂和特点》，载《辞书研究》1989年第5期。

的基础上，逐渐建立起来的。我们应当继续做好这项工作，使训诂学中的这份资料更好地发挥其作用。

2. 怎样利用训诂学来研究语法

我国的语法学，从先秦到唐宋，一直孕育在训诂中，元朝末年才出现一部语法专著，即卢以纬的《语助》。在此以前，要研究语法，只能到古书的传注中去找，而说明语法，归根结底也是为了解释词语，因此，讲解语法成了训诂家责无旁贷的任务。他们对于语法虽然缺乏全面的系统的论述，但是由于擅长章句之学，熟悉遣词造句的法则，他们能够字斟句酌，随文释例，以阐明语法问题。他们知道“经传中实字易训，虚词难释”①，所以特别重视虚词的解释。汉儒注经，已经标出“辞”（词）、“语辞”、“语助”等语法术语，虽还没有“实词”、“虚词”的名称，实际上汉语词已经分为虚、实两大类了。唐代孔颖达等撰《五经正义》，继承了这个传统，别立“义类”这一术语，以与“语助”相对②，也就是实词虚词的异名。到了宋代，实字、虚词这两个名称，便被学者普遍使用了。

至于词类划分的标准，训诂学家是以词义为区分词类的主要标准的，这从孔颖达的《五经正义》里可以明显地看得出来。请看下面所引孔氏的几段话：

> 句必联字而言……然“字”之所用或全取以制义，“关关雎鸠”之类也；或假辞以为助，“者”、“乎”、“而”、“只”、“且”之类也。(《诗·周南·关雎》疏)
>
> “之”、“兮”、“矣”、“也”之类，本取以为辞，虽在句中，不以为义，故处末者皆字上为韵。“之”者，“左右流之”、“寤寐求之”之类也；“兮”者，“其实七兮”、“迨其吉兮”之类也；“矣”者，“颜之厚矣”、“出自口矣”之类也；“也”者，“何其处也”、“必有与也”之类也；“乎”者，“俟我于著乎而”、《伐檀》“且涟漪”之篇，此等皆字上为韵，不为义也。(同上)
>
> 九五，有孚挛如。(《易·小畜》) 疏：“如，语辞，非义类。”
>
> 采采芣苢，薄言采之。(《诗·周南·芣苢》) 疏：“薄……于义无取，故为语辞。”

① 王引之：《经传释词·阮元序》，岳麓书社 1985 年版，第 1 页。

② 见刘世儒：《孔颖达的词类说和实词说》，载陆宗达主编：《训诂研究》，北京师范大学出版社 1981 年版，第 1 辑。

这里所谓“全取以制义”或“为义”指的就是通常所说有实在意义的实词，所谓“于义无取”或“非义类”、“不为义”指的就是通常所说的、没有实在意义的虚词。很显然，有无实在意义就是区分实词和虚词的主要标准，汉唐诸儒以训诂的方法来研究语法，自然会得出这样的结论。但我们还应该指出，古代训诂学家区分词类的标准，除了词义以外，还有语言环境和词在句中分布的区域，让我们再引孔氏《五经正义》为例：

六三，即鹿无虞，惟入林中，君子几不如舍，往吝。(《易·屯》王弼注：“几，辞也。”）疏：“几”为语辞，不为义也。知此“几”不为事之“几微”，凡“几微”者乃从无向有，其事未见，乃为“几”也。今“即鹿无虞”，是已成之事，事已显者，故不得为“几微”之义。

戎虽小子，而式弘大。(《诗·大雅·民劳》）传：“戎，大也。”笺：“戎，犹女也。”疏：笺必易传以“戎”为“汝”者，孙毓云：“戎”之与“汝”，诗人通训；言大虽小子，于文不便。笺义为长。

无妄之往何之矣。(《易·无妄》）疏：上“之”是语辞，下“之”是适也。

例一是从上文“即鹿无虞”来推知下文的“几”是语辞，不为义的；若认为这“几”仍是“几微”义，那在这种“语言环境”里就说不通了。例二是从下文来推知上文“戎”不可能是大的意思，因为大虽小子，在这种“语言环境”里也是不成话的。例三是从“之”在句中的分布区域来推知两个“之”字是不同类的。上“之”介于两词之间，不为义，所以是语辞；下“之”同“何”结合，当“适”讲，所以是义类（实词）。

古代训诂家用训诂的方法来讲语法，不仅讲虚词，也讲实词；不仅讲词法，也讲句法。其例证均已见第二章，这里不再重述了。

3. 怎样利用训诂学来研究语源

在本书《绪论》里，我们曾经指出：语源学也和语法学一样，很早就孕育于训诂中。训诂学中有所谓“推因”的方法，就是用因声求义的办法来推求事物名称的由来。先秦的故训就多用此法。〔东汉〕刘熙的《释名》几乎全用这种训诂方法。他在《自叙》中说：“夫名之于实各有义类，百姓日称而不知其所以之意。故撰天地、阴阳、四时、邦国、都鄙、车服、丧纪，下及民庶应用之器，论叙指归，谓之《释名》。”他所谓

"论叙指归"，就是要说明各种事物名称的由来，也就是要探索各种词语的来源。所以他的这本书可以说是我国第一部语源字典。但是他只做到逐字推求其语源，而没有提出推求语源的系统理论，其所推求的语源，又多臆测而无佐证。因此很难令人信服。后来也有许多人在做这种探索语源的工作，成就也都不大。直到章炳麟的《文始》问世，中国语源学才奠定了坚实的基础。章炳麟为研究语源学提出了"立语根"、"建词族"、"列词序"三种法式和词语的"变易"和"孳乳"两大原则，比前人跨进了一大步。此后，王力著《同源字典》，就是利用《周易》、《尚书》、《诗经》、《礼记》、《尔雅》、《说文》、《释名》等古籍以及汉、唐直至清代各家对这些古籍所作注疏中有关文字同源或系源的训诂，加以归纳分析，写出《同源字论》，然后才编纂成功的。他们之所以能作出这么大的贡献，是与其学问渊博，能总集字学、音学之大成，尤其精通声韵、训诂分不开的。他们透过字源，探索语源的语源学就是在总结前人文字、声韵、训诂之学的基础上建立起来的。

4. 怎样利用训诂学来研究文字

文字学的主要任务是研究文字形体的结构和发展，而以形说义则是训诂学的另一种方法，因此要弄清楚字形的结构和发展，就要学会以形说义的训诂方法。从训诂角度讲，《说文解字》的出发点和落脚点都是字义的训释，它是为了"六艺群书之诂皆训其意"，是为了弄清"经义之本"这个目的而编写出来的。文字学离不开训诂学的帮助，训诂学也离不开文字学的辅佐。二者是相互依存的。《说文解字》每说解一字，总是先举其本义，然后解析其形体。本义可以从字形解析而得，而字形解析反过来又可以证明此字的本义。这就说明训诂学与文字学是互相依存的。

5. 怎样利用训诂学来研究修辞

古代的训诂中包含着修辞学，这也是我们在前面已经指出过的。古代训诂学家把讲修辞手段作为训诂的一个内容，就是因为要懂得修辞，就必须先弄清楚词句的意义。词义不明，怎么能知道古人是怎样运用修辞手段呢？《左传》宣公十二年记楚子灭萧一事，其中有这样一段"隐语"：

> 还无社与司马卯言，号申叔展。叔展曰："有麦麴乎？"曰："无。""有山鞠穷乎？"曰："无。""河鱼腹病奈何？"曰："目于眢井而拯之。""若为茅绖，哭井则已。"明日，萧溃，申叔视其井，则茅绖存焉，号而出之。

杜预注：

还无社，萧大夫。司马卯、申叔展，皆楚大夫也。无社素识叔展，故因卯呼之。麦麴、鞠穷，所以御湿，欲使无社逃泥水中，无社不解，故曰无。军中不敢正言，故谬语。叔展言：无御湿药，将病。无社意解，欲入井，故使叔展视虚废井而求拯己。出溺为拯。叔展又教结茅以表井，须哭乃应，以为信。号，哭也。

按：谬语即隐语，是一种修辞手段。杜预的这段注解，既指出《左传》这里运用的修辞手段是隐语，又把这隐语逐字加以解释，使读者容易理解。

《左传》哀公十三年也记载了一段隐语：

吴申叔仪乞粮于公孙有山氏，曰："佩玉繠兮，余无所系之。旨酒一盛兮，余与褐之父睨之。"对曰："粱则无矣，粗则有之。若登首山以呼曰：'庚癸乎！'则诺。"

杜预注：

申叔仪，吴大夫。公孙有山，鲁大夫，旧相识。繠然，服饰备也。己独无以系佩，言吴王不恤下。一盛，一器也。睨，视也。褐，寒贱之人，言但得视，不得饮。军中不得出粮，故为私隐。庚，西方，主谷；癸，北方，主水。传言吴子不与士共饥渴，所以亡。

在这里，"隐"，也就是隐语，私下作隐语，故曰："私隐。"杜预的这一段注解，也是既指出《左传》这里用的是隐语，又逐字加以解释。

（二）了解我国古代社会及其文化

古代训诂中多半包含着各种各样的知识。许冲《上说文解字书》说他父亲许慎"作《说文解字》，六艺群书之诂，皆训其意，而天地、鬼神、山川、草木、鸟兽、昆虫、杂物奇怪、王制礼仪、世间人事，莫不毕载。"其实，别的训诂书，又何尝不是这样。因此，我们学习这些书，就可以博闻多识。这里只谈谈训诂学怎样帮助我们了解古代社会及其文化。

(1) 童，男有罪曰奴。奴曰童，女曰妾。(《说文解字》三上辛部)

(2) 它，虫也。从虫而长，象冤曲垂尾形。上古草居患它，故相问："无它乎？"(同上，十三下)

(3) 州，水中可居曰州，周绕其旁，从重川。昔尧遭洪水，民居水中高土，或曰九州。(同上，十一下)

(4) 市，韠也。上古衣蔽前而已，市以象之。天子朱市，诸侯赤市，大夫葱衡。(同上，七下)

(5) 尾，微也。从到毛，在尸后。古人或饰系尾，西南夷亦然。(同上，八下)

(6) 贝，海介虫也。居陆名猋，在水名蜬。象形。古者货贝而宝龟，周而有泉，至秦废贝行钱。(同上，六下)

(7) 臼，舂也。古者掘地为臼，其后穿木石。(同上，七上)

(8) 耒，手耕曲木也。从木推丰。古者垂作耒耜以振民也。(同上，四下)

(9) 舟，船也。古者共鼓、货狄刳木为舟，剡木为楫，以济不通。(同上，八下)

(10) 车，舆轮之总名，夏后时奚仲所造。(同上，十四上)

(11) 弓，以近穷远。象形。古者挥作弓。(同上，十二下)

(12) 矢，弓弩矢也。从入，象镝、栝羽之形。古者夷牟初作矢。(同上，五下)

(13) 盐、鹹也。从卤。监声。古者宿沙初作煮海盐。(同上，十二上)

(14) 酒，就也，所以就人性之善恶。从水从酉。……古者仪狄作酒醪，禹尝之而美，遂疏仪狄。杜康作秫酒。(同上，十四下)

例 (1)、例 (2)、例 (3)，都展示了上古社会的情况。通过例 (1)，我们认识到在奴隶社会中，奴隶被诬蔑为罪人，受到奴隶主的残酷迫害。通过例 (2)，我们认识到上古草居野处，人们的生活是很苦的。通过例 (3)，我们认识到上古洪水为患，也给人民带来了很大的痛苦。

例 (4)、例 (5)，使我们了解到上古的风俗习惯，例 (4) 说的是上古穿衣的习惯，例 (5) 说的是上古背后装饰尾巴的风俗。

例（6）~例（14），使我们了解上古文化史中的一些问题。例（6）说的是我国上古货币发展的历史。例（7）、例（8）说的是臼和耒这两种生产工具发展和制作的历史。例（9）、例（10）是交通工具舟和车制作的历史。例（11）、例（12）是武器弓和矢的制作的历史。例（13）、例（14）是饮食用品盐和酒制作的历史。所有这些，都可以丰富我们的文化史知识。我们学习训诂学的时候应该留心这些有益的文化遗产。

第六章　读注和作注

我们在前一章里强调了学习训诂学的现实意义，指出训诂学广泛地应用于阅读古书、整理古籍、编纂辞书，以及其他学科的研究。而所有这些都离不开读注和作注。读注要求我们正确分析注文，理解注文，汲取其精华，吐弃其糟粕。作注要求我们吸取前人传注训诂的成果，总结其有益经验，在精通一书的基础上，用通俗易懂的语言，解释古奥难解的语句。离开认真读注和作注，上述几方面的实践都将无法进行。所以继第五章之后，我们再以专章谈谈这两方面的问题。

第一节　读　　注

（一）读注以前，要反复阅读正文

读注以前，要反复阅读正文，这里要特别介绍宋代理学家朱熹的主张。他说："大凡人读书，且当虚心一意将正文熟读，不可便立见解。看正文了，却著深思熟读，便如己说，如此方是。"又说："须是将本文熟读，字字咀嚼，教有味。若理会不得处，深思之又不得，然后却将注解看，方有意味。"①

朱熹为什么提出这样的读书法？是不是因为他是理学大师，强调性理的研究，不重视注疏训诂呢？不，不是这样。朱熹虽是理学大师，却与别的理学家不同。他强调性理研究的同时，却也很重视注疏训诂。清代学者陈澧对

① 见《朱子语类辑略》卷二。

这一点曾经详细地加以阐述，他引朱熹《论语训蒙口义序》云：“本之注疏，以通其训诂；参之释文，以正其音读；然后会之于诸老先生之说，以发其精微。”又引其《论语要义目录序》云：“其文义名物之详，当求之注疏，有不可略者。”又引《答余正父书》云：“今所编礼书内，有古经阙略处，须以注疏补之，不可专任古经而直废传注。”又引《朱子语类》卷一百二十九云：“祖宗以来，学者但守注疏。其后便论道，如二苏直是要论道，但注疏如何弃得？”卷五十七：“今世博学之士，不读正当底书，不看正当注疏。”陈氏据此指出：“朱子自读注疏，教人读注疏，而深讥不读注疏者如此。昔时讲学者多不读注疏，近时读注疏者乃反訾朱子，皆未知朱子之学也。”① 陈说很对，朱熹对注疏不但不鄙弃，而且很重视。他说过：“学者观书，先须读得正文，记得注解，成诵精熟。注中训释文意，事物名义，发明经指，相穿纽处，一一认得，如自己做出来一般，方能玩味反复，向上有透处。若不如此，只是虚设议论，如举业一般，非为己之学也。”② 由此可见他把读注看得同读正文一样重要。其所以强调先熟读正文然后看注，只是学习的程序问题。在这方面，他的说法也是有道理的。他把读书比作饮食，说要“字字咀嚼，教有味”，说“如人饥而后食，渴而后饮，方有味。不饥不渴，而强饮食之，终无益也”。③ 这话说得很透彻，发人深思。

我们读注，本是由于阅读正文，碰到一些疑难问题，想从注疏中寻找解决这疑难的钥匙。如果不先读正文，根本就无从发现疑难问题，那么又何必读注？读下去又有什么味道呢？如果先读正文，然后看注，情况就不同了。初读正文，疑难问题也许很多。于是再读一遍二遍，有些疑难问题就解决了。经过熟读深思，仍有一些疑难解决不了，那么，你的求知欲就会达到如饥似渴的程度。这时才去看注。倘若注疏替你解决了问题，你该是多么高兴！倘若这些注疏没有给你解决问题，你就会去看别的注疏，以满足你的求知欲望。这种读书方法可以养成你学习的主动性。不用这种读书方法，在你还没有读过正文的时候，就要求去读注疏，那就会味同嚼蜡，丧失学习的积极性。

（二）读注要汲取其精华，吐弃其糟粕

古代文化中有精华，有糟粕，这必然要反映到古注中，因而古注中也自

① 见《东塾读书记》卷二十一。

② 见《朱子语类辑略》卷二。

③ 见《朱子语类辑略》卷二。

有其精华和糟粕。自然，古注中的精华和糟粕有自己的特点，不能和古代一般文化的精华与糟粕混同起来。

古注的精华是些什么？首先就是它解释正文的词义、句义、篇章义的准确性和鲜明性。比如《诗经》的毛传，《三礼》的郑玄注，《三国志》的裴注，《水经》的郦注，都是大家公认的传注的好典型，它们无论在诠释词义方面，或是分析章句方面，都有很强的准确性和鲜明性，尽管它们并不是十全十美的。

其次，就是它们提供了丰富的古代文化知识。比如郑玄《三礼》注中关于古代典章制度的记载，《毛传》中关于草木虫鱼的解故，都可以使我们博闻多识。

再次，就是它们保存了丰富的史料，比如《三国志》的裴注就保存了十分丰富的“三国”时期的珍贵史料。

最后，就是它们对祖国山川的记述，比如《水经》的郦注描绘我国 137 条河流，显示着江山的多娇，使我们更加热爱祖国。

这些注解的精华还表现在其他方面，这里不一一列举了。

总的来说，古注最精粹的部分是帮助我们读懂古籍。上古的文字，如果没有古人注释，则佶屈聱牙，无异天书。但今天我们却能掌握其文意，完全是经过古代学者传、注、笺、疏的结果。

所以，我们必须十分重视旧注，尽可能吸收前人的训诂成果。章太炎、黄侃、王力等现代大学者，都非常重视故训。章太炎把《尔雅》、《方言》看成是训诂的律条，认为说经不守雅训，即谓之门外汉。黄侃把《尔雅》、《小尔雅》、《方言》、《说文》、《释名》、《广雅》、《玉篇》、《广韵》、《集韵》、《类篇》十书列为训诂的根柢书，前六书为主，后四书为宾。而王力则明确指出，训诂学的主要价值在于把故训传授下来，经生口口相传说经，可信程度较高。

古注的糟粕又是些什么？这主要表现在思想意识方面。古人思想意识究竟哪些是精华？哪些是糟粕？这需要用历史唯物主义观点来加以鉴别。前人作注，往往借题发挥，宣扬自己的思想，对此我们必须正确对待。首先应该分清注文反映出来的思想是不是正文原有的思想。语言是没有阶级性的，文章却有明显的思想倾向。如果注文忠于原文，传达出来的思想是原文的思想，是纯客观的注释，那么，注文就算是好的，应当肯定，即使原文的思想是错误或荒谬的。如果不是原文的思想，而是借题发挥，我们就要以批判的态度，扬弃其中歪曲文意、宣传落后思想的部分。

事实上，注文不可能是纯客观的，总要流露出注者的爱憎，表现出注者的思想愿望和观点。汉代朴学，以《毛传》为代表，后人认为它最醇正，其实它也多处为古贤者掩饰。后来，许慎著《说文》，郑玄注群经都有这种倾向。魏晋以后，谈玄之风盛行，其注释也就掺入了不少清谈的东西。唐人疏不破注，笃守古注，稍为客观些。到了宋代，又有不少人把训诂当做宣传理学的工具。

注文需要我们加以扬弃的不醇正的部分，大致有以下几个方面：

1. 掩盖统治者的恶行

《诗·豳风·七月》："女心伤悲，殆及公子同归。"《毛传》："伤悲，感事苦也。春女悲，秋士悲，感其物化也。殆，始；及，与也。豳公子躬率其民，同时出，同时归也。"

洪诚说："《七月篇》是西周初年人追述周先公居豳时的农事诗，反映了农奴在奴隶制之下遭受残酷的压迫剥削，生活贫困和人身不自由的痛苦。虽然经过周初统治阶级的修改润色，作为陈述周家先代发展农业的诗篇，但诗意的真相还依然可见。这两句正是描写农家女惟恐被奴隶主掠夺的悲伤心情。《毛传》按照统治阶级的思想，把这首诗当做统治阶级的颂辞，把豳公子说成参加劳动的人，这就美化了掠夺农女的豳公子。《七月》传训诂多，传义少，仅此一条，就出现了思想糟粕。'殆'本是疑虑之词，《传》既美化豳公子，就不能把殆字解释为疑虑语气，所以转训为始，这分明是曲解词义。"①

同篇，"同我妇子，馌彼南亩，田畯至喜。"本来是田官看到农民在田头用餐，辛苦地为奴隶主劳动，感到高兴，郑玄却曲解为农奴非常欢迎田大夫。《笺》说："喜，读为饎，酒食也。耕者之妇子俱以饷来，至于南亩之中，其见田大夫，又为设酒食焉，言劝其事又爱其吏也。"王力主编的《古代汉语》注释为："农官来到田间，（看到大家都在劳动，）心中欢喜。"恢复了原意。

2. 为尊者讳，为贤者讳

历代儒家为他们心目中的圣贤尧、舜、禹、汤、周公、孔子讳饰的例子也是很多的。这种掩饰反映到训诂中来，也必然会曲解词义。如"子见南子"，是孔子一生中最大的丑事。当时随从弟子就很不满，于是孔子不得不向子路发誓："我假若不对的话，天厌弃我吧！天厌弃我吧！"《论语·雍也篇》是这样说的："子见南子，子路不悦。夫子矢之曰：'予所否者，天厌之，天厌之！'"

---

① 洪诚：《训诂学》，江苏古籍出版社1984年版，第177页。

儒者不愿意孔子的形象受损害，于是想尽办法来掩饰。下面是刘宝楠《论语正义》引录的各家的解释：

> 《皇疏》引缪播曰："否，不也。此言子若不用，是天将厌塞此道。"栾肇曰："天厌之者，言我之否屈，乃天所厌也。"王弼曰："否泰有命，我之所屈，不用于世者，乃天命厌之，言非人事所能免也。"蔡谟曰："矢，陈也。夫子为子路矢陈天命，非誓也。"李充曰："夫道消运否，则圣人亦否，故曰：'予所否者，天厌之！天厌之！'厌亦否也，言圣人与天命同其否泰耳。"

以上各家解释，不可通者三：一是割断了文脉。子见南子，子路不悦，孔子接着向他发誓，语气很连贯。如果接上孔子陈说"天不用我"的道理，就与前面毫无联系了。二是曲解词义。以"矢"为"誓"，经典习用。如《诗·鄘风·柏舟》"之死矢靡它"，《卫风·考槃》"永矢弗谖"等。而训矢为陈，则多为陈师、陈物、陈谋。如《诗·大雅·大明》"矢于牧野"，《逸周书·世俘》"武王乃翼矢珪"，《左传·隐公五年》"公矢鱼于棠"，《尚书·大禹谟》"皋陶矢厥谋"等。后面要带宾语或补语。这里的"夫子矢之"以"矢"为"陈述"，实是曲解。三是改变了句子结构。"予所否者，天厌之"，是假设复句。以"所"作假设复句连词，古书习见。栾肇改为判断句："我之否屈，乃天所厌也。"自然也是曲解。

杨伯峻《论语译注》也谈到某些人回护孔子的情况。《泰伯篇》："子曰民可使由之，不可使知之。"译注说："这两句与'民可以乐成，不可以虑始，(《史记·滑稽列传补》所载）意思大致相同，不必深求。后来有些人觉得这种说法不很妥当，于是别生解释，意在为孔子这位圣人回护，虽然煞费苦心，反失孔子本意。如刘宝楠《论语正义》以为上章是夫子教弟子之法，此民字亦指弟子。不知上章'兴于诗'三句与此章旨意各别，自古以来亦曾未有以'民'代'弟子'者。宦懋庸《论语稽》则云：'对于民'其可者使其自由之，而所不可者亦使知之。或曰，舆论所可者，则使共由之，其不可者亦使共知之。则原文当读为'民可，使由之；不可，使知之。'恐怕古人无此语法。"

3. 借题发挥，空洞说教

陈澧《东塾读书记》曾指出魏晋人在注释中谈玄的不良风气。他说："何注始有玄虚之语。如'子曰：志于道'，注云：'道不可体，故志之而已。''回也其庶乎，屡空'，注云：'一曰空犹虚中也。'自是以后，玄谈竞起。'六十而耳顺'，孙绰云：'耳顺者，废听之理也。朗然自玄悟，不复役而后为。''子畏于匡'，孙绰云：'兵事险阻，常情所畏，圣人无心，故以物畏为畏也。''久矣，我不复梦见周公!'李充云：'圣人无想，何梦之有，盖伤周德之日衰，故寄慨于不梦。''吾不试，故艺'，缪协云：'兼爱以忘仁，游艺以去艺。''颜渊死，子哭之恸'，缪协云：'圣人体无哀乐，而能以哀乐为体，不失过也。'郭象云：'人哭亦哭，人恸亦恸，盖无情者与物化也。''修己以安百姓'，郭象云：'以不治治之，乃得其极。''君子道者三，我无能焉。'江熙云：'圣人体是极于冲虚，是以忘其神武，遗其灵智。'其尤甚者，'回也其庶乎，屡空'，顾欢云：'夫无欲于无欲者，圣人之常也。有欲于无欲者，圣人之分也。二欲同无，故全空以目圣；一有一无，故每虚以称贤。'太史叔明申之云：'按其遗仁义，忘礼乐，隳支体，黜聪明，坐忘大道，此忘有之义也。忘有顿尽，非空而何？若以圣人验之，圣人忘忘，大贤不能忘忘。不能忘忘，心复为未尽。一未一空，故屡名生也焉。'"①

宋人在注释中宣传理学的情况也很突出，朱熹的《四书集注》就是如此，这里抄录《大学章句》开头一段，以见一斑：

〔大学之道，在明明德，在亲民，在止于至善。〕程子曰："亲当作新。"大学者，大人之学也。明，明之也。明德者，人之所得乎天，而虚灵不昧，以具众理而应万事者也。但为气禀所拘，人欲所蔽，则有时而昏，然其本体之明，则有未尝息者。故学者当因其所发而遂明之，以复其初也。新者，革其旧之谓也。言既自明其明德，又当推以及人，使之亦有以去其旧染之污也。止者，必至于是而不迁之意。至善，则事理当然之极也。言明明德，新民皆当止于至善之地而不迁，盖必其有以尽夫天理之极，而无一毫人欲之私也。此三者，大学之纲领也。

4. 受学术观点的影响

注书人的学术观点往往对他的注解产生影响。比如汉代古文家不相信谶纬之学，具有朴素的唯物主义观点，而今文家则相信谶纬，相信天人感应之说，属于宗教唯心主义学派。这两派的学术观点在注解中必然要体现出来。[清] 皮锡瑞在《经学通论》中论《生民》、《玄鸟》、《长发》、《閟宫》四诗当从三家不当从毛，说："《毛诗》与《左传》相表里，故左氏说圣人皆

① 见《东塾读书记》卷二。

有父。《毛诗》亦以为有父。《毛传》云：‘后稷之母配高辛氏帝。履帝武敏。帝，高辛氏之帝也。’此毛以为有父不感天之义。郑笺云：‘姜嫄当尧之时，为高辛氏之世妃。履帝武敏，帝，上帝也。’此郑以为有父又感天之义。”《经学通论》又引《閟宫》：“赫赫姜嫄，其德不回，上帝是依，无灾无害，弥月不迟，是生后稷。”指出毛氏因不信谶纬，仍注云：“上帝是依，依其子孙。”郑则云：“依，依其身也……赫赫乎显著姜嫄也。其德贞正不回邪，天用是冯依而降精气。”皮锡瑞认为《毛传》改易诗意，是不对的。他说：“据诗而论，无论事之有无，而诗人所言明以为有，如必断为理之所无，则当起周鲁与宋作诗之人，责以诬祖之罪，不当谓三家说诗为误，责以诬古之罪也。”皮氏的说法是对的。毛氏有朴素唯物主义观点是可贵的，但诗人既把古代神话传说写进了诗，就不要曲解它以迁就己意，一定要保留诗文的原貌。王力在《训诂学上的一些问题》一文中说：“当我们读古书的时候，所应该注意的不是古人应该说什么，而是古人实际说了什么。如果先主观地肯定了古人应该说什么，就会想尽各种方法，把语言了解为表达那种思想，就有牵强附会的危险。”

注疏中的糟粕并不只这四种，这里不过是就其显著的举些例子罢了。

（三）读注与读正文联系起来，相互对照

前面我们曾经指出，读注以前要熟读正文，现在再补充一句：读注的过程中，仍然要反复地阅读正文，并且把注文和正文联系起来，互相参照。具体要做好五件事：

1. 分清注文中哪些是释词语的，哪些是串讲章句或考史实的

这看起来很简单，但要做到并不容易。宋代文学家苏洵就因为没有做到这一点，闹出一场大笑话。《孟子·公孙丑上》：“宰我、子贡、有若，智足以知圣人，污，不至于阿其所好。”赵歧注云：“三人之智足以识圣人。污，下也。言三人虽小污不平，亦不至于阿其所好，以非其事而阿私所爱而空誉之。”这段注大部分是讲句意的，只有“污，下也”是解词语的。由于它插在当中，不留心分析，就容易把它看做讲句意的一部分，读为“三人之智足以识圣人污下也”。苏洵就是这样读的，并写了一篇文章，叫《三子知圣人汙论》。他说：“三子之智，不足以及圣人高深幽绝之境，徒知其下焉耳。”①

又如《吕氏春秋·季冬纪·士节篇》：“士之为人，当理不避其难。临

① 见《容斋随笔》卷五。

患忘利，遗生行义，视死如归。”高诱注：“理，义也。杀身成义，何难之避也。道而用之，惟义所在，不必生也，故曰遗生也。视死如归，易也。”不对照正文，分清注文是怎样注释正文的，里面的“道而用之”和“易也”就不好懂。对照正文，我们知道，“道而用之，惟义所在，不必生也”是解释“临患忘利，遗生行义”的，“道而用之”是对“临患忘利”作推论：既然为了义可以“临患忘利”，那么，用“利”就必须符合“道”。注文“用之”的“之”，指代正文“忘利”的“利”。“易也”则是串讲正文“视死如归”的，就是说，为了义，把死看得很容易。

还有一种训诂，形式上好像是解释正文，其实与正文无多大关系，只起到广异闻的作用。如《诗·大雅·生民》：“实发实秀”，传：“不荣而实曰秀。”这句传文不是解释正文的，因为“实发实秀”形容后稷种的百谷长势良好，而黍稷皆先荣后实。《出车》：“黍稷方华”，就是证明。“不荣而实曰秀”是《尔雅》文，所以《孔疏》说：“此传因彼成文而引之耳。”

2. 看注文对正文语法结构的理解

前人训诂中很少单独讲语法，大多把语法分析寓于串讲中，如果我们从注文中细心体会它对正文语法结构的理解，也可以帮助我们更好地掌握正文文意。如《诗·小雅·四月》：“四月维夏，六月徂暑”，《毛传》：“徂，往也。六月火星中，暑盛而往矣。”郑笺：“徂犹始也。四月立夏矣，至六月乃始盛暑。”毛、郑两人对正文的解释各不相同，关键在于对“徂暑”结构的理解，毛理解为“暑徂”，以暑为主语；郑理解为“始暑”，以暑为动词。所以一个说是“暑盛而往”，一个说是“乃始盛暑。”可见对正文语法结构理解不同，诠释也就不一样。

有些注文与正文对照好像只增加或改变一两个虚词，但就是这一两个词的改易，使正文语法关系大明。如《诗·鄘风·鹑之奔奔》：“鹑之奔奔，鹊之彊彊。”《毛传》：“鹑则奔奔，鹊则彊彊然。”《毛传》只把“之”改为“则”，句末加个“然”字，就使这两句的句式和“奔奔”、“彊彊”的词性大明。用“则”代“之”，表示这是两个并列的主谓句，而不是两个偏正词组。句末加“然”字，表示“奔奔”、“彊彊”是两个形容词，而不是动词。《史记》三家注也经常用加虚词的办法来表明正文的语法结构。如《曹相国世家》：“击赵贲军尸北，破之。”张守节正义：“破贲军于尸乡之北也。”《仲尼弟子列传》：“冠雄鸡，佩猳豚”，裴骃《集解》：“冠以雄鸡，佩以猳豚。”两注都是加一两个虚词就把正文语法关系显现出来了。

3. 辨明注文的释义方法及其所用的术语

在第四章中，我们谈到了释义方法和常用术语的一般情况，而在一书的具体注文里，注者采用什么方法和术语来解释词语，则又因人而异，要了解注文的内容，不掌握这些特点，将难以索解。如《毛传》历来以精辟简奥见称，原因之一是它有些用语比较特殊。陈澧曾经谈到自己的体会，说："《载芟篇》：'载获济济。'《毛传》云：'济济，难也。'乍读之，不可解。读郑笺云：'难者，穗众难进也'，而后明其意，谓禾穗粗大稠密，获者难入于其中。"① 这里，郑着重点明《毛传》不是训"济济"为"难"，是说"因济济而难进"。被释词是原因，解释词是结果，这就是一种特殊的释义方法。这实际上是串讲，可作"谓其难也"理解。有人专门对《毛传》条例作过归纳，② 大致有：

（1）传文非释经字，而是与经字连读，以释经意，即孔颖达所说"长读为义"。如《大雅·大明》："会朝清明。"《传》："会甲也"，孙毓把它理解为："会，甲也。"并从而讥毛："经传无此注释，《毛传》误。"他不知道《传》是"会甲"连读。《郑笺》释为"会甲兵"，《孔疏》以会值甲子之朝申之，都是连读为义。

（2）传文非释经字，只释经字隐含之义。如《大雅·生民》："克禋克祀。"《传》："禋，敬也。"禋，祭名。《传》非训禋本义，只想说行禋祀者乃敬重之举。

（3）传文非释经字，只说明经字所状事物的原因、由来。如《小雅·斯干》"椓之橐橐"，《传》："橐橐，用力也。""橐橐"原是椓木之声，《传》谓"用力也"只是想指出因用力而发出声响。

（4）传文只释经字得义之由来，即探语源。这一释义方法下面还要谈及，这里不多述。

（5）传文出经文两字，只释其中一字。如《小雅·采薇》"鱼服，鱼皮也"，只释"鱼"字。《巷伯》"贝锦，锦文也"，只释"锦"字。《豳风·七月》："眉寿，豪眉也。"《小雅·南山有台》："眉寿，秀眉也。"两传只释"眉"字。

释义的方法中又有一种推原法，即推求语源的方法，在训诂术语比较完善的时代，一般采用"某之言某也"或"某之为言某也"这样的句式，而在这以前，常常只用"某，某也"来表述，这就很容易使人误以为是互训。如《诗·小雅·巧言》："君子信盗。"《毛传》："盗，逃也。"《孔疏》懂得这是"毛解名曰盗意"，而陈奂却认为《传》训"盗"为"逃"，谓"盗"

① 见《东塾读书记》卷六。
② 见罗邦柱：《毛传释义条例补述》，载《武汉大学学报(社科版)》1984年第3期。

即“逃”之假借字，“君子信盗”成了“君子信逃”，不成文理。又如《大雅·崧高》：“吉甫作诵，以赠申伯。”《传》：“赠，增也。”这也是说明语源，而崔灵恩《集注》却认为是互训，径以“增”代“赠”，说吉甫作颂，以“增益申伯之美”，这就改变了正文原意。

在采用“某，某也”这一术语时，有的注文常常把“也”字省略，这也容易使人误解。《容斋随笔》卷五说：“大抵汉人释经字，或省去语助，如郑氏笺《毛诗》‘奄观铚艾’云：‘奄，久；观，多也。’盖以‘久’训‘奄’，以‘多’训‘观’。近者黄启宗有《补礼部韵略》，于‘淹’字下添‘奄’字，注云：‘久观也。’亦是误以笺中五字为一句。”我们必须避免黄启宗的错误。

4. 分析正文句子结构，以定讹误、决疑难

注文和正文相吻合，这是旧注的大多数情况。但也有不吻合的时候。一是注文改变了正文的句子结构，从而注错了的；一是注文虽然符合正文，但因辗转传抄，正文有错简或脱误，注文却保持正文原貌。不管是哪种情况，我们读注时都要把正文和注文对照起来看，细心体察，然后判断哪方面有讹误。

先看注错了的。《诗·小雅·车舝》：“虽无德与女，式歌且舞。”《郑笺》：“虽无其德，我与女用是歌舞相乐，喜之至也。”黄焯细看正文句读，发现郑玄注错了。他说：“《笺》以‘虽无德’为句，下六字为句。窃谓古人行文，其文法之句读与音节之句读或有不相应者，然非可以论此诗。盖‘虽无德与女’句与首章‘虽无好友’句意互相足，谓虽无好德以与女为友尔，‘与女’二字非宜下属也。”①

又《诗·卫风·芄兰》：“容兮遂兮，垂带悸兮。”《毛传》：“容仪可观，佩玉遂遂然、垂其绅带悸悸然有节度。”根据《传》文，这句诗的文意句读就应该是：“容兮，遂兮垂带悸兮。”容兮是主语，遂兮、垂带悸兮是并列谓语。《郑笺》：“容，容刀也。遂，瑞也。言惠公佩容刀与瑞及垂带三尺，则悸悸然行止有节度，然其德不称服。”根据《笺》文，这句诗的“容”、“遂”、“带”是并列成分，一起作“悸兮”的主语。究竟哪一种句读对，黄焯评论说：“焯谨按：《传》意以‘容兮’总括两句，佩玉遂遂然、垂带悸悸然，皆仪容可观者。《笺》以容为容刀，义殊未允。先从父季刚先生云，古人之文，词调虽相同而词性不必同。不解此义，则有改古文以为后世之骈俪之患。‘绿兮衣兮’，第一兮字乃足句词，‘琐兮尾兮’，第一兮字

① 见《毛诗郑笺平议》七。

亦足句词。‘容兮遂兮’，‘容’为名词，‘遂’为形容词，应谓‘其容遂兮’。康成不悟，乃强为解。”① 我们认为黄氏的评论是很精当的，这句诗的句读当从《毛传》，《郑笺》是注错了的。

《经义述闻》卷六“既伏其辜”条也是通过分析正文的句子结构，证实《孔疏》误解《诗》意。原文如下：

> 《雨无正篇》：“舍彼有罪，既伏其辜。”《正义》曰：“王反舍彼有罪既伏其辜者而不戮。”引之谨按，如《正义》则是以“舍彼有罪既伏其辜”八字为一句矣。此篇前二章十句，若作一句读，则少一句，与章句不合。且上下皆四字为句，不应其间又八字为句也。今案，伏者藏也，隐也。凡戮有罪者，当声其罪而诛之。今王之舍彼有罪也，则既隐藏其罪而不之发矣！盖惟其欲舍有罪之人，是以匿其罪状耳！解者误以伏其辜为服罪，则与舍字相抵牾，于是改句读以牵就之，疏矣！

正文、注文参互对照，也可以解决正文文字上的讹脱。我们校勘古籍的时候，这一点更要特别注意。下面引述王引之《经义述闻》两则：

> 《尚书》：“舍我穑事而割正夏。”引之谨案：“我后不恤我众，舍我穑事而割正夏。”《传》曰：“我后，桀也。正，政也。言夺民农功而为割剥之政。”据《传》所释，经文“正”下似无夏字。下文“率割夏邑”，《传》曰：“相率割剥夏之邑居。”下文言“夏”，此不言“夏”，尤属显然。《史记·殷本纪》“舍我啬事而割政”是其证矣！《正义》曰：“舍废我稼穑之事，夺我农功之业，而为割剥之政于夏邑”，则唐初本已有夏字，此即涉下文“率割夏邑”而误衍耳。②
>
> 《礼记》：“诸父守贵宫贵室”，郑注曰：“谓守路寝”。《释文》作“诸父守贵室”，曰“本或作‘守贵宫贵室’”。《正义》曰：“指其院宇谓之宫，指其所居之处谓之室。此贵宫贵室总据路寝。”皇氏云：“或俗本无‘贵宫’者，定本有‘贵宫’。”引之谨案：无“贵宫”者是也。下文“诸子诸孙守下宫下室”，注曰：“下宫，亲庙也。下室，燕寝也。或言宫，或言庙，通异语。”是宫谓庙，室谓寝，意义各殊。如“贵室”上有“贵宫”二字，则郑必分别释之，当言贵宫为何庙，

---

① 见《毛诗郑笺平议》二。

② 见《经义述闻》卷三。

及或言宫或言庙之通异语，并当注于此节矣。乃注但曰“谓守路寝”，路寝二字专指贵室言之，犹下注“燕寝”二字专指下室也，而无一语及“贵宫”，言“宫”言“庙”之注又不系于此节，至下节之“下宫”始加训释，然则此节经文无“贵宫”二字矣。①

对照正文，详审注释，有时还可以解决正文的一些疑难问题。例如《尚书·西伯戡黎》中有这么几句：“祖伊反曰：‘呜呼！乃多罪，参在上，乃能责命于天？’”这段文字很难懂。伪孔传解释说：“反报纣也。言汝罪恶众多，参列于上天。天诛罚汝，汝能责命于天，拒天诛乎？”段玉裁不满意这种解说，他根据宋人郭忠恕的《汗简》和夏竦的《古文四声韵》所引《尚书》，“参”字皆作絫，以为参是絫字之误，絫即累的异体，是积累的意思。“乃罪多，絫在上”，就是你的罪恶众多，积累如山，腥闻在上。（说详其所著《古文尚书撰异》）最近，周秉钧又指出《玉篇》所引《尚书》絫作厸，《鸣沙石室遗书》亦然，为段说补充两个重要证据。但是他对段说并不完全同意。他说：累作累积，义虽可通，但仍非祖伊原意。因为纣罪行积累众多，天必罚之。事既无望，祖伊还谏什么？他对照正文，详审注释，以为累当作儽。《说文·人部》：“儽，垂貌，一曰懒懈。”儽在上谓懒惰懈怠在上，即上文“惟王淫戏用自绝”②。其说很有见地。真可谓“前修未密，后出转精”了。

5. 根据注文的音读，分析正文词义

汉字是汉语的书写符号。古汉语常常是一个字代表一个单音节的词。由于词义的发展，旧词派生出新词，有的是音不变而字变，有的则是音变而字不变，用不同的读音代表新词。这就造成了同字多音多义的情况。这就要求我们读注时一定要注意注文标注的音读，音读不同，字义也就各别。对于正文中同形而音义各别的词，注文有的只解其义；有的既注音，又释义；还有不少只注音，不释义，表面上是注音，实际也是为了释义。因此，要求我们读注时一定要根据音随义转的原则注意它标注的音读，以音读辨别字义。

同字多音，往往是由于词性不同而引起的。这一语言现象，先秦就已存在。《公羊传·庄公二十八年》：“春秋伐者为客。”何休注：“伐人者为客，读伐长言之，齐人语也。”又“伐者为主”，注：“见伐者为主，读伐短言之，齐人语也。”“伐”的长言和短言两读，表明这个词一为主动，一为被

① 见《经义述闻》卷十五。

② 见周秉钧《〈西伯戡黎〉旧注质疑》，训诂学研究会第一次年会论文。

动。又如《诗·小雅·大田》："有渰凄凄，兴雨祁祁，雨我公田，遂及我私。"《释文》："兴雨，如字。雨我，于付反。"如字的"雨"是名词，于付反的"雨"是动词。又如《史记·项羽本纪》："广陵人召平于是为陈王徇广陵，未能下。"张守节正义："下，胡嫁反，以兵威服之曰下。""下"字人人认得，何必注音，这是因为这个"下"字通常用作形容词，读为胡雅切，而在此文中，则读为胡嫁切，是攻下的意思，它是个动词，音义和词性都是不同的。

上面所举的一字两音，虽然词性或词义有差异，但仍可认为是一词多义。有的字一字两音，则是不同的词。如《诗·邶风·静女》："彤管有炜，说怿女美。"《释文》："'说'本又作'悦'，毛、王上音悦，下音亦。郑'说'音始锐反，'怿'作'释'，始亦反。""说怿"的两种音读，反映了毛、郑诠释迥异。毛以为是"悦怿"，喜欢；郑以为是"说释"，意为陈述。又如《史记·陈涉世家》"適戍"的"適"，《索隐》音直革反，并云："適戍者，屯兵而守也。"《孔子世家》中的"適"没有这个读音，《论语》"適齐"、"適卫"，也没有这个音，可见这里是读"適"为"谪"，表示"责令前往"的意思。

认真看注文标音还有助于校勘正文的讹误。《左传·僖公十五年》"且晋人慼忧以重我"，王引之《经义述闻·卷十七》说："重字义不可通，疑当作'动'，晋大夫反首拔舍以感动我也。杜注不释重字，《释文》重字无音，至下句'重其怒也'始云，'重其，直用反'，则此句作'动'不作'重'可知。动字易晓，故杜不加训释。若是'重'字，则文义难解，不得无注矣。'动'惟徒孔一音，人所共知，故不须作音，若是重字，则有直龙、直陇、直用三切之异，不得无音矣。《左传》动字《释文》皆不作音，以是知其为'动'也。唐石经始误为'重'"。

（四）对不同的注释要择善而从

我国有丰富的训诂资料，大凡比较重要的典籍，历代都有人作传注笺疏。他们各陈己见，以求得对正文的正确解释。这样就存在正误杂陈的情况，有的对，有的不对，有的在这个问题上对，有的在那个问题上对。为此，我们读注时一定要持客观态度，以训释的是非为惟一标准，择善而从，不能凭主观爱好。

孔颖达作《毛诗正义》，对待古注，特别是《传》和《笺》，总是细心比较他们的优劣。《四库全书总目提要》说："《笺》与《传》义亦时有异同，〔魏〕王肃作《毛诗注》、《毛诗义驳》、《毛诗奏事》、《毛诗问难》诸书以申毛难郑，欧阳修引其释《卫风·击鼓》五章，谓郑不如王。王基又作《毛诗驳》，以申郑难王，王应麟引其驳《芣苢》一条，谓王不及郑，〔晋〕孙毓作《毛诗异同评》复申王说，陈统作《难孙氏毛诗评》，又明郑义。袒分左右，垂数百年。至〔唐〕贞观十六年孔颖达等因《郑笺》为正义，乃论归一定，无复歧途……其书以刘焯《毛诗义疏》、刘炫《毛诗述义》为稿本，故能融贯群言，包罗古义，终唐之世，人无异词。”这充分说明孔颖达对旧注的审慎态度。

自然孔颖达有牵合毛、郑异同之处，但仍然细心品评其优劣。如《诗·小雅·节南山》“天子是毗”，《毛传》：“毗，厚也。”《郑笺》：“毗，辅也。”《孔疏》：《毛传》“以毗为毗益，故为厚，亦由弼辅使之厚，义与郑同。但言辅天子于辞为便，故易之”。又如《诗·小雅·六月》“王于出征”，毛无传，《笺》训“于”为“曰”，意为王不亲征，是吉甫出征，“王曰出征”是吉甫述王之辞。孔颖达觉得郑说欠妥，故引《毛传》训例申毛说而微纠郑。《疏》云：“毛氏于诗言‘于’者，多为‘於’为‘往’，所以为王自征耳。”又如《诗·小雅·渐渐之石》：“武人东征，不皇朝矣。”《郑笺》：“皇，王也。将帅受王命东行而征伐，役人罢病必不能正荆舒使之朝于王。”《孔疏》：“王肃云，武人，王之武臣征役者，言皆劳病东行，征伐东国，以困病不暇修礼而相朝。此自王肃之说，毛意无以见其为然，正以诗中诸言‘不皇’，多为‘不暇’，故存其说代毛耳。凡诸侯邦交有相朝之法，此将帅当是王之公卿,不得有相朝之礼。且受命出征,务服前敌,无暇相朝,自其常事,不当以此为怨,而列于咏歌,王氏之义不为长矣。”

清人注诗，能杂取众说不为门户所宥的，马瑞辰《毛诗传笺通释》要算最好的一种。《召南·羔羊》“退食自公”，《毛传》：“公，公门也”；《郑笺》：“退食谓减膳也。”朱子《集传》：“退食，退朝而食于家也。”马瑞辰按：“宝应刘履恂据春秋襄公二十八年《左传》‘公膳日双鸡’，杜注：‘卿大夫之膳食’，释为公家供卿大夫之常膳，以退食自公谓自公食而退，较《集传》以退食为退而食于家为善。古者卿大夫有二朝，《鲁语》所云‘合官职于外朝，合家事于内朝’也。其在公各有治事之朝，勤于治事，不遑家食，则有公膳可食，《诗》言‘退食自公’，正著其尽心奉公。《缁衣》诗‘还而授餐’，欲其还食于家，所以见君之优贤。此诗‘退食自公’有不遑家食之意，所以明臣之急公也。至《笺》以退食为减膳，则孙毓已驳之矣！”①

① 见《毛诗传笺通释》卷三。

陈澧认为何晏的《论语集解》亦勤于采择众说的精华。他举例说："'晋文公谲而不正，齐桓公正而不谲'，《集解》上句采郑注，下句采马注。'君子怀德'，孔曰：'怀，安也。''小人怀土'，孔曰：'重迁。''君子怀刑'，孔曰：'安于法。''小人怀惠'，包曰：'惠，恩惠。'三句采孔注，一句采包注。'克己复礼为仁'，马曰：'克己，约身'；孔曰：'复，反也，身能反礼则为仁矣。'六字而采二家之注。'古之狂也肆'，包曰：'肆，极意敢言。''今之狂也荡'，孔曰：'荡，无所据。''古之矜也廉'，马曰：'有廉隅。''肆'、'荡'、'廉'三字而采三家之注，观此则知何平叔之简择翦裁殊费心力也。"①

现代很多训诂学者在为某一古书作注的时候，往往集中了大量所能集中到的本子，参考所有旧注，择善而从。如杨伯峻作《春秋左传注》，光引书就达三百四十多种，而所查找和参考的书，则数倍于此。这虽然是说作注，但我们读注也要采取这种审慎的态度。

（五）不可误解注文，不可误信注文

读懂注文，这是读注的基本要求。但并不是所有的人都能做到这点，误解注文的情况还是会经常出现。如《诗·卫风·氓》："抱布贸丝。"《毛传》："布，币也。"这个"币"是布帛呢，还是货币呢？就不易把握。有人认为是货币，也有人认为是布帛，两者必有一误。我们认为以布帛释币是正确的。《孔疏》就明确指出："此布币谓绵麻布帛之布"。币者布帛之名，故《鹿鸣序》云"实币帛筐篚是也。""布"虽然也有货币的意思，但不是以布匹作货币，而是取其流行布散之意，《孔疏》引《外府》注云："布，泉也。其藏曰泉，其行曰布，取名于水泉，其流行无不遍。"《毛传》正是嫌人误解为"货币"，特标明是"币帛"之"币"。

为了不致误解注文，读注时就必须参照正文或其他注释，互相推求，看语意通不通，恰当不恰当。如《论语·里仁》"苟志于仁矣，无恶也。"何晏注："孔曰，苟，诚也。"有人认为注文"诚"是"专诚致力"的意思，那是误解。因为"苟"字有"苟且"、"姑且"、"如果"等义，却没有"专诚致力"的意思。要正确理解注文"诚"字，不能专看注文，还要把注文和正文联系起来考虑。

又《诗·周南·葛覃》"施于中谷"，《毛传》："施，移。"这个"移"《传》是用"延移"义呢，还是用别的古义？陈澧据《说文》："施，旗

① 见《东塾读书记》卷二。

貌”，“旖，旗旖施也”，‘移，禾相倚移也”，认为“此经‘施’字乃‘旖施’之‘施’，《传》‘移’字乃“倚移’之‘移’，皆柔曲旖旎之貌。”①陈澧把正文、注文、《说文》三者联系起来看，方法是可取的，他的解释也可备一说。

又《诗·小雅·宾之初筵》“百礼既至，有壬有林”，《毛传》：“壬，大；林，君。”黄焯说：“王引之曰，‘君’当读‘群’，《尔雅》‘林’、‘烝’并训为‘君’，又训为‘众’，其义一也。‘君’即‘群’也。今按《毛诗》训‘林’为‘君’，盖本从《尔雅》读‘君’为‘群’，若训为人君，如云‘有壬有君’，则不辞矣。《笺》训壬为卿大夫，以与‘林’对，殆误读为‘人君’耳。”②

至于误信注文的人，也是很早就有的。远在汉代，经学家就笃守家法。“专门授受，递相师承，非惟训诂相传，莫敢同异；即篇章字句，亦恪守所闻。”③ 这已经达到了迷信师说的程度，岂止是误信他的注文而已。这种学风一直沿袭下来。与此同时，还流行着一种崇古的风气，学习传注，也是越古越好。前面提到我们尽一切可能利用旧注成果，但不能墨守旧注，如前所举的最古的传注训诂，包括《尔雅》、《毛传》等，它们都不是完美无缺的，都有许多讹误。这是由于它们的作者都或多或少地有各种各样的历史局限性。当然，我们并不抹杀它们在语言学史中灿烂夺目的光彩，但也不应该掩盖它们的瑕疵。而且我们还必须看到，晚近以来，训诂学起了重大的变化。由于学者对历史资料有了新的理解，对古代社会性质有了新的认识，古籍中很多词语得到新的解释。而这些新解又给古史研究提供了新的资料。例如郭沫若先生对《诗·豳风·七月》的新看法④，于省吾先生对《夏小正》“绥多士女”的新解释⑤，都是以马克思主义作指导，在历史学、考古学新的成就的基础上，形成的新结论。这一类解释，绝非前人所能有。

第二节　作　　注

自从中央号召抓紧进行古籍整理以来，为古书作注已经成为当前一项重

① 见《东塾读书记》卷六。

② 见《毛诗郑笺平议》七。

③ 见《四库全书总目提要》卷一《经部总叙》。

④ 郭沫若：《中国古代社会研究》，人民出版社 1954 年版，第 97 页。

⑤ 于省吾：《夏小正五事质疑》，载《文史》1965 年第四辑。

要和迫切的任务。直到今天，我国汗牛充栋、古奥难懂的古籍还有很多没有注解，我们应该义不容辞地补作；一部分虽有注解，但注文也像原文一样难以理解，需要为其作义疏；有的虽不很难理解，却注得不好，需要重作新注；为了通俗易懂，有的注了以后，还要译成口语；或者旧有各家注释，需要汇编为集解，以便阅览；或者传刻已久，舛误较多，需要加以校订。所有这些工作，都要很多人去做。可是现在能做这些工作的专家却很少，而且多半年事已高，不能担任繁重的事务，所以必须尽快地培养一大批中青年人，来接这些老专家的班，完成作注的工作，这也是当前一项重要和迫切的任务。

至于怎样培养中青年从事作注工作，这里无暇讨论，只就作注这件事本身谈一些看法。

（一）批判地继承前人传注的优良传统

前人留给我们优良的传注传统和丰富的训诂资料，可以作为我们今天作注的主要借鉴。我们应该充分地重视，认真地学习。但是，如前所述，旧注也有很多不科学、不准确的地方，需要我们仔细地分析，批判地汲取，不能笼统照搬。古代优秀的训诂学家也是这样对待旧注的。如郑玄笺《诗》时就说："注诗宗毛为主，其义若隐略，则更表明。如有不同，即下己意。"①再如王念孙既反对"望文虚造而违古义"，又反对"墨守成训而尟会通"②。王引之认为："说经者期于得经意而已，前人传注不皆合于经，则择其合经者从之，其皆不合，则以己意逆经意而参之他经，证以成训。虽别为之说，亦无不可。"③ 阮元也是这样。他主张："古注之善者采之，浅者误者弃之，其有新义，即下己意。"④ 他们四人对待古注的态度，我们认为是正确的。

对于今人所作的注释，我们也要择善而从。其中优秀的新注，我们要充分地予以肯定。从前杜甫说他"不薄今人爱古人"，我们则是"不薄古人爱今人"。

在利用旧注时，还有一点必须注意，就是没有充分的论据，不要轻易否定旧注，宁可暂且沿用。因为旧注离原文写作年代毕竟近些，作注时可能有所承受，只是后来语言发展，古籍淹没，使我们不易理解。王力指出：汉儒

---

① 郑玄：《六艺论》。
② 见王念孙《广雅疏证·自序》。
③ 王引之：《经义述闻·自序》。
④ 见《研经室集》卷五。

读先秦古籍，就时间的距离说，略等于我们读宋代的古文。我们现代的人读宋文容易懂呢，还是千年后的人读宋文容易懂呢？大家都会肯定是前者。”①

（二）认真准确地辨明词义

准确地辨明每个词语在句子中的具体义，是作注的基础。根据前人的经验，我们认为辨明词义，应注意如下几个方面：

1. 准确地利用古注和辞书的释义

必须懂得，旧辞书提供给我们的义项是概括义，古注提供给我们的则是某词在某一文句中的具体义。这就决定我们不能照搬，而是要认真择取。如“卒”字，旧《辞海》丙项说：“同猝，急也，暴也。”《三国志·张飞传》：“先主闻曹公卒至，弃妻子走。”有的人用了“急”这个义项，将“卒至”解释为“很快地到来”，这是不对的，应该用“暴”这个义项，解释为“突然到来”，这是对的，符合《三国志》原意。又《国语·鲁语上》：“夫仁者讲功。”韦昭注：“讲，论也。”这个“讲”和“论”都是“讲求”、“讨论”的意思，而不是“谈说”，是仁者讲求功，不可能是仁者谈说功，所以下文说“无功而祀非礼也”。但旧《辞海》“讲”字下却引这一书证并缀韦注于“谈说”这一义项下，误以为是“讲话”的意思，显然是错误的。我们注解先秦古籍，遇到“讲”字，应该舍弃旧《辞海》这一义项。

旧注也是这样，一个字随文注释，就会有很多义项。如“彻”字，《说文·支部》“彻”字下段玉裁注：“孟子曰：彻者，彻也。郑注《论语》曰：彻，通也，为天下通法也。按《诗》‘彻彼桑土’，《传》曰：裂也。‘彻我墙屋’，曰：毁也。‘天命不彻’，曰：道也。‘彻我疆土’，曰：治也。各随文解之，而通字可以隐括。”“彻”的本义为通，也是概括义。但到了句子中，又有各种具体义。我们作注时，碰到“彻”字，就要认真选择，看哪一种解释最适合。

2. 利用本书的词例进行对比

经过翻阅工具书和古注资料仍不能辨明词义时，第二步就可从本书内找内证，即掌握本书词例，从词例中对比推求。孔颖达说：“别嫌明疑，以本文为主。”② 皮锡瑞说：“以经证经，尤为颠扑不破。”③

---

① 王力：《训诂学上的一些问题》，载《龙虫并雕斋文集》，中华书局1980年版，第343页。

② 见《诗·小雅·十月之交》疏。

③ 见《经学通论》卷二。

从大的范围说，古代汉语特殊的语法规律就是所有古籍的词例。从小的范围讲，每个时代的古籍，每一本古籍的自身，也有自己的词例，对这些词例分析得越具体，就越能辨明每个词语的具体义。如《论语》用“予”不用“余”，用“是”、“斯”不用“此”。《左传》用“余”不用“予”，用“此”与“是”，不用“斯”。《诗经》没有“吾”字。《尚书》用“惟”，《诗经》用“维”，《论语》用“唯”。以上只是就几个虚词和代词说的。其他实词在不同时代、不同典籍、不同作者也有各自用语的特点。

《诗经》训诂中，很多学者就是通过总结用词通例来证实词义的。如《小雅·节南山》“有实其猗”，《毛传》：“实，满；猗，长”；《郑笺》：“猗，倚也。言南山既能高峻，又以草木平满其旁倚之畎谷，使之齐均也。”王引之引《诗经》用例证明《传》、《笺》解释有误。《经义述闻》卷六“有实其猗”条下说：“《诗》之常例，凡言‘有蕡其实’，‘有莺其羽’、‘有略其耜’，‘有捄其角’，末一字皆实指其物，‘有实其猗’文义亦然也。‘猗’疑当读为‘阿’，古音‘猗’与‘阿’同，故二字通用……‘有实其阿’者，言南山之阿实然广大也。”

现代很多训诂学家也是如此。洪诚说：“注意一个时代或一部书的用词通例，训诂可以避免‘合理’的错误。例如《孟子》：‘吾不忍其觳觫，若无罪而就死地。’朱彬《经传考证》、杨树达《古书句读释例》等书，把‘觳觫若’三字连读，说‘觳觫若’犹言‘觳觫然’。他们没有想到，《孟子》全书词尾只用‘然’字、‘乎’字，不用‘若’字。双音词加‘若’字构成三个音节的副词，在两周文献中是少见的。”①

3. 某一词语利用本书材料得不到确解时，应求他书材料相互比照

语言是社会现象，是社会约定俗成的。同一时代的书面语言，尽管有方言的差异和作者个人用词的习惯，但它的语法结构和普通词语，必然是社会通用的。再说，语言有变化较快的部分，也有变化较慢的部分。时地悬隔的方言和古今语，仍然有其相同的部分。这就使得同一时代的作品，或时代相隔不远的作品，能用来相互比照，本书材料得不到确解的词语，可参照他书解决。如《国语·周语上》：“懋正其德而厚其性，阜其财求而利其器用。”“性”是什么意思？参照《左传·文公七年》：“正德利用厚生，谓之三事。”《荀子·礼论》：“礼有三本，天地者，生之本也……”《大戴礼·礼三本》作“天地者，性之本也”。《战国策·秦策三》“生命寿长”，《史记·蔡泽传》作“性命寿长”，可见《国语》“厚其性”即“厚其生”。

① 洪诚：《训诂学》，江苏古籍出版社 1984 年版，第 106 页。

（三）准确确定具体词义

1. 要注意多义词、近义词中词义的细微差别

一个多义词，那些近引申的义项一般只表示词义的细微差别，随便用其中一个义项去解释句中的词或句子还是说得通的，但我们不能失于笼统，应该做到尽可能的精确。如《左传·成公二年》记载郤克“伤于矢”，自言“余病矣”。这个“病”字，有人解释为“疾病”，有人采赵岐《孟子》“今日病矣”注：“病，罢也。”说因流血过多而疲惫无力。两说文意未尝不通，但是，这里精确的解释应该是“伤”，“病”本身就有“伤”义。先秦典籍里，伤、病、败三字是可以互训的。如《荀子·正名》：“性伤谓之病。”性是生，生理受到损伤就叫病。又《国语·晋语二》：“其母既死，其子又有谤，可不谓枯乎？枯且有伤。”韦昭注：“伤，病也。”伤可叫病，也可叫败。《淮南子·主术训》：“一举而不当，终身伤。”高诱注：“伤，病也，败也。”《谷梁传·成公十六年》：“四肢偏断曰败。”实际也是伤。扬雄《法言》：“立岩墙之下，动而征病，行而召死。”在岩墙之下站着，容易招惹的自然是“伤”和“死”，所以这里的“余病矣”译成“我受伤了”，文意比较直接，不必说因伤而疲惫。

《毛传》释义就非常注意词语在句中的差别。如《郑风·风雨》：“既见君子，云胡不夷”，《毛传》：“夷，悦也。”《召南·草虫》“亦既见止，我心则夷”，《毛传》：“夷，平也。”同一个夷字，一训“悦”，一训“平”，说明《毛传》选择词义最为精确。因为“我心则夷”主语是“心”，所以“夷”训“平”，内心平静下来。而“云胡不夷”的主语是“我”，“我平静”就远不如“我喜悦”贴切。

上面说的是对多义词词义的选择。如果句中用了两个近义词，我们同样要指出它们的差异，不能失之笼统。如《诗·小雅·皇皇者华》二章“周爰咨诹”，三章“周爰咨谋”，四章“周爰咨度”，末章“周爰咨询”，咨、诹、谋、度、询五字都是咨询的意思，但同中有异。《毛传》就分别解释它们的异：“访问于善为咨，咨事为诹”，“咨事之难易为谋”，“咨礼义所宜为度”，“亲戚之谋为询”。王力主编的《古代汉语》这方面做得也很好。如《战国策·楚策》：“专淫逸侈靡。”注：“淫，一切都超过常度。逸，放纵。侈，奢侈。靡，浪费。淫逸指行为放荡，侈靡指生活上浪费。”《论语·学而》“有朋自远方来”，注：“上古朋和友是有区别的，同门（师）为朋，同志为友。”《礼记·礼运》“盗窃乱贼而不作”，注：“乱，指造反；贼，指害人。”《孟子·滕文公上》“不为厉陶冶”，注：“陶，烧制陶器；冶，冶炼铁器，陶、冶在这里指制陶器铁器的匠人。”《诗·邶风·北门》：“王事适我，政事一埤益我。”注：“王事，指君王命令服劳役之事。政事，指赋税之事。”

2. 根据语境确定词语的具体义

在“训诂条例”一章中曾经指出，前人在训诂实践中，除因声求义、以形说义外往往还要“观境为训”，即大多数是根据词语所处的语言环境求得词语的准确解释，即词语的具体义是在特定的语言环境中显示出来的。注释词语如果不联系这一特定的语言环境，只孤立地搬用它的概括义，文意就扞格难通。所谓联系特定语言环境，主要指以下四个方面：

第一，从句意中求词语的具体义。如《诗·曹风·候人》：“季女斯饥”，《毛传》：“季，人之少子。女，民之弱者。”季女的本义是少女，为什么《毛传》在这里训作幼弱的少子呢？《孔疏》说：“《采蘋》云，‘有齐季女’，谓大夫之妻。《车舝》云，‘思娈季女逝兮’，欲取以配王，皆不得有男在其间，故以季女为少女。此言‘斯饥’，当谓幼者并饥，非独少女而已，故以季女为人之少子、女子，皆观经为训，故不同也。”又《周南·芣苢》首章：“采采芣苢，薄言采之，采采芣苢，薄言有之。”《毛传》：“有，藏之。”诸家多以“有”无“藏”训，不从《毛传》。王引之据《广雅》把“有”解作“取”，虽是正训，却与“薄言采之”意复。其实，《传》以有为“藏”，是从全篇结构着眼作训的。诗中描写采摘芣苢的动作有采之、掇之、捋之、袺之、襭之等，而总括起来，不外乎采而藏之二事，所以《正义》说：“首章言采之，有之，采者始往之词；有者，已藏之称，总其始终也。”

又如《邶风·谷风》：“薄送我畿”，《传》：“畿，门内也。”畿的常用义是期限，《楚茨》《传》：“畿，期也。”这里因为“薄送我畿”上句是“不远伊迩”，说送得不远，所以毛就认为“畿”是特指门内。陈氏《传疏》不知道《传》的这一用意，认为《传》把“畿”当做王侯宫室中的“机”，并引经据典，考求“机”的位置。这未免求之过深。这是一般平民的弃妇诗，哪能牵扯得上宫室的“机”呢？

王逸的《楚辞章句》也十分注意同一词语在不同的语言环境中的特有含义，分别对它们作了不同的解释。如在《离骚》“怨灵修之浩荡兮，终不察夫民心”这句话中，把“浩荡”解释为“无思虑貌也”，而在《河伯》“登昆仑兮四望，心飞扬兮浩荡”句中，则把“浩荡”释为“志放貌”。游国恩说：“盖王逸凡诠释文字，常据上下词义以求合，彼注就‘登昆仑’言，故释‘浩荡’为‘志放貌’；此注就‘不察民心’言，故释为‘无思虑貌’。书中此例甚多，非自相缪戾也。”①

第二，注意词语在句中的语法特点。语法特点不同，词义也就有差别。《离骚》：“扈江离与辟芷兮”，王夫之把“辟芷”看成动宾结构，谓“辟绩为裳”。游国恩说：“《离骚》之例，凡句中用一动词者，则用‘与’为连词，用两动词者，则用‘以’为连词。前者如‘杂申椒与兰桂’、‘畦留夷与揭车’、‘杂杜衡与芳芷’；后者如‘揽木根以结茝’，‘矫菌桂以纫蕙’。此处‘扈江离与辟芷’正属前一类句例，故知‘辟’为形容词而非动词，‘辟芷’之构词法与‘幽兰’同。”② 游氏从语法结构分析，指出“辟”的词性，释为“僻”，看法是精到的。又《论语·先进篇》孔子问侍坐的四个学生的志愿，曾点说：“莫春者，春服既成，冠者五六人，童子六七人，浴乎沂，风乎舞雩，咏而归。”王充、郑玄等古论家把“舞雩”解作“雩祭”，把“风乎舞雩”解作“歌咏而祭”，从而把冠者、童子解作志愿参加雩祀的巫人，这是不对的。因为按语法，“风乎舞雩”是明显的动补结构，“乎舞雩”，即“于舞雩”，“舞雩”，在介词“于”的后面，只能是名词，作介词的宾语。鲁论家认为是雩祭之地，有坛墠树木，高三丈，这一解释是对的。如用作动词，就文理不通。③

注意词语在句子中的语法特点，虚词更是重点对象，一定要分清它的用法和性质，不能笼统比附。古汉语虚词兼类的现象相当普遍。如“其”字就可作代词、语气副词、时间副词、语助词等。“以”、“与”也有介词和连词的区别。如何辨别虚词词性？主要看它所处的位置和词语与词语之间的关系。如“以”字，后面带宾语，一定是介词。后面不带宾语，前面的名词又不能移到后面作宾语，也不能补出省略的代词“之”，就一定是连词，如“闻一以知十”，不能说以闻一知十或闻一以之知十。能补出省略的代词之的就是介词。又如“斯”字，可作代词，又可作结构助词或语助词。《诗·周南·螽斯》“螽斯羽”里面，“斯”的词性是什么？有人认为是结构助词，“螽斯羽”就是“螽之羽”。有人认为是代词，“螽斯”是“斯螽”的倒文，均非确解，结构助词连接的中心语不能省掉，“麟之趾”不能简作“麟之”，可简作“麟趾”；“扬之水”也不能简作“扬之”。而“螽斯羽”标题却简作“螽斯”，证明“斯”非结构助词，应该是语助词，和《小雅》的“鸒斯”、“鹿斯”一例。认为是代词也不准确，没有这样的倒装句型。

① 游国恩：《离骚纂义》，中华书局 1980 年版，第 141 页。

② 游国恩：《离骚纂义》，中华书局 1980 年版，第 30 页。

③ 洪诚：《训诂学》，江苏古籍出版社 1984 年版，第 212 页。

第三，根据不同文体来理会词义。古籍中除说理叙事的论著外，一般都是言志抒情的文章。这些文章的某些词语，往往是作者临时借来吟咏的，对这样的词语，我们不能求之过深，不能按照自然科学或社会条文的严格规定来理解它、注释它。如《诗·小雅·甫田》："倬彼甫田，岁取十千。"《毛传》："倬，明貌。甫田，谓天下田也。十千，言多也。"郑笺："甫之言丈夫也。岁取十千，于井田之法，则一成之数也。九夫为井，井税一夫，其田百亩。井十为通，通税十夫，其田千亩。通十为成，成方十里，成税百夫，其田万亩。欲见其数从井通起，故言十千。"《传》、《笺》解释各异，原因是郑玄没把诗当做只求抒情达意的文体，而当成《周礼》一类的史书，以为句句要符合礼制的规定，造成穿凿附会。所以黄焯批评他："郑君既喜援礼入诗，其解兴辞又往往将物事密相比附，致多拘牵傅会之说。"①

又如《离骚》："朝饮木兰之坠露兮，夕餐秋菊之落英。"对"落英"一词，历来众说纷纭。有人认为"秋花不落春花落"，屈原不该写这种不符合自然现象的诗句。有人又认为屈原没有错，他们把"落英"训为"始英"，刚开的菊花，"夕餐"还是合情理的。还有人从医学角度去分析。〔宋〕姚宽说："据神农本草，菊，服之轻身耐老。"② 洪兴祖也说："屈原悲冉冉之将老，思餐秋菊之落英，辅体延年，莫斯之贵。"③ 这些解释都是穿凿可笑的。〔明〕胡应麟说："夕餐秋菊之落英，谈者穿凿附会，聚讼纷纷，不知三闾但托物寓言。如集芙蓉以为裳，纫秋兰以为佩，芙蓉可裳，秋兰可佩乎？然则菊虽无落英，谓有落英亦可，以《尔雅》、《释名》读《北山》、《云汉》，则谬以千里矣！"④ 这一说应是我们训诂解句的良言。

又据《尔雅·释地》记载，"蛩蛩距虚"原是一种动物的名称。孙炎注云："邛邛距虚，状如马，前足鹿后足兔。"而司马相如《子虚赋》却说"蹵蛩蛩，辚距虚"，刘向、张揖根据《子虚赋》这一文句，认为蛩蛩、距虚是两种动物。而郭璞为《子虚赋》作注时则说："距虚即蛩蛩，赋家变文互言尔。"

顾炎武对此也很有心得。《日知录·卷十九》曾指出：

> 古人为赋，多假设之辞，序述往事以为点缀，不必一一符合也。子

① 见黄焯《毛诗郑笺平议》卷五。

② 见《西溪丛语》。

③ 见洪兴祖《楚辞补注》。

④ 见《诗薮》。

虚、亡是公、乌有先生之文已肇始于相如矣。后之作者实祖此意。

他举〔宋〕谢庄《月赋》为例：赋的开头说陈王曹植自丧应玚、刘桢后，“端忧多暇”，于是就“抽毫进牍”，写信给王粲。事实上王粲与应玚、刘桢同卒于建安二十二年，即公元217年，而曹植封王是232年，相隔十六年，可见是假设之辞。故李善《文选》注说：“假设陈王、应、刘以起赋端也。”顾炎武还提到：“《长门赋》所云陈皇后复得幸者，亦本无其事俳谐之文，不当与之庄论矣！”

第四，适应修辞需要而使用词语，不必拘于字之本义。讲训诂方法时，我们已讲过修辞手段是多方面的，有的讲求形象鲜明，有的讲求音律和谐，有的讲求句子对称。为了适应这方面的需要，有些词语用法可能与常用义不太相同，我们要根据修辞手段去推求。黄焯说：“凡治经，不徒明其训诂而已，贵在得其词言之情。戴东原谓训诂明而后义理明，实则有训诂明而义理仍未得明者。要须审其辞气，探其义旨，始可明古人用意所在尔。朴学诸师，间有专治训诂名物而短于为文，至于古人文之有意处，不能识得谛当。”① 黄氏这一见解很精到。蒋礼鸿也谈到这方面的体会。他在《义府续貂》中谈到刘禹锡的《马嵬行》诗：“贵人饮金屑，倏忽舜英暮。”袁枚《随园诗话》根据新旧《唐书》和《通鉴》记载，杨贵妃是缢死，非饮金屑而死，说刘禹锡搞错了。最初蒋认为袁说不无道理。后来他发现，《通鉴》魏明帝景初二年有帝“遣使赍金屑饮晃及其妻子”的记载，晋惠帝永康元年有“相国伦矫诏遣尚书刘弘赍金屑酒，赐贾后死于金墉城”的记载，以此知刘梦得乃是援引魏晋故事入诗，也就是用典，是一种修辞手法，不为错。他说：“由词义学言之，则为词义之扩大耳，随园之说，一何固哉！”②

又《左传·僖公二十四年》“其波及晋国者，君之余也”，王引之《经义述闻》读“波”为“播”，并谓《庄子·人间世》“言者风波也”之“波”，《外物篇》司马彪注“波荡之臣”之“波”，皆为“播”。这是没有考虑到用词尽可能形象化的特点。波及者，如波之所及；风波者，如风行水面而起波纹；波荡者，如波之动荡，以物状物，非常形象，何必改作“播”？改作“播”，训“散”，反而索然无味了。

又如《文选·后汉书皇后纪论》：“高祖帷薄不修，孝文衽席无辨”，“帷薄不修”，我们就不能单从字面去理解，认为帷薄没有修治好。这是一

① 见黄焯《毛诗郑笺平议·凡例》。

② 见《义府续貂》“杨妃饮金屑”条。

种修辞手段，是一种委婉的说法。它的真意是淫乱。李善注：“《大戴礼》曰：‘古者大臣坐污秽淫乱男女亡别者，不曰污秽，曰帷薄不修。’”对这一类词语，我们也要像李善那样，指出它隐含的实意。

还有一种值得注意的修辞现象是实数虚指，有的是为了夸张，有的是为了约举，有的则纯属套用。对这种现象，我们千万不要误虚为实，在数目上兜圈子。如果过于深究，有时会闹出笑话。刘师培在《古书疑义举例补》中曾指出：

> 古人于浩繁之数，有不能确指其目者，则所举之数，或曰三十六，或曰七十二，如三十六宫之例，与千门万户同。不必泥定数以求之。又《史记·封禅书》载管子对桓公语，谓古之封禅者七十二家，夷吾所记者十有二。夫其详既不可得闻，则七十二家之数，亦系以虚拟之词，表其众多。《庄子》载孔子语，谓以六艺干七十二君，亦系虚拟之词，不必确求其数也。

《离骚》：“指九天以为正兮，夫唯灵修之故也。”“九天”的“九”就是个虚指。九在个位数中最大，古人又认为九是阳数，阳上阴下，因此，凡高，凡大，凡多，都可称为九，九天就是极言天高，天大。此文下面又有九死、九畹的说法，也是虚指。过去很多训诂学家忽略了这点，硬说九天是九个天。王逸说：“九天，谓中央八方也。”① 洪兴祖说：“《淮南子》九天：中央钧天，东方苍天，东北变天，北方玄天，西北幽天，西方昊天，西南朱天，南方炎天，东南阳天。”② 这些解释都是有意附会。又如李商隐诗《代应》：“谁与王昌报消息，尽知三十六鸳鸯。”朱鹤龄《李义山诗集辑评》说：“《古乐府》‘鸳鸯七十二’，此云三十六，纯举雌言之。”③ 这也是附会。既然是鸳鸯，就是雌雄成对，何来三十六个单独在一起的母鸳鸯。

（四）注意词语的历史发展，掌握不同时代的风俗习惯

首先要注意词义发展的时代性。同一词语，时代不同，它的指称就可能不同。这是人们使用这一词语时约定俗成的结果，词语的时代性也就是词语的社会性。例如“行李”一词，上古指“外交使节”，如《左传·僖公三十

① 见王逸《楚辞章句》。
② 见洪兴祖《楚辞补注》。
③ 见朱祖延《释十二、三十六、七十七》，载《中国语文》1978 年第 4 期。

年》："行李之往来，共其乏困。"中古指"在外行走"，如《降魔变文》："行李之间，偶见阿难乞食。"现代汉语则指旅行携带的物品。又如《韩诗外传》卷七："孔子困于陈蔡之间，即三经之席"，许维遹引日本关嘉《说苑纂注》云："三经，《诗》、《书》、《礼》也。"这也不符合时代性，因为那时还没有称《诗》、《书》、《礼》为经，更没有"三经"这一说法。"经"不过是蓆子的纵丝，"三经之席"喻坐席窄陋罢了。

又如"跪"，按现在的习俗，不但是卑对尊的最重礼节，还带有强烈的"屈辱"成分，但在席地而坐的古代，又不过是一种很普通的坐的姿势罢了。我们在《战国策·魏策四》中看到秦王向唐雎"长跪而谢之"，不要误认为秦王向唐雎磕头。他不过是因为惊慌，急忙挺起身子，臀部离开脚跟，向唐雎道歉罢了。

要了解不同时期人们的风俗习惯，还必须有足够的历史知识和地理知识。〔宋〕洪迈曾讥讽五臣注《文选》违反史实的谬误。他说："东坡诋五臣注《文选》，以为荒陋。予观选中谢玄晖和王融诗云：'阽危赖宗衮，微管寄明牧。'正谓谢安、谢玄。安石于玄晖为远祖，以其为相，故曰宗衮。而李周翰注云：'宗衮谓王导：导与融同宗，言晋国临危，赖王导而破苻坚，牧谓谢玄，亦同破坚者。'夫以宗衮为王导固可笑，然犹以和王融之故，微为有说。至以导为与谢玄同破苻坚，乃是全不知有史策，而狂妄注书，所谓小儿强解事也。"① 洪迈讥笑的是，把不同时代的人扯在一起，历史知识等于零，这怎么能注书呢？又如《史记·滑稽列传》讲到西门豹把三老投入河中以后，随即"簪笔磬折，向河立待良久"。这个"簪笔"是怎么一回事呢？有人说就是把笔插在头上，假装准备记录河伯的吩咐。但也有人据史籍记载，认为秦以后才普遍使用笔。魏文侯时根本不会出现用笔做记录的情况，"簪笔"只是一种表示礼仪的装饰品。如《史记正义》所云："谓以毛装簪头，长五寸，插在冠前，谓之为笔，言插笔备礼也。"我们认为，后一种说法应该是比较符合历史事实的。

物器的名称，也有时代特色。秦汉时，天子和皇后乘坐的车，主要部件用错金饰，既牢固，又美观，故称金根车。《汉书·舆服志》："太皇太后、皇太后法驾，皆御金根，加交络帐裳。"李贤注："殷人以为大路，于是始皇作金根之车。殷曰桑根，秦创曰金根。"又《文选·乘舆赋》李善注："金根，以金为饰。"〔唐〕韩愈之子韩昶不知古制古名，校书时见"金根

① 洪迈：《容斋随笔》卷一。

车”三字一律当做“金银车”之误。①

升斗的斗，古时候又指一种挹酒的器皿，有柄。“胆大如斗”的“斗”应是指此斗。状胆之体又略有夸张，不会是升斗的斗。胡三省见《蜀志·姜维传》注引“维死时见剖，胆大如斗”之文，便说：“斗非身所能容，恐当作升。”这也是不明古制的错误。

地理知识也很重要。地名及其沿革情况也是很复杂的。历史上存在很多同名异地的情况。如今之洛阳市并不是汉之洛阳城，而是它的河南县城。汉（包括魏晋）的洛阳城在今洛阳市东约15公里。今河南郑州东面的中牟县，也不是春秋时代的中牟县。春秋时代的中牟县在河北的邢台和邯郸之间。今之中牟，是春秋时的圃田。又金沙江有丽水之名起于唐以后。《山海经》、《汉地理志》称金沙江为绳水，《说文》称为淹水，水流至龙山犛牛石下南流渐广，才叫犛水，后来讹作丽水。而《韩非子·内储说》所称的“荆南之丽水”，则在荆南，距汝水、汉水不远，并非现在的金沙江。

这种复杂情况，都要求我们有足够的地理知识，才不至于注释错。《说文·高部》下：“亳，京兆杜陵亭也。从高省，乇声。”顾炎武认为许氏误释，根据是《殷本纪》“汤始居亳”，皇甫谧注亳在梁国。黄侃说：“亳为京兆杜陵亭，出《秦本纪》……《说文》指谓此亳，非《尚书》亳殷之亳。彼亳古作薄字，在偃师。惟杜陵之亳以亭名，而字从高省，此则许叔重《说文》字必用本义之苦心。顾氏知亳殷之亳，不省亳王之亳，可谓不善读书，以不狂为狂矣。”②

（五）作注要注意的几个问题

以上我们着重讲的是作注前如何弄通原文，辨明词义的问题。现在再着重谈谈开始作注时，还要注意的几个问题：

1. 不可自行改字

经过历代学者校勘，古书讹误现象很多已得到补正。自然，要全部恢复古书原貌，目前是不可能的。鲍彪在《战国策序》中说过：“校书如尘埃风叶，随扫随有。”这一说法符合事实。问题在于，某字是否讹误，必须经过科学的校勘。如果没有经过科学的校勘，取得充分证据，就不能凭主观臆测，对原文乱行改动。前人作注时误改正文的现象是屡见不鲜的。如《淮南子·原道训》：“乘雷车，六云霓。”“六云霓”是使云霓变为六匹马的意

---

① 见黄朝英：《靖康湘素记》。

② 见黄侃：《说文略说》。

思。有人不懂得古汉语数词可活用作动词，以为“六”是“入”字之误而自行改定，也是“据其所知，改其所不知”。

2. 合理安排内容，详略得当

要针对读者对象，抓住注释的重点，合理安排内容，详略得当。属于普及读物，读者是初接触古文，注释就要详尽些，历史人名、地名及典章制度，一定要注释清楚。属于为专家阅读的古籍，可以旁征博引，多所汇纂，并着重在观点、方法上的启示。但不管哪一种注释，容易使人误解的词语，一定要出注，即使这一词语很普通、很常见。如《三国志·魏书·高柔传》：“尝出钱与同营士焦子文，求不得。”“出钱”一词，现代汉语常用，但两者词义迥异。句中的“出钱”是放债的意思，与《史记·孟尝君列传》“使人出钱于薛”的用法同。玄应《一切经音义》卷二十五：“子息，儿子曰息……今人出钱生子，亦曰息。”可见“出钱”非出注不可。又如范仲淹《江上渔者》：“江上往来人，但爱鲈鱼美”，“江上”一词人们容易用今义解释，当做“在江面上”，把“江上往来人”解作“乘船过江的人们”。其实它是江畔、江边的意思，与杜甫《江畔独步寻花》：“江上被花恼不彻”的用法同，这也应该出注。

与此相反，一些不容易误解的词则不必多作阐述，如王维《九月九日忆山东兄弟》“每逢佳节倍思亲”这一名句，大家都很熟悉，也不难懂，任何一个词都没有注释的必要。而有个注本却在“亲”下注云：“在古代汉语里，亲字单独用的时候，往往偏指父母，此处也是这样。”① 这条注释似乎没有必要。

3. 最好由源及流，分层注释

某一词语在句中用的是引申义，最好先注出其本义，再及引申义（即句中义），这样可使读者能更透彻体会词义。

《颜氏家训·书证》引延笃《战国策音义》苏秦的一句话：“宁为鸡尸，无为牛从。”② 这句话有两种注释。延笃注：“尸，鸡中之主；从，牛子。”《尔雅翼·释兽篇》则注为：“尸，主也，一群之主，所以将众也。从，从物者也，随物而往，制不在我也。”两相比较，后者能先注出“尸”、“从”的本义，再申说其比喻义，这就比前一注释清楚得多。

《古代汉语》某些注释也可在这方面多花些功夫，使文意更明白。如《论语·先进》“则何以哉？”注：“等于说，你们打算做些什么事情呢？”

① 见《唐人七绝浅释》。

② 《史记·苏秦传》作“宁为鸡口，无为牛后”。

这是意译，最好先直译正文："就怎么样?"让读者了解原句结构。又《左传·隐公元年》："若阙地及泉"，注："阙，挖。""阙"何以得为"挖"，似应先明其通假，作"阙，通掘"。又《诗·周南·关雎》注："雎鸠，一种水鸟。"这样注释给读者帮助不大，如按《禽经》加注"鱼鹰"一词，就可收到通俗易懂的效果。

4. 引文要准确，尽量不从别的书转引

古籍中托名的伪书很多，引述时首先必须运用校勘学、目录学的知识，辨其真伪。例如伪孔本《古文尚书》，虽非《夏书》、《商书》、《周书》原貌，但也不属于魏晋文字，它的文句多有所本，是杂采古书成之。如《大禹谟》的"戒之用休，董之用威，劝之以九歌，俾勿坏。"文出《左传·文公七年》引《夏书》。引述此语，当标《左传》。《兑命下》"惟敩学半，念终始典于学"，文见《礼记·学记》引《商书》，引述此语当标《学记》。

引文要尽量做到采用原始资料，标明其出处，非不得已，不从他书转引。注中采用某一说法，应标出这一说法的最初发明者，如《左传·僖公四年》"惟是风马牛不相及"，《古代汉语》注为："马牛牝牡相诱也不相及（依孔颖达说）"，实际是贾逵、服虔的旧说。《庄子·逍遥游》："未数数然也"，《古代汉语》注为："数数，等于说汲汲（依成玄英说）"，实际上〔晋〕司马彪《庄子注》早有此说。

（六）作注应避免的几种弊病

我国的传注，如前所述，起源很早，两千多年来，不断发展，取得了巨大的成就。不但专家辈出，著述如林，而且在注释理论方面也给我们留下了许许多多极为宝贵的遗产。但也存在不少弊端。《四库全书总目提要》曾经概述西汉以后经说的利弊，认为："自汉京以后，垂二千年，儒者沿波，学凡六变：其初，专门授受，递相师承，非惟训诂相传，莫敢同异，即篇章字句，亦恪守所闻。其学笃实谨严，及其弊也拘。王弼、王肃，稍持异议，流风所扇，或信或疑。越孔、贾、啖、赵以及北宋孙复、刘敞等，各自论说，不相统摄，及其弊也杂。洛闽继起，道学大昌，摆落汉唐，独研义理。凡经师旧说，俱排斥以为不足信。其学务别是非，及其弊也悍（如王柏、吴澄，攻驳经文，动辄删改之类）。学派旁分，攀缘日众，驱除异己，务定一尊。自宋末以逮明初，其学见异不迁，及其弊也党（如《论语集注》误引包咸夏瑚商琏之说，张存中《四书通证》即阙此一条，以讳其误。又如王柏删《国风》三十二篇，许谦疑之，吴师道反以为非之类）。主持太过，势有所偏，材辨聪明，激而横决。自明正德、嘉靖以后，其学各抒心得，及其弊也肆（如王守仁之末派，皆以狂禅解经之类）。空谈臆断，考证必疏，于是博雅之儒，引古义以抵其隙。国初诸家，其学证实不诬，及其弊也琐（如一字音训，动辨数百言之类）。要其归宿，则不过汉学、宋学两家互为胜负。”其中所谓拘、杂、悍、党、肆、琐六弊，虽不专就传注而言，而历代传注中这些缺点确实都存在。但还不能完全概括一切传注的弊病，而且有些并没有击中要害。依我们看，前人传注的主要弊病有下列诸端：

1. 崇古尊经

训诂，从它出世以来，绝大部分时间成了经学的附庸，为解释经典服务。例如我国第一部训诂专著《尔雅》，就被认为“六艺之钤键”，是专门解经的。正因为如此，训诂学中向来就有严重的崇古尊经思想。就拿扬雄来说吧，他在《方言》里记录了那么多方言俚语，可是他写起文章来，却力求古奥。比如他的《法言·序篇》有“蠢迪捡押”一句，就古奥得很。晋李轨注云：“蠢，动也。迪，道也。捡押，犹隐括也。言君子举动则当蹈规矩。”“举动则当蹈规矩”比较浅显易懂，可是扬雄却偏要写作“蠢迪捡押”，由此可见，在他的心目中，俗语方言毕竟还是不能登大雅之堂的。王力在《新训诂学》一文中也说过：“旧训诂学的弊病，最大的一点乃是崇古。小学本是经学的附庸，最初的目的在乎明经。后来范围较大，也不过限于‘明古’。先秦的字义，差不多成为小学家惟一的对象。甚至现代方言的研究，也不过是为上古字义找一些证明而已。”①

今天我们编字书词典，似乎仍然未完全摆脱旧训诂学的影响。解释词义，往往根据汉唐旧注，宋元以后的新义常被忽略，这也是崇古尊经思想在训诂中的反映。我们必须克服这一错误倾向，把每一个时代的语言现象都放在同等重要的地位去研究，做到古为今用。

2. 党同伐异

党同伐异，也就是《四库全书总目提要》中所说的“其弊也党”。远在西汉的经说中，党同伐异的现象就已经很严重。当时的五经十四博士都各守家法，互相攻击，特别是古文派和今文派之间，斗争更加激烈。刘歆《移书让太常博士》一文反映了这一斗争的情况。他说：“往者缀学之士，不思废绝之阙，苟因陋就寡，分文析字，烦言碎辞，学者罢老，且不能究其一艺。信口说而背传记，是末师而非往古。至于国家将有大事，若立辟雍、封禅、巡狩之仪，则幽冥而莫知其原。犹欲保残守缺，挟恐见破之私意，而无从善服义之公心。或怀嫉妒，不考实情，雷同相从，随声是非。抑此三学，

① 见王力：《龙虫并雕斋文集》，中华书局 1980 年版，第 320 页。

以《尚书》为不备，谓左氏不传《春秋》，岂不哀哉。”他指出，这是“党同门，妒道真”。可见当时经学家的门户之见，的确是很深的。到了东汉末年，郑玄笺《诗》注《礼》，沟通古今，成一家言，情况稍为好一些。他师事第五元，先通《京氏易》、《公羊春秋》、《三统历》、《九章算术》，又从张恭祖受《周官》、《左氏春秋》、《韩诗》、《古文尚书》，遂博稽六艺，思整百家之不齐，① 所以号称通儒。但当时也有人反对他，主要是王肃。王肃说经，专与郑玄唱反调，于是经学中又出现了郑、王之争。他们两家的门徒也参加了这场斗争。如注释《毛诗》，就明显分为郑、王两派。汉魏以后，几百年间，纷争不已。这当然也是党同伐异。宋元以后又出现汉学和宋学的斗争。而宋学本身也各有门户，〔清〕江藩说：“为宋学者，不第攻汉儒而已也，抑且同室操戈矣！为朱子之学者攻陆子，为陆子之学者攻朱子，至明姚江之学兴，尊陆卑朱，天下士翕然从风，姚江又著朱子晚年定论一篇，为调人之说，亦自悔其党同伐异矣。”②

到了清代，汉以来的古今文学派的斗争和宋以来的理学和朴学的斗争仍未平息。虽然汉学朴学占主导地位，但今文学派亦不乏人。著名经学家皮锡瑞著《经学历史》、《经学通论》，就站在今文学派立场上，尖锐指责古文学派。他要他的学生“当知晋宋以下专信《古文尚书》、《毛诗》、《周官》、《左传》而微言大义不彰”，“当知国朝经学复盛，乾嘉以后治今文者尤能窥见圣经微旨”。③

就是“五四”以后，训诂学者的门户之见，也没有扫除干净。

今天，我们语言工作者，应该遵循“百花齐放，百家争鸣”的方针，在训诂的研究中共同讨论，互相学习，彻底除掉党同伐异的坏习气，使训诂学朝着正确方向迅速发展。

3. 烦琐寡要

《四库全书总目提要》认为“烦琐寡要”是清初诸家说经的弊病，并不算错。但是烦琐的经说，不是清初才有的，早在西汉的训诂中就出现了这种现象。《汉书·儒林传》说汉元帝时“一经说至百余万言”，这不够烦琐吗？而秦恭说《尚书·尧典》十余万字，说“曰若稽古”四个字又三万字，这就更典型了。当然，汉代的训诂也有文字很精练的。如毛亨的《毛诗诂训传》，郑玄的《毛诗笺》、《三礼注》等，都很精约。《汉书·儒林传》说丁

① 见《后汉书·郑玄传》。

② 见《国朝汉学师承记》，中华书局 1983 年版，第 153 页。

③ 见《经学通论·序》。

宽作《易说》三万言，“训诂举大谊而已”，大概也是比较简明的。但总的说来，烦琐也是汉学的一个特征。这大概和儒家思想有关。司马谈论六家要指说：“儒家博而寡要。”解经和训诂是为了阐发儒家思想的，儒家思想既博而寡要，解经和训诂自然难免烦琐。据史书记载，王莽曾下令叫人痛删旧注，合格的受赏。博士弟子郭路日夜用思，以致暴死烛下，旧注的烦琐竟至夺人性命，非常值得引以为戒。可是，汉以后南北朝人的义疏，唐人的正义，清人的说解，以至今天的注释，仍有一部分摆脱不了烦琐的毛病，有的甚至有增无减。请看下面的例子：

《庄子·养生主》：“吾生也有涯，而知也无涯。”这两句话本来很好懂，〔晋〕郭象却写上了一大段注文：

夫举重携轻而神气自若，此力之所限也。而尚名好胜者，虽复绝膂，犹未足以慊其愿，此知之无涯也。故知之为名，生于失当而灭于冥极。冥极者，任其至分而无毫铢之加，是故虽负万钧，苟当其所能，则忽然不知重之在身；虽应万机，泯然不觉事之在己，此养生之主也。

看了这段注文，人们反觉糊涂起来。

又《周礼·天官·冢宰第一》，〔唐〕贾公彦疏：

第一者：一者，数之始也，次第中处一，故云第一也。“第一”人人都懂，贾公彦还替它作疏，真可谓画蛇添足。

又《论语·学而》：“子曰，学而时习之。”刘宝楠正义：

曰者，《皇疏》引《说文》云：开口吐舌谓之为曰。《邢疏》引《说文》云：曰，词也，从口乙声，亦象口气出也。所引《说文》各异。段氏玉裁校定作从口乙，象口气出也。又引《孝经释文》云：从乙在口上，乙象气，人将发语，口上有气，故“曰”字缺上也。

解释一个“曰”字，用了85个字，真可算是烦琐寡要的典型。

新近注释的一些古籍，也有抓不住重点，当注不见注，不当注反而详注的现象，这也是烦琐寡要的一种表现。我们应该引以为戒。

4. 穿凿附会

穿凿附会就是把互不可通的义理任意牵合，把没有关系的事情强加比附，随便乱说，毫无根据。这种现象也是古已有之。王充在《论衡·奇怪篇》中，曾经举出一些这种穿凿附会的奇谈怪论而加以驳斥。他说：

> 《诗》曰："不坼不副，是生后稷。"说者又曰："禹契逆生，开母背而出"……《谶书》又言："尧母庆都野出，赤龙感己，遂生尧。"《高祖本纪》言"刘媪尝息大泽之陂，梦与神遇。是时雷电晦冥，太公往视，见蛟龙于上，已而有身，遂生高祖。"……彼诗言"不坼不副"者，言后稷之生不感动母身也。儒生穿凿，因造禹契逆生之说。感于龙，梦与神遇，犹此率也。

徐防也指出汉人这种穿凿附会的毛病。他说："伏见太学博士弟子，皆以意说，不修家法，私相容隐，开生奸路。每有策试，辄与争讼。论议纷错，互相是非。……妄生穿凿，以遵师为非义，意说为得理，轻侮道术，寖以成俗。"① 许慎的《说文解字序》也指责当时俗儒"诡更正文，向壁虚造不可知之书，变乱常行，以耀于世。诸生竞逐说字解经谊，称秦之隶书为仓颉时书，云：'父子相传，何得改易？'乃猥曰：'马头人为长，人持十为斗，虫者屈中也。'廷尉说律，至以字断法。苛人受钱，苛之字止句也。若此者甚众，皆不合孔氏古文，谬于《史籀》。俗儒鄙夫玩其所习，蔽所希闻，不见通学，未尝睹字例之条，怪旧艺而善野言，以其所知为秘妙，究洞圣人之微旨……其迷误不谕，岂不悖哉！《书》曰：'予欲观古人之象'，言必遵修旧文而不穿凿"。徐、许这些言论，虽然有些保守，但他们对那些俗儒鄙夫穿凿附会之说的批判，还是正确的。

旧注中的穿凿附会，大概有下列五种情况：

第一，喜欢比附古事、古礼。最明显的是毛亨对《诗·郑风·将仲子》的解释。该诗原是写一对情侣，女方害怕父母，告诫男方不要造次。首章云："将仲子兮，无踰我里，无折我树杞。岂敢爱之，畏我父母。仲可怀也，父母之言亦可畏也。"诗意很明白，但毛亨看到一个"仲"字，就比附《左传·隐公元年》祭仲谏庄公的故事，谓："《将仲子》，刺庄公也。不胜其母，以害其弟，弟叔失道而公弗制。"《郑笺》承《传》意云："祭仲骤谏，庄公不能用其言……'无踰我里'，喻言无干我亲戚也。'无折我树杞'，喻言无伤我兄弟也。"

又如《小雅·湛露》："湛湛露斯，匪阳不晞。"《传》："兴也。"《笺》：

---

① 见《后汉书·徐防传》。

"兴者，露之在物湛湛然，使物柯叶低垂，喻诸侯受燕爵，其仪有似醉之貌；诸侯旅酬之则犹然，唯天子赐爵，则貌变肃敬承命，有似露见日而晞也。"这明明是以诗附礼。黄焯说："诗但言露匪阳不晞，初无柯叶低垂之文，郑何从而得此义，此衍说也。……此诗特以草木兴诸侯，以露之在草木兴天子燕诸侯。首章言匪阳不晞，意当谓露必待阳而晞，饮必至醉而归耳。笺义过事深求，反近粘滞。诗人立意未必如此也。"①

第二，喜欢引用无稽怪说。有些词语，特别是专有名词，它们命名的来源本来很普通，而注者往往引用怪说，胡解乱诌，以致以讹传讹。如一种常见的爬虫"壁虎"，古代叫蜥蜴，又叫守宫。守宫之意只是说它常伏壁缝中或墙上捕食虫蛾，有似宫中卫士，正如有一种槐树叫"守宫槐"一样，《尔雅·释木》称它的叶子"昼聂夜张"，似守宫室者。而《汉书·东方朔传》"置守宫盂下"，颜师古却注为："守宫，虫名。术家云：以器养之，食以丹沙，满七斤，捣治万杵，以点女人体，终身不灭，若有房室之事，即灭矣。言可以防闲淫逸，故谓之守宫也。"这是典型的奇谈怪论。又如《吕氏春秋·仲春纪·功名》："蛮夷反舌。"高诱注："戎狄言语与中国相反，因谓反舌。一说南方有反舌国，舌本在前，末倒向喉，故曰反舌。"高注前一说是对的，后一说也是无稽的怪说。

《说文》有些解释也不科学。如"秃"字下说："无发也。"引王育说："仓颉出，见秃人伏禾中，因以制字。"段玉裁注："因一时之偶见，遂定千古之书契，秃人不必皆伏禾中。此说殆未然矣。"

宋人注经，敢于创立新说，这是可贵的。但也有不少怪异之谈。钱大昕《十驾斋养新录》曾指出，朱熹晚年注《诗》，"以彤管为淫奔之具"，"孙炎说诗'黾勉'，以'黾'为'蛙'"，"罗壁谓公羊、谷梁皆姓姜，真可入笑林矣！"

第三，喜欢自作解人。有些语言现象或典章名物一时难以搞清的，应暂付阙如，以待后学。如果强不知以为知，私意臆断，自作解人，必然造成穿凿附会。〔宋〕洪迈以阴阳五行之说解释《禹贡》为文次第，就是个例子。他在《容斋随笔》卷一说："《禹贡》叙治水，以冀、兖、青、徐、扬、荆、豫、梁、雍为次。考地理言之，豫居九州中，与兖、徐接境，何为自徐之扬，顾以豫为后乎？盖禹顺五行而治之耳。冀为帝都，既在所先，而地居北方，实于五行为水。水生木，木，东方也，故次之以兖、青、徐。木生火，火，南方也，故次之以扬、荆。火生土，土，中央也，故次之以豫。土生

① 黄焯：《毛诗郑笺平议》卷五。

金，金，西方也，故终于梁、雍。”这不过是洪迈的臆测。《孟子·滕文公上》说当时“洪水横流，氾滥于天下”，“禹疏九河，瀹济漯，而注诸海，决汝汉，排淮泗，而注之江”。按照孟子的叙述，夏禹显然不是按阴阳五行一个个治的。就情理言，治水如救火，哪能那么刻板呢？

第四，喜欢强合异同。上古典籍散失，流传下来的少，有些史实，传闻各异，无法统一。如果强合异同，也必然会穿凿附会。《经义述闻》卷三十二有“经义不同不可强为之说”条，指出：“然不齐之说，亦有终不可齐者，既所闻异辞，学者亦弟两存其说。必欲牵就而泯其参差，反致溷殽而失其本指，所谓离之则两美，合之则两伤也。如《书序》以武庚、管叔、蔡叔为三监，《逸周书·作雒篇》以武庚、管叔、霍叔为三监，此不可强合者也。而解者欲合为一，则去武庚而以管叔、蔡叔、霍叔当之矣！……《周礼·天官》有九嫔而无三夫人，《昏义》则有三夫人，此不可强合者也。而解者欲合为一，则云三夫人坐而论妇礼，无官职矣。”

5. 增字解经

增字解经，就是在说解中加进原文没有包含的词语。《经义述闻·通说》：“经典之文，自有本训。得其本训，则文义适相符合，不烦言而已解，失其本训而强为之说，则阢陧不安，乃于文句之间增字以足之，多方迁就，而后得申其说。此强经以就我，而究非经之本义也。”这段话说明了两个问题：一是增字解经的缺点，在于强经就我，不符合经的本义。二是增字解经的弊病是由不明本训而产生。因此，要避免这种弊病，就要认真研究原文，弄清每一个词语的本义，不能望文生义，强自解释。王引之引用了大量例句，证增字解经之谬。这里摘录几条如下：

> 《易·蹇》：“六二，王臣蹇蹇，匪躬之故。”故，事也。言王臣不避艰难者，皆国家之事，而非其身之事也。而解者曰：“尽忠于君，匪以私身之故，而不往济君”，则于“躬”上增“以”字“私”字，“故”下增“不往济君”字矣。
>
> 《礼记·儒行》：“居处齐难。”难与戁同，敬也。而解者曰：“齐庄可畏难。”则于“难”上增“可畏”字矣。
>
> 《左传·隐公六年》：“恶之易也，如火之燎于原。”谓恶之延也。而解者曰：“言恶易长”，则于“易”下增“长”字矣！

除王氏所录外，俞樾也曾指出某些训诂书犯的这种毛病。例如：《左传·隐公元年》：“不如早为之所。”杜预注：“使得其所宜。”《群经平议》

卷二十五："杜未解所字之义，故增'宜'字以足成之。《尚书·无逸篇》：'君子所其无逸'，《诗·殷武篇》：'有截其所'，郑注、郑笺并曰：'所犹处也。'然则'早为之所'，犹云早为之处矣。《国语·晋语》'蚤处之'，与此传文异而义同。"

再举一个何休注《公羊传》的例子。《宣公十五年》记载楚国对宋国的一次围攻，楚派子反去探听宋城的虚实，宋华元把所有情况都说了。子反听了叹道："何子之情也。""情"本与"诚"通，句意为"您为何这么诚实"。《吕氏春秋》引述子反这句话作："情矣宋公之言！"是感叹句。而何休却注为"大露情"，增了"大露"二字。

从以上例句看，增字解经的毛病在于所增的词语是原文文意所没有的。但我们也要看到，古人行文一般比较简洁，省略成分较多。有时为了文章写得含蓄，还特地隐去一些成分。这样，我们作注，就常常需要把省略成分补上，或把言外之意说出来。这样的增字解经，不但是允许的，也是必要的。例如，《诗·鄘风·墙有茨》首章："言之丑也"，《传》："于君丑也"，补出状语。次章："言之辱也"，《传》："辱君也"，补出宾语。三章："不可束也"，《传》："束而去之"，补出谓语连动成分。这些都有助于人们对原文的理解。刘师培在《毛诗词例举要》中特别列出毛氏"增字为释例"，对毛氏这一训诂方法给予充分肯定，如《邶风·静女》："静女其姝"，《毛传》："静，贞静也。"刘氏说："静与贞各为一义，传以此文静兼贞言，故并言贞静。"又《鄘风·相鼠》："相鼠有体"，《毛传》："体，支体也。"刘氏说："疏申毛说，谓上云有皮、有齿，已指体言，明此言非遍体，故为支体。其说深许毛义。"

再如《尧典》"汤汤洪水方割"一句，《孔传》释为"大水方方为害"，王引之认为增了一个"方"字。他训"方"为"旁"，即"遍"，训"洪水方割"为"洪水遍害下民"。我们认为《孔传》之说也不一定是增字，"方"是名词，用作状语就有方方的意思。相反，王氏的解释却增了"下民"二字，但我们认为这是正文暗含的，不算增字。

黄焯对此有过精辟论述，他说：

> 不增字解经，可以药唐宋以后诸儒之病，而不可以律汉儒。盖古人言辞质朴，有时非增字解之不足以宣言意……如《召南·野有死麕》篇"有女如玉"句，《传》云："德如玉也。"如不增一德字，则可解为色如玉。又如《鄘风·载驰》"（百尔所思），不如我所之"句，《传》云："不如我所思之笃厚也。"如不增"思之笃厚"数字，"则句

意不完具矣！"①

金代学者王若虚对这个问题亦有一段论述可谓切中肯綮。他说："夫圣人之意，或不尽于言，亦不外乎言者也。不尽于言而执其言以求之，宜其失之不及也。不外乎言而离其言以求之，宜其伤于太过也。"② 我们就是要既不执于言，照字面刻板地解释，应加的还是要加；也不离乎言，乱加一些文中绝不暗含的成分。

6. 随意破字

"破字"，也称"读破"，就是用本字改读古书中的假借字。王引之《经义述闻》指出，西汉初年，毛亨作《毛诗诂训传》，已经采用了这种方法。后来郑玄笺《诗》注《礼》，用得更多。这对于理解古书，研究文字假借以及音义关系，都是有用的。清代乾嘉以后，用破字的方法求解的情况更加普遍。王引之和他的父亲王念孙在这方面作出了卓越的贡献，但也给后来的学者带来了不良的影响，即滥用通转，随意破字。解释古书，研究词义，动辄说某与某通，或某当作某，往往只是主观臆断，并无丝毫根据。这种随意破字的训诂，至今还没有绝迹。黄侃在《尔雅略说》中曾经称赞王引之《经义述闻》中说解《尔雅》的部分有很精辟的见解，但也指出他"好以意破字，如改'坎、律、铨也'之'坎'为'次'，'振，古也'之'振'为'自'，皆嫌专辄"。对于俞樾的《群经平议》，黄氏也有类似的评价，指出其中有关《尔雅》部分有许多条"皆前人所未道"，但也批评他"随意破字之病较高邮王氏为多"。黄氏这些批评不仅专指王引之、俞樾，也泛指乾嘉以后的训诂学家。

我们曾指出，语音的流变是非常复杂的。声近义通只是一种可能，并不是必然。如果没有其他旁证，只凭声音的通转，把这个词释为另一个词，就很容易陷入唯心猜测。清代一些学者正犯了这一毛病，动辄就说某某一声之转，甚至把通转范围定得很宽，什么正纽双声、旁纽双声、对转、旁转、旁对转等。还有人认为辅音部分只要同一发音部位（同位），或者即使不同发音部位只同发音方法（位同），也可通转。先看下面一些例子：

《诗·小雅·无羊》是一首颂丰年的诗，有"家室溱溱"，"实为丰年"两句为证。但诗中"牧人乃梦，众维鱼矣"句不好懂，不能说"众人为

① 黄侃述、黄焯编：《文字声韵训诂笔记》，上海古籍出版社 1983 年版，第 218 页。

② 见《论语辨惑·叙》。

鱼”。于是有人滥用通假求解。卢氏《钟山札记》引丁希曾曰：“众乃螽字之省，《说文》螽与蜂螽同，螽实蝗类。凡池湖陂泽中鱼啸子，皆近岸旁浅水处。若遇岁旱，水不能复其故处，土为风日所燥，鱼子蝡蝡而出，即变为蝗虫以害苗。自大河以北土人皆知之。今螽不为蝗而为鱼，故以为丰年之征。”

王引之批驳说：“此说似是而非。鱼子化蝗固为凶年之征，不化蝗而仍为鱼，则不过鱼子生育之常，未足为丰年之兆。鱼子逢潦岁，亦不为蝗而为鱼，则安知其不为水灾乎？且螽者蝗也，鱼子已化为蝗而后谓之螽，未化则仍然鱼子耳，不得便以螽名。而丁云鱼子为风日所燥即变为蝗虫以害苗，今螽不为蝗而为鱼……是（丁）以螽为鱼子也。其误不已甚乎！”① 据王的考释，“众维鱼矣”的“维”是语气词，“众鱼”就是“鱼众”，丰年的标志，根本不烦改字。王说是。

除此之外，一些学者还有辗转求义的毛病，即通转之后，文义如果仍未顺妥，就来个甲通乙，乙通丙，丙通丁，于是甲通丁。如《诗·大雅·大明》：“肆伐大商，会朝清明。”《毛传》以“会”乃“会甲兵”，省略宾语，故补出宾语，训为“会甲也”，“会甲”两字连读。有人不懂这一传例，以为毛以甲训会，读作“会，甲也”于是说会、甲旁纽双声，会，匣纽，甲，见纽，可以通转。但“甲朝清明”仍不好懂，于是又说甲为一旬之首，数之始，通一，一亦数之始，于是由“会朝”变为“甲朝”，“甲朝”变为“一朝”。黄焯评曰：“清儒如惠氏栋训《传》‘会甲’之甲为一，焦氏循又训为始，谓会朝犹言一朝、始朝，不知甲可训一训始，会可训一训始乎？不于本经立训，而展转以求通。夫展转求义，无有穷极，其于本经果有合邪，此清儒之病也。”②

随意破字的毛病，今人也有。洪诚在《训诂杂议》中举了一个例子：

> 《韩非子·外储说左下》：“管仲父……庭有陈鼎，家有三归。孔子曰：‘良大夫也，其侈偪上。’孙叔敖相楚，栈车牝马，粝饭菜羹……面有饥色。则良大夫也，其俭偪下。”又《扬权》：“毋贵人而逼焉。”陈奇猷《集释》一四八页注八四说：“逼偪同，偪当为匹之同音借字，谓管仲之侈匹拟于君，孙叔敖之俭匹拟于下贱之人。若释偪为迫，俭何迫于下？不通。毋贵人而逼焉，犹言毋贵臣匹拟于君。《说疑篇》云：

---

① 王引之：《经义述闻》卷六。

② 黄焯：《诗说》，长江文艺出版社 1981 年版，第 102 页。

‘无尊嬖臣而匹上卿，无尊大臣以拟其主。’即此义。作匹作拟，亦可证偪为匹之借字也。”

案，陈氏由于不明语例，主观强解。这一条注释出现三个错误：(1) 偪字古音属职部，之部的入声，帮纽。匹字古音属质部，脂部的入声，滂纽。两字既不同音，亦非叠韵。(2) 用偪，用匹，义各有当，两不相干，如何代古人改作文？匹、拟例对平敌以上而言，未见对下。改偪下为匹下，不合原意。偪下者，使下面的人受压力，感到难处，不能比孙叔敖更俭，何以不通？(3) 偪上偪下，上下指地位而言，等于说上面的人，下面的人。陈氏把下说成下贱之人，距原意太远。①

随意破字的弊病今天也有人重犯，如某刊物一篇文章列举了某人注《诗·卫风·考槃》作例子。先看考槃诗：

考槃在涧，硕人之宽。独寤寐言，永矢勿谖。
考槃在阿，硕人之薖。独寤寐歌，永矢勿过。
考槃在陆，硕人之轴。独寤寐宿，永矢勿告。②

作者说，这是最早一首归隐诗，虽然有几个词较难懂，《毛传》也较简略，但重章互足，合起来理解，诗意还是很明白的：说的是在深山某一地方〔有涧、有阿、有陆〕，住着一个有美德的人，他的心胸很宽广，且时日涵养以进于宽、薖(《韩诗》作｛亻過｝，美也。)、轴（《毛传》：“轴，进也。”）。他虽然很寂寞，仍坦然处之，独言、独歌、独宿，发誓（矢）永远不忘此中乐（谖，《郑笺》：忘也。)，永不与人交往（勿过），永不与人倾谈（勿告）。以上是传统的解释，并无不妥之处。但某注者却要标新立异，先主观认为这是写一个有骨气的穷汉不向人求乞的诗，然后一个个通假：把涧视作干，通岸，说住在河边；把宽视作困，说此人很穷；把谖视作喧，勿谖是永不叫苦；又把薖视作窠，通空，解作家徒四壁；把轴视作䇹，通穷；把告视作鞠，先通簕，再通匊，《说文》训为曲脊，于是说“勿告”就是不曲脊，不向别人弯腰。三章十二个关键字，他改了六个，典型的主观臆测。王力说过：“许多考据家都喜欢拿双声叠韵来证明字义的通转，所谓‘一声之转’，

① 洪诚：《训诂杂议》，载《中国语文》1979 年第 5 期。
② 见王大年：《从考槃谈起——试论确定通假字的原则》，载《湖南师范学院学报》1984 年第 4 期。

往往被认为是一种有力的证据。其实这证据的力量是很微弱的；除非我们已经有了别的有力的证据，才可以把‘一声之转’来稍助一臂之力。如果专靠语音的近似来证明，就等于没有证明。双声叠韵字极多，安知不是偶合。”① 陆宗达也说过：“应用同音、音近的方法来解决通假问题和推求词语来源是不能离开当时的语言实际的。如果离开确凿的文献语言的佐证，仅仅根据声音妄加推测，势必多有谬误。所以有人把同音、音近比作小学家犯罪的凶具，不是没有道理的。”②

7. 望文生义

这一弊病与前面一弊病正好相反。前面的弊病是本字可通，偏要改字。这一弊病是本字不可通却偏要其通，这就叫望文生义。要知道，古籍的确存在不少假借字，原因大概有三：一是作者一时想不出正字，便临时用一个同音字代替，也就是郑玄说的：“其始书之也，仓卒无其字，或以音类比方假借为之，趣于近之而已。”③ 二是秦火以后，人们凭记忆誊写出原文，免不了有人只记其音而忘其本字，也就是朱骏声说的：“假借滥于秦火，传写杂而失真。”④ 三是文人喜欢变文换字，正假杂用。如《汉书·黄霸传》：“神爵数集郡国……鹖雀飞集丞相府。”前用“爵”，后用“雀”。由于上述三种原因，我们就要识别古籍中的假借字，还以本字。否则就犯望文生义的弊病。例如：

> 《诗·小雅·宾之初延》：“醉而不出，是谓伐德。”《笺》：“醉至若此，是诛伐其德也。”

王念孙按：“德不可言诛伐。伐者，败也。《微子》曰：‘我用沈酗于酒，用乱败厥德于下’是也……《召南·甘棠》：‘勿翦勿伐’、‘勿翦勿败’，伐亦败也，声相近，故义相通。”⑤ 王说是，《笺》以本文解伐，是望文生义。

又如《小雅·蓼萧》：

---

① 王力：《训诂学上的一些问题》，载《龙虫并雕斋文集》，中华书局1980年版，第343页。

② 陆宗达：《训诂简论》，载《中国语文》1957年4月号。

③ 见陆德明《经典释文·叙录》。

④ 见朱骏声《说文通训定声》。

⑤ 王引之：《经义述闻》卷六。

燕笑语兮，是以有誉处兮。

黄焯认为“誉”是“豫”的借字。他说：“《经义述闻》云，《集传》引苏氏曰：‘誉通豫。凡诗之誉皆言乐也。’苏氏之说是。《尔雅》：‘豫，乐也’，‘豫，安也’，则誉处，安处也。”这一解释是正确的，安处承上“燕笑语”言。而《郑笺》望文生义，释“誉处”为“声誉常处”，曲解说：“天子与之燕而笑语，则远国之君各得其所，是以称扬美德，使声誉常处。”显然是不得其解而任意演绎之。①

再看王念孙对《史记·屈原列传》“自疏于濯淖污泥之中，蝉蜕于浊秽”的注释。王认为，濯、淖、污、泥四字并列，同为不净之泥。此说显然有误，古人不会如此行文。黄焯认为“濯”是“浊”的借字，与后句浊秽避重而换字，濯淖、污泥均为偏正结构。② 黄说极是。

蒋礼鸿《义府续貂》指出，“旷夫怨女”之“怨”，也是假借字，本字为蕴。《荀子·哀公篇》“富有天下而无怨财”之“怨”同为蕴。怨财是积存之财，怨女是宫中幽禁之女。而人们常以怨恨义释怨，也是望文生义。

也有正文不是借字，但用了它的生僻义。而我们用常用义去理解，这也是另一种望文生义。如《汉书·西域传》：“自贰师将军伐大宛之后，西域震惧，多遣使来贡献，汉使西域者益得职。”颜师古注：“赏其勤劳，皆得拜职也。”胡三省《通鉴注》：“颜说非也。此言汉使入西域，诸国不敢轻忽，为得其职耳。得职者，不失其职也。”《读书杂志》卷四之十五：“胡解职字亦未了。职非职事之职，职犹所也。言自大宛王以杀汉使见诛，西域诸国皆不敢轻忽汉使，故汉之使西域者，皆得其所也。哀十六年《左传》：‘克则为卿，不克则烹，固其所也。’《史记·伍子胥传》作‘固其职也’。是职与所同义……故得所亦谓之得职。《赵广汉传》曰：‘广汉为京兆尹，廉明，威制豪强，小民得职。’师古彼注曰：‘得职，各得其常所也。’是其证。”

8. 拆骈为单

学过现代汉语的人都知道，汉语双音节词唐宋以后就占了多数。有两种类型：一种是两个词素构成的合成词，另一种是一个词素构成的单纯词。两个音节只含一个词素的单纯词，古代就称连绵词或连语、骈词。

---

① 见黄焯《毛诗郑笺平议》卷五。

② 见黄侃述、黄焯编：《文字声韵训诂笔记》，上海古籍出版社 1983 年版，第 10 页。

连绵词的成因，有各种说法。有的说，远古汉语有复辅音，连韵一起缓读，就成了后来的连绵词。如“孔”，声母是复辅音 kl，缓读就成了窟窿。“角”，声母也是复辅音 kl，缓读就成了矻落。茨，声母是复辅音 cl，缓读就成了蒺藜。有的说，复辅音不一定有，一般音节缓读也会成为连绵词。如“椎”，缓读成为“终葵”；“飚”，缓读成为“扶摇”；“罔”，缓读成为“望洋”等。还有一部分是音译的外来词，如葡萄、玻璃、马达等。

不管成因如何，连绵词都有两大特点：一是用来记录语音的字，只取其音，不取其义，字的本义和引申义在这里毫无作用。由于只标音，不取义，各人用字又不同，因此一个连绵词就出现多种写法，以逶迤为例，有威夷、萎蛇、祎隋、委佗、委移、遗蛇、迆池等二十多种写法。二是除音译外来词外，连绵词的两个音节往往是双声或叠韵的关系。

基于连绵词的这些特点，我们在诠释时如果认为是两个字字义组成这个连绵词的含义，就犯了骈词单释或拆骈为单的错误。

前代学者多数未懂得上述道理，常常出现拆骈为单的失误，即使博雅君子，亦在所难免。请看下面的例子：

> 《诗·大雅·皇矣》“无然畔援”，畔援叠韵，《郑笺》释为“跋扈”，《孔疏》申之：“跋扈，凶横自恣之貌。汉质帝谓梁冀为跋扈将军，是古今之通语也。”畔援显然是个连绵词，《毛传》却将“无然畔援”释为：“无是畔道，无是援取。”分明是畔、援分开单释。

又《诗·周南·关雎》“窈窕淑女”，窈窕叠韵，也是个连绵词，又可写作遥窕、姚条、窈纠、忧受、夭绍。而扬雄《方言》则释为“美状为窈，美心为窕。”

犹豫也是个连绵词，亦作犹预、犹与、容与、夷犹，是迟疑不定的意思。颜之推《颜氏家训》却作了以下荒诞的解释：

> “案《尸子》曰：‘五尺犬为犹。’《说文》云：‘陇西谓犬子为犹。’吾以为人将犬行，犬好豫在人前，待人不得，又来迎候。如此返往，至于终日，斯乃豫之所以为未定也，故称犹豫。或以《尔雅》曰：‘犹如麂，善登木。’犹，兽名也。既闻人声，乃豫缘木，如此上下，故称犹豫。狐之为兽，又多猜疑，故听河冰无流水声，然后敢渡。今俗云狐疑虎卜，则其义也。”

这些解释都是拆骈为单，望文生义，显然是错误的。可是后来颜师古注《汉书·高后纪》，孔颖达疏《礼记·曲礼》，李善解《洛神赋》，都沿袭其误，不能辨正。从此以讹传讹，迷误了很多人。直到清代，段玉裁和王念孙才指出这种解说的错误。连绵字被误解的不只“犹豫”一词，还有许多。如“逍摇”，一作“消摇”，是个叠韵连绵字。而成玄英《庄子序》引顾桐柏云：“逍者销也，遥者远也。销尽有为累，远见无为理，以斯而游，故曰逍遥。”〔唐〕释湛然《止观辅行传宏决》引王昚夜又云：“理无幽隐，消然而当；形无巨细，摇然而通，故曰消摇。”两说都是错误的。又如“狼藉”，亦作“狼籍”、“狼疾”，也是连绵字，而翟灏《通俗编》引《苏氏演义》，解为“狼藉草而卧，去则灭乱。”

《诗·小雅·北山》“鞅掌”，也是叠韵连绵词，郑玄则误释为：“鞅犹何也，负何捧持以趋走，言促遽也。”可以看出，郑认为鞅是马肚带，故训作负荷，掌是手掌，故训作捧持。黄焯说：

> 《庄子·庚桑楚》篇：“拥肿之与居，鞅掌之为使”，其以鞅掌、拥肿连称，即由声义相近之故……鞅掌之义，以形状言，即同拥肿；以事物言，则为烦多。《庄子·在宥》篇“游者鞅掌以观无妄”，即为众多之义。此类形容词义多即寓于声，不得逐字生解。①

黄焯所言极是。诗云：“或燕燕居息，或尽瘁国事”，“或栖迟偃仰，或王事鞅掌”。“王事鞅掌”就是王事繁多，不必用什么马肚带负荷、捧持、趋走辗转，以求其通。

造成骈词单释的一个客观原因是汉字形音义具有紧密结合的特点。汉民族每个识字的人，只要看到一个汉字，就立即想到它的音和义，即使外来的音译词，常常也有人根据记录语音的汉字字义赋以新解。如“和尚”本是梵语音译词，也叫“和社”、“乌尚”，但有人认为是“以和为尚”的意思。李时珍《本草纲目》解释“葡萄”：“人甫饮之，陶然而醉。”王安石认为“蜘蛛”是“设一面之网，物触后诛之，知乎诛者也。”

以上这些学者的误解正应了我们前面所说的，即使博雅君子，都容易犯拆骈为单的错误。

9. 不懂古义

语言的词义，随时演变。后人读古书，不懂得古义，往往用今义去解释

① 见黄焯《毛诗郑笺平议》卷六。

古语，这样就会产生误解。俞樾的《古书疑义举例》有“不达古语而误解例”，一共举了十六个例子。这里选录三条：

“艸蔡”，古语也。《说文·丰部》：“丰，艸蔡也。象艸生之散乱也。”亦或作“草窃”。窃与蔡一声之转。“艸蔡”之为“草窃”，亦犹《庄子》“窃窃”之或为“察察”也。《尚书·微子篇》：“好草窃奸宄。”“草窃”即“艸蔡”，其本义为艸乱。引申之，则凡散乱者皆得言之，故与奸宄连文。“好草窃”，即好乱也。《梅传》训为“草野窃盗”，不达古语矣。

“旅距”，古语也。《后汉书·马援传》：“黠羌欲旅距。”李贤注曰：“旅距，不从之貌。”亦或作“据旅”。据与距声近。《说文·酉部》：“醵或作酟”是其证也。“旅距”、“据旅”，语有倒顺耳。凡双声叠韵之字，往往如此。《大戴礼·曾子制言篇》：“行无据旅。”言其行之无所违也。卢注训为“守直道无所私”，未达古语。

“逡巡”，古语也。亦或作“逡遁”。汉《郑固碑》：“逡遁退让”是也。亦或作“蹲循”。《庄子·至乐篇》：“忠谏不听，蹲循勿争。”按《外物篇》释文引《字林》曰：“踆，古蹲字”。然则汉碑作“逡遁”，《庄子》作“蹲循”，字异而义同，谓人主不听忠谏，则人臣当逡巡而退，勿与争也。郭注曰：“惟中庸之德为然。”此不达古语而曲为之词。

但是，我们还要注意另外一种情况，即某一个词语在句中用的是变化了的引申义，这时，如果我们还是用它的本义或古义来解释，这也是不妥的。例如：

《论语·宪问》：“自经于沟渎之中。”“经”原指缢死。但用这个古义解释，别人就要问：既是自缢，为什么要到沟渎里去呢？王夫之想通其意就把沟渎看作地名，他在《四书稗疏》里说：“自经者必有所悬。水中无可悬之物，安容引亢？既已就水际求死，胡弗自沉而犹须缢也。按《史记》“杀子纠于笙渎，召忽自杀。邹诞生作‘莘渎’。《索隐》曰：‘莘笙音相近，居齐鲁之间。渎本音窦，故《左传》又谓之生窦’。然则沟渎地名也。”刘宝楠《论语正义》又是一种说法：“《说苑·善说篇》：‘管子者，天子之佐，诸侯之相也，死之则不免为沟中之瘠’，与此注合。皆不以沟渎为地名也。”刘意是说，人“经”死后，成了田土，就是“经于沟渎”。其实，这里的“经”已不是缢死的原义，只泛指一般的自杀。杨伯峻把这句话翻译为“在山沟中自杀”，不作“吊死在山沟中”。杨氏说法是对的。又如《史记·魏其武安侯列传》："自引谢病，拥赵女"，《汉书·东方朔传》："作俳优，舞郑女"，这里的赵女、郑女已是美女的代称，不必认为是从赵国、郑国选出来的美女。

10. 不通语法

《绪论》中我们提到，训诂离不开语法分析，否则弄通文意几乎不可能。而古代学者虽然语法观念产生较早，但系统的语法分析却很迟。因此，在训诂中因语法分析不当而导致误训的不在少数。这也是旧传注的弊端之一。现从两方面作简单叙述：

一是虚实不辨。较多的是误虚为实，就是把虚词误认为实词。这在古代训诂中，也是常见的。王引之《经传释词·自序》说："自汉以来，说经者宗尚雅训，凡实义所在，既明著之矣，而语词之例，则略而不究；或即以实义释之，遂使其文扞格，而意亦不明。"在《经义述闻》的《通说》中，他列出了"语词误解以实义"一条。现节录其中一段如下：

> 为，语助也。《论语》颜渊曰："何以文为？"言何用文也。而解者云，何用文章以为君子，则失之矣。子路曰："虽多，亦奚以为？"言虽多亦何用也。而解者云，亦何所为用，则失之矣……
>
> 如，而也。《邶风·柏舟》曰："耿耿不寐，如有隐忧。"言耿耿不寐而有隐忧也。而解者云，如人有痛疾之忧，则失之矣。《小雅·车攻》曰："不失其驰，舍矢如破"，言舍矢而破也。而解者云，如椎破物，则失之矣。如，乃也。《大雅·常武》曰："王奋厥武，如震如怒"，言乃震乃怒也。而解者云，如天之震雷其声，如人之勃然其色，则失之矣。

下面再举两例：

> 《论语·为政》："施于有政"，《集解》引包咸注谓施于有政道，把"有"误以为"有无"的有。"有"应当是语助词，它通常和后面的单音节名词或形容词结合在一起，构成复音词。"有政"就是"政"，这里特指执政的卿相大臣。"政"又通"正"。《尔雅·释诂》："正，长也。""施于有政"就是延及到卿相大臣。杨树达说："包训施为行，训施于有政为所行有政道，不辞甚矣！"①

---

① 杨树达：《积微居小学金石论丛》卷五，中华书局1983年版。

> 《汉书·韩信传》："此在兵法，顾诸君弗察耳。"句中的"顾"是转折连词，"只不过"的意思。《礼记·祭统》："是故上有大泽，则惠必及下，顾上先下后耳。"郑玄注："顾，但也。"《汉书》"顾诸君未察耳"的"顾"也当是"但"，是个虚词，而颜师古注云："顾，念也"，这也是误虚为实。

与此相反，也有误实为虚的。例如《诗》、《书》中的"诰繇"、"诰猷"、"告犹"、"猷告"等，都是同义复合词，即"告道"、"教导"的意思。其中的"猷"、"繇"、"犹"同词异形，古训"道"，都是实词。而王引之《经义述闻》一律训为"于"，就是误实为虚。

二是语法结构分析不当。这里也举几个例子：

> 《论语·卫灵公》："由，知德者鲜矣。"集解引王肃说："君子固穷，而子路愠见，故谓之少于知德者也。"皇侃疏云："呼子路语之云：夫知德人难得，故为少也。"陈澧《东塾读书记》卷二："皇疏最精确……王肃说非是……皇疏解知德为知德之人，文义最明。若如王肃说，则'者'字何所指乎?"

按：《论语》原文，"由"在呼位，"知德者"是主语，"鲜"是谓语。依王肃说，"由"成了主语，"知德"成了"鲜"的补语，前面可加"于"字作介词，后面的"者"字应删去（即将原文改作"由鲜于知德矣"或"由鲜知德矣"）。由此可见，他对这句话的语法结构没有弄清楚，因而也误解了意思。

《墨子·非乐上》引《夏书·武观》云："启乃淫溢康乐，野于饮食。"毕沅校《墨子》，疑"野于"当作"于野"。孙星衍《尚书今古文注疏》卷三十说同，并训"于"为往。按：毕、孙二说皆误，俞樾《古书疑义举例》卷一已指出："野于饮食"就是"饮食于野"，和《左传·昭公十九年》"室于怒，市于色"句法相同。"野于"是介宾结构，按先秦汉语的语法结构，介词"于"可以放在它的宾语的后面，而这种介词结构用作补语时，可以提到谓语的前面去。这是先秦汉语的一种特殊语序。毕、孙的误解"野于饮食"，就是由于没有弄清古汉语的这种语法规则。

《左传·昭公十九年》："其一二父兄惧队（坠）宗主，私族于谋而立长亲。"王引之《经传释词》卷一："（私族于谋）言私谋于族也。"《马氏文通》卷七："私族于谋者，谋于私族也。或云'私谋于族也'，是则'私'

为状字，而与‘谋’字不合也，于例不安。”按：马说是。“私”是“族”的定语。王引之把它移在“谋”字上，成了“谋”的状语，和《左传》原文的语法结构不一样，因而意义也就不同了。

《左传·昭公七年》：“及正考父佐戴、武、宣，三命兹益共（共同恭）。故其鼎铭云：一命而偻，再命而伛，三命而俯，循墙而走，亦莫余敢侮。”杜预注：“其恭如是，人亦不敢侮慢之。”黄扶孟《义府》云：“循墙而走，指小儿之学步者。虽学步之小儿，余亦不敢侮之，所谓三命兹益恭也。旧注非。”沈钦韩《左传补注》云：“言无有余所敢侮之人。”按：杜注是。“亦莫余敢侮”即“亦莫敢侮余”。上古汉语否定叙述句，代词作宾语，通常都在动词前。黄、沈的解释都违背了上古汉语这一句法规则，是错误的。

第七章 训诂源流

第一节 萌芽时期——先秦的训诂

(一) 训诂的萌芽与发展

训诂在我国萌芽于什么时候？向来有不同的说法。我们在训诂体式那一章里已经提出了看法。我们认为，我国的训诂最早出现于先秦文献的正文里，远在殷墟出土的甲骨刻辞的正文中就已经发现这种训诂，虽然数量不多，但毕竟是用语言解释语言的训诂材料了。① 稍后，在《尚书》的《禹贡》和《洪范》里也有几条解释词语的文句。② 这些文献也许经过后人的润色，未必是殷商西周的原文，但至迟也是春秋战国时期的著作，作为先秦文献是没有疑义的。

春秋战国时期，散见当时文献正文中的训诂，那就很多了。据张新武的《先秦文献正文中词义训诂辑录》统计，《周易》、《孝经》、《左传》等31部书中共有1 562条。就其所用训诂方法来说，有形训，有音训，有义训。请看下面的例子：

《左传·宣公十二年》："夫文止戈为武。"
《左传·昭公元年》："于文皿虫为蛊。"

---

① 例证见第二章第一节。

② 例证见第二章第一节。

《韩非子·五蠹》："古者，仓颉之作书也，自环者谓之厶，背厶谓之公。"

这三例，都利用字形结构的分析，说明造字的本义，就是后来形训的先例。

再看下面的例子：

《礼记·乐记》："是故乐者乐也，君子乐得其道，小人乐得其欲。"
《管子·心术上》："义者，谓各处其宜也。"
《庄子·齐物论》："庸也者用也，用也者通也。"
《孟子·尽心下》："征之为言正也。"
《荀子·大略》："礼者，人之所履也。"

这些例子中，以快乐之乐训音乐之乐，以宜训义，以用训庸，以通训用，以正训征，以履训礼，就是因声求义，为后来的音训开了先河。

又如：

《管子·心术下》："因也者，舍己而以物为法者也。"
《孟子·滕文公上》："夏曰校，殷曰序，周曰庠，学则三代共之。"
《韩非子·解老》："凡失其所欲之路而妄行者之谓迷。"

这些都是利用定义或同义相训，后来训诂学上的义训就发源于此。

春秋战国时期，随文释义的训诂也出现了。〔东汉〕徐防说过："《诗》、《书》、《礼》、《乐》，定自仲尼；发明章句，始于子夏。"① 在这里，就是说子夏的《易传》、《丧服传》是儒家经注的鼻祖。〔清〕陈澧则认为儒家经注之祖是孔子所作的《十翼》。② 而章炳麟和吕思勉又认为，在孔子以前，儒家的经典已有传注。

章说见《国故论衡·明解故上》。他说："单襄公论孙周曰：'吾闻之《太誓故》曰：朕梦协朕卜，袭于休祥，戎商必克。'（《周语》）说曰：'故，故事也。'（韦解）往者，宋之役，薛陈之受赐，其书皆在故府。楚申公得随兕之占于故记。故记者，藏在平府。汉亦有掌故官，其以说诗，有故

① 《后汉书·徐防传》。
② 见《东塾读书记》卷四。

训。然则先民言故，总举之矣。有故事者，有故训者。毛诗以外，三家亦有《鲁故》、《韩故》、《齐后氏故》、《齐孙氏故》，斯故训之流也。《书》、《春秋》者，记事之籍，是以有故事。《太誓》有故，犹《春秋》有传。马季长以《书传》引《太誓》者，今悉无有，诚知所引在故，则可与理惑也。诸故事亦通言传，太史公曰：'孔子序《书传》'，又曰：'《书传》、《礼记》自孔氏'（《孔子世家》）。明孔子序《尚书》，兼录其传，故棘下生得通其文。墨翟曰：'武王将事泰山隧'，此盖书之经也。次引传曰：'泰山，有道曾孙周王有事，大事既获，仁人尚作，以祗商夏，蛮夷丑貉，虽有周亲，不若仁人。万方有罪，维予一人。'此则《书》之传也。"（所引见《兼爱》中篇）又说："以尚贤为政之本者，此先王之书，距年之言也。传曰：'求圣君哲人，以裨辅而身。'次引《汤誓》曰：'聿求元圣，与之戮力同心，以治天下。'此距年者，《汤誓》之传也。"（所引见《尚贤》中篇，其下篇引作"竖年之言曰：晞夫圣武知人，以屏辅而身"）其引《甘誓》为禹誓，文亦增多（见《明鬼》下篇），明其在传中。"孟子对汤放桀、武王伐纣之问，即曰'于传有之'。传者，《书传》。及诸完廪、浚井、仇饷之事，皆能明征其状，非《书传》何所据依焉？娄敬引《太誓》，犹有伏生所不著者。敬犹习《书传》，得征其故。要之，《书传》素多族类，自孔子时已有数种。孔安国所以无记录者，以其故传具在。遭巫蛊，未施行，非独《逸书》二十四篇亡佚，虽《书传》亦蠹敝。"

吕说见《燕石札记·传说记》。他说："陈氏澧曰：'《荀子》曰：国风之好色也，其传曰：盈其欲而不愆其止，其诚可比于金石，其声可内于宗庙。'（《大略》）据此，则周时国风已有传矣。《韩诗外传》亦屡称'传曰'。《史记·三代世表》褚先生曰：《诗传》：'汤之先为契，无父而生。'此皆不知何时之传也。"（《东塾读书记》卷六）陈氏所引，实皆孔门诗传，谓"不知何时之传"，误也。然孔子以前，诗确已自有传。《史记·伯夷列传》引佚诗传是也。以此推之，《孔子世家》称'孔子序书传'，'书传'二字，盖平举之辞。孔子序《书》，盖或取其本文，或取传者之辞，故二十八篇，文义显分古近也。"其"《太誓》后得"条也有类似的说法，文繁不备引。

春秋战国时期，儒家以外，其他诸子的著作，也出现了一些注解。如《管子》有《牧民解》、《形势解》、《立政九败解》、《版法解》、《明法解》，就是对《牧民》、《形势》、《立政》、《版法》、《明法》诸篇的注解。又如《韩非子》有《解老篇》和《喻老篇》，就是对《老子》的注解。不过，这些注解只是通其指意，而不是逐字诠释罢了。再如《墨子》有《经上》、

《经下》两篇，又有《经说上》、《经说下》两篇，后者是对前者的注解，“说”就是注解的别名。《韩非子》的《内储说》和《外储说》，都先列经文，然后加以解说，和《墨子》的做法大致相同，当然也有区别，即《墨子》的解说多半是理论上的阐发，而《韩非子》的解说则是用许多故事来论证。

总之，到了战国末期，训诂已经由萌芽而逐步发展，它的对象已经不限于儒家经典，体式也已经多种多样，正像章炳麟所说，不仅有故训，而且有故事了。

（二）训诂萌芽与发展的动力

如前所述，我国的训诂萌芽于殷商时代（前 1711～前 1066 年），到现在已经三千多年，真可以算是一门很古老的学科了。而它产生以后，又经过几百年的时间，到了春秋战国时期，便得到迅速的发展。它较早的萌芽和较快的发展，拿什么作动力呢？这动力不是别的，就是社会交际的需要。我们知道，语言是人类社会最重要的交际工具。人类自从脱出动物界，结成社会以后，无论是发展自己的思维也好，还是组织社会生产，同自然力量作斗争也好，都需要有这种交际工具，来结成群体，战胜敌人，协调劳动，搞好生产。即使在原始社会里，人们也不能不用语言来互相交际。如果同一部落里有外来的人，或这个部落的人到另一部落去，彼此言语不通，这就需要用共同的语言解释各自的方言或不同的部落语言。由此可见，训诂知识在原始社会里也是必要的。可是，在没有文字的初民社会里，这种训诂资料是无法流传下来的。

我国在殷商时代就已经有了文字，并且有了用文字写成的简册。可是识字的人很少，文盲很多，这就需要有识字教育。识字教育，就是要为文盲解释文字，以扫除社会交际中的语言障碍。

周代很重视小学教育，规定学童八岁入小学，保氏教国子，先以六书。① 教学生学习六书，当然也要给他们讲点训诂，使他们能正确地了解语义。

春秋战国时期，百家争鸣，而名家者流好名实之辩，他们对语义的辨析，也有助于语言交际能力的提高。

战国末年，“诸侯力政，不统于王，恶礼乐之害己，而皆去其典籍，分

① 见许慎《说文解字叙》。

为七国……言语异声，文字异形”。① 这很不利于国家之统一，也使古书难以读懂。人们迫切要求懂得古语和方言的人来给他们解释。

上述种种情况，都说明了我们的祖先创立训诂这个学科，目的是为了适应社会交际的需要；而训诂的迅速发展，也的确提高了语言的交际能力。

第二节　兴盛时期——两汉的训诂

公元前221年，秦始皇统一中国，建立了中国历史上第一个专制的中央集权的封建大帝国，为汉民族的形成与发展创造了条件。但是由于秦朝统治者严刑峻法，残暴统治，很快就被农民起义所推翻。公元前202年，经过楚汉之争，刘邦战胜项籍（羽），建立了西汉政权。汉承秦制，总结了秦朝灭亡的教训，发展了统一的多民族的经济和文化。特别是汉武帝时，西汉进入鼎盛时期，使我国在物质文明和精神文明方面，都居当时世界的前列。随着国家经济和文化的发展，训诂学在秦汉两朝，特别是两汉期间，进入了兴盛时期。

（一）兴盛的原因

1. 统治者尊经、博士讲经，促进了训诂的发展

汉武帝采纳了董仲舒的建议，罢黜百家，独尊儒术。尊儒就要读经，因为儒家的思想都保存在儒家经典里头。当时士人和官吏，要得到升迁和重用者，都得诵习儒经。汉武帝设五经(《易》、《书》、《诗》、《礼》、《春秋》）博士，每经都有由中央认定的博士进行讲经。后来，这种博士逐步增加，《诗》有齐、鲁、韩三家，《书》有欧阳和大、小夏侯三家，《礼》有大、小戴两家，《易》有施、孟、梁丘、京氏四家，《春秋》有严、颜两家，共十四家，总称五经十四博士。这些博士为了讲经，都要研究章句，作出注释，这些注释，实际上就是当时由中央审定和认可的教材，类似今天所搞的国家统一的教材建设。这种教材建设，在一定程度上促进了训诂的发展。

2. 秦火之后，要抢救古籍

公元前213年，秦始皇采纳李斯建议，定挟书律，下令焚书。除医卜、种树之书外，凡《秦记》以外的列国史记、私藏的诗书、百家语都要销毁。敢偶语诗书者弃市；以古非今，妖言诽谤者族诛，吏见知不举者同罪；令下三十日不焚者，黥为城旦。凡欲学法令者以吏为师。这就是中

① 见许慎《说文解字叙》。

国政治中以官为本的官本位思想的确立。公元前212年，侯生、卢生讥讪事觉，坑儒生方术之士四百六十余人于咸阳。这就是历史上有名的"焚书坑儒"事件。这一文化专制主义的措施，就当时天下初定的历史条件看，无疑促进了国家统一的历史进程，但毕竟使许多古代典籍付之一炬，其损失是不可估量的。

汉兴四百多年间，由于社会相对稳定，经济得到发展，国家采取了一系列抢救古籍的措施。楚汉战争中，萧何就曾收藏秦朝所藏图书。西汉初年，几个皇帝都非常重视古籍整理，把这看成是振兴国家的重要措施之一。据《汉书·儒林传》载，汉文帝时，求能治《尚书》者，天下无有。闻有济南人伏生（亦称伏胜），曾任秦博士，懂《尚书》，但此时年已九十，行动不便，不能到京从事古籍整理。汉文帝就派晁错去向他学习《尚书》，用隶书把伏生脑子里记得的《尚书》记录下来。使得这门绝学后继有人。此后，西汉《尚书》的学者，都出于他们的门下。今天，我们所见到的《尚书》二十八篇，就是由伏生口授，经晁错记录而传下来的。相传伏生还作了《尚书大传》，但此事学术界有争论，也可能是他的学生张生和欧阳生等人记录他的言论而凑起来的。汉建元元年（公元前140年），武帝刘彻下令要民间献书。汉元光五年（公元前130年），武帝又下诏调吏民中明世务，习儒术者，令与各郡国上计吏同诣京师，集中抢救古代典籍。汉代最大的一次抢救文化遗产的工作，是汉河平三年（公元前26年）由汉成帝下诏，派陈农到各地求遗书，命刘向校经传、诸子、诗赋；任宏校兵书；尹咸校数术；李柱国校方技。刘向是总负责人。皇帝亲自过问这项工作。其他人校完之后，都由刘向做叙录，然后连同原本送皇帝审阅。刘向校书20年，有《别录》存世。他死以后，汉哀帝又令他的儿子刘歆完成这一巨大工程。刘歆继承父业，精心整理，终于完成了历史上有名的图书总录《七略》。① 《七略》收集综合了从西周以来的重要典籍，它在文化史上的价值不亚于《史记》在历史学上的价值。刘向、刘歆在校书中，不但做了大量书目编撰、版本校勘等方面的工作，而且做了许多训诂方面的工作。并在此基础上对许多古籍作了学术性的总评和分论。可惜，这两部巨著早已亡佚。好在班固曾据《七略》作《汉书·艺文志》，我们还可从《汉书·艺文志》中窥其梗概。

总之，汉代训诂学的兴起，与秦火之后，汉代统治者重视整理古籍的工

① 《七略》是刘向《别录》的简编。《别录》中有"辑略"，为其余六略分门别类的总要。详见《汉书·艺文志》和姚振宗《七略别录佚文序》、《七略佚文序》。

作息息相关。

3. 隶书通行，人们看不懂古文经籍，需要注解

前面说过，春秋战国时期，“言语异声，文字异形”。为了统一文字，早在周代，周宣王太史作《史籀》十五篇①，这是一种笔画繁复的字体，后世称它为大篆或籀文。到战国时期，齐鲁一带又通行一种比大篆更为简省的字体，汉代人称它为古文、蝌蚪文或孔壁古文。秦统一后，李斯据籀文、古文，进一步整理和减省笔画作秦篆，也叫小篆。小篆之后，民间又流行一种笔画更省的隶书。这种隶书，到汉代就已成为通行文字。当时，官府公文和太学中的教科书——儒家的经典，都是用这种隶书写的。隶书所写的儒家经典就叫今文经。前边谈到汉代抢救遗产，当时朝廷多次下诏求遗书，结果，“百年之间，书集如山”。② 绝大部分是凭人们的记忆，用隶书记录下来的。汉武帝太始四年（公元前 93 年），鲁恭王扩建住宅，拆毁了一座孔子住过的旧房子，从孔宅夹壁中得到了用古文写的《尚书》、《礼记》、《论语》、《孝经》。③ 孔壁出土的这批经书，后来就叫古文经。当时，去古已远，一般人已看不懂篆籀古文，需要对这批儒家经典进行解释。有一个叫孔安国的人，是孔子的十二世孙，能看懂古文，曾奉诏为《尚书》作传。他还写了《古文孝经传》和《论语训解》，有不少人跟他学习，于是就形成了经学中的古文学派。这是西汉早期的古文经学。现在流传下来的所谓孔安国《尚书传》，据清人考证，是东晋梅赜的伪作，因此被称为伪孔传。④ 但不管这个事实如何，孔安国在当时认识古文，做了许多训诂的工作，却是可以肯定的。到东汉，古文经学在民间盛行，一些著名的思想家、史学家和语言学家，如桓谭、班固、王充、贾逵、许慎、马融、郑玄等，都成了博通群经的古文经学大师。他们不但“通训诂，举大义”，而且其中如王充等人，还反对谶纬迷信，具有一定的唯物主义思想。这些学者的著作，留传至今，仍然熠熠闪光。伴随着这些大学问家的学术活动，训诂这门实用的学科，也就大为兴盛起来，它渗透到各个学术领域，发挥了“释古今之异言，通方俗之殊语”的作用。

---

① 此据许慎《说文解字·叙》，近人龚孝珙《说文董理后篇》、王国维《史籀篇疏证·序》都认为籀文是春秋战国时代的西方文字，也就是秦始皇以前的秦国文字。籀非人名。

② 刘歆：《七略》语。

③ 见《汉书·艺文志》。

④ 见《四库全书总目提要·经部·书类一》。

（二）兴盛的表现

1. 儒家经典的注释大批出现

据《汉书·艺文志》记载：《易》有《易传》周氏一篇、服氏二篇、杨氏二篇、蔡公二篇、韩氏二篇、王氏二篇、丁氏八篇、古五子十八篇、淮南道训二篇、古杂八十篇、孟氏京房六十六篇、五鹿充宗略说三篇、京氏段嘉十二篇，章句，施、孟、梁丘氏各二篇；《书》有传四十一篇、《欧阳章句》三十一卷、《大小夏侯章句》各二十九卷、《大小夏侯解故》二十九篇、《欧阳说义》二篇；《诗》有《鲁故》二十五卷、《鲁说》二十八卷、《齐后氏故》二十卷、《齐孙氏故》二十七卷、《齐后氏传》三十九卷、《齐孙氏传》二十八卷、《齐杂记》十八卷、《韩故》三十六卷、《韩内传》四卷、《韩外传》六卷、《韩说》四十一卷、《毛诗故训传》三十卷；《礼》有《中庸说》二篇、《明堂阴阳说》五篇、《周官传》四篇；《春秋》有《左氏传》三十卷、《公羊传》十一卷、《谷梁传》十一卷、《邹氏卷》十一卷、《夹氏传》十一卷、《左氏微》二篇、《铎氏微》三篇、《张氏微》十篇、《虞氏微传》二篇、《公羊外传》五十篇、《谷梁外传》二十篇、《公羊章句》三十八篇、《谷梁章句》三十三篇、《公羊杂记》八十三篇、《公羊颜氏记》十一篇；《论语》有《鲁传》十九篇、《齐说》二十九篇、《鲁夏侯说》二十一篇、《鲁安昌侯说》二十一篇、《鲁王骏说》二十篇、《燕传说》三卷；《孝经》有《长孙氏说》二篇、《江氏说》一篇、《翼氏说》一篇、《后氏说》一篇、《杂传》四篇、《安昌侯说》一篇。这些都是西汉人为儒家经典所作的注释。

东汉时期，学者所作注释仍然比较集中在儒家经典方面。据钱大昭《补续汉书艺文志》所载：《易》有樊英《易章句》、彭宣《易传》、袁京《难记》、宋忠《周易注》、马融《周易注》、郑玄《周易注》、荀爽《易传》、刘表《周易章句》；《书》有朱普《欧阳尚书章句》、牟卿《尚书章句》、桓荣《欧阳尚书章句》、桓郁《欧阳尚书章句》、牟长《尚书章句》、刘陶《尚书训诂》、张楷《尚书注》、周防《尚书杂记》、卫宏《古文尚书训旨》、贾逵《欧阳大小夏侯尚书古文同异》、马融《尚书注》、张奂《尚书记难》、卢植《尚书章句》、郑玄《尚书注》、荀爽《尚书正经》；《诗》有伏黯《齐诗解说》、伏恭《齐诗章句》、薛汉《韩诗章句》、杜抚《韩诗题约义通》、赵长卿《诗细》、张远《韩诗章句》、侯包《韩诗翼要》、马融《毛诗注》、贾逵《毛诗集义难》、郑玄《毛诗笺》、吕叔玉《诗说》、荀爽《诗传》；《礼》有卢植《三礼解诂》、曹充《庆氏礼章句辨难》、曹褒《礼通义》、郑玄《仪礼注》、马融《丧服注》、卫宏《周官解诂》、杜子春《周官注》、郑兴《周官解诂》、郑众《周官传》、贾逵《周官解诂》、马融《周官传》、郑玄《周官注》、高诱《礼记注》、卢植《礼记注》、郑玄《礼记注》、荀爽《礼传》、景鸾《月令章句》、蔡邕《月令章句》；《春秋》有孔嘉《左氏说》、服虔《左氏传解谊》、《春秋塞难》、《春秋成长说》、《左氏膏肓释痾》、郑兴《左氏传条例章句训诂》、贾逵《左氏传解诂》、郑众《春秋难记条例》、陈元《左氏训诂》、延笃《左氏传注》、王珍《左氏达义》、李譔《左氏指归》、乐详《左氏问》、《谢氏释》、许淑《左氏传注解》、彭汪《左氏奇说》、樊儵《删定公羊严氏春秋章句》、何休《公羊解诂》、《公羊墨守》、《左氏膏肓》、《谷梁废疾》、郑玄《发墨守》、《鍼膏肓》、《起废疾》、张霸《减定严氏春秋章句》、荀爽《公羊问答》、刘陶《春秋训诂》、马融《三传异同说》、孔融《春秋杂议难》；《论语》有周氏《论语章句》、沛献王辅《论语传》、何休《论语注训》、马融《论语注》、郑玄《论语注》、《论语注释义》、麻达《论语注》；《孝经》有何休《孝经注训》、郑玄《孝经注》、高诱《孝经解》、宋均《孝经皇义》；《孟子》有赵岐《孟子章句》、程曾《孟子章句》、郑玄《孟子注》、刘熙《孟子说》等。

在东汉为儒家经典所作的注释，比西汉要多得多。除以上所举随文释义的以外，还有总释群经的，如班固的《白虎通义》、许慎的《五经异义》、郑玄的《驳五经异义》、《六艺论》、郑小同的《郑志》、王肃的《圣证论》等。

总之，两汉时期儒家经典的注释大量增加，这在历史上是罕见的。这是统治阶级独尊儒术的结果，也是两汉时期训诂成为经学附庸的具体表现。不要小看这“经学附庸”四个字，这些经学著作，正是当时官方法定的有关文学、历史、政治、经济、哲学乃至整个文化各门各类的教科书，作为解释这些学科的训诂学，能“附庸”其中，实在是一门包罗万象、地位非常重要的学问了。

2. 道家和其他著作也有一些注释

儒家以外的著作，西汉人为之作注的只有《老子》一家。《汉书·艺文志》载有《老子邻氏经传》四篇、《老子傅氏经说》三十七篇、《老子徐氏经说》六篇、刘向《说老子》四篇。另有河上公《老子注》。相传河上公是汉文帝时人，但《汉书·艺文志》未载此书，也可能是后人所依托。在东汉，注释的范围进一步扩大。除《老子》有马融和严遵两家的注释外，还有为《国语》、《战国策》、《史记》、《汉书》、《吕氏春秋》、《楚辞》，以及纬书、术数之类著作作注的。如郑众《国语章句》、贾逵《国语解诂》、杨终《春秋外传改定章句》、高诱《战国策注》、《吕氏春秋注》、许慎《吕氏春秋注》、延笃《史记音义》、应劭《汉书集解音义》、服虔《汉书音训》、王逸《楚辞章句》、马融《离骚注》、宋均《易纬注》、《书纬注》、《诗纬注》、《礼纬注》、《乐纬注》、《春秋纬注》、《孝经纬注》、郑玄《易纬注》、《书纬注》、《尚书中侯注》、《礼纬注》、《礼记默房注》、何休《风角注训》、《七分注训》、郑玄《黄帝九宫经注》、《九宫行棋经注》等。这一方面说明当时的训诂开始摆脱儒家经学附庸的地位，也反映出当时道家学说和谶纬迷信思想对训诂学有很深的影响。

3. 出现了通释语义的专著

在注释盛行的汉代，通释语义的训诂专著也开始出现。首先是《尔雅》。

《尔雅》这本书的撰著人，从前有三种说法：郑玄《驳五经异义》云："玄之闻也，《尔雅》者，孔子门人所作，以释六艺之言，盖不误也。"《西京杂记》卷三引扬雄说："《尔雅》，孔子门徒游、夏之俦以解释六艺者也。"这是第一种说法。张揖《上〈广雅〉表》云："昔在周公……践阼理政，六年制礼，以导天下，著《尔雅》一篇，以释其义。……今俗所传三篇，或言仲尼所增，或言子夏所益，或言叔孙通所补，或言沛郡梁文所考，皆解家所说，先师口传……疑不能明也。"这是第二种说法。欧阳修《诗本义》云："《尔雅》……考其文理，乃是秦汉之间学诗者纂集说诗博士解诂。"《朱子语类》云："《尔雅》是取传注以作，后人却以《尔雅》证传注。"《四库全书总目提要》也认为"其书在毛亨以后，大抵小学家缀辑旧文，递相增益，周公、孔子，皆依托之词"。这是第三种说法。我们认为第三种说法比较可信。

《尔雅》是我国第一部词典，它汇集了春秋战国至秦汉时期我国训诂研究的丰富成果，加以系统整理，以释古今之异言，通方俗之殊语，并且分类诠释各种名物，为我国训诂学奠定了良好的基础。所以，它一出世，就受到人们的重视，有很多训诂家对它进行了研究，并为它作注。据《隋书·经籍志》和《经典释文·序录》记载，仅汉代的注释者就有犍为文学、刘歆、樊光、李巡、孙炎五家。

汉代的训诂专著，除《尔雅》以外，还有扬雄《方言》十三卷、刘熙《释名》八卷、服虔《通俗文》一卷、佚名《小尔雅》一卷。《方言》不仅是训诂学的重要著作，而且是我国方言学的先驱。《释名》因声求义，推求事物名称的由来，为我国语源学开了先河。《通俗文》专释不登大雅之堂的俚言俗语，在那崇古的汉代，敢于这样做，也是值得敬佩的，可惜其书已佚。清人虽然辑录了一些，但到底残缺不全了。《小尔雅》，《汉书·艺文志》记作《小雅》，其书也久已亡佚。后人取《孔丛子》第十一篇来代替。《孔丛子》，旧题汉孔鲋著，实出伪托，① 但终究是汉人的著作，而且这一篇解释词义，可补《尔雅》的阙略，颇有可取，故讨论汉代的训诂学，也不应该埋没它。

东汉许慎的《说文解字》，也是我国训诂学中一部重要著作。不过，它不是专释语义的，而是对文字的形、音、义作全面说解。从前目录书只把它归入解释字形的字书一类，这是不全面的。

总之，汉代训诂学的成就是巨大的，以上所举专释语义的专著，前面训诂体式两章已有较为全面的评述，这里从略。

（三）两汉训诂的特点

1. 确定了随文注解和通释语义两种基本形式

从上节所述可以看到，两汉时期与先秦时期训诂学比较起来，有一个突出的特点，是训诂学研究中随文注解和通释语义这两种基本形式已经确立，这是训诂学发展史上的一个里程碑。

语言是社会的交际工具，词汇作为语言的建筑材料，它的意义有两重性。首先，词义应当是抽象的、概括的，是为社会所公认的，但是，这并不妨碍词义具有具体性和灵活性。当词按照一定的语法规律进入句子结构并联成篇章时，这个词在句中的意义常常是具体的、灵活的。训诂的目的，既要说明词义在一般情况下的抽象性和概括性，又要说明某些词在具体文句中的词义的具体性和灵活性。训诂学的实践表明，在其萌芽阶段，常常只有一些随文的注解，它的任务只在解释一字一词在具体语言环境中的词义，即比较集中地解释词义的具体性和灵活性。因此，随文注释的大量出现，还只是训诂材料的积累，只有通释语义专著的出现，才是真正的训诂学的开始。这是因为，训诂的第一要义是要揭示字、词的抽象的、概括的意义。所谓通释语义，就是概括词义的工作。《尔雅》在这个时期的出现，不是偶然的，而是和先秦以来大量随文注解的训诂实践分不开的。《尔雅》按事类区分词语，全书十九章，前三章释诂、释言、释训，占全书的三分之一。释诂主要以今语释古语；释言主要解释常用字义；释训主要解释形容词和副词；释亲以下，是各类名物字的解释，可以说大致是按字义性质分类的。尽管这种分

---

① 见《四库全书总目提要·子部·儒家类一》。

类，从现代语言学观点看，还不是从语法的角度进行词类划分，但在古代，这种中国式的语义学的划分，还是难能可贵的。此外，《尔雅》还按同义原则分条释义，这实际上是从同义词的角度对字、词义进行抽象和概括。这种概括，从今天词典学高度看，当然很不全面。但在那个时候，这在词义研究上却是一个创举，是从解释词的具体性、灵活性，进入到解释词的抽象性和概括性。《尔雅》正是用这经过抽象和概括的词义，对"古今方国"的语言材料进行通释，所以后人就有可能利用它来对其他古书进行注释。汉代毛亨和许慎等就曾以《尔雅》为宗，对《诗》、《书》作出解释。一直到今天，我们研究训诂，为古书作注，还把《尔雅》作为根底之作，原因就在这里。在汉代，随文注解和通释语义这两种基本形式的确立，正是训诂学走向成熟的标志。

2. 开始由语文学领域进入语言学领域

"语文学"和"语言学"这两个名称都是从外国移植过来的。在英语里，语文学叫做 philology，语言学叫做 linguistics。前者指对文字或书面语言的研究，特别着重对文献资料的考证和故训的寻求；后者则指对语言本身的研究。有人认为中国在"五四"以前所作的语言研究大致是属于语文学范围的。这个论断似乎值得商榷。"五四"以前，我国的语言研究范围很广，除了传统的文字学、音韵学、训诂学以外，还包含着方言学、语法学、语源学等。它们都有各自的特色，不能用外来的相应学科强相比附。其中的音韵学、方言学、语源学，显然都以口头语言为研究对象，其研究方法又不特别着重对文献资料的考证和故训的寻求，不应该硬把它们排斥在语言学之外。即使就训诂学来说，它不仅要"释古今之异言"，也要"通方俗之殊语"，并不是只研究文字或书面语言，也不是只考证文献，寻求故训。当然，它们的研究对象和研究方法可以有所侧重，但是它们之间却没有什么不可逾越的鸿沟。这里只就《尔雅》、《通俗文》、《方言》三部训诂专著谈谈两汉训诂学从语文学领域进入语言学领域的情况。

刘熙《释名·释典艺》解释《尔雅》说："尔，昵也。昵，近也。雅，义也。义，正也。五方之言不同，皆以近正为主也。"用现在的话来说，《尔雅》这部书所以叫做《尔雅》，就是要使方言接近标准语，使语言逐渐规范化。由此可见，昔人作《尔雅》并不专为解经，主要目的还在促进语言的规范化。这样，训诂学从《尔雅》问世以后，就有由语文学领域转向语言学领域的趋势了。

汉末训诂学专著中还有服虔的《通俗文》一书，也是训诂学由语文学领域进入语言学领域的一个标识。《通俗文》也省称为《通俗》。这"通俗”和现在所说的通俗不同，是通向俗语的意思。“通俗”和“尔雅”正好相对。“尔雅”要方言俗语接近“雅言”、“标准语”，而“通俗”却要“雅言”、“标准语”通向方言俗言。二者殊途而同归，都是想沟通“古今异言”和“方俗殊语”。这就必然要推动训诂学从语文学领域转向语言学领域。

至于扬雄的《方言》，向来被视为训诂专著，其实它也是我国方言学奠基之作。它以汉代人民口头活语言为研究对象，而且所用的方法又是走出书斋，深入群众（上计孝廉、内郡卫卒），调查研究27年，才编著成书，这和现代语言学者调查方言所用的科学方法并没有什么不同。这是一部地地道道的语言学著作。我们可以说扬雄通过他的《方言》，已经在一千九百多年以前就把训诂学推进到语言学领域中去了。

3. 把形、音、义三者结合起来进行研究

汉字直到现在，还是一种表意文字，字的形、音、义三者密切结合在一起。可是说解文字的人，从周秦直到东汉，很少有明白这个道理的。他们或者只就形索义，或者只因声求义，不能把形、音、义结合起来进行解释。只有“五经无双”的许叔重才懂得结合形、音，诠释字义的妙处。于是作《说文解字》，采集10 516个字，每一个字都既释其义，又解其形，并注其音。于是字的形、音、义就密切结合起来，因而能够做到“隐括有条例，剖析穷根源”。

段玉裁注《说文解字》，对许书的这种说解方法给以很高的评价，他说：“许以形为主，因形以说音说义。其所说义与他书绝不同者，他书多假借，则字多非本义。许惟就字说其本义，知何者为本义，乃知何者为假借，则本义乃假借之权衡也。”又说：“许君之书，主就形而为之说解，其篆则形也。其说解则先释其义，若‘元’下云：‘始也’，‘丕’下云：‘大也’是也。次释其形，若‘元’下云：‘从一从兀’，‘丕’下云：‘从一从不’是也。次说其音，若兀为声，不为声，及凡读若读某皆是也。必先说义者，有义而后有形也。音后于形者，审形乃可知音，即形即音也。合三者以完一篆，说其义而转注、假借明矣；说其形而指事、象形、会意明矣；说其音而形声、假借愈明矣。一字必兼三者，三者必互相求。万字皆兼三者，万字必以三者彼此交错互求。说其义而转注、假借明者，就一字为注，合数字则为转注。异字同义为转注，异义同字则为假借。故就本形以说义而本义定。本义既定，而他义之为借形可知也，故曰说其义而转注假借明也。说其形而指事、象形、形声、会意明者，说其形，则某为指事，某为象形，某为独体之象形，某为合体之象形，某为合二字之会意，某为合二字之形声，某为会意兼有形声，皆可知也。说其声而形声、假借愈明者，形声必用此声为形，假借必用此声为义。”段氏这一段话，揭示了《说文》把形、音、义结合起来进行研究的用心，能发千古的奥秘，启示后学以治学的门径。

4. 经今文学与经古文学之争对训诂的影响

汉代经学中今文学派与古文学派的斗争，对训诂影响极大，这两个学派都重师承、讲家法，成为汉代训诂的又一特色。

在前面，我们已经谈到过汉代经学中今文学派与古文学派的一些情况。按理说，用隶书写的今文经和用古文写的古文经，只是书写字体不同，不应有很大的矛盾。但事实并非如此。在汉代，解释这两种不同字体的儒家经典，却形成了两个具有不同理论观点和学术风气的派别。而且这两个学术派别，又和当时统治阶级内部的斗争紧密相连，简直闹得水火不容，势不两立。

今文经学，是由朝廷认可的博士传授的，它的创始人是董仲舒，代表作是他的《春秋公羊学》。他是汉代统治阶级中的御用学派。今文经学的特点是根据当时统治者的政治需要，对先秦儒家经典进行训释。他们认为孔子是“托古改制”的，孔子所删《诗》、《书》、《礼》、《乐》、《春秋》诸典籍中，有许多“微言大义”，今文经学的任务就是要阐发这种微言大义。因此他们常在注释中大搞穿凿附会，烦琐考证。今文经学还大搞谶纬迷信，神化儒家经典，宣传“天不变，道亦不变”的唯心论哲学。这种经学在汉代盛行全国。据《汉书·儒林传赞》载：“自武帝立五经博士，开弟子员，设科射策，劝以官禄，讫于元始，百有余年，传业者浸盛，支叶蕃滋，一经说至百余万言，大师众至千余人，盖禄利之路然也。”

与今文经学相反对的是古文经学，它反映了一些非当权的统治者的利益。它的特点是，在解释先秦儒家经典时，注重语言文字的训诂，按照字义来解释经文，不逞臆说，不过多地搞烦琐考证，也不虚妄迷信，比较实事求是，所以后人称之为朴学。古文经学的成果传留下来的较多，今天我们所读到的汉代的注释，主要是这部分著作。但古文经学在当时是受排斥的，他们一直不能列入学官，没有博士头衔。刘歆在整理古籍时，发现了《春秋左氏传》、《毛诗》、《逸礼》和《古文尚书》，并调查了古文经在民间流传的情况，建议为它们立学官，结果，遭到今文博士们的强烈反对。刘歆写了《移太常博士书》，抨击今文经师们“抱残守缺”，是一篇著名文章，表明了古文经学的批判精神。王莽改制，以《周礼》为理论根据，曾立古文经博士。随着改制的失败，这种博士也被取消了。汉光武帝想收揽古文经学派，决定立《左氏春秋》博士，由于群臣的反对，不久也就废除了。汉明帝时，贾逵想提高古文经学的地位，上书说《左传》与谶纬相合，可以立博士，至汉章帝时也只同意让《左传》、《谷梁传》、《古文尚书》、《毛诗》四经公开讲学，但不允许设立博士，也就是说不把古文经学作为仕进之路。尽管如此，在汉代，由于今文经学谶纬化，解释经典牵强附会，脱离语言实际，招致古文经学派的大力批判，古文经学仍然在民间发展。继孔安国之后，古文经著作陆续问世。到东汉，古文经学大盛，大师辈出。其中，许慎著《说文解字》，集古文字学、古文经学和训诂学之大成，对专事穿凿附会、不懂文字形义的今文经学是一个全面的批判，显示了古文经学具有语言文字方面的坚实基础。班固的学生马融注《孝经》、《论语》、《毛诗》、《周易》、《三礼》、《尚书》等，使古文经学达到成熟境地。马融的门徒众多，著名的有马日磾、卢植、郑玄等人，其中，郑玄遍注群经，其成就超过马融。据《后汉书·郑玄传》载："融门徒四百余人，升堂进者五十余人。融素骄贵，玄在门下，三年不得见，乃使高业弟子传授于玄。玄日夜寻诵，未尝怠倦。会融集诸生考论图纬，闻玄善算，乃召见于楼上，玄因从质诸疑义，问毕辞归。融喟然谓门人曰：郑生今去，吾道东矣！"郑玄注古文经，兼采今文说中有用的成分，把古今文训诂成就融为一体，时人尊之为郑学。魏晋以后的儒学，都是从郑学发展起来的。郑玄门徒更多，弟子上千人。郑玄所注，计有《周易》、《尚书》、《毛诗》、《周礼》、《仪礼》、《礼记》、《论语》、《孝经》、《尚书大传》、《中候乾象历》，又著《天文七政论》、《鲁礼禘祫义》、《六艺论》、《毛诗谱》、《驳许慎五经异义》、《答临孝存周礼难》，凡百余万言。后来，他的弟子又把他教授《五经》的一些意见集中起来，依《论语》的体例作《郑志》八篇。

今文经学和古文经学尽管有其区别，但就一个人或一部著作来说，今文经学和古文经学有时又交错在一起。今文经学章句繁多，说解混乱，不仅"通人恶烦"，就是一般人也感到头痛。当古文经学开始兴盛时，就连主张今文经学的人也感到有必要"省章句"、"正经义"。公元 79 年，汉章帝大会群儒于白虎观，讲论五经同异，用皇帝名义写《白虎通义》就是做这种工作。《白虎通义》亦称《白虎通》或《白虎通德论》，是对今文经学的一个综合性总结，是一部提要性的著作。这本来是为了抬高今文经学的地位，但奉命写《白虎通义》的不是今文经学家，而是古文经学家班固。这是因为"今文博士一般只会记诵章句，不会概括大义；只能专讲一经，不能兼通五经，要编通义就不得不求助于古文学者"①。班固之后的贾逵、许慎等著名古文经学家，也同时兼讲今文经学。但尽管如此，汉学还是重师承讲家

① 范文澜：《中国通史简编》第二编，人民出版社 1957 年版，第 226 页。

法的。经有数家，家有数说，某一经由某一大师讲授，大师的经说便成为师法，他的弟子照着去讲就叫守家法。例如：《易经》传到汉代，由田何授东武王同子中及洛阳周王孙、梁人丁宽、齐服生，他们都著有《易传》数篇，同授菑川杨何（字叔元）。叔元传京房，京房传梁丘贺，贺授其子临，临授御史大夫王骏，其后丁宽又别授田王孙，孙授施雠（亦作雔），雠授张禹，禹授彭宣，这是西汉师承情况。到东汉，则有马融、荀爽、郑玄、刘表、虞翻、陆绩、王弼等互相传承。① 这里头，不但有古文经学和今文经学的区别，而且就在今文经学中，也有施雠、孟喜、梁丘贺、京房四家的不同。又如《书》自伏生以后，有欧阳生和大、小夏侯三家。《诗》有齐、鲁、韩、毛四家。齐诗本于辕固，后有翼奉、匡衡、师丹、伏理之学。鲁诗本于申公，后有韦氏（玄成）之学。韩诗本于韩婴，后有王吉、食子公、长孙顺之学。《礼》有大戴、小戴、庆氏三家。大戴之后又有徐良氏之学，小戴之后又有桥（仁）杨（荣）之学。《论语》有鲁论、齐论、古论。他们都因师说不同，而其训诂也大有区别。例如：

《诗·关雎》："参差荇菜，左右芼之。"
《齐诗》："芼，草覆蔓。"
《鲁诗》："芼，搴也，取也。"
《韩诗》："芼"作"覒"。
《毛诗》："芼，择也。"郑玄笺："后妃既得荇菜，必有助而择之者。"

同一个"芼"字，各家训诂不同。

又如：《诗》有四始，各家的解释也不同。

《毛诗》以《国风》、《大雅》、《小雅》、《颂》四者为王道兴衰之始，故曰四始。

《齐诗》以《大明》在亥为水始；《四牡》在寅为木始；《嘉鱼》在巳为火始；《鸿雁》在申为金始。

《韩诗》以《关雎》以下十一篇为《风》始；《鹿鸣》以下十篇为《小雅》始；《文王》以下十四篇为《大雅》始；《清庙》以下凡颂文武功德者为《颂》始。

《鲁诗》又以《关雎》三篇为《风》始；《鹿鸣》三篇为《小雅》始；

① 见《周易正义》卷首。

《文王》三篇为《大雅》始,《清庙》三篇为《颂》始。

接触汉代的经注,就要了解这种由于师承和家法所造成的训诂上的分歧。在汉代,只有郑玄“囊括大典,网罗众家,删裁繁诬,刊改漏失”①,成为一代宗师。要了解汉代经注,郑玄是一位关键人物。

这场由孔壁出土古文经引发的经今古文之争,不仅是训诂史上经传文本真伪、文字训诂异同之争,而且,扩大到两派思想倾向,治学方法和学术路线之争,它伴随着中华学术思想史的发展,在不同阶段有不同的表现。汉末战乱,古文经籍多已亡佚。东晋时,梅赜称其发现了古文《尚书》五十八篇,并附有孔安国所作的《传》,曾引起学术界的极大关注。唐代科举取士,编《五经正义》,采用梅本,又使古文经广为流传。宋代疑古风起,学者多怀疑梅本,称其为伪《古文尚书》,伪《孔传》。清代考据风起,阎若璩著《古文尚书疏证》,列举百余条例证,论证《古文尚书》及孔安国传皆为伪书。毛奇龄作《古文尚书冤辞》,逐条驳斥阎说。之后,崔述、段玉裁、王鸣盛、丁晏又各撰专著,支持阎说。直至清末民初,交织着政治矛盾的经学之争,又在廖季平、皮锡瑞、康有为与章太炎、吴承仕之间激烈展开。在这些争论中,更涉及中华学术史上一些十分重要而敏感的问题,诸如古代史料疑信问题,孔子与六经关系及其在学术史上地位问题,这些问题至今仍在争论之中。

第三节　沿袭时期——魏晋南北朝隋唐五代的训诂

魏晋南北朝隋唐五代(220—960 年)是中国历史上的一个重要时期。这一期间,魏晋南北朝约四百年,统治阶级内部战争连绵不断,少数民族统治者对中原的袭扰,造成南北对立,国家分裂,是中国历史上最黑暗最混乱的时期。后来经过隋朝的统一、唐代的兴盛,共 379 年,是封建制度进一步巩固的时期,中国历史又发出了照人的光彩。这前后近八百年间,训诂学沿袭汉人开辟的途径,在继续前进。其特点是:

(一)扩大了训诂的范围

魏晋南北朝时期的注解,仍然以儒家经典为主。《易》、《书》、《诗》、《礼》、《春秋》、《论语》、《孝经》等,都有数十家注解,其中流传至今的

① 《后汉书》卷三十五《郑玄传论》。

有王弼、韩康伯的《易注》、杜预的《春秋经传集解》、范宁的《谷梁传集解》、何晏的《论语集解》等。

到唐代，由于科举制度的建立，特别是唐玄宗时，确定明经、进士两科的考试内容和形式，进士科考诗赋，明经科主要考儒家经典，由皇帝亲自过问儒家经典的注疏工作，这就促使它在更广泛、更深入的基础上展开。

此外，这个时期史部、子部、集部的重要著作，乃至佛家经典，也都有了注释。例如：

魏晋南北朝时期，属于史部的有：〔晋〕徐广《史记音义》、〔宋〕裴骃《史记集解》、〔吴〕韦昭《汉书音义》、〔齐〕陆澄《汉书注》、〔梁〕韦棱《汉书续训》、〔陈〕姚察《汉书训纂》、《汉书集解》、〔隋〕萧该《汉书音义》、晋灼《汉书集注》、〔宋〕裴松之《三国志注》、卢宗道《魏志音义》、〔梁〕刘昭《后汉书注》、〔陈〕臧克《范汉音训》、〔晋〕郭璞《山海经注》、〔北魏〕郦道元《水经注》。

属于子部的，以道家的《老子》和《庄子》的注释为最多，据《隋书·经籍志》，《老子》注疏有三十家，《庄子》注疏有十五家，这是魏晋崇尚玄学的反映。道家另有张湛《列子注》。纵横家有皇甫谧《鬼谷子注》。小说家有〔梁〕刘孝标《世说新语注》。兵家有曹操《孙子兵法注》、魏武王凌《孙子兵法集解》、张子尚《孙武兵经注》、孟氏《孙子兵法解诂》、贾诩《吴起兵法注》。五行类有李氏《九宫经注》。医方类有吕博望《黄帝众难经注》、陶弘景《本草经集注》、雷公《神农本草集注》、姚最《本草音义》、甄立言《本草音义》。

属于集部的有：郭璞《楚辞注》、皇甫遵《参解楚辞》、刘杳《离骚草木疏》、郭璞《子虚上林赋注》、薛综《二京赋注》、张载、刘逵、卫瓘等《三都赋注》、项氏《幽通赋注》、萧广济《海赋注》、徐爰《射雉赋注》、孙壑《洛神赋注》、裴津《山涛集注》、应贞《古游仙诗注》、罗潜《江淹拟古诗注》、沈约《梁武连珠注》、萧纶《梁武帝制旨连珠注》、陆缅《梁武帝制旨连珠注》。

佛教经典的注疏有《大乘经疏》三百七十九卷、《小乘律讲疏》二十三卷、《大乘论疏》四十七卷、《小乘论讲疏》七十六卷、《杂论讲疏》一百三十八卷。

到隋唐时期，经、史、子、集四部的注解都有增加，其中对后世影响较大的有李鼎祚的《周易集解》、陆淳的《春秋集传辨疑》、司马贞的《史记索隐》、张守节的《史记正义》、颜师古的《汉书注》、李贤的《后汉书注》、何超的《晋书音义》、杨倞的《荀子注》、王冰的《黄帝素问注》、李善的《文选注》。这些书一直流传后世，直到今天，它们仍然是我们研究古代文献的重要参考书。

（二）出现了义疏和集解

义疏是兼释经注的一种训诂形式，它萌芽于汉末，而盛行于六朝。汉代的注家，一般只注经而不释注，只有郑玄的《毛诗笺》以毛传为主，既注经文，又申明毛意，所以焦循和方东树都认为它是后世义疏的滥觞。① 他们的意见是比较可信的。陈澧《东塾读书记》卷四认为：西汉人费直的易说是义疏之祖，也可备一说。总之，这种训诂体式，在汉代就有了一些苗头。到魏晋以后，这种兼释经注的义疏就大量地出现了。《隋书·经籍志》所载，就已经“更仆难数”了。这里只稍举几个例子，如：〔宋〕明帝《周易义疏》、〔梁〕武帝《周易讲疏》、〔梁〕萧子政《周易义疏》、〔陈〕周弘正《周易义疏》、〔晋〕伊说《尚书义疏》、〔梁〕巢猗《尚书义》、〔梁〕顾彪《尚书义疏》、〔晋〕谢沉《毛诗义疏》、沈重《毛诗义疏》、舒援《毛诗义疏》、沈重《周官礼义疏》、《仪礼义疏》、皇侃《礼记义疏》、刘炫《春秋左氏传述义》、《春秋公羊疏》、徐邈《春秋谷梁义》、萧子显《孝经义疏》、皇侃《论语义疏》、〔魏〕何晏《老子讲疏》、〔齐〕顾欢《老子义疏》、韦处玄《老子义疏》、〔宋〕李叔之《庄子义疏》、〔梁〕简文帝《庄子讲疏》等。以上都是魏晋南北朝时期的义疏。

到唐代，义疏得到了很大的发展。唐太宗贞观十六年（642 年），命孔颖达、贾公彦、杨士勋等编撰新的符合当时统治者需要的五经义疏，计《周易正义》十卷、《尚书正义》二十卷、《毛诗正义》七十卷、《礼记正义》六十三卷、《春秋左传正义》六十卷，共二百二十三卷，号称《五经正义》。后来，贾公彦又编撰《周礼注疏》四十二卷和《仪礼注疏》五十卷。另有《春秋公羊传注疏》二十八卷，由徐彦编撰。《春秋谷梁传注疏》二十卷，由杨士勋编撰。这些新义疏是当时科举取士的必读教科书，它一直流传到今天，收进了《十三经注疏》。

集解也是这个时期出现的一种新的注释体式。《晋书·郑冲传》云：“初，冲与孙邕、曹羲、荀顗、何晏共集《论语》诸家训注之善者，记其姓名，因从其义，有不安者辄改易之，名曰《论语集解》。”这是集解的一种。

又《晋书·杜预传》云：“（杜预）既立功之后，从容无事，乃耽思经

① 焦说见《孟子正义·孟子题辞疏》。方说见《书林扬觯》。

籍，为《春秋左氏传集解》。又参考众家谱第，谓之《释例》，又作《盟会图》、《春秋长历》，备成一家之学，此志乃成。”《春秋左传正义》卷一杜预《春秋序》云：“分经之年与传之年相附，比其义类，各随而解之，名曰经传集解。”这是集解的又一种形式。这种集解是一个人对经和它的传进行通释，是创造新注。上一种集解则是编辑旧注，两种集解是不很相同的。所以孔颖达疏云：“杜言集解谓聚集经传为之作解，何晏《论语集解》乃聚集诸家义理以解《论语》，言同而意异也。”

这两种形式的集解，在整个魏晋南北朝隋唐五代数量不少，有的传留至今，前文已经涉及，此不赘言。

（三）训诂新著的涌现

这个时期，继《尔雅》、《说文解字》、《释名》等书之后，出现了许多的训诂专著，比较重要的有〔魏〕张揖的《广雅》三卷、〔晋〕葛洪的《要用字苑》一卷、吕忱的《字林》七卷、〔陈〕顾野王的《玉篇》三十一卷。张揖另有《古今字诂》三卷、《难字》一卷、《错误字》一卷。此外还有朱育的《异字》二卷，贾魴的《字属》一卷、周氏的《杂字解诂》四卷、周成的《解文字》七卷、曹侯彦的《字义训音》六卷、《古文字苑》十卷、〔晋〕李彤的《字指》二卷、《单行字》四卷、《字偶》五卷、《古今字书》十卷、杨承庆的《字统》二十一卷、侯洪伯的《字类叙评》三卷、〔宋〕谢康的《要字苑》一卷、殷仲堪的《常用字训》一卷、邹诞生的《要用字对误》四卷、邹里的《要用杂字》三卷、王义的《文字要记》三卷、王劭的《俗语难字》一卷、李少通的《杂字要》三卷、《今字辨异》三卷、《文字整疑》一卷、《正名》一卷、〔梁〕阮孝绪的《文字集略》六卷、薛立的《字宗》三卷、《文字谱》一卷、刘歆的《文字序》一卷、焦子明的《文字通略》一卷、彭立的《文字辨嫌》一卷、戴规的《辨字》一卷、〔后齐〕颜之推的《训俗文字略》一卷、颜延之《诂幼》二卷、〔宋〕荀楷的《广诂幼》一卷、《纂文》三卷，以及〔晋〕谯周的《五经然否论》五卷、杨方的《五经钩沉》十卷、戴逵的《五经大义》三卷、沈文可的《经典大义》十卷等，并见《隋书·经籍志》。从这里可以看出一个可喜的现象，就是研究俗语俗字的渐渐多起来了。

对前代训诂专著进行研究，并作注解的人也不少，其中成绩比较显著的是晋朝的郭璞，他著有《尔雅注》五卷、《方言注》十三卷和《三苍解诂》三卷。此外还有梁沈旋的《集注尔雅》十卷、〔三国 吴〕韦昭的《辨释名》一卷、〔梁〕庾俨的《演说文》一卷①、〔晋〕李轨的《小尔雅解》一卷、佚名的《说文音隐》四卷、〔宋〕吴恭的《字林音义》五卷。

这个时期，方言的研究也有了进步。〔晋〕郭璞的《方言注》就是一部很有价值的方言著作。〔北齐〕颜之推《颜氏家训》中的《书证》、《音辞》两篇，有不少关于方言的精辟论述。〔唐〕李商隐的《蜀方言》三卷，依《尔雅》体制，记录并解释四川方言，也是一种新的尝试，可惜早已亡佚了。

（四）重视少数民族语言和外国语言的研究

我国自周秦时代开始，就重视国内少数民族语言和外国语言的翻译和研究，并为此设立了各种翻译官。《礼记·王制篇》："五方之民，言语不通，嗜欲不同。达其志，通其欲，东方曰寄，南方曰象，西方曰狄鞮，北方曰译。""寄"、"象"、"狄鞮"、"译"，就都是翻译官的名称。《周礼·秋官·大行人》："王之所以抚邦国诸侯者，岁徧存，三岁徧覜，五岁徧省，七岁属象胥，谕言语，协辞命，九岁属瞽史，谕书名，听声音，十有一岁达瑞节，同度量，成牢礼，同数器，修法则，十有二岁王巡守殷国。"这一段，则是为这些翻译官明确职守，规定任务，只是还没有把他们所译的书籍及介绍研究的少数民族语言、外国语言的著作载入史册。到了南北朝时期，这一类的著作，终于在《隋书·经籍志·小学类》中开列出一大批目录来。现在将其中和训诂有关的摘录一些如下：

《国语》十五卷、《国语》十卷、《鲜卑语》五卷、〔后魏〕侯伏侯可悉陵《国语物名》四卷、《国语真歌》十卷、侯伏侯可悉陵《国语杂物名》三卷、《国语十八传》一卷、《国语御歌》十一卷、《鲜卑语》十卷、《国语号令》四卷、《国语杂文》十五卷、《周武帝鲜卑号令》一卷、《杂号令》一卷。有关外国语言的著作有《婆罗门书》一卷、《扶南胡书》一卷、《外国书》四卷。《隋书》的编者对这方面著作作了如下说明：

> 自后汉佛法行于中国，又得西域胡书，能以十四字贯一切音，文省而义广，谓之婆罗门书，与八体六文之义殊别。今取以附体势之下。又

① 《隋书·经籍志》〔梁〕有《演说文》一卷，庾俨默注。考郭忠恕《汗简》引《演说文》25条，均题庾俨。〔吴〕徐整有《孝经默注》一卷，亦见《隋书·经籍志》。姚振宗《隋志考证》卷十谓"默注"即"默识"，犹言"心得"。并引《论语集注》："默识，谓不言而存诸心也"为证。此又一说，录以备考。

自后魏初定中原，军容号令，皆以夷语，后染华俗，多不能通。故录其本言，相传教习，谓之国语。今取以附音韵之末。

尽管这只是附录的一些资料，但也可见当时对少数民族语言和外国语言的研究，已经有了良好的开端，只可惜这些书后来都亡佚了。

到唐代，对外国语言研究又有进步，特点是唐代的和尚们，他们在翻译佛经中，对梵语刻苦钻研，并精通汉语训诂，给我们留下了一些非常有价值的训诂专著。例如，释玄应的《一切经音义》二十五卷、释慧琳的《一切经音义》一百卷、释慧苑的《华严音义》四卷。这些书里，在解释佛教经典用语中，引用了很多古书资料，我们不但可以从中找到许多古书的佚文，还可以用它来进行比照校勘，了解中古时期语言文字音义变化的一些踪迹。

产生上述情况的原因，主要有以下几点：

1. 佛学传入，儒、释、道三家互相影响

宗教是人们寻求精神寄托的一种社会现象。各种宗教都有它产生和发展的社会根源。在我国，汉朝统治者曾鼓励董仲舒神化孔子，想变儒学为宗教，结果，由于儒学本身和社会上的种种原因，儒学并没有彻底变成一种宗教体系。汉代末年，太平道开始流行，但很快被黄巾军利用作为思想武器，发动农民起义。此时，佛教已经传入中国，它强调："神不灭"、"因果报应"和"布施"，是一种比儒学和道家思想更加精致的思想包装，它可以使劳动者忘记自己的历史命运，放弃现实的斗争，在幻境中虚度一生。这在战祸连年，人民处于水深火热之中的汉代末年，是牢笼人民的思想武器。但佛教毕竟是一种外来的思想形式，它一到中国，就受到传统思想的抵制。儒家和道家的一些人物，发动了一场对佛学思想的批判。但由于统治者看到了佛教的巨大作用，所以佛、道、儒三家思想的矛盾，很快就被调和起来，形成了三家共存、互相影响的局面。到魏晋南北朝隋唐五代，佛教在中国就进入了兴盛时期。

佛教的兴盛，促进了佛家思想和道家思想二者的结合。魏晋时期，一些清谈名士常常以老庄思想去解释佛经，或以佛教思想来阐明老庄哲学，这在当时成了一种时尚。《世说新语·文学篇》云：

《庄子·逍遥游篇》旧是难处，诸名贤所可钻味，而不能拔理于向郭之外。支道林在白马寺中，将冯太常共语，因及《逍遥》。支卓然标新理于二家之表，立异义于众贤之外，皆诸名贤寻味之所不得，后遂用支理。

这里说的正是佛家与道家互相影响的情况。

佛教的盛行，也促使了佛家思想与儒家思想的结合，许多儒生为佛经作注，如谢敷注《安般经》、刘虬注《法华经》等。也有著论文以说佛理的，如：谢灵运作《辨宗论》、颜延之著《达性论》、刘勰著《灭惑论》等。这些，都促使这一时期训诂范围的扩大。

同时，由于佛教盛行，佛经翻译增多，也促进了对外国语言的研究，这都是不言而喻的。

2. 统治者为了寻求社会安定而提倡讲经

随着佛教的兴盛，统治者提倡讲经，这更是促进义疏这种训诂形式大为兴盛的一个直接原因。六朝时，梁武帝萧衍三次削发为僧，就是一个突出的例子。《梁书·武帝纪》记载，萧衍多次到同泰寺，“升法座，为四部众说《大般若涅槃经》义”、“说《摩诃般若波逻密经》义”。此外，他还“洞达儒玄”，“虽万机多务，犹卷不辍手，燃烛侧光，常至戊夜。造《制旨孝经义》、《周易讲疏》及六十四卦、二《系》、《文言》、《序卦》、《乐新义》、《毛诗答问》、《春秋答问》、《尚书大义》、《中庸讲疏》、《孔子正言》、《老子讲疏》等，凡二百余卷。并正先儒之迷，开古圣之旨。王侯朝臣皆奉表质疑，高祖皆为解释”。由此可见，当时讲经之风盛行，他们不但讲儒家经典，也讲佛家和道家经典。要讲经义，就得有个讲经的稿子。皇帝都带头写稿，其他人当然就会仿而效之。

到唐代，讲经的活动更加盛行，姓李的皇帝自认是老子的后代，一度把道教奉为国教。他们更加重视讲道家经典和儒家经典。《旧唐书·儒学传上》说：“太宗征（陆德明）为秦府文学馆博士。后高祖亲临释奠，时徐文远讲《孝经》、沙门惠乘讲《波逻经》、道士刘进喜讲《老子》。德明难此三人，各因宗旨，随端立义，众皆为之屈。高祖善之，赐帛五十匹。”陆德明的《经典释文》三十卷、《老子疏》十五卷、《易疏》二十卷，就是在这种讲经活动中，由于辩论的需要而写成的。

3. 汉人训诂已为难懂之文字，需要新注

这一时期义疏和集注的兴起，还由于前代传注文字简古，当时读者通过它来理解经文仍感困难，于是注家不得不既注经文，又释传注，以便人们学习。例如：

《诗·魏风·伐檀》：“不稼不穑，胡取禾三百亿兮？不狩不猎，胡瞻尔庭有悬特兮？彼君子兮，不素食兮。”〔汉〕毛亨传：“万万曰亿。

兽三岁曰特。”〔汉〕郑玄笺：“十万曰亿。三百亿，禾秉之数。”

这段文字中毛传、郑笺是比较简单的，但是一说“万万曰亿”，一说“十万曰亿”，这就使人感到疑惑不解。

〔唐〕孔颖达为之作疏，云：

> 万万曰亿，今数然也。《传》以时事言之，故今《九章算术》皆以万万为亿。“兽三岁曰特”，毛氏当有所据，不知出何书。《笺》以《诗》《书》古人之言，故合古数言之。知古亿十万者，以田方百里，于今数为九百万亩。而《王制》云：“方百里为田九十亿亩”，是亿为十万也。故彼注云：亿，今十万，是以今晓古也。《楚语》云：“百姓千品，万官亿丑。”皆以数相十，是亿十万也。《诗》内诸言亿者，毛、郑各从其家。故《楚茨》笺、传与此同。三百亿与三百廛、三百囷相类，若为釜斛之数，则大多不类，故为禾秉之数。秉，把也，谓刈禾之把数。《聘礼》注云：“秉谓刈禾盈把是也。”

看了这段疏文，所有疑难都涣然冰释。这是以疏文作补充释义的例子。

还有一种情况是汉人的注解，经过多年的传抄，已有鱼鲁亥豕之弊，需要加以订正，如：《诗·魏风·陟岵》：“陟彼岵兮，瞻望父兮。”毛亨传：“山无草木曰岵。”郑玄笺：“孝子行役，思其父之戒，乃登彼岵山，以遥瞻其父所在之处。”

孔颖达为之作疏，云：“《传》‘山无草木曰岵’。《释山》云：‘多草木岵，无草木屺。’《传》言‘无草木曰岵’下云：‘有草木屺’，与《尔雅》正反。当是传写误也。定本亦然。”

不但如此，就是六朝人作的注，到唐代也需要再注释，才能为当时人所理解，如，〔晋〕杜预《左氏春秋传集解》，本是通释经传的，但在后来，觉得杜预的通释仍有补释的必要，于是又有人为之注疏，例如《春秋·隐公二年》：“无骇帅师入极。”杜预注：“无骇，鲁卿。极，附庸小国。无骇不书氏，未赐族。赐族例在八年。”陆德明释文：“骇，户楷反。”孔颖达疏：“《春秋》之例，卿乃见经，今名书于经传言司空，故知无骇是鲁卿。诸名书于经，皆是卿也，故于此一注下不复言之。又《王制》云：‘上大夫卿’，则卿亦大夫也，故注多以大夫言卿。下注云：‘裂繻”，纪大夫’如此之类皆是卿也。其名见于传，而注云大夫者，则其爵真大夫也。《谷梁》以极为国，杜云庸者，附沈云：‘以费伯帅师城郎，因得胜极’，则极是境内，故云附庸。凡卿出使，必具其名氏从尊君命，今不书氏，故解云未赐族，无族可称故也。”

这段《春秋》的经文，经杜预作注，已经比较明朗了。又经唐人注疏，使我们懂得了《春秋》经例，它大大加深了我们对经注的理解。这个时期所作的疏证文字，对我们进一步读懂汉人注释是很有用处的，它是我们研究秦汉语言文字的桥梁，通过它，我们就能比较容易地接近先秦古籍和两汉经注。

4. 由于异地迁徙，需要学习当地的方言和某种兄弟民族的语言

西晋末年，中国大乱，黄河流域的汉族人大量南迁，为了社会交际的需要，不能不学点当地的方言；而留在北方的汉族人与当地的少数民族杂居，也需要学点他们的语言。颜之推《颜氏家训·教子篇》：“齐朝有一士大夫，尝谓吾曰：‘我有一儿，年已十七，颇晓书疏，教其鲜卑语及弹琵琶，稍欲通解，以此伏事公卿，无不宠爱，亦要事也。’”这种贪图富贵、丧失民族气节的人，颜之推很看不起，自然是对的。但是当时汉族人为了和鲜卑人互相交际而学习鲜卑语，却是无可非议的。正因为这个缘故，南北朝时期研究鲜卑语的著作出现许多种，至于方言的研究，也是为了适应当时人民学习方言的需要，这是不言而喻的。

第四节　变革时期——宋代的训诂

宋朝（960—1279 年）是中国历史上民族矛盾和阶级矛盾十分尖锐的时代，也是一个充满变革的时代。宋太祖“杯酒释兵权”，建立了中央集权的大帝国，结束了唐代安史之乱以来近二百年的变乱，使北宋王朝取得了相当长时期的国内稳定局面。南宋统治者贪生怕死，是中国历史上最可耻的一个朝代，但其偏安一隅，也曾有过小康局面。

宋代开国之初，就展开了规模巨大的文化建设。他们改进科举制度，扩大生员名额；置译经院，令西僧翻译佛经，选童子入院学梵字、习梵学；建崇文院，收藏大量当代和古代的图书资料；还大编类书，整理古代文化遗产。例如，宋太宗时花了六年编成《太平御览》，全书1 000卷，约 500 万字，集中了上古至唐代的文献资料，包罗万象，无所不有。宋真宗时，又花了 8 年时间编成《册府元龟》，也是收集从上古至五代的历史资料，全书 1 000卷，字数更多，达 940 万个。这类鸿篇巨制，就其引证广博，卷帙浩繁来讲，都是空前的。宋人的训诂，正是在这样的基础上展开的。

（一）宋代训诂的概况

宋继唐之后，在宋太宗年间也编了四种义疏，即邢昺的《论语注疏》、《孝经注疏》、《尔雅注疏》和孙奭的《孟子注疏》。这四种注疏与唐人编的九种注疏合在一起，就是现在用的《十三经注疏》。《孟子注疏》出于伪托，在十三经注疏中最为低劣。邢氏三疏，以《尔雅注疏》为最好。

宋代通释语义的训诂专著有陆佃《埤雅》二十卷、罗愿《尔雅翼》三十二卷、王安石《字说》二十四卷、王诛、司马光等《类篇》四十五卷。《埤雅》和《尔雅翼》在名物训诂方面可以补《尔雅》的阙略，有一定价值，但多穿凿附会之说，不可尽信。王氏《字说》，敢于破旧立新，但也有穿凿附会的毛病，清人对它批评甚多，其书早已亡佚。《类篇》大体依据《说文》，分为544部，收字31 319个，重文21 846字，合计53 165字，字数仅次于《集韵》（比《集韵》少收360字），比后来的《康熙字典》还要多些。其释义注音多与《集韵》相同，但因它是按部首归字，对于不懂切韵音系的人来说，有其方便之处，只是对《说文》部首依赖过多，没有给以减省，总觉分部太细，不便检索。但它注意解释唐宋以来的俗语俗字，注意异体字的整理，是一部好字典。此外，还有张有的《复古编》、娄机的《汉隶字源》、《班马字类》等，都有某些方面的使用价值。

宋代为《尔雅》作注解的，除邢昺外，还有孙奭、宋咸、王雱、陆佃、郑樵、潘翼六家。孙奭有《尔雅释文》一卷，宋咸有《尔雅注》一卷，王雱也有《尔雅注》，已佚。陆佃有《尔雅新义》二十卷，郑樵有《尔雅注》三卷。潘翼《尔雅注》卷数未详，也已亡佚。另有无名氏《尔雅音训》三卷，亦佚。陆注不少新说，但不免望文生义，浮谈无根。如释"京，大也"条云："《诗》曰：'三台在天'，玉京金阙，在天之谓也。"又释"隹其夫不"曰："雏，一宿可期焉；一，妻道也，夫或不然。"其错误是很明显的。对郑注，《四库全书总目提要》评价很高，认为在《尔雅》注解中最为善本，但汪师韩却指出此书有"经文有阙"、"增改未当"、"臆断无证"、"仍误不改"等缺点，又未免贬损太过。平心而论，这本书在宋代同类著作中，还是比较好的。

宋代注《小尔雅》的有宋咸，其注浅陋，不足称。

研究少数民族语言的著作，宋代有刘温润的《羌尔雅》三卷。无名氏《番尔雅》三卷(《郡斋读书志》作一卷)，晁公武云："不载撰人名姓，以夏人语，依《尔雅》体，译以华言。"方以智《通雅》则以为《番尔雅》即《羌尔雅》。《宋史・艺文志》又载《蕃汉语》一卷，好像是蕃汉对译的著作。另有僧惟古《译夷语录》一卷、《西蕃译语》一卷，并见《通志》。

研究外国语言的著作，则有释相净的《天竺字源》，“以华梵对翻，景祐中进，仁宗御制序文”（见《通雅·小学大略》）。

以上是两宋时期训诂学著作的一个大概。

此外，这个时期在训诂上还有两件事值得论及。

一是宋太宗雍熙年间，徐铉等奉命校定《说文》，宋真宗大中祥符年间，陈彭年等奉命重修《广韵》和《玉篇》。这三部书，虽然不是宋代人的著作，但经过宋人的重修和校定，终于使它成为定本。这些宋本小学著作，对后来训诂学和语言文字学的研究，有很大影响。

二是与宋代在时间上大致相应的辽代，有两部重要训诂学著作问世。

辽圣宗时（982—1030年）僧行均编撰《龙龛手镜》。行均本是汉人，姓于，后入辽为僧。《龙龛手镜》顾名思义，是为和尚们诵经用的一部通俗的汉字字书。沈括《梦溪笔谈卷十五·艺文二》云：

> 幽州僧行均集佛书中字为切韵训诂，凡十六万字，分四卷，号《龙龛手镜》。燕僧智光为之序，甚有词辩。契丹重熙二年（1033年）集。契丹书禁甚严，传入中国者法皆死。熙宁中（1068—1078年）有人自虏中得之，入傅钦之家。蒲传正帅浙西，取以镂板，其序末旧云：“重熙二年五月序。”蒲公削去之。观其字音韵次序，皆有理法，后世殆不以其为燕人也。

这段话记载了《龙龛手镜》传入宋朝的经过。但晁公武《郡斋读书志》则认为此书成书时间应为“统和十年（992年）丁酉七月一日”。今所见为影抄辽刻本，卷首有智光序，亦如此说，可能沈括所记有误。又此书在收字上，于《说文》、《玉篇》之外，多所搜集，并非光释佛典。每字之下，必详列正俗、古今、或作诸体，又与〔唐〕颜元孙的《干禄字书》相仿。蒲传正的宋刻本，据王国维《两浙古刊本考》，刻成于元祐初年（1087年前后）。宋重刊本因避翼祖嫌名，改为《龙龛手鉴》。《龙龛手鉴》全书共收26 400多字，注释163 000字。中国的字书，从许慎《说文解字》起，就按部首编排，始“一”终“亥”，到宋代一直没有改变。《龙龛手鉴》打破了这个传统。它也用部首归字，但部首依平、上、去、入四声分卷，第一卷九十七部，第二卷六十部，第三卷二十六部，第四卷五十九部（最后一部为杂部，收进其他部首难以概括的混合部首字）。每部所收的字也依四声次序排列。各字用反切注音，释义简要。这部书的特点是，除解释佛家用语外，大量收进民间俗字，例如，今天我们还在使用的歪（wāi）、甭（béng）、孬（nāo）等字，最早就见于这部字书。这部书对以后的《康熙字典》等大型字书的编写有一定影响。有人批评它好“里俗之妄谈”，是“污我简编”①。其实，注意方言俗字的训释，还应当说是这部字书的优点，只是它的释义过于简单，倒是可以批评的。《龙龛手镜》还曾传入朝鲜和日本，可见它的影响是不小的。

另一部是希麟撰《续一切经音义》。辽圣宗时，燕京崇仁寺僧人希麟（汉人），依〔唐〕慧琳《一切经音义》书例，对《开元释教录》以后的佛经续加注音和释义，编成此书，凡十卷。此书曾流入宋朝，又流入日本和朝鲜，影响也很大。明、清两朝，此书在中国失传。光绪年间，从日本发现了这部书的翻刻本，又把它引进，作为汉语史研究的重要资料。

（二）宋代训诂的特点

理学思想占统治地位，注疏由朴学变成宣传理学的工具。

在宋代，理学盛行。以北宋程颐和南宋朱熹为代表的程、朱学派，就是这种理学的传播者和发展者。所谓程、朱理学，是一种在道家、佛家思想影响下产生的儒家新学派。其内容主要讲正心诚意，致知格物的心性之“理”，它是一种客观唯心主义的思想体系，是适应当时政治需要的一种封建统治思想。在我国经学史上，有所谓“汉学”和“宋学”之分。汉学，指汉代经学家（主要是古文经学家）有关语言文字训诂和各种名物制度考证的一套学问。汉学家在训诂和考证中，学风比较踏实，不尚空谈，也不过于烦琐，故后人称之为朴学。宋学指宋儒的理学。宋儒反对汉代的朴学，说那是“玩物丧志”。其实，理学家也并非不搞训诂。大理学家张载、程颐、朱熹等都撰写过儒家经典的注释。张载有《横渠易说》，程颐有《易传》，朱熹有《周易本义》、《诗集传》、《大学章句》、《中庸章句》、《论语集注》、《孟子集注》、《楚辞集注》等。在这些书的注释中，他们也解释语词，也有对名物制度的考证。不过，他们的注释，常常大谈义理，这是与汉人注释不同的地方。在宋代，理学思想占统治地位，宋人所作的注疏，一反汉人的朴学传统，把注疏变成了宣传理学的工具。例如：

《大学》：“致知在格物，格物而后知至。”朱熹章句：“所谓致知在格物者，言欲致吾之知在即物而穷其理也。盖人心之灵莫不有知，而天

① 见钱大昕《潜研堂文集·跋龙龛手鉴》。

下之物莫不有理，惟于理有未穷，故其知有不尽也。是以大学始教，必使学者即凡天下之物，莫不因其已知之理而益穷之，以求至乎其极。至于用力之久，而一旦豁然贯通焉，则众物之表里精粗无不到，而吾心之全体大用无不明矣。此谓格物，此谓知之至也。”

这段注释，宣扬理学思想是十分明显的。我们读宋儒注释文字时，一定要知道他们对于词义的训释是按照理学的要求来解释的。这些注释文字中有许多术语，有的来自道家，有的来自佛家，有些是儒家固有的。例如，这“物”的词义，在朱熹那里，是佛家华严宗的“理事”之义。朱熹曾说过：“物，犹事也。”但世间万事万物，有些是“没紧要的事”，只是那些与“道之精妙处”有关的性理之事，才是他们所关心的，是他们所要“格”的对象。“格”，朱熹的解释是“至”、“尽”，是“极至”“穷尽”之义，这又具有道家思想的意味。“格物”，就是完成一事之极致。譬如说，君要完成为君之极致，臣要完成为臣之极致。世间万事万物，各安其分，各守其职，各顺其性理，就是格物。格物的最终目的是“穷天理、明人伦、讲圣言、通世故”，就是自觉实践封建的伦理道德，维护封建秩序。这就是他们所论证的“天理”和“至善之道”。宋代另一位理学大师陆九渊说：“学苟知道，《六经》皆我注脚。”当时理学家注解《六经》，正是用《六经》来说明自己的“理”和“道”，所以往往强经就我，并不符合《六经》本意。

（三）宋代训诂的成就

1. 敢于创发新义，开一代疑古的风尚

从赵匡胤建立北宋政权，到景祐年间，社会又由动乱转入安定。当时文坛继五代余习，“因陋守旧，论卑而气弱”①。自欧阳修出，“以通经学古为高，以救时行道为贤，以犯言纳说为忠”②。文风为之一变。欧阳修好古嗜学，凡周汉以降金石遗文、断文残简，他都一一收集，给以注释，成《集古录》。他当时政治地位很高，文章又写得好，被推为一代宗师。在他的影响下，有曾巩、王安石、苏洵、苏轼、苏辙等相继出现。这些大家，一方面以他们的革新精神，进行诗歌、散文的创作，开一代新风；另一方面，又在训诂上创发新义，开一代疑古的风尚，在这方面，首先要提到的是欧阳修的同时代人刘敞（字原父）撰《七经小传》和《春秋权衡》，摆脱传统束缚，

① 见苏轼《欧阳永叔居士集·序》。

② 见苏轼《欧阳永叔居士集·序》。

开宋儒批评汉儒的先声。欧阳修撰《诗本义》，指陈汉人注疏的流弊。说："《尔雅》非圣人之书，不能无失。考其文理，乃是秦汉之间学诗者纂集说《诗》博士解诂。"① 打破了《尔雅》是周公所作或孔子及其门徒所作的传统说法。王安石提出"天变不足畏，祖宗不足法，人言不足恤"。他所著《字说》，就是这种疑古思想的实践，可惜这部《字说》已经散佚。他还作了《三经新义》和《老子新义》。《三经新义》只剩其中《周官新义》的残卷（辑本）。《老子新义》还有若干条，见于《道藏·彭耜集注》中。至于程、朱等人，更是敢于疑古，例如，晋代梅赜伪造《古文尚书经传》（即所谓伪孔传），一直被人认为是真经传，曾立于学宫。〔唐〕孔颖达依孔安国传作疏，使伪孔传更取得了正统的地位。整个唐代，没有人敢怀疑它是晋人伪作。朱熹则说："《书》凡易读者皆古文，岂有数百年壁藏之中，不能损一字哉？伏生所传皆难读，如何伏生偏记其难，而易者全不能记也！《孔书》至东晋方出，前此诸儒皆未之见，可疑之甚！"② 朱熹就是根据这个怀疑，把《古文尚书经传》分为《经》与《序》两个部分，一再声明其中孔安国传注部分为"安国伪书"。到清代初年，阎若璩继续考证，终于使朱熹提出的这个疑案成了定案。此外，在宋代，还"有疑《文言》非《十翼》文者；有疑《顾命》非周公所制礼者；有疑《春秋》非夫子作者；有疑《春秋传》非左丘氏书者；有疑《孝经》为六代后增改非七十子所旧传者"③。凡此等等，不一而足。当然，这些怀疑，不一定全对。从今天出土古文资料考察，有些则疑过了头。但他们用这种疑古的精神来作注时，就不像汉唐人那样惟恐其说稍违于经，而是大胆创发新义。如朱熹的《诗集传》、《楚辞集注》等，除了那些阐述义理的言辞之外，还有许多创见，对我们理解古代诗歌和辞赋，仍有启发。他们提出了一些汉唐旧注中不能提出的问题，值得我们研究。

2. 创立"右文说"，为研究语音与语义的关系提供了重要线索

宋代学者王圣美等创立"右文说"，以为"凡字，其类在左，其义在右"。其说虽然不免以偏概全，又局限形体，未为笃论。但是，对语音和语义的关系的确有深刻的阐发，给因声求义的训诂方法提供了重要的线索，应该予以肯定。这在训诂条例那一章中已经作了比较详细的论述，这里不多说了。

---

① 见《小学考》卷三。

② 引自《伪书通考》，商务印书馆 1954 年版，第 133 页。

③ 见毛奇龄《经义考·序》。

3. 对语法有进一步的认识

在中国语言学史上，语法观念的产生是很早的。战国时期，训诂学家们已经认识到虚词是一个独立的词类，把它叫做“词”或“语词”、“语助”，以与实词相对，虽然当时还没有实词这个名称。到了唐代，训诂学家们才给实词起了一个名称，叫“义类”。这个名称不怎么通行，因此，宋代人又给它换了一个名称，叫做实词。这个名称很快就通用了。“实”和“虚”相对，人们既用惯了“实词”这个名称，便给以前叫做“词”、“语词”、“语助”的那些词换个名称，叫做“虚词”或“虚字”。于是词分虚实两类，从宋代起，就逐渐固定下来，并且越来越多地引起人们的注意。〔宋〕周辉《清波杂志》卷七：“东坡教诸子作文，或词多而意寡，或虚字多，实字少，皆批谕之。”又《陆象山全集·与朱元晦书》：“字之指归，又有虚实。虚字但当作字义，实字当论所指之实。”

苏东坡是宋代著名的文学家，朱元晦（即朱熹）和陆象山（即陆九渊）是宋代著名的理学家，他们这样重视实词、虚词的用法，足以证明语法研究在当时已经是不容忽视的学问了。

4. 利用金石学成就，使训诂学与金石学结合起来

中国的金石学开始于北宋嘉祐年间。首先是欧阳修收集历代石刻跋尾四百余篇，作《集古录》（即《集古录跋尾》）十卷。之后，学者闻风而起，有吕大临收集铭文，摹写玉器图像，注明出土地点，作《考古图》一卷。薛尚功收集商、秦、汉代金石文字编成《历代钟鼎彝器款识法帖》。赵明诚仿欧阳修《集古录》书例，又编《金石录》三十卷。洪适收藏金石拓本，著《隶释》二十七卷、《隶续》二十一卷，并用以考证史传的讹误。从此以后，金石之学蔚为大观，使训诂学获得了新的材料。朱熹作《诗集传》，就多处引铭文印证经传文字，如：《行苇篇》：“以祈黄耇。”集传云：“‘以祈黄耇’，犹曰‘以介眉寿’云尔。《古器物款识》云：‘用蕲万寿’（见薛氏《钟鼎款识》卷十三《伯囧父敦》），‘用蕲眉寿，永命多福’（前书卷十五《姬寏豆》），‘用蕲眉寿，万年无疆’（前书卷十六《印仲槃》），皆此类也。”又《既醉》篇：“令终有俶，公尸嘉告”，朱熹集传：“令终，善终也。《洪范》所谓‘考终命’、古器物铭所谓‘令终令命’是也。”这就使训诂学与金石学结合起来，开了训诂学的新局面。后世出土文字增多，特别是甲骨文字大量出土之后，人们利用甲骨金文及六国文字材料以考证史实，终于使这一方法得到了广泛应用。

第五节 衰落时期——元、明两代的训诂

元、明两代（1279—1644 年），是训诂学的衰落时期。这一时期，程、朱理学继续统治学术思想界，人们视训诂为玩物丧志，严重妨碍了训诂学的发展。当时，也出现了一些训诂学著作，但一般说来，多数墨守宋人成训，浅陋空疏，成就不如前代。

元朝（1206—1368 年），是蒙古贵族在中国建立的一个王朝。元朝虽然统一了中国，结束了中国南北对立长期分裂的局面，但这个统一，是蒙古奴隶主战胜汉族封建主的统一，是在对汉族人民实行野蛮屠杀基础上实现的统一。因此，在统一后的 90 年间，民族矛盾和阶级矛盾异常激烈。元代开国初期，蒙古贵族别迭等说："汉人无补于国，可悉空其人，以为牧地。"他们只知道圈占土地、骑马射箭，根本不懂得农业经济的重要性。这就使唐、宋以来高度发展的中原经济遭到了严重破坏。在这种情况下，文化的发展当然就受到阻碍。后来，蒙古贵族认识到光靠屠杀并不能巩固王朝的统治，转而接受程、朱理学，把它和蒙古贵族的一些传统观念结合起来，和喇嘛教结合起来，形成了一套镇压汉族和其他民族的统治思想，这就使以汉族为主体的文化停滞不前，训诂学自然随之而衰落下来。这个时期训诂学著作很少，值得一提的是卢以纬的《语助》，这是我国研究虚字的最早的专著。此书虽然不如后来的《助字辨略》、《经传释词》那样精审，但创始之功不容埋没。另外，还有洪焱祖的《尔雅翼音释》和危素的《尔雅略义》。① 洪书因附《尔雅翼》而得以流传下来。危素的书未见。

元人所作注疏不多见，其中比较著名的是郝经《周易外传》、吴澄《易纂言》、《书纂言》、《礼记纂言》、《春秋纂言》、陈澔《礼记集说》、胡炳文《周易本文通释》、胡三省《资治通鉴音注》、《资治通鉴释文辨误》、吴师道《战国策校注》等，总计共十来种而已。

元代研究国内少数民族语言的著作有托克托《辽国语解》、《金国语解》各一卷、张大卿《国语类记》一卷、无名氏《蒙古译语》一卷。

明朝（1368—1644 年），是由朱元璋夺取农民大起义果实而建立起来的一个封建王朝，它统治中国达 276 年之久。明朝初年，为了加强中央集权的封建帝国，也大力提倡程朱理学。明成祖命胡广、杨荣等编《五经四书大全》，并指定它为全国士人的教科书。又定八股取士的科举制度，根据朱熹

---

① 均见朱彝尊《经义考》和谢启昆《小学考》。

《四书集注》和宋人所注《五经》命题，不得任意发挥，只能代古人立言。这就禁锢人们的头脑，使人只能墨守宋人成规，不可能有什么大的创造。因此，整个有明一代，训诂学仍然没有很大起色。新编的训诂学专著，只有朱谋玮的《骈雅》、方以智的《通雅》和黄扶孟的《字诂》、《义府》可以独树一帜。《骈雅》搜集古书中的双音词语，依《尔雅》体式分章解释，自《释诂》、《释训》以至虫鱼鸟兽，凡二十篇。可以说它是一种分类连绵字典。它引证详博，颇具条理，虽然间有错误，但总算是一部好书。《通雅》取材于先秦诸子，史书、方志、小说，考证古音古义，兼及方言俗语，分门别类，加以训释。而且引证都注明出处，体例极为谨严，可供研究古代汉语、探讨语源的参考，也是一部好书。《字诂》、《义府》根据谐声偏旁说明字义，被章炳麟誉为“其言精确，或出近世诸师上”。① 此外，有牛衷的《埤雅广要》、朱睦㮮的《词林》、罗曰褧的《雅余》、张萱的《汇雅》、杨慎的《古音骈字》、焦竑的《俗书刊误》等，都有一定成就，可以一读。

字书有梅膺祚《字汇》和张自烈《正字通》，是明代两部流行的字典。《字汇》是继顾野王《玉篇》之后又一部楷书汉字大汇编，它除收进《说文》、《玉篇》所列字头以外，还收集了宋元以来许多俗字。它在编排上减少了《说文》的部首数目，特别是按笔画多少来安排部首和字目顺序，给字典检索开辟了一条新路，是汉语字典学上的创举，其有益训诂，功在不朽。《正字通》继承了《字汇》的传统，扩大了篇幅，增加了例证。它在字义训诂上比《字汇》要精细一点，指出了旧字书（主要指《字汇》）的许多讹误，对后来的《康熙字典》的编写有直接影响。但是，它在释义上有时不够准确，收字和取证也有时失之芜杂。

研究方言的有魏浚的《方言据》和陈与郊的《方言类聚》。研究少数民族语言的书，明初有翰林侍讲火源洁的《华夷译语》一卷，此书前有刘三吾序，称“元初未制文字，借高昌之书。后命番僧造蒙古字，反复纽切，然后成文，繁复为甚。翰林侍讲火源洁乃朔漠之族，遂命以华文译之，声音谐和，随用各足”。钱曾《读书敏求记》别载《华夷译语》二卷，云是回回馆所增订，可能是同一部书的两个不同版本。

明代人所作注疏，大半墨守程朱理学，浅陋空疏，很少创造。前面所说的胡广等奉敕编撰的《五经四书大全》就是一个典型。当然，也有较好的几种，如，刘三吾的《书传会选》、冯时可的《左氏释》等，不依程、朱，而能择善而从，还是值得肯定的。

---

① 见《章太炎文录·说林下》。

总之，元、明两代，训诂学一蹶不振，虽然也出现了一些较好的著作，但比起汉唐来，就显得成就不大了。

第六节　复兴时期——清代的训诂

清朝（1616—1911年）是中国历史上最后一个封建王朝。中国封建文化达到了鼎盛时期。训诂学正是在这个时期进入了复兴阶段。

（一）训诂学复兴的原因

1. 清朝统治者为了笼络知识分子，鼓励他们尊孔读经

训诂学在清代复兴，首先是和当时的政治形势分不开的。清朝建立之后，继承了明代中央集权的专制制度。他们先用“满城杀尽，然后封刀”的血腥屠杀，镇压汉族人民的武装反抗，又屡兴文字狱，对付汉族的思想反抗。后来他们总结了元朝失败的教训，采取了一系列怀柔、羁縻、欺骗的政策，尤其注意拉拢汉族知识分子，使其尽入牢笼，为其所用。例如，清兵入关第二年，就提倡程朱理学，按明朝旧制八股取士。康熙时，开博学鸿词科，罗致名士，为其效劳。康熙、乾隆两朝，就是利用了这批知识分子，大修类书，使得像《渊鉴类函》、《古今图书集成》、《通鉴辑览》、《续通志》、《续文献通考》、《续通典》、《清通志》、《清文献通考》、《清通典》、《四库全书》等大型书籍相继编成。其中《四库全书》七万九千余卷，为中国历史上最大的百科全书式的图书总集。训诂学在清代的复兴，首先是和尊孔读经大规模整理遗产分不开的。

2. 爱国知识分子为了经世致用，重视文字、音韵训诂

清初，另有一大批知识分子，以顾炎武、黄宗羲、王夫之为首，喊着抗清复明的口号，有的还公开举兵反抗，但都惨遭失败。迫于政治上的高压，他们转而采取经世致用的口号，或隐藏下来，著书立说；或四处奔走，与清朝统治者合作，把希望寄托在新的统治者身上。这些知识分子，把改善社会理想与维护汉学传统结合起来。特别是在康熙、乾隆、嘉庆年间，这种风气尤为兴盛。

经世致用，原是明末清初爱国知识分子中流行的一种口号。明代统治者空谈程、朱性理之学，造成政治、经济、文化各方面的积弱，导致亡国之灾。顾炎武、黄宗羲、王夫之等人有感于此，提出了这个口号，展开了对空谈性理之学的批判，目的是为了“经纬天地”，富国利民。这个口号，得到了关心国家和民族命运的知识分子的响应。这些知识分子，一方面从事自然

科学和应用科学的研究，一方面又大力研究哲学和社会科学，尤其是侧重六经和史书的研究，形成了经史学派。顾、黄、王就是经史学派的代表。他们认为经史是学问的根本。黄宗羲说："学必源于经术，而后不为蹈虚；必明于史籍，而后足以应务。"① 要研究经史，自然就要研究小学。戴震《六书音韵表序》说："训诂明，六经乃可明。"王念孙《说文解字注序》说："训诂声音明而小学明，小学明而经学明。"臧镛堂《经籍纂诂后序》也说："治经必先通训诂，庶免凿空逃虚之病。"讲的都是这个道理。因为文字、声韵、训诂之学，是最实际的，它涉及上下数千年的汉学传统，旁及各门学问，用王引之的话说，即"所谓握六艺之钤键，廓九流之潭奥者矣"。② 清代训诂的复兴，这也是一个十分重要的原因。

3. 有近2000年文字、音韵、训诂的丰富成果可以继承

清代训诂学的复兴，是历史发展的一个必然结果。我国语言文字的研究从先秦起就已萌芽，经过两汉以后近二千年的发展，不仅有了大量古代文献的注释，而且发展成了文字学、音韵学、训诂学这三个互相区别又互相联系的学科。文字学从东汉许慎著《说文解字》起，以后又有《字林》、《玉篇》、《类篇》、《字汇》、《正字通》等字书专著，使它蔚为大观。宋代以后，金石学继续发展，又为文字学提供了新的材料，文字学上的许多问题也正待深化和扩展。音韵学从〔魏〕李登的《声类》开始，以后有《切韵》、《广韵》、《集韵》、《五音集韵》、《韵会》、《洪武正韵》等音韵专著，也有许多问题需要归纳整理。训诂学从《尔雅》起，以后有《方言》、《释名》、《广雅》等一系列研究语义的专著，需要融会贯通，总结规律。清代的学者，正是继承了近二千年来语言文字学领域这些丰富的成果，继续进行研究。其中，特别是顾炎武、戴震、段玉裁、王念孙、王引之、江有诰、钱大昕、俞樾、陈澧诸人在古音学和等韵学方面的研究，取得了很大的进展，这就促进了文字学和训诂学的研究。而戴、段、王、钱、江、陈、俞等人，正是把古音学研究的成果应用于训诂学的研究，才使训诂学开了新生面，使它在清代得到了复兴。

（二）复兴的表现

1. 注释书大量涌现

清代为群书所作的注疏真是多得无法列举，比较著名的有惠栋《周易

① 见全祖望《甬上证人书院记》。

② 见王引之《经籍纂诂·序》，载沅元《经籍纂诂》（影印本），成都古籍书店1982年版。

述》、阎若璩《古文尚书疏证》、孙星衍《尚书今古文注疏》、陈奂《毛诗传疏》、马瑞辰《毛诗传笺通释》、胡承珙《毛诗后笺》、孙诒让《周礼正义》、胡培翚《仪礼正义》、孙希旦《礼记集解》、刘文淇《左传旧疏考证》、陈立《春秋公羊义疏》、柯劭忞《春秋谷梁传注》、刘宝楠《论语正义》、焦循《孟子正义》、梁玉绳《史记志疑》、沈钦韩《汉书疏证》、王先谦《汉书补注》、惠栋《后汉书补注》、戴望《管子校正》、郭庆藩《庄子集释》、王先谦《庄子集解》、《荀子集释》、王先慎《韩非子集解》、孙诒让《墨子间诂》、孙志祖《文选李注补正》、朱珔《文选集释》等。

2. 训诂专著超越前代

清代的训诂专著，无论在数量上、质量上，都超越前代，而且体式也比较完备。这类著作中，有注释前代训诂专著，寓作于述的，如邵晋涵的《尔雅正义》、郝懿行的《尔雅义疏》、王念孙的《广雅疏证》、戴震的《方言疏证》、毕沅（江声代作）《释名疏证》、胡承珙的《小尔雅义证》、魏茂林的《骈雅训纂》等；有依照《尔雅》体制编撰，似模仿而实创造的，如吴玉搢的《别雅》、洪亮吉的《比雅》、夏味堂的《拾雅》、史梦兰的《叠雅》、陈奂的《毛诗传义类》、朱骏声的《说雅》、程先甲的《选雅》等；有考订群书，成一家言的，如王念孙的《读书杂志》、王引之的《经义述闻》、俞樾的《群经平议》、《诸子平议》等；有收辑已佚的前代训诂专著，以便后学研习的，如任大椿的《小学钩沉》、顾震福的《小学钩沉续编》、王国维的《重辑仓颉篇》、臧镛堂的《通俗文辑本》等；有撰集古训，汇成一编的，如阮元的《经籍纂诂》；有仿效《说文》，编为字典的，如《康熙字典》。各种训诂体式差不多应有尽有了。

3.《说文》研究得到空前的发展

许慎著《说文解字》，开始于汉和帝永元十二年（100 年），到安帝建光元年（121 年）才告完成。从那时起，直到清代嘉庆十二年（1807 年）段玉裁的《说文解字注》问世的时候，时间过了将近一千七百年。许书虽然受到历代语言文字学者的重视，并有人为它作注释①，但是能够深入钻研，融会其全书，阐发其条例者，实在没有几人。所以段注一出，便受到当时语言文字学者的称赞。王念孙说："盖千七百年无此作矣。"② 现在看来，

① 《隋书·经籍志》："梁有《演说文》一卷，庾俨默注，亡。"又有《说文音隐》四卷，未注作者姓名。

② 王念孙：《说文解字注·序》，载段玉裁：《说文解字注》（影印本），成都古籍书店 1981 年版。

王氏这句话并非过誉。

当然，清代精通《说文》的不止段氏一人。现在一般的说法，认为当时除段氏以外，还有三大家，即桂馥、王筠、朱骏声。其实有清一代，《说文》专家至少有数十人，如果连稍有研究的人也计算在内，则多至一二百人①，真可说人才辈出，盛极一时了。王念孙《说文解字注·序》说："《说文》之为书，以文字而兼声音、训诂者也。"因此，清代《说文》专家众多，也就说明当时训诂学、声韵学的兴盛，这是无可怀疑的。

4. 语法研究前进了一大步

我们在第二章里曾经指出：语法问题常常孕育于汉唐注疏中。在第三章里，我们又指出：我国第一部语法专著是元代卢以纬的《语助》。现在我们还要指出：到了清代，语法专著逐渐多起来，除了第三章所介绍的袁仁林的《虚词说》、刘淇的《助字辨略》、王引之的《经传释词》以外，还有张文炳的《虚字注释》、谢鼎卿的《虚字阐义》等。西学东渐以后，马建忠著《马氏文通》，引进了西方的语法学，于是汉语语法才摆脱了训诂。有人指摘《马氏文通》是硬套西洋语法，其实马氏书中颇多独到之处，未可厚非；而且此书对汉语语法学的发展有筚路蓝缕以启山林之功，不可抹煞。

5. 方言和少数民族语言研究取得较好成绩

清代语言学家在方言和少数民族语言研究方面也做出了值得称赞的成绩。有关方言的著作有：戴震《方言疏证》、《方言疏证补》、《续方言》、卢文弨《重校方言》、刘台拱《方言补校》、钱绎《方言笺疏》、钱侗《方言义证》、沈龄《续方言疏证》、许乃昌《续方言》、杭世骏《续方言》、程际盛《续方言补正》、程先甲《广续方言》、《广续方言拾遗》、胡文英《吴下方言考》、无名氏《古歙乡音集证》、毛奇龄《越语肯綮录》、茹敦和《越语释》、范寅《越谚》、张汝南《乡音正讹》、章炳麟《新方言》等，都可供研究方言者参考。有关少数民族语言的著作较少，有《满洲蒙古汉字三合切音清文鉴》、《西域同文志》等，也有一定的参考价值。

（三）清代训诂的特点

1. 因声求义的训诂方法得到普遍确认

人类社会先有语言，后有文字。文字的音义都源于语言。语言以声表

① 参见王力：《中国语言学史》，山西人民出版社 1985 年版，第 109 页。王氏自注云："根据《说文解字诂林》的《引用诸书姓氏录》，从清初到罗振玉、王国维为止，共二百零三人。"

义，语音和语义的关系是非常密切的。清代训诂学家多半懂得这个道理。他们就是根据这个道理提出了声义同源说，主张通过语音以求语义。

首先提出这个思想的是戴震，他在《六书音韵表序》中说："训诂音声，相为表里。"又在《论韵书中字义答秦蕙田书》中说："字书主于故训，韵书主于音声，然二者恒相因。"戴震这一思想渊源于顾炎武的"读经自考文始，考文自知音始"，而又加以发扬光大。他的学生段玉裁继承其说，又进一步提出了"声义同源"说，并在《广雅疏证序》中说："小学有形、有音、有义，三者互相求，举一可以得其二。……圣人之制字，有义而后有音，有音而后有形。学者之考字，因形以得其音，因音以得其义。治经莫重于得义，得义莫切于得音。"

与段玉裁同时的王念孙在训诂中也非常注意因声求义，他在《广雅疏证·自序》中说："窃以训诂之旨，本于声音。故有声同字异，声近义同，虽或类聚群分，实亦同条共贯。譬如振裘必提其领，举网必挈其纲，故曰：'本立而道生'，'知天下之至啧而不可乱也'。此之不寤，则有字别为音，音别为义，或望文虚造而违古义，或墨守成训而鲜会通，易简之理既失，而大道多歧矣。今则就古音以求古义，引申触类，不限形体。"

因声求义也就是所谓的"声训"，是自先秦以来就有的一种训诂方法。但直到清代训诂学家提出上述这些学说以后，这种训诂方法才有了科学的理论概括。理论上的突破，常常带来一代学风的转变。清代训诂人才辈出，硕果累累，是和清代训诂学家普遍确认和使用因声求义的训诂方法分不开的。

2. *由文字训诂走向语源和词义系统的研究*

由于因声求义的训诂方法得到普遍的确认，因此清代的训诂学家们运用这种方法，通过对文字的研究，展开了对语源和词义系统的研究，取得了前所未有的成绩。戴震著《转语》二十章，就是用因声求义的方法来推求语源，探索语言孳乳和演变的规律。戴震的同学程瑶田著《果裸转语记》，也是运用这种方法对语源进行探索，对语言孳乳演变的规律进行推求的。段玉裁用文字形、音、义互相求的训诂思想，著《说文解字注》，大量引用经典文例来证《说文解字》，并作《六书音韵表》，用古音贯串《说文解字》，力求分清造字本义与引申义、假借义之间的发展变化，这就使因声求义的训诂方法在更广阔的范围内得到应用，使汉语词义系统的研究进入了新阶段。《说文解字注》不仅是乾嘉年间文字学复兴的标志，也是清代训诂学复兴的一个重要成果。继段氏之后，朱骏声著《说文通训定声》，把文字形、音、义三者结合起来进行研究，以"说文"（即分析字形说解文字本义）作为字义通训的基础；以"定声"（标明字的古音系统）作为文字假借的条件，从而把字义按历史发展的线索归纳为本义、引申义、假借义这样一个完整的系统，开了字义系统研究的新局面，也是值得肯定的。王念孙运用“就古音以求古义，引申触类，不限形体”的方法和理论，著《广雅疏证》和《读书杂志》，王引之承其端绪，又著《经义述闻》和《经传释词》，都在研究汉语词源和词义系统上作了许多有益的探索。王念孙著《释大》，更是“就古音以求古义，引申触类，不限形体”的示范性的学术著作，其中不乏创造性的见解。继高邮王氏父子之后，清末章炳麟著《文始》（1910年作），分析汉字孳乳演变的情况，推求汉字类聚群分、同条共贯的线索，为汉语语源学的研究开辟了一条新的途径，其开创之功也是不可磨灭的。当然，这些著作，也包含一些主观臆测，有一些不够科学的论断，这是旧训诂学家的通病，不足为怪。

3. 具有明确的历史发展观点

清代著名的训诂学家一般都具有一定的历史发展观点，其中，王念孙、王引之、段玉裁等人的历史发展观点尤为鲜明。前面我们曾经引过王念孙的“就古音以求古义”和段玉裁的“有古形，有今形，有古音，有今音，有古义，有今义，六者互相求，举一可以得其五”；“古今者，不定之名也，三代为古，则汉为今，汉、魏、晋为古，则唐宋以下为今”这些脍炙人口的言论，都可以证明这一点，这里就不必多说了。

4. 坚持科学的求实态度

清代训诂家戴震、程瑶田、段玉裁、钱大昕、王念孙、王引之等人继承了汉学求实的传统，能够实事求是地从事训诂的研究。他们既反对“望文虚造而违古义”，也反对“墨守成训而鲜会通”。也就是说，既不盲从旧说，也不妄立新义。他们强调“日新”，主张“会通”，总是埋头苦干，收集许多材料，做了许多考证。例不十，法不立。每有创获，必定列举充分的佐证，决不任意乱说。这是非常宝贵的治学态度，我们应该把它继承下来。

当然，清代的训诂也有许多缺点，主要有两点：一是烦琐寡要，二是仍然没有彻底摆脱经学的局限。这里就不细说了。

第七节　更新时期——“五四”以来的训诂

（一）“五四”以来训诂学概况

辛亥革命推翻了清王朝的封建统治。“十月革命”一声炮响，送来马克思列宁主义。接着爆发了伟大的五四运动，掀起了反帝反封建的革命热潮，开展了轰轰烈烈的新文化运动。1921年，中国共产党诞生了，我国从此进入了新时代。在中国共产党和以毛泽东为代表的老一辈无产阶级革命家的领导下，中国人民经过28年的艰苦奋斗，终于推翻了三座大山，建立了中华人民共和国。随着社会的发展，训诂学也像其他文化科学一样，转入了更新时期。其特点如下：

1. 总结历代研究成果，使训诂学更加理论化、科学化

前面各节已经谈到，训诂学由先秦发展到清代，已经积累了很多注释材料和训诂专著，特别是经过有清一代乾嘉学派的努力，中国的训诂学已经开始了语源学和词义系统的研究，训诂的理论和方法已经逐渐成熟，这就为近代训诂学的更新打下了基础。五四运动以后，进一步开展了新文化运动，西方语言学理论影响了训诂学界，使训诂学出现了新面貌。在这方面，首先要提到的是章炳麟和黄侃两位现代训诂学家的理论和实践。

章炳麟，近代民主革命家和思想家，曾是辛亥革命的一员猛将。1924年以后，在苏州讲学，从事语言文字的研究。著有《新方言》、《小学问答》、《文始》等，上探语源，下明流变，颇多创获。特别是《文始》一书，为汉语语源学奠定了坚实的基础。还有一点应该指出，就是章氏还能吸收外国语言学家马格斯·牟拉（Max Müller）的理论，以丰富祖国的语言学。周法高在他的《二十世纪的中国语言学》一文中曾经说过："马建忠的《马氏文通》，大家都知道是受了拉丁文法的影响，可是国学大师章炳麟从日本受了西方语言学家马格斯·牟拉的影响，却很少人知道。"①

黄侃是章炳麟的学生，擅长语言文字之学，著有《训诂述略》、《尔雅略说》、《说文略说》、《声韵略说》、《声韵通例》、《音略》、《集韵声类表》、《尔雅郝疏订补》等。

章、黄两先生对现代训诂学的更新都作出了杰出的贡献。

2. 大学开设训诂学，训诂理论著作大量出现

"五四"以后，各大学竞相开出训诂学课程，训诂专著和单篇论文大量出现。就我们所知，这个时期研究训诂理论的著作主要有：陈承泽《字义研究法及字之训诂法》，陈启彤《训诂微》，朱芳圃《训诂释例》、《联绵字概论》，黎锦熙《近代国语文学之训诂研究示例》，杨树达《古书疑义举例续补》、《字义同源于构造同例证》、《字义同源于语原同例证》、《形声字中有义略证》、《释名新略例》、《尔雅略例》，马叙伦《古书疑义例校录》、

---

① 见香港《中文大学学报》（1973年）。Max Müller，有人译为马克斯·缪勒。章炳麟《訄书·订义》所附《正名杂议》，曾引用过牟拉的《语言科学讲话》。

《说文六书疏证》，胡朴安《中国训诂学史》，朱宗莱《文字学形义篇》，何仲英《训诂引论》，齐佩瑢《训诂学概要》，赵少咸《训诂学》，马宗霍《文字学发凡》，董璠《反训纂例》，马宗芗《训诂概说》，于省吾《从古文字学方面来评判清代文字声韵训诂学之得失》，傅懋勣《中国训诂的科学化》，任铭善《研究训诂之新途径》，刘赜《小学札记》、《初文述谊》、《古声同纽之字义多相近说》，黄焯《经典释文汇校》、《古今声类通转表》，沈兼士《右文说在训诂学上的沿革及其推阐》、《声词论》，罗常培《训诂学纲要》，王力《新训诂学》、《训诂学上的一些问题》、《同源字论》、《同源字典》，周祖谟《尔雅之作者及其成书年代之推断》、《读王氏广雅疏证手稿书后》，张世禄《训诂学概要》、《训诂学与文法学》，陆宗达《训诂浅谈》、《训诂简论》，洪诚《训诂学》，周大璞《训诂学要略》、《论语音与语义的关系》，殷孟伦《尔雅简说》、《训诂学这门科学的对象和任务》。

此外，在我国香港、台湾地区及海外，也有许多训诂学著作问世，如林尹《训诂学概要》、徐善同《训诂学》、杜学知《训诂学纲目》等。

以上单篇或成本训诂学著作，多半是大学训诂学课程的教材或讲演稿，这是前代训诂所没有的现象，说明训诂学已经从经学附庸变成了独立的学科。

3. 大量出版古籍新注和辞书

随着新文化运动的开展，许多古籍都得重新评价，于是为古籍作注或辑注的人增加了。“五四”以来，注释书数不胜数，其影响较大的有：高步瀛《文选李注义疏》、《唐宋诗举要》、《唐宋文举要》、《古文辞类纂笺证》，向宗鲁《淮南子校注》、《说苑校注》，曾运乾《尚书正读》，杨树达《汉书窥管》，刘文典《淮南子集解》、《庄子补注》，陈垣《通鉴胡注发微》，朱谦之《老子校释》，蒋锡昌《老子校诂》，周祖谟《方言校笺》，朱师辙《广雅释言补疏》，杨筠《尚书覈诂》，何仲英《水浒传释词》，游国恩《离骚纂义》，范文澜《文心雕龙注》，谭戒甫《墨经发微》、《楚辞新编》，杨伯峻《列子校释》、《论语译注》、《孟子译注》，范祥雍《洛阳伽蓝记校释》，王利器《颜氏家训集解》、《风俗通校释》，陈子展《诗经新注》、《楚辞新注》，高亨《老子今诂》、《诗经今注》、《诸子新笺》，徐复《訄书注释》，姜亮夫《屈赋解诂》，陈寅恪《元白诗笺证稿》，刘永济《屈赋通笺》、《唐五代两宋词简析》，郭沫若《管子集校》，许维遹《吕氏春秋集释》，刘盼遂《论衡集解》等。

这期间还出现了大量专释语义的专著和辞书，其中有：杨树达《词诠》、张相《诗词曲语辞汇释》、朱起凤《辞通》、符定一《联绵字典》、裴学海《古书虚字集释》、陆澹安《小说词语汇释》、蒋礼鸿《敦煌变文字义通释》、《义府续貂》、徐仁甫《广释词》、高亨《古字通集证》、王力《同源字典》以及《中华大字典》、《新华字典》、《辞源》、《辞海》、《汉语词典》、《古代汉语常用词典》、《现代汉语词典》等，这些成就，都超过了前代。

以上所举，一部分是中华人民共和国成立前出版的，但大多是中华人民共和国成立以后出版和修订的。中华人民共和国成立以后，随着经济建设和文化建设高潮的到来，党和政府非常重视古籍的整理。根据中央古籍整理小组统计，从 1949—1981 年我国共整理和出版了1 559种古籍。这些古籍包括：辛亥革命以前的著作；辛亥革命以后对古籍整理加工的著作（包括点校注释）；今人对古籍所作的系统专著；有关古籍的工具书。这些新版古籍，大多有新注释，这就使训诂学走上了新阶段。但是，正当这些工作方兴未艾之际，十年动乱开始了，一度欣欣向荣的训诂学，在这场浩劫中遭到了严重的摧残。“四人帮”一方面视训诂为洪水猛兽，把古籍看成是“复辟的工具”，实行了新的焚书坑儒的政策，大量销毁古代文献，百般摧残知识分子；一方面又假借注释、整理古籍的名义，抛弃训诂学的朴学传统，肆意歪曲古代文献，塞进私货，大搞“评法批儒”、“古为帮用”，大造反革命舆论，败坏训诂学名誉，使训诂学濒临绝境。1976 年，党领导人民粉碎了“四人帮”，特别是党的十一届三中全会以来，拨乱反正，训诂学也得到了挽救，使它能够在社会主义四个现代化建设中起到它应有的作用。

（二）训诂学振兴的必要与可能

随着四个现代化建设的展开，宣传、教育、出版等部门从自己工作的实践中，越来越感到有必要振兴训诂学。1979 年秋，教育部委托南京大学举办训诂学培训班，参加培训的有二十多所高等院校的有关同志。大家一致认为：我国训诂学有着悠久的历史传统，在世界语言史上占有重要地位。训诂学与语言学其他分支，与文献学、历史学以至于和许多自然科学都有密切联系。它对我们继承文化遗产，提高民族自信心，有着不可忽视的作用。而当时的训诂学却仍处于落后状态，因此，有必要联合同仁，振兴训诂学。经过一段时间的酝酿，在洪诚、殷孟伦、徐复等教授的带领下，他们发出了关于成立中国训诂学研究会的倡议书。这一倡议，立即得到全国的热烈响应。

1981 年 5 月 6 日至 10 日，中国训诂学研究会成立大会暨第一次学术讨论会在武汉举行。出席大会的各地代表 147 人，他们之中有大、中学校的教师，也有宣传、出版部门的代表，还有来自香港中文大学的同行。他们在一起共商振兴、发展训诂学的大计。正如陆宗达教授在开幕词中所说："训诂学研究会的成立，是训诂学发展的需要，是广大训诂学工作者多年的期望，是贯彻三中全会精神，发展我国语言学事业的一件大事，也是我国训诂学史上前所未有的创举。"

会议纪要指出：这次大会，对振兴训诂学的必要性和可能性作了认真的讨论，有许多知名的学者发了言。大家认为：训诂学作为中国语言学的一个门类，两千多年来，在保存历代文化遗产，发展中华民族的科学文化事业方面，曾起过重大作用。今天，它与中华民族古代历史的研究、古代哲学的研究、古典文学的研究、各类科学史的研究，以及辞典学、考古学、语文教学、语言学中有关部门的研究密切相关，因此，它是有宽广的发展前途的。训诂学经过两千年的积累，拥有十分丰富的资料，留下了宝贵的科研成果。我们应当进行系统的整理和总结，用来丰富我们的语言科学，进一步指导我们的训诂实践。毋庸讳言，由于历史局限，传统训诂学中也存在着不少尚待解决的问题，需要我们加深研究，论证归纳，给予科学的说明。传统训诂学的研究也还不够全面，如近代词语和方言俗语的研究虽做了一些工作，但还留有广阔的领域需要开拓，因此，拾遗补阙的工作也是应该重视的。

总之，我们必须在总结前人成果的基础上，将训诂学的研究向更高更广的领域推进，使之具有更强的科学性与系统性。要做到这一点，我们必须重视吸收国外语言学（特别是语义学）的研究成果，还应注意运用有关学科（例如考古学、古文字学等）的新发现，这样训诂学的发展才能更为迅速。

（三）训诂学光辉前程的展望

中国训诂学研究会的成立，是训诂学复兴的一个信号。

大会以后，在我国，训诂学又蓬勃发展起来了，据训诂学会秘书处的统计：1982 年，全国已有 27 所高等院校的中文系开设了训诂学课程，还有 16 所院校正在准备开设这门课。出版部门也积极配合，出版了一批训诂学著作，各地报刊还刊登了一批训诂学论文。用马列主义、毛泽东思想总结训诂学的成果，指导训诂实践，努力使这门古老的学科焕发出革命青春，这是全国训诂学界的共同愿望。目前，我们国家正处在继往开来的伟大时刻。在党的领导下，我们的古籍整理、辞书编纂、文化教育、文物出版等工作，都在以前所未有的规模向前发展，训诂学也正在进行改革，以适应这个新的形势。我们相信，在党的领导下，全国训诂工作者一定会搞好这个改革，以自己的丰硕成果，迎接新的文化建设高潮的到来！

原版后记

这部教材的草稿是去年5月写成的。7月，我们分寄全国有关高等院校的专家学者和上级领导机关。不久，国内许多专家学者即纷纷来信，给予我们热情的鼓励和支持。10月，教育部下达有关文件，决定在全国范围内组织审稿会，并指定了审稿人员。这时，恰逢中国训诂学研究会在西安召开第三届年会。我们在那里邀集部分与会学者开了一个座谈会，听取了他们对此书的意见。接着，又在武汉召开了正式的审稿会，通过了《鉴定书》和《审稿会纪要》。会议一致认为：这部教材，观点正确，材料丰富，体例适当，论证周密，适合高等院校文科使用，建议尽快出版发行。这给我们很大的支持与鼓励。

在审稿期间，给我们寄来书面评审意见的有：徐复、严学宭、潘允中、蒋礼鸿、张涤华、殷焕先、冉友侨、刘又辛、周秉钧、赵振铎、祝敏彻等先生。参加西安座谈会的有：杨春霖、黄典诚、刘君惠、赵天吏、郭锡良、严修、古德夫、唐文、田敬成等先生。参加武汉审稿会的有：张舜徽、黄典诚、杨潜斋、朱祖延、李格非、夏渌、晏炎吾、汪耀南、宗福邦、陈克炯等先生。

以上同志，在来信和会议中，都曾给我们以宝贵的指教，责任编辑赵捷同志提了宝贵意见，使我们的修改定稿工作得以顺利进行，我们谨向他们表示衷心感谢！

编写这样一部训诂学的通用教材，对我们来说，还是事属草创，故名之曰“初稿”。我们期望全国训诂学界的同志继续予以指教，以便进一步修改，使它臻于完善。

编著者

1985 年 2 月 28 日于武汉大学中文系

又：乘此书重印之机，我们请卢烈红、范新干同志校勘并复查了部分引文，特此致谢。

编著者

1991 年 4 月

《训诂学初稿》第五次修订版后记

众所周知，传统语言文字之学，在目前的教学系统中，没有受到应有的重视，好多人不知训诂为何物。

其实，很简单，训诂学就是有关历史文献解读的学问，是传统汉语言文字学中，现存资料最丰富、历史最悠久，最具历时性意义和共时性，即普世价值的一门学问。凡是重视民族文化优秀传统，重视汉语具有普世价值观的人，是不应当轻视这门学问的。

所幸，我生活在武汉大学，长期从事汉语言文字之学的研究和教学，使我对传统训诂学的理论与实践有了再认识。是武汉大学的学术环境滋养着我，使我得以完成这项写作任务；也正因为有武大出版社，不趋暴利，在二十多年中，对这部已经长销和畅销的书，实行薄利长销，减轻了广大学者的经济负担，在他们的苦心经营下，此书才有了长销六个版，二十余年，共印五十余次的成绩。

在我进入耄耋之年时，由于身体衰老、重病缠身，在极端困难中，又是武汉大学李晓红校长、武大老干处彭若男处长、武大出版社文史分社易瑛社长，关注着此书的出版，给了我最有力的支持。特别是我的夫人孔岭生，她已 78 岁，还在尽力日夜陪护着我，使我能有时间和精力，成就此一事业，达到了我最美的结局。

不管前程还有多少艰辛，我终于可以说，我没有愧对关心我、爱护我的亲友，是亲情、友情、同志情，让我活得有滋有味。生活在这伟大变革时代，我能尽职尽责，做一点点有益人民、有益祖国的工作，我深感自豪！

公元 2015 年 1 月 20 日

黄孝德谨记于珞珈山寓所